国家社科基金
后期资助项目

特兰特圣公会议教规教令集

〔英〕J. 沃特沃斯　英译
陈文海　译注

商务印书馆
创于1897 The Commercial Press
2012年·北京

图书在版编目(CIP)数据

特兰特圣公会议教规教令集/(英)沃特沃斯英译;陈文海译注.—北京:商务印书馆,2012
ISBN 978-7-100-08882-4

Ⅰ.①特… Ⅱ.①沃…②陈… Ⅲ.①罗马公教—规定—汇编 Ⅳ.①B976.1

中国版本图书馆CIP数据核字(2012)第020984号

特兰特圣公会议教规教令集
〔英〕J.沃特沃斯 英译
陈文海 译注

商 务 印 书 馆 出 版
(北京王府井大街36号 邮政编码100710)
商 务 印 书 馆 发 行
北京市松源印刷有限公司印刷
ISBN 978-7-100-08882-4

2012年11月第1版 开本 787×1092 1/16
2012年11月北京第1次印刷 印张 27 3/4
定价:68.00元

本书中文版依据 J. Waterworth，ed.，and trans.，*The Canons and Decrees of the Sacred and Oecumenical Council of Trent*（London：Burns and Oates，Ld.，1848）译出。另外，本书中文译本还参照了 H. J. Schroeder，ed.，and trans.，*Canons and Decrees of the Council of Trent*（Illinois，Rockford：Tan Books and Publishers，Inc.，1941，1978）和 Norman P. Tanner，ed.，*Decrees of the Ecumenical Councils*，London and Washington DC：Sheed & Ward Limited，and Georgetown University Press，1990）。

目　　录

译注说明

在西欧社会由中世纪向近现代转变过程中，传统的天主教会亦经历了深刻的变革，其标志性事件之一便是于16世纪中叶在意大利半岛北方小城特兰特(Trent)召开的、断断续续长达18年之久的宗教会议(1545—1563年)，此即天主教会所说的“特兰特圣公会议”，而《特兰特圣公会议教规教令集》便是这次会议成果的集中体现。在“特兰特圣公会议”之后的大约四个世纪的时间里，这部教规教令集一直充当着天主教会的“根本大法”之角色。直到“梵蒂冈第二届大公会议”(简称“梵二会议”，1962—1965年)召开以后，这部教规教令集的地位和影响才趋于式微。即便如此，这部文献集对于历史学、宗教学、哲学乃至社会学等学科仍具有重要的参考价值。有鉴于此，现将之完整地翻译为中文。关于这次会议、会议文献以及汉译工作，有如下几点需作说明。

第一，关于这次会议的名称

“特兰特圣公会议”，英文称为“the Sacred Oecumenical and General Council of Trent”，拉丁文称为“Sacrosancti Oecvmenici, et Generalis Concilii Tridentini”，完整的中文译名应该是“全体基督教会的特兰特圣公会议”。关于基督教会或天主教会历史上召开的这类会议(council，或称 synod)的名称或译法，有必要作一阐释，以免引起不必要的误解。宗教学界或神学界通常会将此类会议称作“大公会议”、“公会议”或“圣公会议”，其实都是在“会议”一词的前面加上为该会议定性的一两个形容词。在这里，和“大”、“公”、“圣”之类的形容词相对应的英文词语是“general”(拉丁文 generalis)、“oecumenical”(拉丁文 oecvmenici)和“sacred”(或“holy”，拉丁文 sacrosancti)。

尽管说天主教会以官方的形式认可了21次此类会议，但是，究竟什么样的宗教会议可以冠以“大”、“公”、“圣”之类的名头，教会本身对此还是存在分歧的，而且其中存在着严重的教派之争。另外，即便是在天主教会内部，在论及这类会议的时候，人们也并不总是把“大”、“公”、“圣”之类的形容词挂在嘴边，通常都是简单地将之称为“某某会议”。而且，即使在同一本书中，人们也都会交替使用这几个名称。比如说，在本书文献中，在特兰特召开的这次会议有的时候被称为“特兰特圣公会议”，有的时候被称为“特兰特圣会议”，有的时候被称为“特兰特公会议”，而有的时候则被简称为“特兰特会议”。在史学界，人们一般更不会以孰“大”孰“公”孰“圣”之类的标准来看待这类会议，而通常是采取原则定性的方式，称之为“宗教会议”，或者直接称之为“某某会议”。这是历史学与宗教神学在看待这一问题时的基本差别。

第二，关于该文献的版本

《特兰特圣公会议教规教令集》的版本问题比较复杂，其中，既有天主教版本，又有新教版本；既有拉丁文版本，又有英、法、德、葡、西以及阿拉伯文版本。这里仅就和译者翻译工作相关的版本源流作一简单的说明。最早的《特兰特圣公会议教规教令集》是在特兰特会议结束后的第二年（即 1564 年）由威尼斯学者兼印刷商保罗·马努蒂乌斯（Paul Manutius，1512—1574 年）负责编辑并经由教宗庇护四世（Pius IV，1559—1565 年在位）批准的拉丁文版本（Paul Manutius，ed.，*Canones et Decreta Oecum. et Generalis Conc. Tridentini*，Rome，1564）。目前，在意大利各地较大图书馆的古籍部，大都还能见到该书的原版本。也就是在同一年，该文献在葡萄牙和西班牙等地也相继印行，但文献的名称与马努蒂乌斯编辑的版本稍有一点差异。比如，在西班牙马德里印行的版本中，文献名称加了一个单词，即，在“Oecvmenici”之前加上一个“Sacrosancti”（意即“神圣不可侵犯的”）。

18 世纪晚期，著名的天主教学者、鲁汶大学（今属比利时）神学与教会法教授勒普拉（Le Plat，1733—1810 年）以 1564 年版本为基础编辑完成新版的《特兰特圣公会议教规教令集》（*Concilii Tridentini Canones et Decreta*，Antwerp，1779；Madrid，1786）。1848 年，英国学者沃特沃斯（J. Waterworth，1806—1876 年）将勒普拉的拉丁文本翻译为英文（J. Waterworth，ed.，and trans.，*The Canons and Decrees of the Sacred and Oecumenical Council of Trent*，London：Burns and Oates，Ld.，1848）。在此之后的一个多世纪中，该译本一直是英语世界中最为流行的一个版本。

当然，后来也出现过其他一些英文译本，比如由宗教学者施罗德翻译的

《特兰特会议教规教令集》(H. J. Schroeder, *Canons and Decrees of the Council of Trent* , Illinois, Rockford: Tan Books and Publishers, Inc. , 1941 年第 1 版,1978 第 2 版)。不过,施罗德的这个英译本所依据的是 1859 年的那不勒斯拉丁文版(Neapolitan edition),而那不勒斯版则是从 1834 年罗马教廷发布的“罗马版”(Roman edition)复制过来的。从内容上来说,1834 年的拉丁文本比 1564 年的拉丁文本多出两章(见施罗德英译本第 259—267 页,第 273—278 页)。从用词上来说,1834 年的拉丁文本和 1564 年拉丁文本相比也有一些调整。

另外,在 20 世纪 70 年代,诺曼·泰纳主编了一套完整的《历次圣公会议教令集》(Norman P. Tanner, *Decrees of the Ecumenical Councils*, 意大利文版本,Bologna: Instituto per le scienze religiose, 1972;英译本,London and Washington DC: Sheed & Ward Limited, and Georgetown University Press, 1990)。在这部教令集中,特兰特会议文献位于第 2 卷的开篇,其底本是 1853 年的“莱比锡版”(Leipzig edition)拉丁文本(*Canones et decreta Concilii Tridentini*),而这个拉丁文本是由李希特(E. L. Richter)和舒尔特(J. F. Schulte)合作编辑完成的。不论从内容来说,还是从编排方式来说,泰纳的这个版本都和最初的版本有较大差别,特别是其内容被精简了不少。泰纳团队或许意识到了这一问题,因此,在英文版本中,又将 16 世纪中叶马努蒂乌斯(Manutius)版本中的某些内容附注在了行文之中。因此,从贴近原始文献这一角度而言,不论是施罗德版本,还是泰纳版本,都在某些方面或某种程度上逊色于沃特沃斯版本。

在翻译这部文献过程中,有关专家学者从精品角度出发,希望我能依据“原典”进行翻译,也就是说,将这部文献直接从拉丁文翻译为中文。毫无疑问,这一建议是非常中肯的,也是非常有见地的。不论是翻译什么样的作品,都应该提倡“原典原译”,这将有助于避免因转译而造成各种失真现象。不过,非常遗憾,我个人的拉丁文水平有限,对于这部艰涩的宗教文献,我不敢贸然走“原典原译”这条道路。因此,这项工作或许只能留给后人去做了。有一点应当明确,即,从西方学术界一个多世纪以来的反映来看,沃特沃斯的英译本是“信”“达”兼备的一个典范之作。所以,只要对沃氏英译本把握到位,汉译本的信度也就有了较好的保障。

有关专家还曾建议把这部经典文献“扩大为拉丁文、英文、中文对照本”。这一建议当然也是很有学术价值的,不过,搞“三语对照本”,其直接结果就是篇幅大涨。目前这个汉文本的篇幅已经不算太小,如果再附上拉丁文本和英语文本,其总篇幅估计将达到 100 万字左右,而这样大的篇幅显然不利于这部文献的流通。实际上,对于对拉丁文本和英语文本感兴趣的这部分读者来说,问题并不难以解决。如今的互联网资源已经非常丰富,《特兰特圣公会议教规教令集》的拉丁文本和英语文本均可从互联网上免费下载,而且均有“PDF”文档,下载了这类文档,就相当于拥有了“善本书”。在这里,我可以向读者介绍几种相关的互联网资源。

1. http://www.cervantesvirtual.com/servlet/SirveObras/mcp/01372753133571620089024/index.htm(检索日期:2012年2月3日)。这项资源中的《特兰特圣公会议教规教令集》是1564年的拉丁文本,这是最早印行的几个版本之一;在这项互联网资源中,该文献的每个页面都是以照片形式呈现的。

2. http://www.archive.org/details/thecanonsanddecr00unknuoft(检索日期:2012年2月3日)。这项资源中的《特兰特圣公会议教规教令集》(PDF文件)是1866年由牛津大学印行的拉丁文本。和施罗德英译本所依据的“那不勒斯版”一样,牛津大学的这个版本也是从1834年“罗马版”复制过来的。

3. http://www.archive.org/details/thecanonsanddecr00unknuoft(检索日期:2012年2月3日)。这项资源中的《特兰特圣公会议教规教令集》(PDF文件)是由沃特沃斯翻译的英译本,也就是我在翻译这部文献时直接依据的版本。

4. http://history.hanover.edu/texts/trent.html(检索日期:2012年2月3日)。这项资源中的《特兰特圣公会议教规教令集》是沃特沃斯英译本的网络版,使用起来亦非常方便。

关于沃特沃斯的这个英译本,尚有一些细节内容需作简单交代。沃氏的这部作品从名称上看似乎仅仅就是教规教令本身,但实际上,其内容远不限于此。就其主体内容而言,这部作品包括三大部分。第一部分是“特兰特会议背景述论”:这部分占了72个页码,对于特兰特会议召开前的西欧宗教形势以及在筹备这次会议过程中经历的各种波折,这部分内容均有较为详细的描述和分析。第二部分是“特兰特会议进程史”:这部分内容共182个页码,对前后25次全体大会的进程以及会议期间的各种矛盾、分歧和斗争均做了颇为详尽的记述。这两个部分合在一起,可以构成一部独立且完整的《特兰特圣公会议史》,如果将之译为汉语,其篇幅约为20万字。虽然说在此之后西方学术界又先后推出多种“特兰特会议史”著作,但作为经典史论,沃氏的这个“特兰特圣公会议史”依然具有重要的学术价值。如果需要,将来我也愿意将之完整地翻译为中文。沃氏英译本的第三部分是“特兰特圣公会议教规与教令”:这部分共289页,其内容也就是目前《特兰特圣公会议教规教令集》

中文译本中的正文部分。

第三，关于已有的中文译本

在目前的中文文献中，涉及特兰特圣公会议教规教令细节的仅有香港信义宗神学院汤清教授(1985年去世)早年编译的《历代基督教信条》一书。这部文献集由南京金陵神学院托事部负责策划，从20世纪40年代初开始翻译，其间历经曲折，50年代中期方告成书。该书的第二章第十五节“天特会议的教条和教令”专门节译了“天特会议”(即特兰特会议)制定的教规教令。按照当年负责此书审校工作的章文新先生的说法，他们的这一翻译工作在当时“尚属创举”。的确，在此之前，中国学者在基督教信条的译介方面是相当落伍的，几乎所有的信条都没有中文译本。因此，在这个方面，汤清教授以及与之合作的那些同事是功不可没的。目前，《历代基督教信条》一书仍在重印出版(例如，香港基督教文艺出版社1989年版；中国基督教两会2006年版)。另外，《历代基督教信条》一书的全文亦可在互联网进行检索。在这里，我可以向读者介绍一个网络资源，如：http://kuanye.net/shuku/bookinfo.php?no=320&nocache=1(检索日期：2012年2月3日)。

不过，就特兰特会议制定并颁布的那些教规教令而言，汤清教授的这个节译本存在两个比较明显的缺憾。其一，《特兰特圣公会议教规教令集》全文约20万字，内容包括教宗训令、教义阐述和教会改革等多个方面；而汤清教授的节译本因主题所限，只选译其中的教义阐释部分，即便是这部分内容，亦有大量文字被略去未译。我曾作过统计，汤清教授译出的文字约为1.5万字。当然，译多译少，其责任并不在汤清教授本人。章文新先生在为这部译著所作的序言(即“章序”)中明确指出，“历代基督教信条的材料乃由芝加哥大学神学教授尼科斯(James Hastings Nichols)所选取”，也就是说，尼科斯教授圈定什么，汤清先生就翻译什么。其二，因年代久远，或因翻译风格，汤清教授当年的文字表达与今天通行的汉语存在较大差异，读起来较为令人费解。时代在发展，语言在变化，只有跟上这一步伐，那些受众面广泛的作品才能具备更为持久的活力。

第四，关于正文之外的补充内容

为了让普通读者更好地理解该文献的来龙去脉，我在正文之前增加了两个内容。第一个内容是有关特兰特会议进程的。如前所述，沃特沃斯英译本的前半部分实际上是一部完整的“特兰特会议史”，但其篇幅太大，因此，较为恰当的做法是让之独立成书，而不宜将之当作“引言”之类的东西放在教规教令之前。为此，我选用了《天主教百科全书》中“特兰特会议”这一篇幅较为适中的词条并将之译为中文，作为《特兰特圣公会议教规教令集》这部文献的引言之一。在西方学术界和宗教界，该词条的内容是具有较高权威地位的，但同时也必须指出，该词条的作者是位虔诚的天主教徒，因此，其叙述存在着比较强烈的感情色彩。不过，出于对原文的尊重，我在翻译过程中没有对之作任何的增删。

增补的另外一个内容是我本人对特兰特会议及其成果的一些初步思考。在翻译这部文献过程中，我本人也经常会阅读一些与之相关的现当代学术著作，由此引发我对相关问题的思索，并因此而形成一些文字上的东西。这里面涉及的问题较多，比如说特兰特会议的召开动机问题、特兰特会议在教宗制度（教皇制度）上的暧昧表述问题以及所谓的“特兰特体系”问题，等等。关于这些问题，当代西方学者曾提出不少新的看法、新的观点，但是，在我个人看来，西方学者的观点有不少是值得商榷的，甚至说，有些学者存在着较为明显的“信马由缰”的毛病。正是基于这一状况，在本书中，我对相关的一些问题发表了一点看法。必须明确的是，这些文字纯属我个人的学术心得，其中肯定还存在许多值得深入思考、仔细推敲的东西。读者如果不同意其中的某些观点，完全可以置之不理，当然也可以痛加批判。

第五，关于译注原则

全书中的所有注释均为中译者所加。加注的原则是力求让更多的普通读者能够更轻松地阅读原著，因此，所加注释相对较多，其内容涉及宗教文献、宗教概念、历史事件、历史地理以及历史人物等方方面面。在初稿完成之后，有关专家又提出如下建议：“进一步增加注释的成分，对基本概念的译法要反复推敲，说明重要译名、概念之所以如此译的原因，使相关译法对今后的翻译具有引领或示范的意义。”因此，遵照专家们的建议，我又对全书的注释做了全面的梳理，该增加的增加，该调整的调整，该阐释的阐释。不过，即便如此，我也绝对不敢奢望用我的这套译法去“引领或示范”他人。假使我的这套译法能给他人提供一点启发，我想，其意义和价值就已超乎想象了。

另外，从初步阅读这部文献开始到中文译本的形成，其间经历数个寒暑。在译注过程中，我是力求做到忠实于原文，但是，原著的文法比较复杂，在很多地方，往往是十几行乃至二十几行才出现一个句号。在这种情况下，如果采取所谓的“直译法”，翻译出来的汉语要么是佶屈聱牙，要么就是让人不知所云。因此，在翻译的时候，根据表达的需要，我对一些文字顺序做了适当的调整；但不管怎么调整，其前提是不变的，这就是，必须忠实体现原文原意，在这个方面，不能有半点的放任自流。尽管说我自定的标准看起来颇为严格，但是，这个标准究竟执行得怎么样，却不是我自己能够说了算的。总而言之，我绝不会自以为是地认为这个译本已经达到了完美的水准。在这个译本之中，肯定还存在着这样或那样的缺失。如果读者在阅读和使用过程中发现疑问，可以直接拿英文版或拉丁文版与之进行比照。如果读者能将其中的问题直接反馈给我本人，这对该译本的完善肯定将会起到重要的推动作用。我的电子信箱：scnuchenwenhai@qq. com。

本书汉译本属于国家社科基金后期资助项目（项目批准号：08FSS004）和广东省哲学社会科学规划项目（项目批准号：06I04）的终期成果。同时，本书的汉译与研究工作得到教育部“新世纪优秀人才支持计划”（项目批准号：NCET－11－0919）和“广东省高等学校珠江学者岗位计划资助项目（2012年）”的支持，在此表示衷心谢忱。在本书的翻译和校注过程中，我的同事黎英亮博士也做了不少卓有成效的工作，他曾对涉及特兰特圣公会议的一些历史文献进行翻译、整理和归纳，而这些材料对于我完成本书的注释工作是大有裨益的。全书翻译完之后，他又在繁忙的工作之余对全书进行校对，不仅发现了不少错字漏字，而且提出了许多颇有见地的修改意见。在此，我谨向黎英亮博士表示诚挚的感谢。当然，不论这个中文译本中还存在多少问题，其文责都应由我来负。

陈文海

2012 年 2 月 8 日于华南师范大学历史文化学院

关于特兰特会议及会议成果的几个问题

陈 文 海

从古典时代晚期开始，西欧社会便与基督教结下了难解难分之缘，在此之后的漫长历史时期里，基督教虽然享受过颐指气使般的辉煌，但它也经历过各种各样如履薄冰般的困境。从事态的严重性和矛盾的复杂性来说，16世纪应该说是其最为动荡曲折的多事之秋之一，以路德宗和加尔文宗为代表的新教派别横空出世，原本一统的天主教会分崩离析。正是在此背景下，以正统自居的天主教会大张旗鼓地在亚平宁半岛北方小城特兰特召开了一次历时长达18年之久的宗教会议，此即在随后数百年中被天主教会奉为旗帜的“特兰特圣公会议”（简称“特兰特会议”，Council of Trent，1545—1563年）。对于这次会议本身、会议的基本成果以及这次会议对近现代西方教会的影响，中外学术界已经有了相当深刻的研究，而且取得了极为丰富的成果。而且，随着时代的变迁，西方不少学者又开始对既有的研究成果进行反思，提出了不少新的观点。不过，在笔者看来，对于这些新观点、新理论，应当给予辩证的分析。在这里，笔者将围绕与特兰特会议密切相关的几个问题作一简要阐述，以期对16世纪及其以后数百年中天主教会的历史乃至整个西欧社会的历史有一更为准确的认识。

一、关于特兰特会议的召开动机

关于天主教会召开这次会议的缘由和动机，学术界在很长一段时期里似乎并无多少实质性的分歧，也就是说，绝大多数学者都认为，特兰特会议是为应对新教问题而召开的一次特殊的宗教会议。然而，在过去几十年中，西方学术界却掀起了一股颇有声势的反思潮流，原本已成共识的基本结论又变成了“谬误”。

1. 学术观点的流变及其原因分析

虽然说特兰特会议只是天主教会召开的一次教务会议，但是，对特兰特会议的认识和定位却是牵一发而动全身的问题，它不仅涉及会议本身及其进程，而且涉及天主教会此前的历史和此后的举措，更为重要的是，它还涉及天主教和新教两大阵营之间的关系。正因如此，对于中世纪晚期到近代前期的教会史研究而言，特兰特会议已经成为无法逾越的一个标志性事件，不论是亲新教的，还是亲天主教的，抑或是主张两大阵营进行和解的，都不得不对特兰特会议作出“合理的”解释。

(1) 传统观点的形成及基本内涵

从史学编撰的角度来说，当特兰特会议仍在进行之中的时候，一些学者就已经对这次会议作出过一些零散的记述，如德意志新教历史学家约翰·斯来丹(Johann Sleidan，1506—1556 年)在《查理五世时代宗教与国家情况述评》一书中就曾提及特兰特会议的筹备及会议初期的一些情况。17 世纪初，被誉为当时法国最伟大史学家的雅克·德·图(Jacques de Thou，1553—1617 年)在《当代史》一书中也曾对特兰特会议做过不少记述。[①] 不过，对特兰特会议进行完整而全面记述的第一位历史学家还应当是意大利学者保罗·萨皮(Paolo Sarpi，1552—1623 年)，在其所撰的《特兰特会议史》这部巨著中，萨皮明确写到，特兰特会议就是“由神圣的人们计划和组织的以重新统一教会为目标的”，但会议的结果却是把教会的“分裂搞到这样僵，使双方如此执拗，以致分歧成为不可调和的了”。虽然说萨皮对罗马教廷多有不满，对特兰特会议的描述也明显体现出其同情新教之色彩，但他对自己曾有这样的评判，即，虽然他“不是对每个人都说真话”，但他“绝不说假话”。而且，萨皮的著作得到了包括吉本(E. Gibbon)以及兰克等人在内的后世众多历史学家们的认可。[②]

应当看到，从 16 世纪一直到 19 世纪之前，对特兰特会议所作的各种评述虽然也有许多真知灼见，但各种观点毕竟大都带有教派论战的色彩。相比

---

① Donald R. Kelley, “Johann Sleidan and the Origins of History as a Profession”, *Journal of Modern History*, 52 (December, 1980), pp. 573—589; Rosalie L. Colie, “The Works of Jacques-Auguste de Thou”(Review), *American Historical Review*, vol. 75, No. 2, 1969, pp. 508—509；另参见 J. W. 汤普森著、谢德风译：《历史著作史》，北京：商务印书馆 1988 年版，上卷第二分册，第 744 页，第 817—818 页。

② J. W. 汤普森著、谢德风译：《历史著作史》，上卷第二分册，第 782 页，第 784—785 页。

之下，19世纪以后的相关研究则逐渐显得更加持平，其中影响最大的当数德国史学家兰克（Leopold von Ranke，1795—1886年）的观点。在充分占有并详尽分析相关材料的基础上，兰克认为，特兰特会议的召开是天主教会面对新教问题而出现的一种“应激行为”，也正因如此，由这次会议开启的一系列“护教”行动也就成为与“新教改革”针锋相对的“反宗教改革”。① 兰克本人是新教徒，因此，传统天主教徒对于兰克的观点一直表示不满。尽管如此，兰克对特兰特会议以及当时天主教会的基本判断还是得到了绝大多数学者的认可，在随后一个多世纪当中，兰克的观点可以说已经基本成为学术界的一个共识。②

（2）新潮观点的出现及基本特征

在第二次世界大战以后，特别是在天主教会第二次梵蒂冈圣公会议（简称“梵二会议”，Second Vatican Council，1962—1965年）之后，西方社会在宗教领域开始出现一些比较明显的变化，天主教会深深意识到坚持“惟我正宗”、“教会之外无救赎”之类的教条给自身造成的困境，于是开始有限度地放下身架，主张与天主教之外的一切信仰进行“对话”，西方基督教会的“合一运动”由此进入一个新的发展阶段。③ 虽然说新教与天主教之间并未就此达成统一，但总体而言，双方之间的敌对情绪的确有所缓和，谅解精神也的确有所增强。

受此影响，西方学术界在宗教改革以及反宗教改革等研究领域也相继提出许多新观点，一些“与时代潮流不相称的”传统观点被调整与修正，与此相应，对特兰特会议的评价也就出现了明显的变化。例如，林德伯格（C. Lindberg）认为，天主教会在16、17世纪的一系列举措并不是对新教改革的一种

---

① 汉语中的“反宗教改革”一词对应的英文名称是“the Counter-Reformation”，这个汉语译名往往令人费解，而且容易引发歧义。在英语中，在表示“反”的含义的时候，更多的是使用“anti-”这个前缀。而“counter-”这个前缀既有“反”和“逆”的含义，也有“对应”、“对位”和“平行”的含义。“the Counter-Reformation”中的“counter-”当指后者，其含义是，为了应对新教方面的改革运动（Reformation），天主教会自身也展开一场改革运动。不过，“反宗教改革”这一汉语译名已沿袭多年，换用新的译名可能会进一步增加混乱，因此，这里照旧使用这一传统译名。另外，“反宗教改革”（the Counter-Reformation）一词首先出现于18世纪70年代，其首创者是德意志法学名家约翰·斯蒂芬·普特（Johann Stephan Pütter，1725—1807年），普特原本是从法律角度使用这个术语的，其适用范围仅限于神圣罗马帝国境内；19世纪30年代，兰克在自己的三卷本巨著《教宗史》（*Die römischen Päpste*，英语译名为 *History of the Popes*）中援引这一术语，并将其适用范围推而广之，“反宗教改革”这一称谓开始流行起来。参见 R. Po-chia Hsia, *The World of Catholic Renewal, 1540—1770*, Cambridge: Cambridge University Press 2005, pp. 1—4。

② 参见 John W. O'Malley, *Trent and All That: Renaming Catholicism in the Early Modern Era*, Cambridge: Harvard University Press, 2000。

③ 参见傅乐安主编：《当代天主教》，北京：东方出版社1996年版，第1—189页。

被动反应,而是自成一体的改革运动。① 再如,莱因哈德(W. Reinhard)认为,16、17世纪的宗教改革和反宗教改革之间并不是一种对立关系,二者有着共同的起源,它们是同一个历史变化过程的两种平行的表现形式。② 又如,奥兹蒙特(S. Ozment)认为,早在马丁·路德发起新教改革之前,天主教会就已对自身进行改革,而且这一改革运动在特兰特会议期间仍在向前推进,因此,所谓的"反宗教改革"实际上是自中世纪晚期以来天主教会改革的继续,其目的在于消弭14世纪出现的普通人的宗教信诚与官方宗教之间的冲突;另外,只是在1555年教宗保罗四世(Paul IV,1555—1559年在位)当政以后,天主教会才对新教采取严厉的措施,而此时距特兰特会议的开幕之日已经过去了10年之久。③ 著名教会史专家叶丁(H. Jedin)亦持类似观点,他认为,天主教会的改革运动在马丁·路德之前即已开始,而特兰特会议则是天主教会改革运动的高潮。④

由此不难看出,过去几十年中出现的这些新观点有一些明显的特点,它们基本上都是在强调天主教会自身改革的连续性,在淡化天主教会与新教派别之间的矛盾与分歧,在为当今整个基督教会的和解与统一寻求"历史的支撑"。如果按照这些观点推理下去,或许不难得出这样的结论,即,即使没有马丁·路德的刺激和挑战,天主教会也同样会在这里或那里召开类似特兰特会议那样的宗教会议。笔者认为,对于这些新观点,应当给予辩证的分析。从学术创新角度而言,西方学术界在研究方法、研究领域、价值判断等方面的确作出了不少努力,从而使人们能够以多元的视角去审视复杂的近代西方社会。从心理层面或者从"现实需要"角度而言,西方学者的"弥合论"或许也有其"合理性",而且或许非常"深得人心"。然而,如果我们能够真正深入考察当时留下来的那些原始文献,或者如果我们能够适当地摒除某些功利性观念,那么,应当不难发现,在特兰特会议动机问题上,这些新观点并没有足够的说服力,20世纪中叶以前的有关特兰特会议的那些传统观点依然有着难

---

① 详见 Carter Lindberg, *The European Reformations*, New York: Blackwell Publishers Ltd. 1996。

② Wolfgang Reinhard, "Reformation, Counter-Reformation, and the Early Modern State: A Reassessment", in David M. Luebke ed., *The Counter-Reformation: The Essential Readings*, New York: Blackwell Publishers Ltd., 1999, pp. 105—128.

③ Steven Ozment, *The Age of Reform 1250—1550: An Intellectual and Religious History of Late Medieval and Reformation Europe*, New Haven: Yale University Press, 1980, pp. 397—398.

④ Hubert Jedin, "Catholic Reformation or Counter-Reformation?" in David M. Luebke ed., *The Counter-Reformation: The Essential Readings*, New York: Blackwell Publishers Ltd., 1999, pp. 44—45.

以动摇的生命力。

2. 原始文献揭示的特兰特会议动机

断断续续长达 18 年之久的特兰特会议究竟是为了进一步完成天主教会“自中世纪晚期就已开始的改革”而召开的，还是为了应对新教改革问题而召开的？对这个问题的不同回答直接涉及对中世纪晚期及近代西方教会历史发展进程的认识。笔者认为，在这个问题上，最具说服力的并不是后世历史学家依据“时代需要”而作出的那些善意的剪辑和推理，而是那些形成于特兰特会议前后的、出自于当事人之手的文献材料。

有关特兰特会议召开原委的各种材料可以说是汗牛充栋，但是，最为直接、最能反映事实真相的毫无疑问应当首推特兰特会议的最初发起人、罗马教宗保罗三世(Paul III，1534—1549 年在位)对相关问题的论述，而其他任何人在这个问题上发表的其他任何见解都不可能具有更大的权威性。另外，特兰特会议曾于 1547 年和 1552 年两度中断，而每次重新开启会议进程之前，每位新任教宗都曾发布专门的通谕，就会议的核心目标作出明确的说明，其中既有对保罗三世时期历史的回顾，又有对新阶段会议目标的定位；可以说，这些稍后出现的通谕本身与保罗三世在特兰特会议正式开始之前发布的通谕是相辅相成的，对于我们准确认识特兰特会议召开的动机同样具有非同寻常的史料价值。笔者认为，这些第一手材料本身就已经对相关问题作出了明白无误的解答。

(1) 保罗三世通谕中的特兰特会议动机

在筹备特兰特会议过程中，保罗三世曾发布过多份通谕，其中具有总结意义的是 1542 年 6 月 11 日就召开特兰特会议问题而专门发布的那份长篇通谕，该通谕对召开这次会议的原因、目的以及在筹备过程中的各种遭遇均做了详细的记述。

在这份通谕的开篇，保罗三世写道：“在出任教宗之初，朕①即已察知，时

---

① 原文是“we”。关于这个以复数形式出现的但实际上却是单数的主语人称代词的汉语译法，人们有不同的看法。据考证，在西方历史上，君主在正式场合自称为“we”的这一现象始自 12 世纪晚期的英国国王亨利二世(Henry II，1154—1189 年在位)。亨利二世信奉“君权神授”理论，1169 年，深受国内政局动荡之困扰的这位国王第一次使用复数主格“we”来指代自己，意即“God and I”(我和上帝)，以此表明他并不“孤单”、他“并不是一个人在战斗”。此后，“we”或者“royal we”(具有帝王般威严的“we”)逐渐成为皇帝、国王以及罗马教宗在正式场合下的个人“谦词”(实际上一点也不“谦”)。当然，在不同的语言中，其具体拼法是不一样的，比如，在法语中用的是“nous”。虽然说中国天主教会人士以及不少学者认为“pope”不是教“皇”而是教“宗”，但是，我个人的看法是，不论汉语当中把“pope”翻译成什么，都不能否定这样一个基本事实，即，从中世纪中

势动荡不安，而且，在朕的几乎一切事务中，处处都会遇到困窘尴尬之事。作为牧者，朕的焦虑和警戒之心也就由此而起。基督教世界曾长期遭受诸种恶行的折磨，而且几乎已被它们完全压垮。朕当然非常愿意早日着手根治这些邪病恶行，但是，和那些为软弱所困之人一样，朕当时感到，以朕之力量，尚不足以承负如此沉重之担。……朕认为，为了保持基督教的完整统一，同时为了使吾等从内心里更加坚信天国诸事有望实现，对于上帝的羊群来说，必须采取一群一牧之方式；然而，原本统一的圣名却被教会分裂、敌对不和以及异端邪说所打破，而且已近四分五裂。……彼得之舟颠簸在翻江倒海般的暴风骤雨之中，颠簸在由异端、不和以及战争所组成的汹涌波涛之中。……"①在这里，保罗三世就召开特兰特会议的背景作出了明确阐述，其核心内容便是异端以及由异端而导致的天主教会分裂问题，而这里的"异端"在当时实际上就是指由马丁·路德开创的新教派别。

接着，保罗三世以详尽的笔墨论证了对"异端"问题的解决方案，他写道："朕追忆起朕之诸位先任，他们都是智慧卓绝、圣洁有加之人；在基督教世界处于极端危难之际，他们都会召开基督教圣公会议和主教全员大会，将之作为最好的也是最合适的救治良方。于是，朕也决定召开一次圣公会议。……当时朕曾信心十足地认为，当吾等凭借上帝之名齐聚到那里以后，上帝必将如其允诺的那样出现在吾等之中；而且，依其善良和仁慈，他会通过其口的吐纳，轻而易举地将这个时代的一切风暴和危险驱散尽净。……朕希望这次圣公会议能够开得更有意义；而且，借助这次圣公会议的权威，进而可以尽善尽

期开始，"pope"们也都仿效西欧世俗君王而在正式场合或正式文书中自称为"we"。只是到了20世纪70年代，在任仅33天便去世的教宗约翰—保罗一世(John Paul I)曾摒弃常规而自称为"I"(单数"我")，但在其演讲记录稿中，秘书最终还是将"I"改回"royal we"。可以说，从基本理念上来看，历史上的教宗不仅将自己视作君主，而且是将自己视作高于其他一切君王的"主中之主"。至于西欧君主和教宗的这个"谦词"在汉语中究竟应该如何翻译，则是个难题。在中国历史上，先秦以前的国王以及诸侯王通常自谦为"孤家"(小国之君)、"寡人"(寡德之人)或"不毂"(不是核心之人)，这与当时的统治哲学"必贵，而以贱为本；必高，而以下为基"(《老子》)或许不无关联；从秦始皇开始，原先普通人都可使用的"朕"(我，我的)成为皇帝的专用自称。从东西方历史实际来看，西方君王的"we"和中国君王的"孤家"、"寡人"、"不毂"以及"朕"在缘起上各不相同，但是，其本质却是相通的，东西方的君王都是要通过某种方式来强化自己的权威形象，只不过西方君王显得张扬一些，中国君王装得内敛一些。基于以上考虑，我认为，将罗马教宗的自称词"we"译为汉语中的"朕"或"寡人"之类的君王专用谦词，大致也还说得过去，当然，在作这种对译的时候，我们应该牢记在心的是，东西方文化传统是有很大差异的，将"we"翻译为"朕"实为不得已而为之的一种权宜之策。

① 详见J. Waterworth, ed., and trans., *The Canons and Decrees of the Sacred and Oecumenical Council of Trent*, London: Dolman, 1848, pp. 1—12。本文所引保罗三世这份通谕中的其他文字均出自上述文献，以下不再一一注明。

美地建立和平。……”可以看出，在保罗三世的心目中，召开圣公会议是解决“异端”问题的最佳方案，而召开特兰特会议的根本目的也正是为了解决“异端”问题。

随后，保罗三世又对“异端”问题发出了绝不妥协的声明，而且对特兰特会议的目标作出明确定位：“在举行的诸次帝国议会中，原计划是要协商并达成统一，但其结果却似乎只是引发更为严重的龃龉不和。在此情形下，朕又想到先前的那一救世药方，即召开一次圣公会议。……朕以前曾担心，上述帝国议会或许会作出一项决定，请求朕宣布：从天主教会中分离出去的那些持异议者坚持诸多条款，其中的一些条款将暂被容忍，其结局留待召开基督教圣公会议时再作考查和决定。如今这一担心已不复存在。不论是从整个基督教还是天主教的真理出发，抑或是从朕本人以及教廷的尊严出发，都不会容忍朕在这个问题上让步。因此，朕作出如下抉择：公开提出倡议，尽快召开圣公会议。……朕仅有的意图和愿望就是一有机会便立即召开基督教圣公会议，除此之外，别无他愿，因为朕希望，基督子民们借此可以重获和平，基督教亦可借此重获统一。……要集合所有的慈爱之心，共赴同一个目标，就有关基督教完整及真理的一切问题进行思索、讨论，迅速且恰当地达到预期结果；恢复好的习惯，纠正坏的习俗；求得基督徒君王以及基督教民族的和平、统一与和谐。”

从保罗三世的论述中应该可以清楚地看出以教宗为首的天主教会之所以要召开特兰特会议的根本意图，可以说，其基本着眼点在于“护教”、在于解决由新教而引发的教会分裂问题。其一，保罗三世在阐述召开“圣公会议”的缘由时，反反复复历陈新教派别对天主教会一统局面的破坏以及教会分裂之后的危难时局。而且，保罗三世也明确指出，解决这一问题的最佳途径就是要仿效前人的做法，即通过召开“圣公会议”来克服教会面临的困局。其二，保罗三世并不认同神圣罗马帝国皇帝查理五世的“和解”设想，他认为，在教义问题上，出于“尊严”之考虑，天主教会与新教派别之间没有妥协余地；虽然要力争使教会重获统一，但绝不会为此而拿原则做交易，教会的统一是以维护天主教正统信仰为前提的。因此，特兰特会议的基本目标也就显而易见，就是要摒除新教、强化传统、重建一统。至于这些目标最终能否实现以及这些目标在漫长的会议进程中是如何发展演化的，则是另外一个问题，它与我们对特兰特会议召开缘由的判断并不矛盾。

(2) 尤里乌斯三世通谕中的特兰特会议动机

1551 年 5 月 1 日，中断了近 4 年的特兰特会议重新召开。为了重开这次会议，新任教宗尤里乌斯三世(Julius III，1550—1555 年在位)于 1550 年 12

月专门颁布通谕。和保罗三世的上述通谕相比，尤里乌斯三世的这份通谕在篇幅上要小很多，但是，从该通谕中人们还是可以清楚地看出罗马教廷对特兰特会议的目标定位。

在通谕的开篇，尤里乌斯三世就对重开特兰特会议的背景作出说明："很长一段时期以来，在德意志，一直存在着各种宗教纷争，这类纷争不仅将整个基督教世界搅得扰攘不宁，而且也引起整个基督教世界的极度反感。为了结束这类宗教纷争，朕认为，将圣公会议会址迁回特兰特城并将这次圣公会议继续召开下去，是有益、恰当且合适的。"①由此也就不难看出，重新开启特兰特会议的根本目的就是为了解决德意志的宗教纷争问题，而德意志的宗教纷争问题实际上也就是马丁·路德的新教问题。

在随后的文字中，尤里乌斯三世又对特兰特会议寄予厚望，而且通过引证历史事例来规劝德意志民族放弃宗教分歧，呼吁人们重归天主教信仰："作为当政之教宗，下令召开并指导圣公会议乃朕的分内之责。如果做到这一点，朕或许就可以使得天主教会获得和平，同时能够弘扬基督教信仰，而且能够让正统宗教得以发扬光大，而这样做的目的就在于颂扬全能的上帝，让全能的上帝增添荣光。而且，如果做到这一点，朕或许就可以能够尽朕的绵薄之力而以慈父般的牵挂之情去考虑德意志的安宁问题。在历史上，在培育纯正之宗教信仰方面，在修习圣公会议及圣洁之教父们的教言方面，在展示对罗马教宗——救世主耶稣在尘世上的代理人——应尽的忠顺和崇敬方面，和基督教世界的其他所有地区相比，德意志这个教省都是出类拔萃、首屈一指的。"

与保罗三世的通谕相比，尤里乌斯三世的这份通谕在言辞上显得比较平和，通篇没有出现让人心惊胆战的"异端"之类的字眼。之所以出现这种状况，其主要原因在于新任教宗尤里乌斯三世希望通过和缓的方式而将德意志的那些分离分子"邀请"到特兰特，让其在特兰特接受正统天主教教义的"教诲"，进而达到铲除异见、重归一统之目的。关于这一点，特兰特会议于1551年10月11日发布的一项教令中有明确的表述，其中写道："好几个月以来，本圣公会议就像一位虽然絮絮叨叨但却勤勉劳作的充满深切爱心的母亲，一直都在翘首期盼着他们的到来。本圣公会议之所以如此不知倦怠地劳作，就是企盼最终能够取得以下结果，即：在拥有基督徒之名的那些人中，不要再有任何的分裂龃龉；所有人都能认可同一位上帝、认可同一位救世主；而且，所

① 详见J. Waterworth, ed., and trans., *The Canons and Decrees of the Sacred and Oecumenical Council of Trent*, pp. 71—73。本文所引尤里乌斯三世这份通谕中的其他文字均出自上述文献，以下不再一一注明。

有人都能表明具有同样的信仰，都能相信同样的教理，都能知晓同样的东西。本圣公会议寄希望于上帝的慈悲，同时希望能够将他们带回到至圣至益的统一的信、望、爱之中。”①

为表示天主教会方面的“诚意”，特兰特会议在1551年10月11日这一天还专门颁布一份名曰“给予抗议宗教徒的通行许可”之教令，其中不仅承诺给予新教徒以安全保证，而且给予他们以各种各样的“自由”，例如，“可以自由交换意见，自由提出建议，自由讨论本圣公会议准备讨论的那些事情；可以自由且安全地前来参加这次基督教圣公会议，可以在那里停留和暂居；可以以口头和书面形式提交建议，而且想提多少条建议就可以提多少条；可以与教父们进行协商，也可以与由本圣公会议选派的人士进行讨论，而且，在与他们进行辩论的时候，不得有任何的谩骂和侮辱行为；不论何时，只要他们有意，可随时离会”。② 不过，这份“通行许可”中最为明显的问题之一就是，它只赋予新教徒“聆听”权和讨论权，而闭口不谈新教徒在审议有关教规教令时的投票权和表决权。由此也就不难看出，不论教宗的通谕显得多么温和，不论特兰特会议对新教徒的到来是多么期盼，也不论新教徒在会议过程中可以享受多少自由，所有这些都只是天主教会为达到目的而采取的手段或姿态而已，天主教会的既定目标仍然是没有任何改变。

(3) 庇护四世通谕中的特兰特会议动机

1552年4月，特兰特会议再次中断。时隔近10年之后，即1562年1月，特兰特会议又一次重新启动。在为重启这次会议而于1560年年底颁布的通谕中，新任教宗庇护四世(Pius IV，1559—1565年在位)首先就对召开特兰特会议的基本动机做了明确阐述：“朕看到，异端和分裂有如瘟疫一般，渗透得既深又广；同时，基督徒民众的道德教化亦问题累累，急需改造。在其位就应谋其责。因此，朕从当政之初便开始关注和思考如下问题，即：如何根除前面所述的那些异端，如何消弭极为严重且贻害无穷的分裂状况，如何修缮那些已经极度腐败堕落的道德教化。朕知道，要想根治这些灾难性弊病，最合适的药方就是罗马教廷惯常采用的那一种，即召开基督教圣公会议。因此，朕

① 详见 J. Waterworth, ed., and trans., *The Canons and Decrees of the Sacred and Oecumenical Council of Trent*, p. 90。

② 详见 J. Waterworth, ed., and trans., *The Canons and Decrees of the Sacred and Oecumenical Council of Trent*, p. 91。

也决意在上帝的帮助下召开一次这样的会议。"①在这里，异端和分裂问题仍旧是特兰特会议需要解决的首要问题。

随后，庇护四世对特兰特会议前两个阶段的历史做了简要回顾，并对特兰特会议的中断给天主教世界造成的负面影响做了分析："在此期间，各种异端在肆无忌惮地滋长、繁衍和扩殖，分裂的情形也在漫无边际地扩展，但凡想到这些问题，或者说只要是谈到这些问题，朕总是忧心如焚。不过，善良而慈悲的上帝从来不会因为发怒而忘却施恩，最终他还是垂顾人间，将和平与共识赐给了诸位基督徒王公。有了这一天赐良机，再加有上帝的慈悲作为依靠，朕便产生这样一种至强至烈的愿望，即：通过前面所述的召开圣公会议这种方式，或许可以彻底解决教会中的这些极为严重的邪恶问题。因此，朕认为，为了清除分裂和异端，为了纠正和改造民众道德，同时也为了维护基督徒君王之间的和平，必须尽早召开圣公会议，再也不能拖延下去。"可以看出，在庇护四世的通谕中，"异端"问题一直是其关注的焦点，解决"异端"问题也一直被列为特兰特会议的首要任务。

以上所引的教宗保罗三世、尤里乌斯三世以及庇护四世的通谕是特兰特会议三个阶段的纲领性文件，从其基本内容中可以清楚地看出，三个阶段的总体思路是连贯的，也就是说，从筹备召开特兰特会议开始一直到这次会议最终结束，新教问题(前期主要是路德宗问题，到了会议后期又出现了加尔文宗问题)一直是正统天主教会意欲解除的第一大患。而且，如果我们对特兰特会议各个阶段制定的教规教令稍作考察的话，就会更清楚地发现，不论是在会议的哪一个阶段，会议着力解决的都是新教提出异议的那些问题。因此，在特兰特会议问题上，并不存在反思派学者们所言的那种"前后断裂"问题，那种刻意为特兰特会议动机涂脂抹粉的做法并无史学依据。

二、特兰特会议对教宗制度的矛盾态度

从基本层面来说，特兰特会议的根本目的就是要从教义和制度两个方面来应对新教的质疑与挑战，以重建天主教会的权威地位。就制度层面而言，

① 详见 J. Waterworth, ed., and trans., *The Canons and Decrees of the Sacred and Oecumenical Council of Trent*, pp. 128—131。本文所引尤里乌斯三世这份通谕中的其他文字均出自上述文献，以下不再一一注明。

教宗制度以及教宗特权是新教猛烈抨击的核心内容之一①,因此,就这一问题作出相应的回答理应成为特兰特会议的重要议程之一。的确,在特兰特会议期间,与会者曾围绕教宗特权问题展开过激烈的讨论和争执。关于其中的是非曲直以及各种细节,自 17 世纪初意大利学者保罗·萨皮发表其《特兰特会议史》以来,几个世纪中出现的各种各样的特兰特会议史著作对之均有或详或略的描述②。

不过,这只是问题的一个方面。按照西方学者们的通常说法,特兰特会议在教宗制度问题上最终并没有什么实质性的作为,从其所颁布的会议文件中可以看出,它在教宗制度改革问题上采取的是回避态度。例如,英国教会史专家杰兰德(T. Jalland)指出,特兰特会议期间,与会者就教宗制度问题曾发生过不计其数的争执,但最终都没有落实到文字层面③。英国学者戴维森(N. Davidson)认为,"特兰特会议根本就没有想过要对位于罗马的教宗自己的统治机器进行改革"④。著名教会史专家、意大利波伦亚大学教授阿尔贝里格(G. Alberigo,1926—2007 年)认为,"事实上,你可以看出,在特兰特会

① 关于新教对教宗特权及教宗制度的抨击,可详见马丁·路德的几篇讨伐檄文,Jaroslav Pelikan and Helmut T. Lehmann, general eds., *Luther's Works*, Philadelphia: Fortress Press, 1970, vol. 39, pp. 55—104, 247—299; 1966, vol. 41, pp. 263—376。另可参阅 Hubert Jedin, *A History of the Council of Trent*, trans. by Ernest Graf, London: Thomas Nelson and Sons, vol. I, 1957, pp. 166—196;托马斯·马丁·林赛著、孔祥民等译:《宗教改革史》,北京:商务印书馆 1992 年版,上册,第 200—216 页。

② 萨皮是最早展开特兰特会议史研究的教会学者之一,见 Paolo Sarpi, *The Historie of the Councel of Trent*, Nathaniel Brent, tr., London: printed by Robert Barker, and Iohn Bill, 1620 (此书是萨皮著作的早期英译本,语言风格及文字拼读与现代英语存在较多差异),但是,萨皮的这部著作具有颇为浓烈的"神学论战"色彩。19 世纪中叶以后,以注重客观记述为重要特征的兰克学派兴起,多种新版本"特兰特会议史"先后面世,如 Theodore Alois Buckley, *A History of the Council of Trent, Compiled from a Comparison of Various Writers, with a Chronological Summary*, London: George Routledge and Co., 1852;Richard Frederick Littledale, *A short history of the Council of Trent*, London: Society for Promoting Christian Knowledge, 1888。在 20 世纪中叶前后,西方学术界对特兰特会议史的研究也曾取得颇为出色的成果,其中最为值得称道的是德国著名史学家胡贝尔·叶丁(Hubert Jedin,1900—1980 年)所著的 4 卷本《特兰特会议史》(*Geschichte des Konzils von Trient*, Freiburg: Herder, 1947,1957,1970,1975)。不过,叶丁的这部巨著只有前两卷被译成英文,即 Hubert Jedin, *A History of the Council of Trent*, trans. by Ernest Graf, London: Thomas Nelson and Sons, vol. I, 1957; vol. II, 1961。近年来,在特兰特会议史研究领域中较为引人注目的是法国年轻史家阿兰·塔隆(Alain Tallon,1967 年生),其主要作品有 Alain Tallon, *La France et le Concile de Trente, 1518—1563*, Rome: École Française de Rome, 1997 以及 Alain Tallon, *Le concile de Trente*, Paris, Éd. du Cerf, 2000。

③ Trevor Gervase Jalland, *The Church and the Papacy: A Historical Study*, London: Society for Promoting Christian Knowledge, 1944, pp. 445—455.

④ N. S. Davidson, *The Counter-Reformation*, Oxford: Basil Blackwell Ltd, 1987, p. 23.

议所颁一切教令中，你几乎看不到有哪个地方提到过教宗及其权力问题”①。美国著名教会史学者约翰·奥玛莱(John W. O'Malley)甚至尖锐地指出，这次会议“在教宗权力问题上连一份教令也没有制定，毫无疑问，这是特兰特会议最具讽刺意味的特征之一”②。

笔者认为，对于上述学者的这些观点，有必要进行辩证的分析。从形式上来看，和15、16世纪召开的其他几次“圣公会议”不同③，在特兰特会议所颁教规教令中，的确没有任何一份是用来全面论述教宗或教宗制度的，更没有任何一份教规教令是用来阐述教宗权威与圣公会议之间的关系的。然而，从特兰特会议参加者的成员构成可以看出，这当中不乏教宗权威至上论的反对者。从理论上说，这就意味着特兰特会议不可能真正而彻底地回避教宗权威或教宗制度问题，特兰特会议所制定的教规教令也就难以做到完全不涉及与教宗相关的各种问题。而事实也的确如此，实际上，如果把散见在特兰特会议所颁教规教令中的与教宗权威问题相关的“隐藏”信息清理出来，并对之加以归类分析，就可以清楚地看出，在教宗权威和教宗制度问题上，特兰特会议并非像人们通常所说的那样“毫无作为”。当然，在这一问题上，特兰特会议显示出颇为复杂的矛盾特征，对于教宗权威问题，它既有很多显性的维护，但同时也有不少隐性的制约。

那么，应该如何解读特兰特会议所颁教规教令在教宗权威问题上的矛盾态度？其具体表现是什么？最终结果如何？导致这一结果的原因又是什么？就笔者所能查阅到的相关论著来看，对于上述这些问题，学术界目前尚无系统的梳理；而且，利用相关文献材料对特兰特会议与教宗权威之间的关系问题进行定向的数据统计和分析，这一具体而微的研究，在国内乃至西方学术界，尚未有人做过尝试。因此，笔者试图通过《特兰特圣公会议教规教令集》这部最能反映特兰特会议成果的历史文献，并结合其他相关材料，对上述问

---

① Giuseppe Alberigo, "The Council of Trent", in *Catholicism in Early Modern History*, ed. by John W. O'Malley. S. J., Missouri, St. Louis: the Center for Reformation Research, 1988, p. 218.

② John W. O'Malley. S. J., "The Council of Trent: Myths, Misunderstandings, and Misinformation", in Thomas M. Lucas S. J., ed., *Spirit Style Story*, Chicago: Loyola Press, 2002, p. 214, pp. 218—219.

③ 例如，康斯坦斯会议(Council of Constance，1414—1418年)、巴塞尔-费拉拉-佛罗伦萨-罗马会议(Council of Basel-Ferrara-Florence-Rome，1431—1445年)以及第五次拉特兰会议(Fifth Lateran Council，1512—1517年)都曾就圣公会议与教宗的关系、教宗的选举以及教廷的改革等问题制定过专门的教令。详见 Norman P. Tanner, ed., *Decrees of the Ecumenical Councils*, London and Washington DC: Sheed & Ward Limited and Georgetown University Press, 1990, pp. 407—410, pp. 438—439, p. 466, pp. 600—603, pp. 614—625。

题作一分析，以期对准确理解特兰特会议以及近现代天主教会史提供一些有益的参考。

1. 以特兰特会议文献为基础的数据统计

如前所述，在教宗特权及教宗制度问题上，特兰特会议的确显得相当暧昧，与教宗相关的内容差不多全是隐隐约约地散落在各项教规教令的内文之中。如果仅从会议所颁文件的标题中去搜寻该会议在教宗问题上的立场，其结果只能是令人大失所望[①]，而如果就此得出"特兰特会议与教宗制度问题无涉"之类的结论，我们就将无法深入理解和体会特兰特会议参加者身份的复杂性，也就无法领略特兰特会议参与者在教宗权威问题上的微妙周旋。因此，要想真正弄清特兰特会议在教宗问题上的态度，就必须深入到具体的条文之中去寻找相关的蛛丝马迹。基于这一设想，笔者对散见在《特兰特圣公会议教规教令集》中的与教宗有关的文句做了检索，并对检索结果进行了分类。对于这一检索及分类，需作几点说明。

第一，检索范围。在《特兰特圣公会议教规教令集》这部文献集中，除了全文收录每次全体会议上所颁教规教令以及各种通告之外，还收录有3位教宗为召开及续开特兰特会议所颁的训令，在文献集的末尾还收录了会议结束之后由教廷颁布的另外两份文件。本文的考察对象是特兰特会议本身在教宗问题上的立场，因此，检索范围只限于每次全体会议所颁文件，其他内容则不列入检索范畴。

第二，分类标准。在检索范围内，凡是提及教宗的，不论是名词，还是代词，抑或是形容词，也不论是在什么背景下提及的，均一并纳入统计数据之中；在这当中，有不少属于"中性"描述，它们既无维护色彩，又无制约含义。排除了这些"中性"表述之外，余者便可明确分为两类，一类是维护，另一类则

---

① 从标题来看，在特兰特会议颁布的众多教规教令中，明确提及教宗权力问题的只有一处，即第13次会议(1551年10月11日)公布的"关于改革之教令"，其中，第8章的标题是"牵涉到主教的那些重大案件将由教宗审理"。从标题即可看出，这章内容是以维护教宗特权的面貌出现的。除此之外，还有一章的标题与教宗特权问题有着密切的内在联系，即第24次会议(1563年11月11日)"关于改革之教令"第19章，其标题是"那些应急擢升委任状、预先委任状以及其他诸如此类的委任状均被废止"。这个标题本身并没有提及"教宗"一词，但是，标题中所说的那些委任状都是特指由教宗签发的那些委任状。可以看出，这章内容是以隐性方式对教宗特权进行限制的。另外，在特兰特会议所颁教规教令的小标题中，还有几处涉及"教廷"的权威问题，其中最为重要且有决定意义的是第25次会议(1563年12月3—4日)"关于改革之教令"中的第21章，其标题是"在一切事情上，罗马教廷的权威都将保持完好无损"。详见J. Waterworth, ed., and trans., *The Canons and Decrees of the Sacred and Oecumenical Council of Trent*, London: Burns and Oates, Ld., 1848, p. 89, p. 228, p. 277。

是制约。

第三，时段划分。特兰特会议耗时 18 年方告结束，其间，发起召开和下令续开特兰特会议的先后有 3 位教宗。因此，整个特兰特会议也就被分成 3 个阶段，每个阶段的实际会期分别是 22 个月（1545 年 12 月—1547 年 9 月）、12 个月（1551 年 5 月—1552 年 4 月）和 23 个月（1562 年 1 月—1563 年 12 月），总计约为 57 个月，近 5 年时间。考虑到这 3 个阶段的特兰特会议在教宗制度及教宗特权问题上采取的态度不尽相同，因此，在这里，笔者依据会议的实际进程，将之分 3 段进行统计和分类。

（1）特兰特会议第一阶段

第一阶段特兰特会议是在教宗保罗三世（Paul III，1534—1549 年在位）当政时期召开的。在将近两年的时间里，特兰特会议先后召开过 10 次正式的全体会议；另外，在 1547 年 9 月 14 日，还召开过一次非正式全体会议，宣布特兰特会议无限期休会。在 10 次正式会议中，有 4 次（第 3、4、8、10 次）根本没有提及教宗权限问题，甚至连“教宗”一词都没有出现；另有 2 次（第 1、7 次）虽提及教宗，但属于中性表述，不存在任何的褒贬问题。涉及宗教权限问题的有 4 次全体会议（即第 2、5、6、9 次），在其颁布的各种教令中，维护性条文有 9 处，限制性条文有 3 处（详见表 1）。由此可以看出，在这一阶段，特兰特会议文件虽然涉及了教宗地位及权限问题，但是，不论是维护性条文，还是制约性规定，其频密程度都是较低的。

表 1　会议第一阶段所颁文件中涉及教宗及教宗权限的相关条文分布表
（1545.12.13—1547.9.14，保罗三世时期）

会议次别	提及教宗及教宗权限问题的次数	中性提及的次数	显性维护的次数	隐性制约的次数
第 1 次	1	1	0	0
第 2 次	1	0	1	0
第 3 次	0	0	0	0
第 4 次	0	0	0	0
第 5 次	4	0	2	2
第 6 次	7	1	5	1
第 7 次	1	1	0	0
第 8 次	0	0	0	0
第 9 次	2	1	1	0
第 10 次	0	0	0	0
合计	16	4	9	3

(2) 特兰特会议第二阶段

会议中断近 4 年之后,在教宗尤里乌斯三世(Julius III,1550—1555 年在位)时期,特兰特会议于 1551 年 5 月 1 日开始续开。在随后的近一年时间里,特兰特会议先后召开 6 次全体会议。和第一阶段的情形类似,在教宗制度及教宗特权问题上,第二阶段的特兰特会议也是非常审慎的。在此阶段所颁教令中,明确论及教宗问题的语句总共只有 5 处,其中,维护性的有 4 处,制约性的只有 1 处(详见表 2)。即便将第一、第二两个阶段合在一起,涉及教宗地位及权限问题的语句也总共只有 17 处,其中,维护性的为 13 处,制约性的为 4 处。因此,如果只看会议的前两个阶段,特兰特会议的确是在尽量回避与教宗制度相关的各种问题,不论是褒是贬,都显得欲说还休。不过,随着特兰特会议第三阶段的到来,这种相对平静的状况最终将发生明显的改变。

表 2 会议第二阶段所颁文件中涉及教宗及教宗权限的相关条文分布表

(1551.5.1—1552.4.28,尤里乌斯三世时期)

会议次别	提及教宗及教宗权限问题的次数	中性提及的次数	显性维护的次数	隐性制约的次数
第 11 次	1	1	0	0
第 12 次	1	1	0	0
第 13 次	3	1	2	0
第 14 次	3	1	1	1
第 15 次	1	1	0	0
第 16 次	6	5	1	0
合计	15	10	4	1

(3) 特兰特会议第三阶段

在第 16 次全体会议(1552 年 4 月 28 日)宣布圣公会议暂停之后,特兰特会议中断了近 10 年之久。庇护四世(Pius IV,1559—1565 年在位)继任教宗之后,特兰特会议才得以继续召开并最终宣告结束,此即特兰特会议第三阶段。在此阶段,即从 1562 年 1 月 18 日到 1563 年 12 月 4 日,特兰特会议先后召开 9 次全体会议,颁布了众多的教规教令。就篇幅而言,这一阶段所颁文件超过了前两个阶段所颁文件的总和。在教宗及教宗权限问题上,第三阶段会议的前期和后期也存在着天壤之别。在总共 9 次全体会议中,前 5 次会议(第 17、18、19、20、21 次)完全没有涉及教宗权限问题。随后的一次全体会议(第 22 次)虽 4 次提及教宗权限问题,但均属维护性条文。然而,从第 23 次全体会议(1563 年 7 月 15 日)开始,原先那种噤若寒蝉的局面出现转折,在这次会议所颁文件中，涉及教宗问题的语句有5处，其中维护性的有3处，制约性的有2处。在特兰特会议的最后两次全体会议所颁文件中，涉及教宗问题的语句更是以前所未有的速度直线上升，而且，维护性条文与制约性规定呈现出明显的胶着状态。在第24次全体会议（1563年11月11日）所颁文件中，维护性条文达19处，制约性规定达16处；在第25次全体会议（特兰特会议的最后一次全体会议，1563年12月3—4日）所颁文件中，维护性条文达27处，制约性规定达15处。通观这一阶段会议文件，对教宗特权和教宗地位进行维护的条文多达53处；制约性的规定虽然相对少一些，但也达到了33处（详见表3）。

表3 会议第三阶段所颁文件中涉及教宗及教宗权限的相关条文分布表
（1562.1.18—1563.12.4，庇护四世时期）

会议次别	提及教宗及教宗权限问题的次数	中性提及的次数	显性维护的次数	隐性制约的次数
第17次	3	3	0	0
第18次	1	1	0	0
第19次	1	1	0	0
第20次	1	1	0	0
第21次	1	1	0	0
第22次	5	1	4	0
第23次	6	1	3	2
第24次	37	2	19	16
第25次	51	9	27	15
合计	106	20	53	33

从表1、表2和表3所列数据中可以看出，在特兰特会议所颁文件中，对教宗及其权威进行维护的语句总共有66处，其中，第一、第二阶段合起来有13处，第三阶段有53处；制约性的语句总共有37处，其中，第一、第二阶段合起来有4处，第三阶段有33处。从这一总体格局中也可以明确看出，在教宗地位及权限问题上，特兰特会议是颇为矛盾的，其主要表现有二。其一，在特兰特会议临近尾声之前的绝大部分时间里（即从第1次全体会议一直到第22次全体会议），教宗制度及教宗特权问题在总体上一直是处于“被回避”状态。然而，到了最后阶段，“教宗”却骤然成了会议文件中的“显词”。其二，对于教宗权威的维护看起来是大张旗鼓的，但是，在这种大张旗鼓的背后，却又暗含着种种制约。

特兰特会议在教宗问题上的态度虽然显得非常复杂且充满矛盾，但是，如果将之放进特兰特会议的大背景中进行考察，这一问题也就不再难以理解。在这里，我们可以先作一大而化之的总体分析。如前所述，新教派别曾对天主教会的内部体制发起猛烈进攻，而教宗制度便是其批判的首要目标，罗马教廷以及教宗本人对这一点是非常清楚的。在特兰特会议初期，将教宗制度列为重要议题之一并对之作出明确的论断，这几乎是所有与会者的共识。然而，在会议进程中，与会者在教宗制度问题上却出现了严峻的争执，特别是在教宗究竟应该享有哪些特权、教宗与主教之间的关系以及教宗与圣公会议之间的关系等问题上，与会者之间更是存在巨大的分歧。使得这一问题变得更为复杂的是，有些主教虽然主张对教宗制度作出某些改革，但他们的方案却受到教宗特使的否决；而教宗特使有的时候也希望对教宗制度进行一些改革，但他们却又要接受罗马教宗的遥控。正因如此，在特兰特会议中前期，与会者在教宗制度问题上虽然各有主张，但基本未能达成什么一致性的意见。这种状况反映到会议文件中，就是前文所述的"回避"现象。

进入特兰特会议第三阶段之后，围绕教宗制度问题特别是教宗与主教关系问题(即主教权力是否直接源自上帝、主教是否需要经过教宗这一中介才可获得这一权力)的争论不仅没有消弭，反而更加激烈，最终导致特兰特会议史上最为严重的会议危机。从 1562 年 9 月起的随后 10 个月中，会议陷入僵局，预定的各次全体会议被迫暂停举行。不同派别之人包括各自的随从甚至挑起械斗，大打出手。在此期间，教宗的两位特使又相继病逝于特兰特，会议进程被进一步打乱。只是在具有高超协调能力的教宗新特使吉奥瓦尼·莫洛内①出任特兰特会议主席之后，会议才得以继续进行，与教宗制度有关的一些条文开始较多地被纳入会议文件之中。不过，即便如此，对于特兰特会议的与会者而言，教宗制度及教宗特权依旧是非常敏感的问题。在各种相关教令中，他们一方面要高举维护教宗权威的大旗，另一方面又要在字里行间中对教宗特权进行某些制约。对于这一问题，我们可以结合会议文件，从维护与制约这两个层面予以具体剖析。

2. 特兰特会议对教宗权威的显性维护

从表象上来说，特兰特会议对教宗及教廷是充满敬重之情的。在特兰特会议之后的数百年中，教宗及教廷也的确是从这一角度来对这次会议进行宣

---

① 吉奥瓦尼·莫洛内(Giovanni Morone，1509—1580 年)，罗马枢机主教。1557 年，教宗保罗四世怀疑他信仰异端而将之囚禁于罗马。1559 年保罗四世死后，莫洛内获释，教宗庇护四世宣布他无罪。1563 年，莫洛内被任命为特兰特会议主席。

扬的①。从简单的逻辑关系来说，特兰特会议之所以要维护教宗的权威，其原因并不难以理解，因为这次会议毕竟是由罗马教宗本人发起召开的，而且召开这次会议的本意就在于消除新教对天主教会造成的各种冲击，进而恢复过去那种以教宗为最高领袖的天主教会一统局面。因此，要让教宗利用自己发起的会议来"革自己的命"显然不太现实。不过，就历史的实际发展进程而言，罗马教宗的行动方案在实施过程中并不可能像简单的逻辑推理那样来得顺畅，其间的各种复杂因素必然会对其方案产生各种影响，在教宗制度问题上出现扑朔迷离之特征因此也就在情理之中。

颇具戏剧色彩的是，在特兰特会议召开之前的很长一段时期当中，深受各种问题困扰的罗马教廷对于自身是否能够主导此类会议并无什么自信。从 1517 年马丁·路德向天主教会发难之时起，到 1545 年天主教会正式召开特兰特会议为止，其间经历了 28 年之久。在此期间，尽管召开"圣公会议"的呼声不断，但是，教廷方面特别是教宗克勒蒙七世(Clermont VII，1523—1534 年在位)等人对此类会议一直怀有潜在的畏惧心理。虽然教廷声称"只有教宗有权召开圣公会议"，但新教方面却认为这种说法"纯属无稽"之谈，因为不论从历史上看还是从教理上说，召开圣公会议的权力都不应由教宗垄断，"我们单凭圣经所说就能召开圣公会议"，而且"每一个基督徒"都"有权为圣公会议的召开竭尽全力"；同时，新教方面宣称，圣公会议的权威高于教宗，如果教宗犯错，圣公会议有权废黜之②。因此，教廷方面一直担心，如果圣公会议的主导权不能由教廷控制的话，圣公会议就有可能变成一次罢免教宗的大会。然而，在既有强硬手腕又有变通能力的教宗保罗三世(Paul III，1534—1549 年在位)主政之后，罗马教廷对召开圣公会议的态度发生明显变化。

在保罗三世的斡旋下，天主教会最终决定于 1545 年在特兰特召开以应对新教挑战为主要目的的圣公会议。保罗三世之所以对召开圣公会议颇为热心，而且不怕此次圣公会议演变成反教宗的会议，撇除其自身的宗教情结不论，就现实角度而言，其基本原因可以归结为以下几个方面。首先，保罗三世对特兰特会议的议程有着自己的一套设想。虽然说新教是从教义和制度两个层面向天主教会发起进攻的，但保罗三世认为，会议的根本要务是解决

---

① 参见 Giuseppe Alberigo, "From the Council of Trent to 'Tridentinism'", in Raymond F. Bulman and Frederick J. Parrella, eds., *From Trent to Vatican II: Historical and Theological Investigations*, New York: Oxford University Press, 2006, pp. 19—37。

② 详见 Hubert Jedin, *A History of the Council of Trent*, trans. by Ernest Graf, London: Thomas Nelson and Sons, vol. I, 1957, pp. 166—196；另见托马斯·马丁·林赛著、孔祥民等译：《宗教改革史》，上册，第二编，第 214 页。

由马丁·路德引发的教义问题,就是“要把天主教教义与改革派说教区别开来”[①];在教会制度改革问题上,特别是在那些事关教宗制度以及罗马教廷等重要问题上,圣公会议则不必也不应投入过多的精力,改革之事应由教宗本人来实施。其次,保罗三世认为自己能够通过适当的方式控制会议本身。从保罗三世为召开特兰特会议而颁布的通谕中可以看出,在筹备这次会议的最初几年中,保罗三世原本一直准备亲自出席并主持这次特殊的圣公会议的。后来由于其他一些变故,保罗三世又决定先由自己委派的三位特使主持会议的开幕式并负责会议的初期工作,等完成手头急务之后,他本人将亲赴会议地点以“更加精确地亲自处理一切事务”[②]。然而,等到 1545 年特兰特会议终于召开的时候,保罗三世已是 78 岁高龄的垂垂老者。虽然此时的保罗三世已经没有精力亲自与会,但他向会议派出的三位特使全部都是他的得力亲信(其中有两人在后来均成为教宗)。另外,教宗及其教廷还采取其他一些措施以能够确保控制会议的议程和走向,比如,鼓励并督促那些亲罗马的主教特别是意大利地区的主教们参加会议[③],规定按人头对会议文件进行表决而不是像过去那样按国家进行表决[④],如此等等。

可以看出,如果按照保罗三世的思路来召开特兰特会议,会议的操控权就将完全掌握在教廷手中。但是,事情在发展过程中总会出现各种“意外”。在特兰特会议主要议题的选择上,神圣罗马帝国皇帝查理五世(Charles V, 1519—1555 年在位)主张从制度层面上对天主教会进行严格的规范。由于查理五世在当时居于举足轻重的地位,他的态度对于特兰特会议能否进行下去有着重要的影响,因此,最终的结果只能是相互妥协,“制度改革”与“教义阐述”成为特兰特会议两个平行的中心议题。不过,即便如此,教廷方面在会议进程中依旧占据着相对的优势。从漫长的特兰特会议进程中可以看出,会

---

① Hubert Jedin, *Papal Legate at the Council of Trent: Cardinal Seripando*, trans. by Frederic C. Eckhoff, St. Louis and London: B. Herder Book Co., 1947, p. 179.

② J. Waterworth, ed., and trans., *The Canons and Decrees of the Sacred and Oecumenical Council of Trent*, p. 4.

③ 有学者做过统计,在整个特兰特会议期间,先后有 270 位主教参加会议,其中,意大利人 187 位,西班牙人 31 位,法国人 26 位,德意志人只有 2 位。在最终文件上签署姓名的总共有 255 位教会人士,其中,至少有 189 位是意大利人。来自意大利的这些会议代表在经济上大都不是非常富裕,他们对教宗的依赖程度较大。详见 A. G. Dickens, *The Counter Reformation*, Thames and Hudson, 1968, p. 109。

④ 在 15 世纪的康斯坦斯圣公会议上,投票表决是以国家为单位进行的,而且,所有参会的主教、修院院长以及神学家均有权参加投票。特兰特会议则改回古代的传统做法,即,采取一人一票制,而且只有主教及主教以上的圣职人员以及几大修会的会长才有投票权。参见 A. G. Dickens, *The Counter Reformation*, Thames and Hudson, 1968, p. 109。

议之初确定的这一模式具有恒常的效能，即便在教宗保罗三世和皇帝查理五世去世之后，第二、第三阶段的特兰特会议也都还是一直遵循着这一会议模式，直至1563年12月特兰特会议正式落幕为止，均没有出现变化。

同样没有变化的是，在特兰特会议的第二、第三阶段，教宗尤里乌斯三世和庇护四世也都没有亲自参加会议，他们都是委派自己的亲信作为教宗特使并让其担任会议主席的。从某种意义上说，由教宗特使出面维护教宗的传统权威，比教宗本人亲自出面来保全自己的特权要更为方便，也更为有效。也正因如此，在特兰特会议制定并颁布的诸多教规教令中，从标题上来看，极少有直接针对教宗制度本身的，而且，在具体行文中，有很多地方是明确要求维护教宗权威的。在此，我们可以根据《特兰特圣公会议教规教令集》中的"护主"条文，对之作一分类考察。

其一，对教宗进行常规祝福。在特兰特会议所颁教规教令以及相关文件中，对教宗表示祝福和感谢的条文出现在特兰特会议初期和特兰特会议结束之日。例如，特兰特会议赋予教宗以"最神圣的主教"之地位。1546年1月7日的"关于圣公会议期间应循生活方式及其他诸事之教令"中有言："要像圣灵那样，在使徒的教导下，为教宗这位最神圣的主教……进行恳求、祷告、代求和祝谢。如果这样，吾等就可以过上平安无事的生活，就可以享受和平，就可以看到信仰的增强。"又如，特兰特会议确认教宗是整个教会的最高首脑并对之表示祝福。在1563年12月4日特兰特会议闭幕式上，与会者首先对健在的教宗庇护四世进行祝福："*洛林枢机*：至圣的庇护是教宗、是吾主、是神圣普世教会之宗座。敬祝至圣的庇护延年长寿，名垂青史。*众父老回答*：啊，教会的至圣至洁之父，上帝将确保您生年长久、延年长寿。"接着，与会者又对两位已故教宗（即特兰特会议第一、第二阶段的发起者）进行追思和祝福："*枢机*：正是依靠至圣的教宗保罗三世和尤里乌斯三世的权威，本届圣公会议才得以召开。敬祝这两位教宗的灵魂永享上帝赋予的平静与安宁，永享恒久的光荣，永享圣徒般的幸福。*回答*：铭记他们，祝福他们。"①这类祝福性的语句虽属常规且数量不多，但其定位是明确的，它意在表明教宗在人们的心目中依然享有崇高的地位。

其二，认可教宗在过去制定的规章。特兰特会议对天主教会的历史传承甚为重视，而且通过对以往教宗所定规章的认可来重现教宗的权威。例如，1546年6月17日"关于改革之教令"的开篇有言："本圣公会议忠于并接受诸

---

① 本段文字中所引文献，分别见J. Waterworth, ed., and trans., *The Canons and Decrees of the Sacred and Oecumenical Council of Trent*, p. 14, p. 282。

任教宗……所制定的规章，同时亦要为之增添某些内容。”再如，1562 年 9 月 17 日的“关于改革之教令”中规定：“在过去的岁月中，教宗们……曾不断制定并颁布各种有益的典章制度，要求教士在生活作风、言行举止、服饰打扮以及知识学问方面严守规范，而且还要求他们必须杜绝奢华、享乐，不得跳舞、赌博，不得娱乐、消遣，不得犯有任何罪行，不得追逐世俗名利。……从今以后，教宗们……制定的那些典章制度必须得到遵守……”又如，1563 年 12 月 3 日的“关于改革之教令”中规定：“对于……教宗就保护教会人士、捍卫教会自由、惩治侵权者而颁布的其他一切法令，所有人都必须严格遵守。”①从数量上来说，这类教令也不是很多，但其体现出来的维护教宗历史形象的意图也还是非常明确的。

其三，在具体事项上赋予教宗以各种权威。据笔者统计，在行文涉及对教宗权威进行维护的教规教令中，约有 20 处属于这类情形，在此我们可以选取几例以窥其貌。例如，在对地方教长进行监管方面，特兰特会议确认教宗享有最高权威。1547 年 1 月 13 日的“关于改革之教令”中规定：“如果总主教擅离职守，那么，该教省中年纪最长的教区主教……必须在三个月之内以信函或派遣信使的方式将相关情况反映到罗马教宗那里；……罗马教宗将凭借其享有的最高主教教座之权威，视各位不驻寨教长在藐视法纪问题上的严重程度，对之采取相应的措施；同时，他还可以为各地教堂提供更为合用的圣职人员，……他会知道什么样的圣职人员有益且有用。”再如，在司法裁判权方面，特兰特会议多次强调教宗的权威。1551 年 10 月 11 日的“关于改革之教令”中规定：“在事涉主教的有些案件中，根据主教被控之罪的性质，有的需要他们亲自出庭受审。这类案件将移送到教宗那里，由他作出决断。”当然，这一规定具有双重意义，一方面是确认教宗拥有最高司法裁判权，另一方面是为涉案主教提供适当的保护，使之免受世俗权力的侵扰。1551 年 11 月 25 日的“关于至圣的告解礼和临终涂油礼之教令”中规定：“对于某些比较严重的案件”，教宗“有权保有独断审判权，他人无权干涉”。1563 年 11 月 11 日的“关于改革之教令”中规定：“如果主教事涉比较严重的刑事案件，或者如果主教涉及异端罪……那么，这类案件的审理权只能归教宗本人，也只能由教宗本人对之作出裁决。”又如，在各地主教的遴选方面，特兰特会议认定教宗拥有合法的权威。1563 年 7 月 15 日的“关于授职礼之教规”中规定：“如果有人持下述主张，那么，此人应受绝罚，即：凭借罗马教宗之权威而被遴选出来的

---

① 本段文字中所引文献，分别见 J. Waterworth, ed., and trans., *The Canons and Decrees of the Sacred and Oecumenical Council of Trent*, p. 24, p. 162, p. 276。

那些主教并不是真正且合法的主教，这种遴选工作只不过是一种人为的臆造虚妄之事。”另外，特兰特会议规定，在遇有新问题的时候，首先应听取教宗的意见。1563 年 12 月 3 日的“关于对圣徒的祈求与崇敬，并论及圣骨、圣物和圣像”中规定：“对于那些前所未有的新事或者那些在教会中并不常见的事情，如果事先没有征求过至圣之罗马教宗的意见，那么，(任何人)都不得对之作出决定。”除上述各种规定而外，在 1563 年 12 月 4 日，特兰特会议决定，制定“禁书目录”、“教义问答手册”以及“弥撒经书”等工作将全部“由教宗根据自己的判断并运用其权威来完成”，“然后由教宗将结果公布出来”①。对于罗马教宗而言，特兰特会议的这一决定所产生的后续意义是非同寻常的，它给教宗及其教廷在会后的岁月中掌控会议成果的解释权留下了巨大的回旋余地。此外，特兰特会议还从其他诸多方面赋予教宗以至高无上的权威，限于篇幅，这里不能一一列举。

其四，从总体上维护教宗的最高权威。如果说以上所述的这些比较零散的规定难以完整体现特兰特会议在教宗制度问题上的总体思路的话，那么，还有其他一些条文则可以弥补这一不足。首先，确认教宗及其统辖下的教廷具有至上权威。1547 年 3 月 3 日的“关于改革之教令”的开篇序言中有这样的表述：“在一切事情上，要永远维护罗马教廷的权威。”1551 年 11 月 25 日的“关于至圣的告解礼和临终涂油礼之教令”规定：“在普世的教会中，教宗被赋予至高无上的权威”。其次，必须一心一意地服从教宗和教廷的领导。1563 年 12 月 3 日的“关于改革之教令”规定：“在本圣公会议闭幕之后各地举行的第一次教省教务会议上，他们……必须要承诺并宣誓真正服从至高无上的罗马教宗”；而且，教令还规定，“在已故教宗保罗三世和尤里乌斯三世时期以及在至圣的庇护四世时期，本圣公会议就道德风尚和教会纪律改革之事颁布了一系列教令，但是，不论这些教令中有什么样的条文，也不论这些教令是如何表述的，在这些问题上，罗马教廷的权威都是不可触动的。”另外，赋予教宗对特兰特会议文件的最终裁决权。为了表示对教宗的忠心，特兰特会议在会议结束之日作出如下规定：对于特兰特会议“制定和界定的所有内容和每一项内容，会议主席以及教廷特使将以本届圣公会议的名义请求至圣的罗马教宗予以确认”②。可以说，有了以上这些原则性规定，教宗的权威形象以及教宗

---

① 本段文字中所引文献，分别见 J. Waterworth, ed., and trans., *The Canons and Decrees of the Sacred and Oecumenical Council of Trent*, p. 51, p. 89, p. 101, p. 212, p. 175, p. 236, p. 279。

② 本段文字中所引文献，分别见 J. Waterworth, ed., and trans., *The Canons and Decrees of the Sacred and Oecumenical Council of Trent*, p. 58, p. 101, p. 255, p. 276, p. 281。

制度的不可动摇性已是呼之欲出。

从以上所引文献中不难看出，虽然说特兰特会议没有单独就教宗及教宗制度问题制定明确的教令，但是，分散在各种教规教令中的与教宗及教宗制度有关的规定还是比较丰富的，如果将之进行系统的归纳总结，完全可以编制出一份比较全面的以维护教宗权威为指向的“特兰特教令”。而且，在这份“教令”中，既可以有总纲，也可以有细目。尤其值得一提的是，在特兰特会议召开之前，教宗及其教廷最为纠结的问题之一就是圣公会议与教宗二者的权威孰高孰低问题。随着特兰特会议的落幕，这一问题实际上就已有了明确的答案。虽然特兰特会议并没有就这个问题制定任何的教规教令，但是，通过几句“附带的”条文，在特兰特召开的这次“圣公会议”已经实实在在地将自身定位为教宗的“下属”①。然而，需要注意的是，在特兰特会议所颁教规教令中，涉及教宗权威问题的表述并非只有以上所述的这些内容。在忠心耿耿、一心护主的表象之下，特兰特会议还以隐晦而曲折的方式对传统的教宗特权作出了多种多样的制约。

3. 特兰特会议对教宗特权的隐性制约

处于内外交困的16世纪的天主教会毕竟不同于中世纪盛期的那一挥斥方遒的天主教会，中世纪晚期以来的罗马教宗毕竟不能与中世纪盛期那些颐指气使的教宗同日而语，在这种情形下召开的特兰特会议实际上也就不可能对教宗及教宗制度进行无条件的颂扬。在这个颇为复杂的问题上，有这样几个因素尤为值得关注。

首先，教宗制度本身长期以来便已遭到各种诟病。自中世纪晚期开始，罗马教宗的形象就已江河日下，在天主教会内部以及整个西欧社会，以教宗为批判和讽刺对象的各种出版物不断涌现，对教宗滥用特权的谴责以及对教宗制度进行改革的呼声不绝于耳②。因此，对于参加特兰特会议的那些主教

---

① 有关评审专家在评审意见中认为，除了“圣公会议的权力是否高于罗马教宗”这个问题之外，本文还应对“教宗是否永无谬误”这个问题作出说明。关于这一问题，需稍作解释。实际上，在特兰特会议期间以及在此之前，“教宗无谬说”(papal infallibility)这个提法尚不存在。所谓的“教宗无谬说”最初出现于1870年第一次梵蒂冈圣公会议期间，是由时任教宗庇护九世在其颁布的一项教令中宣布的，随后开始成为天主教会的一项教义，相关争执也只是在此之后才出现的。因此，对于16世纪以及之前的天主教会而言，还谈不上就这个问题进行讨论。关于“教宗无谬说”这一教义，详见 Norman P. Tanner, *Decrees of the Ecumenical Councils*, London and Washington DC: Sheed & Ward Limited, and Georgetown University Press, 1990, vol. 2, pp. 815—816。

② 详见 A. G. Dickens, *The Counter Reformation*, Thames and Hudson, 1968, pp. 9—18。

和神学家而言,即便没有接触过马丁·路德等人对教宗制度进行讨伐的言论,他们也不可能对教宗制度的流弊一无所知或无动于衷①。

其次,圣公会议参加者的多元性决定了特兰特会议不可能完全按照教宗设想的"一元化"道路一路高歌。至少从表面上说,特兰特会议是整个天主教世界的一次"全会",而这类会议的一个惯例就是,与会者有权"畅所欲言"。而且,不论是在历史上,还是在现实中,信奉"圣公会议至上"、主张教宗权威位于圣公会议之下者一直不乏其人。罗马教宗可以尽量发动自己的支持者参加会议,但对于天主教世界内部有资格参加会议的异议人士,他又无权不让他们参会。同时,为了免于遭到内部反对派的指责,教宗也不得不在一定程度上维持"中庸"之形象②。正是由于这样一种微妙而复杂的局面,在特兰特会议参加者中,出现了一批对教宗权威持不同意见的反对派,其中主要是来自西班牙和法国的那些代表③。从特兰特会议的实际进程中也可明显看出,在讨论和表决会议文件的时候,特别是在讨论和表决那些事涉主教与教宗权力关系的文件的时候,往往有反对意见和反对票的出现④。

再次,在地方教会的管理上,各地主教希望获得较大程度的自主权。在天主教会"圣统制"之下,教宗及教廷不仅在主教叙任方面握有绝对权威,而且对各地教会的具体事务也拥有巨大的控制权和管理权。对于这种高度集权的管理体制,新教方面曾给予猛烈抨击,天主教会内部也多有不满,而特兰特会议恰好为主教们排遣这种不满提供了一个重要的平台。

正是在这种情况下,与会者们开始以比较隐晦的方式对教宗滥用特权现象进行批判,而且试图以多种方式对教宗的权力进行制约,甚至用颇为"体面"的方法对教宗权力实施"分权",进而将相关条文融进了这次会议所颁的教规教令之中。为了明辨其中的奥妙曲折,在此我们可以对分散在特兰特会议教规教令中的有关制约教宗权力的条文作一分类梳理。

其一,以比较和缓的方式指出教宗制度中存在的弊端,并以劝谏的方式提出建议。例如,在主教和枢机的人选及选举问题上,教宗拥有特殊的权力,

---

① 参见 Michael A. Mullett, *The Catholic Reformation*, London: Routledge, 1999, pp. 1—28。

② A. G. Dickens, *The Counter Reformation*, Thames and Hudson, 1968, pp. 107—108.

③ 参阅 Kenneth Scott Latourette, *A History of Christianity*, New York: Harper & Row Publishers Inc., 1975, vol. 2, pp. 866—873。

④ 参见 J. Waterworth, ed., and trans., *The Canons and Decrees of the Sacred and Oecumenical Council of Trent*, London: Burns and Oates, Ld., 1848, pp. i—ccliii (pp. 1—253)。在该书的"史论部分",作者详尽描述了会议进程以及其间的各种争执,并详细交代了每份会议文件的表决结果。

而且教宗还可以通过某种方式将这种权力授予他人。很明显，这种缺乏制约的权力机制很难保证用人的准确有度。1563 年 11 月 11 日，第 24 次全体会议表决通过“关于改革之教令”，其中的第 1 章“主教与枢机的选举程序准则”对这种状况进行了批评：“在对相关之人进行擢升并将之委任为教堂主管这样的事情中，有这么一些人，他们从罗马教廷那里获得某些权利，从而可以在上述擢升之事中发挥某种决定作用……考虑到目前的形势，本圣公会议对这种状况无法作任何的改变。但是，对于所有这些人以及他们当中的每一个人，本圣公会议还是要进行敦促和告诫，……他们所能做的最有益的事情，莫过于尽心竭力地把有能力管理教会的优秀人物擢升到牧者职位上来。”从教令的言辞用语中可以看出，与会者对教宗及教廷在用人问题上的弊端是有清醒认识的，但又明确表明无力改变这种状况，因此只能作无可奈何的规劝。随后，该教令又就枢机选举问题对教宗提出了忠告：“本圣公会议在其他一些场合还制定过其他各种各样的条款，对拟被擢升为主教者的生活作风、年龄、学识以及其他各方面的条件做了规定。本圣公会议规定，在选举神圣罗马教会枢机（即便所选出的枢机在圣职级别上仅是助祭）过程中，同样必须要遵循以上所述的所有条款；如果至圣的罗马教宗能够在基督教世界各国中发现合适的枢机人选，那么，他就应该尽其所能地从基督教世界中的所有国家中遴选枢机。”该教令的末尾写道：“教会面临着许许多多非常严重的痛苦不堪之事，在这些苦恼之事的震动之下，本圣公会议不由自主地想起，对于上帝的教会而言，没有什么比下述这件事更加必需了，即：神圣的罗马教宗应该心系普世教会，这是其应尽之职责；他应该以一种非常特别的方式施展其挂念之情，只挑选那些最为杰出之人出任枢机并与之密切合作；还应该把那些最为正直、最有能力的牧者委派到每一个（地方）教会”①。在这里，教令反复使用“应该”一词，规劝教宗在任人用人方面必须遵循某些原则，从中也不难感受到，与会者对教宗在任命枢机问题上是非常不满的。又如，同样是在 1563 年 11 月 11 日，特兰特会议还公布了另外一份教令，请求教宗在修道院的规范管理问题上恪尽职守，其中有言：“本圣公会议首先要向至圣至洁的罗马教宗提出希望，即，出于自身的虔诚与审慎，罗马教宗必须将下述之事作为自己应

① 关于该教令的详细表述，见 J. Waterworth, ed., and trans., *The Canons and Decrees of the Sacred and Oecumenical Council of Trent*, p. 58, p. 101, p. 255, p. 276, pp. 204—207。

该履行的职责，即，对于那些在目前处于代管状态的修道院①以及那些女修院而言，在向之委派主管问题上，一旦教宗认为时局许可，就应该挑选具备下述资格的圣职人员作为那些修院的主管，即：必须（与上述修院）同属一个修会，必须已在该修会中公开发愿，而且要具备带领并管理属下羊群之能力”②。在这里，教令同样反复使用“应该”之类的词语，一方面对教宗在修道院管理问题上的失职表达不满，另一方面又对教宗提出了明确的履行职责之要求。在特兰特会议所颁教规教令中，劝谏性的条文虽然不多且不像正规条文那样具有“强制性”，但其言辞依然是比较激烈的，对教宗职权的期望和定位也是非常明确的。

其二，以具体的条文规定教宗在某些事项上的权限及行为准则，或取消教宗的某些传统特权。例如，1563 年 11 月 11 日“关于改革之教令”规定，事涉主教的严重案件只能由教宗审理，在某些特殊情况下，教宗可以委托专员来审理，但是，教令对教宗的委托事宜作出了严格规定，即，“教宗赋予那些专员们的权力绝对不能超出以下限度，即，他们只是根据事实收集相关信息材料，草拟诉讼程序，然后迅速将之呈交给罗马教宗”③。这就对教宗滥用权力进行权力再分配现象做了明确的限制。再如，1563 年 12 月 3 日的“关于改革之教令”直接要求教宗必须按照规定履行自己对相关大学的监管职责，其中规定，“有些大学是受教宗直接保护的，对这些大学的巡访④工作也是由教宗负责的，对于这些大学，教宗必须要委派代表，由他们按照前文所述的方式并按照教宗本人认为最恰当的方式对之进行有益的巡访和改革”⑤。另外，从传统上来说，教宗可以利用自己的特权向自己中意的人选颁发应急擢升委任状或预先委任状，对于这一极易滋生腐败的做法，特兰特会议于 1563 年 11 月 11 日明确予以废止，其中规定，诸如此类的委任状“均不得再被授予任何

---

① 处于代管状态的修道院（commendatory monasteries）。代管，拉丁文写作“in commendam”，按照中世纪及近代前期的教会法，如果某一有俸圣职出缺，那么，在委任新的持有人之前，该圣职由某一圣职人员（通常为主教）代为管理，而且代管人享有与该圣职相关的各种收益。1836 年，天主教会取消了这一做法。

② J. Waterworth, ed., and trans., *The Canons and Decrees of the Sacred and Oecumenical Council of Trent*, p. 251.

③ J. Waterworth, ed., and trans., The Canons and Decrees of the Sacred and Oecumenical Council of Trent, p. 212.

④ 巡访（visitation），亦称“巡视”、“视察”，有“纠偏”或“惩治”之意。依据教会法的规定，教会上层领导每年均要在一定时期内察访辖区内的各个堂区和相关机构，而且要对这些堂区或机构的圣职人员的品行进行考核。对于教会上层领导而言，巡视既是权利，也是义务。

⑤ J. Waterworth, ed., and trans., *The Canons and Decrees of the Sacred and Oecumenical Council of Trent*, p. 256.

人，即便是以教宗特权之名义作出的……不论何人，如果继续使用此前颁发的这类委任状，都将是非法行为。因此，不论是那些真意保留书①，还是与有俸圣职在未来出缺之事相关的那些恩惠，抑或是与他人之教堂有关或与修道院相关的那些教宗特权，均不得授予任何人，甚至不得被授予神圣罗马教会的枢机；在此之前所授予的那些真意保留、恩惠或特权将被视为已被废止”②。还有，在委任具有继承权的助理③主教问题上，1563 年 12 月 3 日的教令也对教宗的权限作出了限制，其中规定：“在委任这类有继承权的助理之前，至圣至洁的罗马教宗首先要对相关事由作出认真的审查，而且还要确保，相关人选在所有资格条件上都必须符合法律以及本圣公会议对主教和其他各种教长所定的资格要求；如果不按以上规定行事，那么，在这个问题上作出的那些特许都将被视为诡秘行为”④。和前面所述的那些劝谏性条文相比，这类条文显然具有强制性特征，此前饱受诟病的由教宗把持的某些特权要么被明令取消，要么被加以严格限制。

其三，以“不让步”的方式间接取消教宗的诸多特权。在不同的历史时期，教宗凭借自身的独断权威向不同的个人或团体赐予各种各样的特权，而这类特权的泛滥最终成为教会秩序的严重祸害。因此，取消这类特权也就成为特兰特会议所要着力解决的一个问题。据笔者的统计，在特兰特会议所颁教规教令中，共有 21 处涉及这一问题，而且这类条文全部出现在特兰特会议第三阶段。在此，我们可以援引几例以作概观。例如，关于圣职授予的程序问题，1563 年 7 月 15 日的“关于改革之教令”规定：“在同一天之内，不得（向同一个人）授予两个品级的圣职，……不论是什么样的教宗特恩，也不论这些教宗特恩是颁给谁的，凡是与本规定相左者，均属无效。”在 1563 年 11 月 11 日的“关于改革之教令”中，有着更多的此类条文。例如，在圣职买卖问题上，有这样的规定：“不论是谁，不论他是以何种方式违反本教令所规定之事项的，都将被视为买卖圣职者而招致以上所述的那些处罚；不论是什么样的条例、规章或习俗，……即便是经教宗批准认可的，只要是与本教令相左的，均

---

① 真意保留(mental reservation)，亦称“意中保留”或“心中保留”，指说话者或写作者的原意与其表面意思不尽相同；在这里是指教宗通过委婉的方式将某某有俸圣职或其他职位指派给某某人的那种隐晦做法。

② J. Waterworth, ed., and trans., *The Canons and Decrees of the Sacred and Oecumenical Council of Trent*, pp. 228—229.

③ 有继承权的助理(coadjutor)，通常是指助理主教(coadjutor-bishop)，这是由教宗任命的一种领衔主教，协助当任主教管理教区，并享有主教职位继承权。

④ J. Waterworth, ed., and trans., *The Canons and Decrees of the Sacred and Oecumenical Council of Trent*, p. 262.

属无效”。在1563年12月3日的“关于改革之教令”中，此类条文多达10条。例如，关于外人出入女修院问题，特兰特会议有这样的规定：“只有在遇有迫不得已之事时，主教或修会上司才可批准他人进入女修院；其他任何人不得以任何方式给予这样的批准，……即便他曾经获得教宗颁发的特权，那他也不得凭借这些权力和特权而批准他人进入女修院；今后，即使他获得这些权力和特权，也同样不得凭借之而批准他人进入女修院。”再如，关于教会出租自身权益问题，特兰特会议规定：“不论是出租教会司法管辖权，还是出租对属灵事务副手的任命权或委派权，都将是非法的；对于承租人而言，如果他们行使上述这种租借而来的权力，……其行为也都是非法的。如果有人违反规定而给予他人以这类承租权，那么，即便作此决定的是罗马教廷，其行为也都将被视作诡秘之举。”又如，关于“葬礼四一捐”①问题，特兰特会议规定：“从今以后，……这种捐税一律要交给主教座堂或堂区教堂，……不论是什么样的授权、恩典、特惠(即便是被称作为‘海洋’②的由教宗颁予的特权)，……只要是与本规定相左的，均属无效。”③以上这些条文从名义上说是针对那些从教宗那里获得特权之人的，但是，获得特权者与颁发特权者之间的关系是显而易见的，因此，依据上述这些条文，罗马教宗的传统权力也就相应受到了制约，天主教会内部的社会秩序也将得到相应的规范。

其四，赋予各地主教以“教宗代表”或“教廷代表”的身份，以此分解教宗对地方教会的控制力度④。从教阶制的本原来说，教宗与各地主教处于同一

---

① 在古代及中世纪时期，主持丧葬礼仪之所得一直是教区或堂区额外收入的重要来源之一。在近代早期，这一规则一度弛废，但特兰特会议对之进行了修正。不过，在现代天主教会中，由教区收取丧葬费用的做法已经消失，相关收入及相关权利已完全归属堂区神父。简单而言，在这个问题上，堂区神父的权利主要包括两个方面。其一，如果堂区居民死后安葬在本堂区，其本堂神父则有权享有与此相关的捐赠。其二，如果堂区居民死后安葬在本堂区以外的地方，死者家属仍须向本堂神父缴纳四一捐(a fourth of the dues，拉丁文称作 quarta funeralis 或 quarta funeralium，丧葬费用四分之一的额度)。按照天主教会的说法，收取这类费用是合法的，这是因为堂区居民与堂区神父之间存在着一套权利义务关系，即：神父为死者生前的一生付出漫长的属灵劳动，而付出劳动就应有所收获；同样道理，死者曾从神父那里获得过诸多照应，因此理当以合理的报酬向神父表示谢意。

② “海洋”(mare magnum)，中世纪及近代西方对教宗谕令的一种通俗称谓，意指教宗给予人们的恩惠有如海洋之浩瀚。

③ 本段文字中所引文献，分别见 J. Waterworth, ed., and trans., *The Canons and Decrees of the Sacred and Oecumenical Council of Trent*, p. 184, p. 222, p. 240, p. 268, p. 270。

④ 关于“教宗代表”或“教廷代表”这种身份是否和分解教宗对地方教会控制力度相关，有关评审专家曾提出不同意见，认为笔者的“理解显而易见是错误的”，并认为笔者没有“将相关的条款置于特定的语境之中”进行“解读”。对于这个问题，有必要在此作一阐释。简单地说，正是因为把相关条款放在了特定的语境之中，才能得出“代表”一词与分解教宗权力之间存在着对应关系。关于特兰特会议期间有关教宗与主教之间的权力分配问题，有两个“语境”值得注意。其一是主教的

个级别;但是,随着圣统制的确立,教宗逐渐取得了凌驾于其他主教之上的特殊权威。作为参加特兰特会议的主力阵容,各地主教对自身的权力格外关注。虽然他们不可能像新教那样明确提出"各自为政"的理念,但他们也不愿承认自己是"教宗的副手",他们希望扩大地方教会的自主权。在这种情况下,参加特兰特会议的主教们便借"教宗代表"或"教廷代表"的身份,强调在所辖地区拥有自主行事的权力,甚至提出主教在各自辖区拥有"教宗权威"这样一种说法。在此,我们亦可援引几例以窥其貌。例如,1546 年 6 月 17 日的"关于改革之教令"中规定:"如果布道员……宣扬异端邪说,即便他声称自己根据某一总体特权或某一具体特权而享有豁免权,主教也将依据法律规定或当地的习惯法对之进行处置。在处理这类事情时,主教拥有教宗的权威,主教就是罗马教宗的代表。"再如,1551 年 11 月 25 日的"关于至圣的告解礼和临终涂油礼之教令"中规定:"在各自的教区内,所有的主教都被赋予对其臣民的权威,而且这种权威要高于其他级别较低的神父,主教们可按照(与教宗)同样的方式依法行事"。又如,1563 年 11 月 11 日的"关于改革之教令"中规定:"在对属民的道德教化进行惩戒和规劝的一切事务上,……作为罗马教廷的代表,主教……有权发布命令、有权进行监管、有权进行惩处、有权贯彻实施,这是主教的权利,也是主教的权力。"另外,1563 年 12 月 3 日的"关于修士与修女"中的有关表述更是直接取消了教宗在相关事务上的传统权利,而将之转归各地主教:"直接隶属于罗马教廷的那些女修院以及被冠以'圣彼得修团'或'圣约翰修团'或其他诸如此类名称的那些女修院都将由主教——罗马教廷的代表——负责监管,至于其他一切规定,只要是与本教令相左的,一

"名分"问题:在制定特兰特会议有关教规教令过程中,有人主张将各地方的主教定位为"教宗的副手"(vicars of the Pope),但这一提法遭到"均权主义者"的坚决抵制,他们认为,主教只是"基督的副手"(vicars of Christ),而不是教宗的副手。他们认为,各个地方的教会应该独立于罗马教宗,教宗应该是一个荣誉性的最高头衔,而不是一种掌控权力的实衔。正因如此,在特兰特会议所颁教规教令中,涉及主教与教宗的关系时,"副手"一词被回避,用的是"代表"(delegates)这样一种相对中性的词语,如果不了解这一"语境",便难以理解"代表"一词所要表达的真实含义。其二是主教的权力源泉问题:对于这一问题,从中世纪到近代早期,一直存在严重的争执。特兰特会议期间,特别是在会议的第三阶段,围绕这一问题而展开的争吵更是达到了让会议无法正常进行下去的地步。西班牙、意大利和法国的一些主教坚持认为,主教的权力是依据"神法"(jus divinum)而直接获得的,而并不是由教宗转交而来的。争辩双方僵持不下,最后由新任会议主持人莫洛内(Monone)从中斡旋,争执才得以暂时平息。按照莫洛内的建议,特兰特会议文件采取折衷的表述,一方面不对教宗的权威造成直接的触动,另一方面又给予主教以较大的权力空间。其具体表现是,在第 23 次全体会议上,与会者通过决议,一方面认定主教职位是神圣职位,另一方面则避免提及主教权力的源头问题。因此,在这种"语境"之下,"教宗代表"之类的身份实际上就已成为一种体面的妥协,其暗含的"语境"就是,特兰特会议并没有否定主教在自己的辖区内拥有相对独立的权力。至于"均权主义者"的诉求最终有没有真正实现,则不应在本文所论及的这类文献中寻找答案,而是应该到特兰特会议结束之后的历史进程中去追寻后续结果。

律无效"①。需要注意的是，在特兰特会议期间，围绕教宗与主教的关系问题，既有许多神学上的争执，也有许多现实利益的争吵，且不论双方是如何妥协的，一个基本事实就是，特兰特会议所颁教规教令既对主教提出了诸多严格要求，同时也赋予主教以更多、更广、更明确的权力，与此相应，教宗对地方教会的实控权则受到一定的制约。

纵观特兰特会议所颁教规教令，其中涉及对教宗制度进行改革或对教宗滥用特权现象进行制约的地方多达数十处。虽然这些条文基本上都是穿插在以其他内容为主题的教规教令之中的，具有一定的"隐蔽性"，但这并不会真正影响我们对特兰特会议在教宗制度问题上的基本判断，即，对于教宗制度问题，特兰特会议既无法真正回避，也没有真正回避，会议之前西欧社会对教宗特权及其流弊所提出的各种批判意见，有许多都能在特兰特会议所颁教规教令中找到相应的答案。也就是说，如果我们将相关的条文全部梳理出来并对之进行归类组合，同样可以得到一份比较系统的"关于改革教宗制度之教令"。然而，教令本身与教令的实施结果毕竟不是同一回事，历史过程的诡异性在这个问题上彰显无遗。随着特兰特会议的落幕，这次会议所颁教规教令中的那些涉及教宗制度改革的条文最终还是成了镜花水月。

4. 隐性制约的流产与显性维护的张扬

从前文所述中可以看出，特兰特会议（特别是会议的第三阶段）对于教宗特权以及教宗制度问题还是比较关注的，但是，其态度及处理方式却明显处于一种矛盾的境地。一方面，特兰特会议明确宣称"在一切事情上，要永远维护罗马教廷的权威"，而且，特兰特会议所颁一切教规教令都需得到教宗认可方为有效；而另一方面，与会者们又通过多种方式把制约教宗权力的各种条文融进了特兰特会议教规教令之中。这种欲说还休的状况恰恰体现了特兰特会议的天主教"正统"性质②。对于特兰特会议参加者中的绝大多数人而言，从心理层面上来说，他们之所以听从罗马教宗的号召而前往特兰特开会，

---

① 本段文字中所引文献，分别见 J. Waterworth, ed., and trans., *The Canons and Decrees of the Sacred and Oecumenical Council of Trent*, p. 29, p. 101, p. 215, p. 243。

② 从参会人员的宗教派别来看，特兰特会议实际上就是天主教徒的一次集体会议，东正教会并无代表参加会议。至于新教徒（抗议宗教徒），特兰特会议曾呼吁他们参加会议，并多次颁布名曰"给予抗议宗教徒的通行许可"之教令，但它只赋予新教徒"聆听"权和讨论权，而闭口不谈新教徒在审议有关教规教令时的投票权和表决权。因此，虽然在特兰特会议第二阶段期间有几位新教徒代表到达了特兰特会议现场，但这丝毫不能改变特兰特会议的"纯天主教"性质。至于会议期间出现的各种争执，则都是在天主教这一基本框架之中产生的。也正因如此，后世的各新教派别一直不承认特兰特会议是"圣公会议"。

之所以克服重重困难并长期居留在特兰特以讨论各种问题，其基本原因就在于他们依旧在相当程度上认可教宗的权威，但是，出于对教宗特权所带来的各种积弊的忧虑以及对加强自身权力的渴望，他们又必然要对教宗的绝对权威以及由此带来的各种腐败作出相应的反应。然而，由于身在体制之内，加之整个会议进程一直受到罗马教宗的强力遥控，他们终究无法将自己的想法和盘托出，而只能通过比较隐晦的方式来表达自己的主张。至于会议代表中的那些"异见人士"，其有关论点对于教规教令的具体表述的确会产生某些影响，但是，他们终究不可能左右会议的总体走向。

即便在教宗制度问题上的表述已经比较谨慎，在特兰特会议进入尾声阶段，很多与会者还是产生各种各样的担心，他们认为，如果会议制定的教规教令得不到教宗的批准，他们所做的一切工作都将付诸东流。当时的事态发展也的确表明他们的担心并非是杞人忧天。在会议结束之际，有些人公开提出动议，要求教宗推迟批准会议文件，或者要求教宗对会议文件进行删减和修正①。教宗庇护四世本人对特兰特会议的所有文件是非常熟悉的，而且，他对于会议文件中的某些内容也是有着很大的保留意见。

然而，在"对相关内容""深思熟虑"并听取"诸位可敬的枢机兄弟"的意见之后，富于心计且极具战略眼光的教宗庇护四世还是毫不犹豫地"批准"了多有龃龉且对教宗制度作出诸多制约的特兰特会议所颁教规教令②。1564 年 1 月 26 日，即在教宗特使从特兰特城返回罗马之后不久，庇护四世便召开御前会议以听取特使们的汇报，然后直接作出决定："对于在已故教宗保罗三世和尤里乌斯三世时期以及在朕当政时期由此次圣公会议制定和阐论的所有教令和每一份教令，一律予以批准确认；朕下令，所有基督信徒都必须接受并毫不亵渎地遵守这些教令"③。如果单从这份简短的确认令来看，特兰特会议对教宗制度所作的各种修正或限制似乎都将得到"毫不亵渎"的执行，天主教系统内的地方教会（或者说民族教会）④的自主权也将获得新的生机。

不过，问题并没有到此为止。与这种"全盘认可"的做法相映成趣的是，同是在 1564 年 1 月 26 日，亦即在庇护四世对特兰特会议文件作出"全部批

---

① 参见 Theodore Alois Buckley, *A History of the Council of Trent, Compiled from a Comparison of Various Writers, with a Chronological Summary*, pp. 502—518。

② J. Waterworth, ed., and trans., *The Canons and Decrees of the Sacred and Oecumenical Council of Trent*, p. 284.

③ J. Waterworth, ed., and trans., *The Canons and Decrees of the Sacred and Oecumenical Council of Trent*, pp. 284—285.

④ 参见 A. G. Dickens, *The Counter Reformation*, Thames and Hudson, 1968, pp. 121—122。

准”的决定之日，罗马教廷又另行公布了大异其趣的“依天意而为教宗的吾等至圣之主庇护四世就确认特兰特圣公会议所颁之谕令”。在该谕令中，庇护四世虽然也要求所有天主教徒必须遵守特兰特会议所颁教规教令，但是，其真正主旨却如该份谕令所言：“为了让所有人都能够对这一决定有一更清楚的了解，朕特意通过目前这份谕函之中所述内容来对那些教令予以批准确认，并通过目前这份谕函之中所述内容来对一切人等作出规定，要求他们必须接受并遵守那些教令”①。很显然，这份谕令之中的“所述内容”才是理解和执行特兰特会议所颁教规教令的基石，任何人都不能偏离这一谕令而去理解“特兰特”。实际上，教宗的这份谕令已经成为凌驾于特兰特会议所颁一切教规教令之上的最高指示，其根本用意在于垄断对特兰特会议教规教令的解释权。具体而言，庇护四世主要是通过以下两个方面来达此目的的。

其一，强调特兰特会议赋予教宗的特权。如前文所述，在特兰特会议所颁教规教令中，与教宗特权和教宗制度有关的内容具有明显的杂糅性。然而，在 1564 年 1 月 26 日颁布的这份谕令中，教宗闭口不谈特兰特会议对教宗制度所作的各种制约，相反，他却将注意力完全集中在特兰特会议对教宗的“尊崇”方面。谕令写道，“在一次公开的全体会议上，此次圣公会议本身制定了一份教令，请求朕对此次圣公会议在朕当政时期以及朕的两位前任当政时期制定的所有教令予以批准确认；这种做法既是此次圣公会议对教廷的尊重，同时也是在因循古代圣公会议的传统做法。”然后，谕令又以明确的口吻规定只有罗马教廷才有权对特兰特会议文件进行解释，而且再次强调这一权力也是特兰特会议本身赋予教宗及教廷的：“不论何人，如果他认为此次圣公会议所颁教令在某些地方存在表述不清、界定模糊之类的问题，而且，基于这一缘由，如果他认为需要对之作出某些阐释或决断的话，那么，……要让他前往教廷那里以求解决之道，教廷乃是所有信徒的女主人，对于其权威，此次圣公会议亦以非常敬重的方式予以了承认。……在那些教令问题上，如果出现什么难题或争议，其解释权和决断权悉归于朕，这一点也是此次圣公会议本身所明确规定了的”。另外，谕令还依据特兰特会议的某些规定而将天主教会的一切事务笼而统之地纳入到教宗及教廷的掌控之中，关于这一点，谕令是这样表述的：“此次圣公会议还非常恰当地将以下事情委托给朕，即，对于所有教省而言，如果出现各种急需解决的问题，朕都将依据自己的判断，随时

---

① 庇护四世的谕令详见 J. Waterworth, ed., and trans., *The Canons and Decrees of the Sacred and Oecumenical Council of Trent*, pp. 285—289。本段文字后所引该教令中其他内容，不再一一注明。

为之提供最为合适的解决办法；与此同时，朕宣布，在以上这些问题上，不论有人试图做出什么样的举动，不论做出这些举动的是什么样的权威，也不论其行为是故意的还是无心的，只要是与以上规定相左的，均属无效。”

其二，严禁他人对特兰特会议成果擅自进行阐释。这是和教廷垄断特兰特会议文件解释权相辅相成的一种规定。首先，谕令阐释了作此规定的缘由，即，“假如允许每个人都可以随心所欲地对此次圣公会议所颁教令发表自己的评论和解释，那么就有可能出现歪曲和混乱现象。”其次，谕令进一步阐明了这一规定的具体内容，即，“对于所有人而言，……如果未经朕的许可，任何人都不得擅自以任何方式对此次圣公会议所颁教令发表任何形式的评论、注解、评注、附注以及其他任何形式的阐释，不得以任何名义就这些教令问题作出任何决定，不得以某某做法能进一步加强人们对这些教令的信仰或某某做法将有助于这些教令的贯彻实施为借口而作出任何决定，也不得打着任何其他的幌子或以其他任何借口就这些教令问题作出任何决定。”为了保证这一规定能够得到遵守，谕令对违反者施以严厉的处罚，即，“如果违规者是高级教士，那么，他将被禁止进入教会；至于其他人，不论其拥有什么样的身份，都将依其行为本身而被处以绝罚。”

从庇护四世的这份谕令可以明显看出，此前对特兰特会议文件所作的那一“全盘认可”只是一种战略上的权宜之计。在充分利用特兰特会议赋予教宗各种权力的前提下，庇护四世已经将那些有可能令教宗及教廷陷入尴尬的条文推到了幕后。不仅如此，在教宗的这份谕令中，特兰特会议已经摇身一变，其原本颇为复杂的多面形象已经转而演变为全面支持罗马教宗、赋予罗马教宗以一切权力的一次会议。在特兰特会议以后的岁月中，罗马教廷虽然遇到了地方主教以及世俗力量的抵制，但它却在“特兰特大旗”的护卫下逐步稳住阵脚，进而将天主教会的圣统制发展到了另外一种极致。

综上所述，在教宗特权及教宗制度问题上，特兰特会议虽然比较谨慎，但也并非如某些学者所说的那样无所作为。在这个问题上，特兰特会议之所以给人以无所作为的印象，其重要原因在于罗马教廷迅速地控制了对特兰特会议文件的解释权，而且，对于一切存有争议的问题，罗马教廷几乎毫无例外地通过采取“不予讨论”的做法而予以搁置①。在这种绝对权威的绝对控制下，人们也就只能随着罗马教廷的解释而人云亦云。不过，有一个问题值得注

---

① 参见 Giuseppe Alberigo, “The Council of Trent”, in John W. O’Malley, ed., *Catholicism in Early Modern History: A Guide to Research*, St. Louis, Mo.: Center for Reformation Research, 1988, pp. 219—223。

意，即，对于处在教宗版本的“特兰特体系”笼罩之下的近现代社会而言，对特兰特会议的本原缺乏完整的认识，这似乎情有可原。然而，随着20世纪60年代“梵二会议”的召开，绵延400年之久的“特兰特体系”在天主教世界已经基本瓦解，人们已经可以自由地对特兰特会议文件进行深入的研究和解读①。在这种情况下，如果对特兰特会议的认识还停留在原有层面，那只能说明我们尚未真正走进特兰特会议文件的深处，尚未真正理解当年特兰特会议参加者在成分上的复杂性以及他们在教宗制度上的矛盾心态。如果这种状况持续下去，对特兰特会议的理解就仍将处于误读状态，对近现代天主教会史的理解也就难免会产生各种各样的误差。

三、关于“特兰特体系”的虚实问题

在讨论或研究近现代天主教会史的时候，“特兰特会议”（the Council of Trent）和“特兰特会议体系”（the Tridentine System，简称“特兰特体系”）是两个无法回避的历史概念。虽然说这两个概念有着密切的因果联系，但是二者之间的差异也是极为深刻的。然而，由于各种各样的历史原因，在过去数百年中，“特兰特会议”的形象被不断地放大和演绎，与此相伴，“特兰特体系”的内涵也在不断地膨胀。其最终的结果就是，“特兰特会议”成为“特兰特体系”构建过程中取之不竭的“资源库”，而且成为近现代罗马教廷应对各种危机、抵御各种挑战的一个法宝。那么，应该如何认识这两个历史概念？应该如何认识特兰特会议的原始成果？有着明确指向的特兰特会议是如何演变成无所不包的特兰特会议的？应该如何看待特兰特体系的构建及其影响？对于这些问题，西方学者有过一些考察②，但是，并未引起学术界的足够重视。至

① 特兰特会议本身以及后世逐步演绎形成的“特兰特体系”的确具有深远的影响，即便在“梵二会议”之后的当代社会，天主教会也没有完全走出特兰特会议的影子。但是，在此之后，对特兰特会议文献的研究和解读已不再成为禁忌。参见 Joseph A. Komonchak, “The Council of Trent at the Second Vatican Council”, in Raymond F. Bulman and Frederick J. Parrella, eds., *From Trent to Vatican II: Historical and Theological Investigations*, New York: Oxford University Press, 2006, pp. 61—80。

② 过去几十年中，学者们大都集中于对特兰特会议本身进行研究，主要成果如：Hubert Jedin, *A History of the Council of Trent*, trans. by Ernest Graf, London: Thomas Nelson and Sons, 4 vols, 1957—1975; Alain Tallon, *La France et le Concile de Trente, 1518—1563*, Rome: École Française de Rome, 1997; Alain Tallon, *Le concile de Trente*, Paris, Éd. du Cerf, 2000。相比之下，对特兰特会议演绎问题的研究成果则非常少，据笔者所接触的材料看，有比较重要学术价值的仅有著名教会史专家、意大利波伦亚大学教授阿尔贝里格（G. Alberigo，1926—2007年）于20

于在我们中国，就笔者所见，至今尚无相关的研究成果。

1. 概念与问题

对于西方历史的研究者或爱好者而言，不论是"特兰特会议"，还是"特兰特体系"，都不是什么陌生的概念。简单来说，"特兰特会议"就是天主教会为应对新教问题而于1545—1563年间召开的天主教世界的宗教会议（即所谓的"圣公会议"或"大公会议"），会议的主要成果是制定并颁布了多达20余万字的《特兰特圣公会议教规教令集》。相比之下，"特兰特体系"的内涵则要复杂一些，就其基本含义而言，就是以特兰特会议精神为指导、以特兰特会议所定教规教令为准则、以教宗为最高权威的天主教世界秩序①，这一体系左右着天主教世界长达数百年之久，直到20世纪60年代"梵二会议"之后，该体系方才出现松动。

可以看出，"特兰特会议"和"特兰特体系"是两个既相互关联又各异其趣的概念。然而，在学术界（即便是在西方学术界），在评述特兰特会议以后的天主教会诸多现象之时，很多学者都会自然而然地甚至说是想当然地将之与特兰特会议本身及其所制定的教规教令联系在一起，似乎近现代天主教会的一切举动都与特兰特会议及其教规教令有着必然的渊源关系。而且，在特兰特会议之后的几百年中，罗马教廷也的确有这么一种宣传，即，特兰特会议是一次全面而系统的圣公会议，它对每一个应该回答的问题都给出了细致入微的明确的答案。

关于这一现象，美国学者约翰·奥玛莱（John W. O'Malley）曾有精彩的描述，他认为：对于那些有文化的对历史有兴趣的天主教徒而言，"特兰特"（Trent）一词显然就是意味着敲钟摇铃，甚至就是号召信徒拿起武器准备战斗的号角；而对这一"号角"，人们往往又从各自的宗教情感出发而各执一端；一种观点认为，特兰特会议"做尽了一切坏事，而梵二会议最终将他们从中解救出来"；另一种观点则认为，特兰特会议"造就了一切善事，而梵二会议却强行剥夺了他们对之的拥有"；除了重复"这些老生常谈的陈词滥调"之外，人们

多年以前撰写的一篇论文，即，Giuseppe Alberigo, "Du Councile de Trente au tridentinisme", *Irenikon*, 1981(54), pp. 192—210。

① 关于"特兰特会议体系"这个概念，可参见 Adrian Cunningham, "Resacralising Reaction", New Blackfriars, Volume 68, February, pp. 76—79; Anthony Cekada, "Untrained and Un-Tridentine: Holy Orders and the Canonically Unfit"(http: //www. traditionalmass. org/ articles/ article. php? id = 64&catname=11，检索日期：2012年2月3日)；J. G. & F. Rivington, "Remains of the Late Reverend Richard Hurrell Froude, M. A. "(http:// www. newmanreader. org/ works/ miscellaneous/ remains. Html，检索日期：2012年2月3日)。

似乎无意于对"特兰特"本身作进一步的探索和思考。[①] 可以说,奥玛莱的这一描述深刻揭示了将"特兰特会议"与"特兰特体系"混为一谈所带来的张冠李戴现象。

对于特兰特会议、特兰特会议体系以及二者之间的关系,笔者认为有两个层面的问题值得注意。第一,特兰特体系是以特兰特会议为基础的一种演绎品,二者之间不可能存在一种绝对的对称关系。实际上,"原生态的"事件在汇入人类历史长河之日起便已失去其独立性,不同的人类群体或个人会依据自己的好恶或时代的需要而对之展开各种各样的改造、嫁接和演绎,其最终的结果就是,演绎出来的产品虽然仍打着原有的旗号或名头,但它与其原型之间的吻合度可能已经渐行渐远,甚至于二者之间已经出现天壤之别。对于历史学研究者来说,这种"次生态的"演绎品同样具有不可忽视的史学价值,它不仅可从独特的角度揭示出历史进程的时代脉络,而且有助于人们从多重视角加深对相关事件的审视。第二,特兰特会议是随后一系列"特兰特演绎品"的源头,如果不将源头厘定清楚,对其演绎品的认识也就必然是雾里看花。不论后人对特兰特会议是如何演绎的,这次会议本身及其成果都是有着非同寻常的意义的,只有对之有一准确的认识,才能更好地理解中世纪晚期天主教会的处境,才能更好地理解特兰特会议与新教之间的关系,才能更好地理解天主教会在近现代历史上对特兰特会议精神的发挥、放大或演绎,才能更好地理解天主教会为何要在 20 世纪 60 年代召开梵二会议,才能更好地理解近现代天主教会的历史变迁。

因此,要想准确破解"特兰特体系",其首要前提就是要对教廷长期宣扬的同时也是被很多人认可的特兰特会议"完备论"作出合乎史实的解析,也就是说,首先需要考察的是特兰特会议到底为天主教世界制定了哪些准则?这些准则是否无所不包、是否解决了天主教会已经面临或将要面临的所有问题?在此基础上,才有可能恰如其分地对天主教会在相关问题上的阐发和演绎作出分析。应当明确的是,在特兰特会议期间,与会者讨论的问题是非常丰富的,对很多问题的阐述也是精雕细琢的。而且,从许多外在表征上来看,特兰特会议的确具备以往历次圣公会议所不具备的特征。

首先,从会议时间上看:会议从 1545 年开幕,到 1563 年闭幕,时间长达 18 年;即使把其中的休会时间刨去,其会期也是极为漫长的,会议三个阶段

---

① John W. O'Malley. S. J., "The Council of Trent: Myths, Misunderstandings, and Misinformation", in Thomas M. Lucas S. J., ed., *Spirit Style Story*, Loyola Press, 2002, p. 223, p. 205.

加起来达57个月，近5年时间。[①] 其次，从文件数量上看：在这18年间，特兰特会议先后召开过25次全体会议（其中有两次在波伦亚召开），制定并公布了大量的教规教令；如以英语文字作为统计标准的话，会议公布的正式文献达到9万多个单词；如将之全部译为中文，其总量约为20万字。[②] 再次，从文件内容上看：所有具有实质性内容的文件都被归在“教义”和“改革”这两个大框架之下，而这样的标题具有巨大的容纳功能，从表面上看，它似乎是全方位的，可以囊括天主教信仰与生活的每一个方面。

然而，如果对特兰特会议颁布的所有正式文件进行细致考察的话，便不难发现，其中绝大多数内容都是有着明确指向的，同时，也有很多重大的问题并没有列入会议的讨论范畴，或者只是一带而过，因此，我们不难从中感受到天主教会之所以召开特兰特会议的基本动因，也不难判断出天主教会在这一时期所关注的核心问题，从而也就可以比较清晰地看出特兰特会议是否是一次“完备”的会议。既然特兰特会议将其成果分为“教义”和“改革”两大类，下面笔者也就依照这一分类原则对之分别予以考察。

2. 对特兰特会议所颁教义之分析

在特兰特会议颁布的文件中，和天主教教义相关的教令数量不少，有些教令的篇幅还相当长，而且其论证也是极其周密。但是，如果将这次会议所颁布的与教义有关的所有教令作一总体分析的话，就会清楚地看到，特兰特会议在教义问题上所关注的范围是非常有限的。第一，它要着力解决的仅仅就是新教教义问题，而对于新教教义，特兰特会议也并没有展开全面讨论，而只是就其中“最为严重的”、“最不可容忍的”的问题进行详细论证。第二，它对新教的讨伐也不是全方位的，其矛头主要集中指向德意志新教创始人马丁·路德，而对于慈温利（Zwingli）、加尔文（Calvin）以及再洗礼派（Anabaptists）等“异端”并没有给予过多的关注。只是在会议的第三阶段，即1562—1563年，由于加尔文宗（雨格诺教徒）在法国的影响加大，特兰特会议曾为此有过争论，不过，到这个时候，为求尽快结束会议的与会者们已无心继续再战。第三，在中世纪晚期到近代早期这一段时间里，困扰天主教会的教理问题仍然有很多，比如说在三位一体（Trinity）、道成肉身（Incarnation）、圣母玛利亚等

---

① 关于特兰特会议的详细进程，可详见 Theodore Alois Buckley, *A History of the Council of Trent, Compiled from a Comparison of Various Writers, with a Chronological Summary*, London: George Routledge and Co., 1852（该书在互联网上可以全文下载阅读）。

② 如果以笔者翻译的中文本《特兰特圣公会议教规教令集》作为统计标准的话，全书约为20.8万字（其中包括三任罗马教宗为筹备或续开特兰特会议而颁布的通谕）。

问题上依然纷争不断，在基督学(Christology)、教会学(ecclesiology)以及灵物学(pneumatology)等等领域中也同样异声四起，但是，特兰特会议对诸如此类的教义、教理问题均无暇顾及或不敢贸然涉足。因此，就教义这一块而言，那种把特兰特会议说成是“一应俱全”的教理盛会的说法显然是言过其实的。实际上，特兰特会议涉及的教义问题总体上可以归为两个方面，一是“称义”问题，二是“圣礼”问题，其他的教令则不占主导地位，或者说只居从属地位。

首先看“称义”问题：从观念上说，路德派与天主教会的核心分歧在于“得救方式”问题，它主张的是“惟信称义”，而且它也正是从这一点上开始向天主教会发起进攻的。因此，解决这一教理问题必然成为特兰特会议的重中之重。要解决称义问题，首先必须就与之密切相关的“原罪”问题作出决议。因此，在第5次全体会议上颁布的“关于原罪之教令”①虽然是单独成篇的，但实质上却是有关称义教理的一个序言。在此基础上，1546年春末，与会者开始讨论并草拟有关称义问题的教令，历时7个月方告完成。应当说，“关于称义之教令”②是特兰特会议最为重要的成果之一，每个词、每句话都是经过深思熟虑之后方才敲定的。从其内容可以清楚地看出，该教令的直接出发点就是要谴责马丁·路德在称义问题上对天主教会的责难，并以微妙、谨慎又明确的方式撇清自己与伯拉纠主义③之间的关系。

其次看“圣礼”问题：在特兰特会议所颁教义教令中，圣礼部分占据了绝大部分篇章。天主教会方面之所以要花费这么多的篇幅来解决圣礼问题，其直接导因仍然是新教。马丁·路德认为，天主教所坚持的七项圣礼并不“合法”，因为新约圣经中只提到其中的两项，即洗礼和圣餐礼，因此，除这两项圣礼之外的其他五项圣礼均应无条件废除。为了应对马丁·路德对圣礼的挑战，特兰特会议决定就七项圣礼问题逐一作出回答。正是由于这一决策，特兰特会议的议程开始变得更加冗长起来，1545—1547年开始讨论圣礼问题，1551—1552年又继续讨论，即便到了1562—1563年，有关圣礼问题的讨论也没有彻底完成。

---

① 详见J. Waterworth, ed., and trans., *The Canons and Decrees of the Sacred and Oecumenical Council of Trent*, pp. 21—24。

② 该教令的汉语译文有9200多字，另外，在称义问题上又制定了33条教规，其汉语译文亦达3700多字。二者总合起来达到1.3万字左右。详见J. Waterworth, ed., and trans., *The Canons and Decrees of the Sacred and Oecumenical Council of Trent*, pp. 30—49。

③ 伯拉纠主义(Pelagianism)：因英国修士伯拉纠(Pelagius，360—420年)的思想主张而得名。伯拉纠否定原罪，认为每一个人都具备行善行恶的能力，而且认为人有天然的向神靠拢的能力，这种观念与当时奥古斯丁所主张的“人性全然败坏”观念截然相反。参见殷保罗著、姚锦森译：《慕迪神学手册》，香港福音证主协会出版社1998年版，第409页。

从这些与圣礼有关的教令中可以看出，天主教会不仅彻底否认了马丁·路德的说法，而且在原有基础上进一步强化了对七项圣礼的信念。其一，必须继续坚持七项圣礼，但是，在基督徒的生活中，七项圣礼的地位高低和必要性的强弱并不完全相同。其二，七项圣礼全部都是由耶稣基督亲自创设的，而且是由他传给其使徒，使徒又将之传给了后人，从古至今，从未中断，而且其内容与形式也都一直没有出现任何变化。在此，我们可以援引其中的一条规定以窥其貌。第七次会议所颁的"圣礼总论"第1条有这样的表述："如果有人持下述主张，那么，此人应受绝罚，即：'新律'中规定的那些圣礼并非全部都是由吾主耶稣基督创制的；或者说，圣礼并不一定就是指洗礼、坚振礼、圣餐礼、告解礼、临终涂油礼、授职礼和婚姻礼这七项，可以多于这七项，也可以少于这七项；或者说，从本质上讲，这七项礼仪中，任何一项都不是真正的圣礼。"[①]

称义和圣礼是特兰特会议所要解决的主要教义问题，但是，也要注意到，特兰特会议是从一定的广度来理解这两个问题的，因此，它必然还要顺带对某些相关问题作出适当的阐述，而这些问题也都是和新教问题存在着丝丝缕缕的联系。例如，关于《圣经》问题：1546年4月8日，特兰特会议颁布"关于正典圣经之教令"，其主要目的就是为了谴责新教对圣经篇目的删减以及对"圣传"[②]地位的否定[③]。再如，关于"大赦"问题：1563年12月4日，特兰特会议颁布"关于大赦(indulgences)之教令"，其目的就是为了阐明"大赦"的正确性，而这个问题正是1517年马丁·路德向天主教会发难的一个导火索。[④]又如，关于圣徒崇拜问题：1563年12月3日，特兰特会议颁布"关于对圣徒的祈求与崇敬，并论及圣骨、圣物和圣像"，其动因亦非常明确，这就是新教坚决反对圣徒崇拜，而且坚决反对圣像崇拜。[⑤] 由此我们应该可以得出基本结论，即：特兰特会议对教义问题的阐论并不是全方位的，其主要精力都是用来

---

① J. Waterworth, ed., and trans., *The Canons and Decrees of the Sacred and Oecumenical Council of Trent*, p. 54.

② 圣传(traditions，亦称 divine traditions)，亦译为传统、传承。在天主教会中，圣传主要是指教会信仰、教理、礼仪以及圣经的传承。在早期基督教历史上，耶稣及其使徒都是以口传方式传播其思想主张的。在基督教世界中流传的宗教理论、文献、礼仪和习惯，有许多没有被纳入《新约全书》中，但天主教会依然将之视为祖传圣训，从而与《圣经》一起被视为信仰启示的源头。

③ 详见 J. Waterworth, ed., and trans., *The Canons and Decrees of the Sacred and Oecumenical Council of Trent*, pp. 17—21。

④ 详见 J. Waterworth, ed., and trans., *The Canons and Decrees of the Sacred and Oecumenical Council of Trent*, pp. 277—278。

⑤ 详见 J. Waterworth, ed., and trans., *The Canons and Decrees of the Sacred and Oecumenical Council of Trent*, pp. 233—236。

谴责新教的，几乎每一项与教义有关之教令的出台都有着新教问题的背景。

3. 对特兰特会议所颁改革法令之分析

在宣布特兰特会议开幕的教令中，有关“改革”的表述是非常宽泛的，即要“对神职人员和基督徒民众进行改造”①，这种表述实际上已经把天主教世界的各个层面全部包括了进来，既要改造上上下下的神职人员，又要改造教阶体制之外的世俗信徒；而且，有关教会改革的教令是洋洋大观的，在前后三个阶段会议中，总共颁布了大约150条改革条文。因此，从表面上看，特兰特会议对天主教会的改革似乎应当是无所不包的。

但是，如果对这些条文做一些分类考察就会发现，特兰特会议有关改革方面的文献也是有着明确指向性的，其主要目的是通过革除天主教会内部的弊端以回应新教对天主教会体制的批判。实际上，即便是新教曾经大加挞伐的那些问题，特兰特会议也没有或无法予以全面回应。此外，对于当时天主教会面临的其他一些重要问题（如方兴未艾的传教士问题、遍布欧洲城乡的兄弟会问题等），特兰特会议亦未予涉及，或仅仅是顺带提及。从特兰特会议进程中可以看出，与会者曾试图从三个层面对天主教会进行改革，即教宗制度、主教制度和神父制度，至于其他一些琐碎的改革，大都可以归属到这三个层面当中。不过，即便将改革的视角集中在这三个层面，在实际操作过程中也还是存在着各种各样的问题。

首先是教宗制度问题。前文有言，以马丁·路德为首的新教派别对天主教会的内部体制曾发起猛烈进攻，而教宗制度便是其批判的首要目标，罗马教廷以及教宗自己对这一点是非常清楚的。在特兰特会议初期，将教宗制度列为重要议题之一并对之作出明确的论断，这几乎是所有与会者的共识。然而，在会议进程中，在教宗制度问题上却出现了严峻的争执。总体而言，在特兰特会议上，与会者对于教宗制度无法作明确的改造，而只能在各种相关教令中对之作出隐晦的制约。关于这一点，前文已有详细分析，兹不赘述。

其次是主教制度。如果说参加特兰特会议的主教们在教宗制度改革问题上显得畏首畏尾的话，那么，他们对自身这一层面的改革却显示出巨大的能量。从会议的第一阶段起，特兰特会议就已开始制定有关改革主教制度的教令；特别是到了最后阶段，在会议主席莫洛内的推动下，特兰特会议更是以超乎寻常的力度和速度对主教制度作出许多严格的制度性规范。当然，在此

---

① J. Waterworth, ed., and trans., *The Canons and Decrees of the Sacred and Oecumenical Council of Trent*, p. 12.

过程中，也出现过许许多多的争执，有不少主教对“革自己的命”感到惶惑和恐惧，甚至还有一些主教对相关决议持坚决抵制态度，但不管怎么说，从相关条文的数目及其内容可以看出，有关教会改革的议题最终绝大部分都是落在了主教制度这一层面上。正因如此，有学者曾作出这样的评价：特兰特会议虽然打出“教会改革”的大旗，但其实质几乎就是单纯的“主教制度改革”。① 这一说法虽然有些夸张，但它毕竟反映出特兰特会议在改革问题上的总体走势。

有关主教制度改革的条文比较繁杂，不过，我们还是可以大致将之归纳为几个方面，如：主教必须常驻在自己的主管教区，不得擅离职守；只能在一个主教区任职，不得同时兼任其他地方的主教，更不得从其他地方获取收益；要定期与下属教士举行教务会议，定期察访与监督主教区内的各种相关人员和机构；在遴选圣职人员时要严格把关，要保证圣职人员具有合适的能力与高尚的道德水准；要坚守独身制度，不得蓄养情妇；要对修女的“圣洁”和“安全”等问题负责，“除非得到主教的批准，否则，任何修女均不得走出修院”；不得以出售圣职和出售某些权力的方式谋取钱财，保证相关宗教工作的无偿性；要在每个主教区建立一所神学院，推动神学人员培养机制的正规化进程；如此等等。②

总而言之，特兰特会议有关主教制度方面的规定就是要让主教们能够以身作则，就是要让他们能够成为道德楷模。③ 从这些教令中可以看出，与从前相比，天主教会对主教的要求与制约的确大大加强了。但是，另一方面，特兰特会议的这些教令也从法律和纪律的角度赋予主教以更大、更明确的权威，因为从这些文献中可以明显感受到制定这些教令的主教们对自己的角色界定：只有他们才是教会的合适管理者，只有他们才是其主管教区内一切事务的合适监督者，也只有他们才是其下属堂区神父们的合适领导者。

再次是神父制度。神父是天主教会基层工作的主要操办者，从原则上说，其范围应包括堂区神父和修会成员；但是，特兰特会议在处理这一问题时显然是有所取舍的。特兰特会议所说的神父基本上只是指堂区神父，亦即主

---

① 参见 John W. O'Malley. S. J., "The Council of Trent: Myths, Misunderstandings, and Misinformation", in Thomas M. Lucas S. J., ed., *Spirit Style Story*, pp. 214—217。

② 在特兰特会议期间，从第 5 次全体会议起，便开始制定各种有关改革的教令，其中绝大部分都涉及主教制度问题，其中第 6、第 7、第 13、第 14、第 21、第 22、第 23、第 24 和第 25 次全体会议对主教制度的论述尤为详尽。具体条文详见 J. Waterworth, ed., and trans., *The Canons and Decrees of the Sacred and Oecumenical Council of Trent*。

③ 参见(无作者姓名)"The Vatican's Lost Monopoly", *Wilson Quarterly*, Spring 2005, vol. 29, Issue 2, pp. 96—97。

教直接管辖下的那些神父。正因如此，在特兰特会议的有关文件中，对堂区神父的各种规定往往是和对主教制度的各种规定结合在一起进行论述的。由于主教制度的改革受到高度重视，堂区神父问题也就被摆在了比较突出的位置。和主教制度类似，有关堂区神父的规定也比较繁杂，但也大致可以归结为几个方面，如：堂区神父必须常驻自己的堂区，不得同时在其他堂区任职；要能够恰当地主持各种宗教仪式特别是各种圣礼；在主日和其他神圣的节日里要中规中矩地进行布道；等等。

特兰特会议虽然也偶尔论及修会问题并对之作出一些规定，但是，这些规定的主要目的并不在于对之进行“改革”，而是要分清修会教士与主教之间的关系。之所以出现这一现象，其主要原因在于当时存在一种比较微妙的权力之争，即，以主教为主导的特兰特会议试图将修会组织从教区管理者的角色中排除出去。这是因为，在16世纪中叶的天主教会中，方济各、多明我等托钵僧修会以及很多修道院成员在布道以及充当忏悔神父方面扮演着重要角色，而各地主教对他们并不拥有管辖权。正是基于这一特殊关系，参加特兰特会议的主教们制定了一系列措施，以限制托钵僧们的“牧者特权”，并试图对他们的生活方式作出严格的规范。但是，特兰特会议在这个问题上还是相对比较谨慎的，在很多方面给人以欲说还休的感觉，这是因为，许多修会和修院的特权毕竟都是源于罗马教宗的特许。①

除了上述这些核心问题之外，特兰特会议在其他一些问题上也作出过一些规定，不过，这些规定也都是和新教问题紧密相连的。例如，关于禁书问题：在1562年2月26日举行的第18次全体会议上，特兰特会议就禁书问题发布教令，决定“选派一些教会父老来从事这项调查工作，父老们在惩戒问题上以及书籍甄别问题上，应该认真思考，找出适当的应对措施，然后在合适的时候向本圣公会议作出汇报”②。但是，一直到特兰特会议结束的1563年12月4日，禁书目录的圈定工作也没有能够彻底完成③，直到会议结束之后才由教宗庇护四世作出最终规定。④ 又如，关于阅读圣经问题：在16世纪早期

---

① 参见 John W. O'Malley, "Priesthood, Ministry, and Religious Life: Some Historical and Historiographical Consideration", *Theological Studies*, 49(1988): pp. 223—257。

② 详见 J. Waterworth, ed., and trans., *The Canons and Decrees of the Sacred and Oecumenical Council of Trent*, pp. 133—134。

③ 详见 J. Waterworth, ed., and trans., *The Canons and Decrees of the Sacred and Oecumenical Council of Trent*, p. 279。

④ 从特兰特会议结束之后由教宗庇护四世批准的相关文献可以看出，要“绝对禁绝”的书籍主要就是路德、慈温利以及加尔文等新教领袖们的著作。详见 H. J. Schroeder, *Canons and Decrees of the Council of Trent*, pp. 273—274。

天主教世界的识字阶层，除了像英格兰等少数地区之外，阅读方言《圣经》已经成为一种普遍现象①；虽然特兰特会议对这一做法表示怀疑，但在有关《圣经》问题的教令②中，对这一问题却没有作出任何明确的结论。真正就《圣经》阅读问题作出明确规定的仍然是在特兰特会议结束之后。在由庇护四世后来颁布的文件中，天主教会开始对阅读方言《圣经》作出极为严格的限制，其中规定，只有得到当地主教或书籍审查官的许可，方可阅读方言《圣经》，也就是说，"只有那些知道能从这类阅读中使自己的信仰和虔诚得到增进之人"才能阅读之。③ 虽然说这一规定并不是特兰特会议的正式教令，但在后来却对天主教会的文化讨伐运动产生了巨大影响；而且，天主教与新教在这一问题上的根本分歧最终也成为二者之间的一条重要分界线。

从以上所述内容可以看出，特兰特会议在天主教教义和天主教会改革问题上的确费尽不少心思，而且也取得不少实实在在的"成果"。但是，如果从其涉及的广度来看，特兰特会议所解决的问题却又存在着明显的狭隘性，远远没有人们惯常所说的或惯常想象的那样"全面"。笔者认为，之所以会出现"全面"这一假象，其中一个重要原因就在于人们已经习惯于接受罗马教廷在后来岁月中对特兰特会议所作的那些宣传，而很少有人愿意再去仔细考察特兰特会议的原始文献。另外还有一个因素也应值得重视。特兰特会议制定的教规教令一直是以其发布的时间顺序排列的，在漫长的18年会议期间，一直都是制定一项便公布一项；这些文件就单项而言往往都能给人以审慎之感，但各项教令之间却又几乎没有必然的联系。即便在会议结束之后，天主教会也没有按照其内容来进行分类编排。而且，特兰特会议教规教令所使用的语言及其语法结构一向又以佶屈聱牙而著称。因此，即便有人愿意对特兰特会议教规教令作一总体考察，但如果没有十分的耐心，恐怕还是难以通读下去。在这种情况下，罗马教廷的"权威结论"也就成为人们认识特兰特会议的一个捷径，人云亦云也就成为一种难以避免的现象。

4. 特兰特会议之后的"特兰特体系"

特兰特会议本身毕竟只是历史过程中的一个断点，随着时间的流逝，由

---

① 参见 John W. O'Malley. S. J., "The Council of Trent: Myths, Misunderstandings, and Misinformation", in Thomas M. Lucas S. J., ed., *Spirit Style Story*, pp. 219—220。

② 详见 J. Waterworth, ed., and trans., *The Canons and Decrees of the Sacred and Oecumenical Council of Trent*, pp. 17—121。

③ 详见 H. J. Schroeder, *Canons and Decrees of the Council of Trent*, Illinois: Tan Books and Publishers, Inc., 1978, pp. 274—275。

这一断点引射出来的各种光晕最终又造就了一套系统性的光谱，从而使得特兰特会议变成了罗马天主教会手中的一个以不变应万变的护身符，绵延数百年之久的“特兰特体系”也就应运而生。因此，在这里，有必要走进特兰特会议结束之后的天主教会，考察一下与特兰特会议相关的一些问题，这样才能更为全面地认识特兰特会议及其影响。

特兰特会议结束之后，首先面临的就是对这次会议及其成果的确认问题。从表面上看，这似乎并不应该成为一个问题，因为 18 年间所经历的三个阶段会议都是在教宗（分别是保罗三世、尤里乌斯三世和庇护四世）的倡导下召开的，特兰特会议似乎应当能够体现教宗的意志。然而，问题在于，在这 18 年当中，三位教宗本人从未亲临会场①，虽然他们都向特兰特会议派遣了特使，而且他们可以坐镇罗马以遥控会议进程，但是，他们对会议过程中出现的具体争论却无法进行全面控制；而且，教宗特使对于某些问题的理解也不一定与教宗本人完全一致，教宗特使对于与会主教们的不同意见也不可能进行绝对压制。因此，特兰特会议制定的各种文件（特别是有关主教权力方面的许多决定）并不一定都能让教宗及罗马教廷感到满意。

不过，从前文相关论述中已经可以清楚地看出，特兰特会议一结束，罗马教宗就已试图将特兰特会议的解释权收归自己的囊中，从而使之变成“外人不得入内”的一块禁地。可以想见的是，如果当年的罗马教宗对特兰特会议文件的“权威性”表示怀疑，或在对会议文件的认可方面久拖不决，或对之进行增删，那么，其后续工作必将引发更多的质疑、更多的麻烦。不过，也应当看到，尽管说以教宗为首的罗马教廷反应比较迅速，但是，在特兰特会议精神的解释权问题上，罗马教廷垄断地位的获得并不是一帆风顺的。在特兰特会议结束之后的一段时期里，在天主教世界内部，不同的势力集团开始围绕特兰特会议解释权问题展开形式各异的竞争。除了罗马教廷之外，还有两支势力值得关注。

其一是地方主教集团：如前文所述，在“教会改革”层面上，特兰特会议在很大程度上是一次有关主教问题的会议，会议颁布的教规教令曾反复强调主教在本地教务中的领导地位。正是基于这些规定，特兰特会议之后的各地主教开始强化自身对各地教会的主导权，同时开始宣扬主教有权对特兰特会议

① 有的宗教史著作称，特兰特会议开始“数月后教宗才到会”，这类说法有误。中国大陆现有的一些宗教史著作中，诸如此类的问题比较普遍。参见王美秀等著：《基督教史》，南京：江苏人民出版社 2006 年版，第 206—209 页；张晓华、徐家玲主编：《世界三大宗教史纲》，长春：东北师范大学出版社 1994 年版，第 190—191 页。另，尤里乌斯三世在没有出任教宗以前，曾以教宗保罗三世特使的身份参加过第一阶段会议，但在做了教宗之后，便没有再踏足特兰特这片土地。

的教规教令进行修正甚至扩展。在这一集团中,最为有名的当数米兰大主教查理·鲍罗米欧(Charles Borromeo,1538—1584 年)。作为特兰特会议第三阶段的实际操办人,鲍罗米欧认为,特兰特会议制定的那些教规教令是在复杂而混乱的欧洲政治宗教局势下形成的,在他看来,有些教令过于宽容,有些教令过于泛泛而谈,而且,在有些问题上,特兰特会议本应作出明确的规定,但由于各种原因而未能形成具体条文。正因如此,“根据特兰特会议的精神”,鲍罗米欧在其所辖地区召开了一系列宗教会议,并最终公布了一套《米兰教会教令集》。按照叶丁等著名教会史家的说法,鲍罗米欧的这部教令集很快便成为“一本畅销书”,且受到许多高级教士(特别是主教们)的青睐,其声誉在某种程度上甚至已经超越了特兰特会议制定的那些教规教令。①

其二是世俗君王集团:虽然说特兰特会议在名义上是一次“宗教”会议,但在中世纪及近代欧洲,宗教从来就没有脱离过世俗政治。正是由于这种复杂的关系,天主教世界中的各国君主也都认识到特兰特会议的重要性。他们认为,不能将特兰特会议的解释权置于教会之手,特别是关于有俸圣职以及主教制度的那些规章,更不能由教会擅自解释。例如,在教宗庇护四世批准特兰特会议教规教令之后,西班牙国王菲利普二世(Philip II)虽然对其内容多有不满,但还是于 1564 年 7 月 12 日下令,在西班牙本土及其属地公布相关文件;不过,他又明确规定,如果没有他的批准,教会便不得制定和颁布任何重要规章。② 又如,在法国,早在百年战争结束的 15 世纪中叶,世俗君主就已开始逐步取得对本国天主教会的控制权;当特兰特会议结束之时,漫长的雨格诺战争(1562—1598 年)才刚刚开始,在此期间,特兰特会议的教规教令以及教宗的各种谕令在法国受到僧俗两界的广泛抵制;直到 17 世纪初,即 1615 年,法国君主才从形式上正式接受特兰特会议的教规教令,而到了这个时候,法国王室已经在“绝对君主制”的道路上大踏步向前,世俗国家对宗教事务的控制权已日益强化,法国天主教会的“高卢主义”色彩使得特兰特会议精神在法国的贯彻变得困难重重。③

虽然说罗马教廷在特兰特会议解释权问题上遇到以上所述的各种竞争和抵制,但它毕竟有着诸多的传统特权,而且特兰特会议本身就是由教宗倡

① 参见 John W. O'Malley. S. J.,“The Council of Trent: Myths, Misunderstandings, and Misinformation”, in Thomas M. Lucas S. J., ed., *Spirit Style Story*, pp. 221—222。

② 文件全文可在互联网阅读(http://www.pitts.emory.edu/dia/detail.cfm?ID=9201,检索日期:2012 年 2 月 3 日)。

③ 参见陈文海《法国史》,北京:人民出版社 2004 年版,第 152 页,第 155 页,第 157—164 页,第 187—188 页。

议召开的，特兰特会议的各项议题也是以维护教宗权威为前提的，会议制定的教规教令需要教宗的正式批准方可生效，另外，特兰特会议还把颁布禁书目录、制定教理问答、编制祈祷书等等重大问题留给教宗来解决。再加之教宗本人审慎而积极的行动，可以说，教宗及罗马教廷在这个问题上还是占有多种先天优势。正是在这样一种背景下，教宗庇护四世、庇护五世（St. Pius V，1566—1572 年在位）以及格里高利十三世（Gregory XIII，1572—1585 年在位）等人一直强调，对特兰特会议的解释和实施是罗马教宗的固有特权。教宗西斯笃五世（Sixtus V，1585—1590 年在位）当政期间，教廷对特兰特会议解释权的控制进一步加强。1588 年，西斯笃五世把庇护四世时期初步设立的“特兰特会议部”（Congregation of the Council of Trent）进行正规化调整，将之作为教廷对特兰特会议精神进行解释的权威机构，从而给罗马教廷的上述“固有特权”奠定了一个制度性基础。①

到了 17 世纪以后，虽然说罗马教廷的权威在其他诸多方面受到了削弱，但它却在很大程度上成功地将自身确立为特兰特会议的权威解释者。而且，在面对新时代的各种压力和挑战过程中，罗马教廷开始越来越依赖于特兰特会议，不论遇到什么样的问题，它总会想到应该在特兰特会议中寻找解救药方，并在特兰特精神“指引”下对特兰特会议原始教规教令进行解释、衍申和补充。同时，对于天主教会内部出现的各种争议，罗马教廷几乎也会毫无例外地以特兰特会议作为大旗而将之压制下去，高举大旗、严格纪律、“终止辩论”成为罗马教廷维护天主教信仰统一的一个法宝。正是在罗马教廷的长期渲染下，西方社会逐渐形成了一种观念，即：特兰特会议是一次全面解决天主教会各种问题的圣公会议，它对每一个问题都作出了细致入微的规定。这一现象也就是西方学者所言的“特兰特神话”（the Trent Myth）。② 关于这一“神话”，著名教会史专家阿尔贝里格（G. Alberigo）有过这样的评判：“在特兰特会议上，存在着大量的有争议的问题，在当时，人们的确认为这些问题是有待将来作进一步讨论的。但是，在特兰特会议结束之后的各个时代里，天主教神学却借助于这次圣公会议的庇荫，关上了对这些问题进行讨论的大门。其结果就是，神学上的多元主义被扼杀；同时，在神学上采取不妥协方针，以

① “Congregation for the Clergy”（http://www.vatican.va/oman_curia/congregations/cclergy/documents/rc_con_cclergy_pro_31051999_en.html，检索日期：2012 年 2 月 3 日）

② 参见 John W. O'Malley. S. J.，“The Council of Trent：Myths，Misunderstandings，and Misinformation”，in Thomas M. Lucas S. J.，ed.，*Spirit Style Story*，p. 223。

此促进(天主教世界的)信仰统一,然而,这种统一却是虚幻的。"①

由以上所述可以看出,近现代天主教会的"特兰特体系"实际上是以特兰特会议为原型、随后又辅以罗马教廷的各种演绎而形成的一种杂糅性产物,它既有原生成分,又有次生因素。至于二者在这个"体系"中各占多少比例,恐怕是难以作出精确划分的,因为"特兰特体系"是一个随行就市的巨型容器,而且是一个可以无限扩张的巨型容器。不过,通过《特兰特圣公会议教规教令集》这一基本文献,我们却可以做到以下一点,即,不论遇到什么样的"特兰特体系",我们都可以明确判断出哪些内容是属于特兰特会议所确定的,哪些内容是特兰特会议讨论过但未作定论的,哪些内容是特兰特会议所未曾涉及的。在此基础上,我们对特兰特会议以及特兰特体系的认识或许也就可以变得更加清晰、更加准确。

---

① Giuseppe Alberigo, "The Council of Trent", in John W. O'Malley, ed. *Catholicism in Early Modern History: A Guide to Research*, St. Louis, Mo.: Center for Reformation Research, 1988, p. 223.

特兰特会议始末*

J. P. 基尔希

基督教第十九次圣公会议于 1545 年 12 月 13 日在特兰特城①开幕，1563 年 12 月 4 日在同一地点闭幕。本次会议的主要目标是对天主教会的教义作出明确阐述，以回应抗议宗教徒的那些异端邪说。另外，在天主教会内部，人们在生活作风方面已经积攒下无计其数的弊端，因此，本次会议的另一个目标就是要清除这类弊端，以此对这种生活作风进行彻底的改革。

一、会议的召集与开幕

路德②认为罗马教廷将会因为他的那些具有异端色彩的教义而对他进行谴责，因此，1518 年 11 月 28 日，路德发出呼吁，要求由教宗③出面召开一

---

* 为更好地理解《特兰特圣公会议教规教令集》中的内容，有必要对特兰特会议的原委及基本过程作一简要介绍。为使这一介绍更加准确可靠，经过权衡，译者决定选用西方学者在这一领域的研究成果。本文译自《天主教百科全书》第 15 卷（*The Catholic Encyclopedia*，vol. XV，New York：Robert Appleton Company，1912），原文执笔者是著名的教会史专家基尔希（J. P. Kirsch）。需要说明的是，基尔希的这篇文章距今已有近 100 年的历史，其中的某些观点或某些表述现在看来或许已经有些不合时宜。而且，基尔希本人是一位虔诚的天主教徒，在对特兰特会议期间各方各派的描述上带有强烈的感情色彩，其中尤其是对抗议宗教徒（新教徒）、神圣罗马帝国皇帝以及法国国王多有贬抑性的描述。不过，如果排除上述这些具有感情色彩的内容，可以认为，这篇文章对特兰特会议前因后果以及整个会议进程的描述还是非常完整的，其所述的基本史实仍是经得起时间检验的。另，该词条中的所有注释均为中译者所加，不另标准。

① 特兰特（Trent），位于亚平宁半岛东北，在维琴察的北面。详见本书正文开篇中的相关注释。

② 即马丁·路德（Martin Luther，1483—1546 年），16 世纪德意志宗教改革的领袖。

③ 当时的教宗是利奥十世（Leo X，1513—1521 年在位）。

次圣公会议。1523 年，(神圣罗马帝国)在纽伦堡[①]召开帝国议会，会议要求在德意志领土上召开一次“自由的基督教会议”。1524 年，同样是在这座城市举行的帝国议会要求召开一次德意志民族的宗教会议，以暂时调解处于争执之中的各种问题；同时，帝国议会还要求召开一次圣公会议，以彻底解决针对罗马教廷的各类指控，并彻底解决各种宗教纷争。在德意志，(反教廷的)情绪极为高涨，因此，(帝国议会的)这一要求是非常危险的。罗马教廷明确拒绝召开德意志民族宗教会议之要求，但是，在召开圣公会议问题上，罗马教廷则没有作出绝对的回绝。皇帝查理五世[②]也反对召开这类民族宗教会议，但是，他却通过自己的几位使节向教宗克勒蒙七世[③]转达了自己的想法，即，他认为召开一次圣公会议是合适的，而且他还提议将特兰特城作为会议举办地。遗憾的是，在随后几年中，皇帝与教宗之间争执不下，结果使得他们没有再就圣公会议问题进行任何进一步的商谈。这种无所作为的状况一直持续到 1529 年。这一年，教宗使节皮科・德拉・米朗多拉[④]在施拜尔[⑤]帝国议会上宣布：教宗已准备向德意志人提供援助，以抗击土耳其人；而且准备展开努力，以恢复基督徒君王之间的和平；同时还准备下令召集一次圣公会议，会议时间定在次年夏天。1530 年，查理五世与克勒蒙七世在波伦亚[⑥]会晤，教宗允诺，如果实属必需，他将同意召开一次圣公会议。然而，枢机兼教宗特使罗伦佐・坎佩齐奥[⑦]反对召开圣公会议，他认为，抗议宗教徒在要求召开圣公会议问题上是心怀鬼胎的。不过，德意志的天主教诸侯尤其是巴伐利亚(Bavaria)的诸位公爵仍然希望召开一次圣公会议，他们认为，天主教会正在遭受各种邪恶灾祸的折磨，而召开圣公会议则是战胜这些邪恶的最佳途径。查理五世也坚持认为，只要基督教世界出现一段总体上的和平，就应该立即召开圣公会议；而且，他的这一决心从未出现动摇。

1530 年的奥格斯堡[⑧]帝国议会又讨论了这个问题，而坎佩齐奥当时再次

---

① 纽伦堡(Nuremberg)，位于德意志巴伐利亚境内，今为巴伐利亚州的第二大城市，仅次于首府慕尼黑。

② 查理五世(Charles V，1519—1555 年在位)，神圣罗马帝国的皇帝。

③ 克勒蒙七世(Clement VII，1523—1534 年在位)，罗马教宗。

④ 全名是吉奥瓦尼・弗朗西斯科・皮科・德拉・米朗多拉(Giovanni Francesco Pico della Mirandola，约 1469—1533 年)，意大利哲学家，是意大利文艺复兴时期的著名思想家皮科・德拉・米朗多拉(Pico della Mirandola，1463—1494 年)的侄子。

⑤ 施拜尔(Speyer)，德意志城市，位于今德意志莱茵兰—普法尔茨州。

⑥ 波伦亚(Bologna)，意大利城市，位于特兰特南面、佛罗伦萨北面。

⑦ 罗伦佐・坎佩齐奥(Lorenzo Campeggio，1472？—1539 年)，著名的教会法学家和外交家，1511—1539 年间先后任 5 代教宗的特使或大使。

⑧ 奥格斯堡(Augsburg)，德意志城市，位于巴伐利亚州。

反对召开圣公会议;但皇帝查理五世则宣称,如果抗议宗教徒愿意回到从前的天主教信仰,而且如果他们能将这一信仰坚持到圣公会议作出相关决定之时,那么,他本人还是希望召开一次圣公会议的。查理五世的建议得到了天主教诸侯们的赞同,不过,这些诸侯希望将这次会议的地点定在德意志。就召开圣公会议问题,查理五世数次致函给其驻罗马的诸位使节;正是由于他的这些信函,专门处理德意志事务的枢机会议又曾就召开圣公会议之事作过两次讨论。尽管教宗与皇帝之间的观点并不一致,教宗还是向皇帝致函并在信函中提出以下建议,即,如果抗议宗教徒能够重新回到顺从天主教会的轨道上来,那么,经他同意,查理五世便可以作出召开圣公会议的承诺。他建议在意大利选取一个城市作为会议地点,而且最好就选罗马。然而,皇帝并不信任教宗,他认为教宗克勒蒙并非真心实意地想召开圣公会议。与此同时,抗议宗诸侯并不同意放弃自己的教义。和大多数枢机一样,特别是和法尔内赛、戴尔·蒙特以及卡尼希奥①等枢机一样,查理五世反反复复地敦促克勒蒙七世召开一次圣公会议,他们认为,这是平息宗教纷争的唯一途径。然而,在召开圣公会议问题上,克勒蒙七世依旧不断地制造障碍。与此同时,抗议宗诸侯拒绝放弃其所持的立场。而法国国王弗朗索瓦一世②又提出各种无法满足的条件,以此阻挠圣公会议的召开。实际上,在 1531 年 11 月 28 日召开的教宗御前会议上,与会者已经一致同意召开一次圣公会议;而圣公会议之所以未能在克勒蒙七世当政时期召开,主要是由于弗朗索瓦一世的过失造成的。1532 年,皇帝与教宗在波伦亚再次讨论召开圣公会议问题,双方商定,一旦所有的基督徒君王对召开圣公会议的方案表示认可,圣公会议就应立即召开。随后,教廷起草了措辞恰当的致各地统治者的教宗通谕,而且向德意志、法兰西和英格兰等地派出了教宗特使。法国国王的回复不能让人满意。不论是他,还是英国国王亨利八世③,都避免作出明确的回答;而德意志的抗议宗教徒则拒绝教宗提出的那些条件。

继克勒蒙七世之后出任教宗的是保罗三世(1534—1549 年在位),其原名是亚历桑德罗·法尔内赛。当他还是枢机的时候,他就一直强烈希望召集

---

① 法尔内赛(Farnese,1468—1549 年),全名亚历桑德罗·法尔内赛(Alessandro Farnese),即后来的教宗保罗三世(Paul III,1534—1549 年在位)。戴尔·蒙特(del Monte,1487—1555 年),全名吉奥瓦尼·戴尔·蒙特(Giovanni del Monte),后来于 1550—1555 年任教宗,称尤里乌斯三世(Julius III,或译为犹利三世)。卡尼希奥(Canisio,1472—1532 年),全名埃齐迪奥·卡尼西奥(Egidio Canisio),擅长演说,在哲学、历史学和神学方面多有建树。

② 弗朗索瓦一世(英文 Francis I, 法文 François Ier,),法国国王,1515—1547 年在位。

③ 亨利八世(Henry VIII),英国国王,1509—1547 年在位。

一次圣公会议①；在选举教宗期间，他也极力呼吁召集一次这类会议。当选教宗之后，他在1534年10月17日与众枢机首次见面，在此期间，他提到了召开圣公会议的必要性；在11月13日举行的第一次御前会议上，他重申了这一观点。他又把各地的著名教长召至罗马，与他们商讨召开圣公会议问题。查理五世和斐迪南一世②派往罗马的代表也在作出各种努力，试图让圣公会议能够尽快得以召开。不过，绝大多数枢机却反对立即召开圣公会议，但最终结果还是形成了这样一个决议，即，向各地君王发出通告，知会他们教宗已经决定召开一次基督教大会。为此，教廷向法兰西、西班牙以及德意志国王斐迪南等处派出了大使。韦尔杰里奥③是被派往斐迪南处的教廷大使，此外，韦氏还要前往德意志选帝侯④以及其他一些声誉卓著的诸侯那里，以亲自告知他们(教宗)很快就要宣布召开圣公会议这件事。在此过程中，他时常遭到冷遇和怀疑，但他还是充满热情地履行自己的使命。之所以出现诸多障碍，其中一个原因在于会议地点的选择上，因为罗马教廷坚持圣公会议必须在意大利的某个城市中召开。1535年12月，抗议宗诸侯在施马尔卡尔登⑤召开会议，对于拟议召集的这次圣公会议，他们表示拒绝。他们的立场得到了英王亨利八世和法王弗朗索瓦一世的支持。而与此同时，弗朗索瓦一世却又向罗马方面信誓旦旦地表示说，他认为，要想铲除异端，召开圣公会议是一个非常可行且有用的办法；在召开圣公会议问题上，他玩弄的是一种两面三刀的手法，这是他在处理和德意志抗议宗有关的问题时一贯使用的伎俩。1536年，查理五世访问罗马，在召开圣公会议问题上，他与教宗之间达成了一项全面的协议。1536年6月2日，保罗三世颁布谕令，要求所有的宗主教、大主教、主教以及修院院长于1537年5月23日出席在曼图亚⑥召开的圣公会议。罗马方面从枢机中任命了多位教宗特使，让他们前去邀请帝国皇

---

① 参见前文注释。

② 斐迪南一世(Ferdinand I，生卒年为1503—1564年)，神圣罗马帝国皇帝查理五世之弟，1531年被选为"罗马人的国王"(King of the Romans)，即德意志国王，这一头衔的获得意味着他已被指定为神圣罗马帝国皇帝(即"罗马人的皇帝"，Emperor of the Romans)的继承人。1555年，查理五世逊位，斐迪南随之即位(1555—1564年在位)。

③ 韦尔杰里奥(Vergerio，1497？—1565年)，全名彼得·保罗·韦尔杰里奥(Pietro Paulo Vergerio)，意大利宗教改革家，一方面主张接受新教的某些原则，另一方面又主张保留传统天主教会的主教制度。

④ 当时共有七个选帝侯。其中三个是教会选帝侯，即美茵茨大主教、科隆大主教和特里尔大主教；另外四个则是世俗选帝侯，即萨克森公爵、勃兰登堡边地侯、普法尔茨伯爵(或称莱茵行宫伯爵，或称莱茵巴拉丁伯爵)以及波希米亚国王。

⑤ 施马尔卡尔登(Smalkald)，德意志中部小城。

⑥ 曼图亚(Mantua)，意大利西北部城市，今为意大利曼图亚省省会。

帝、罗马人的国王以及法国国王[1]参加圣公会议；与此同时，他又派出大量其他的教廷大使前往其余的基督教国家以负责邀请事宜。尼德兰人彼得·凡·德·福斯特[2]被派往德意志，其任务是劝说德意志的那些大诸侯参加圣公会议。抗议宗诸侯以极为粗鲁无礼的方式对待这位使节；尽管在1530年的时候他们曾要求召开一次圣公会议，但如今他们却在施马尔卡尔登粗率地拒绝了邀请。1536年，弗朗索瓦一世和查理五世之间又爆发战争，弗朗索瓦一世便以此为借口宣布说，法国的主教们无法前去参加圣公会议。

与此同时，罗马方面正在满腔热情地为圣公会议的举行做各种准备工作。1536年7月，教廷成立改革委员会，并由该委员会起草一份报告，以此作为纠正教会生活中各种流弊之基础。教宗本人也开始为曼图亚之旅做准备工作。然而，事到如今，曼图亚公爵[3]却开始反对在自己所属的这座城市召开圣公会议，而且提出一系列罗马方面根本不可能接受的条件。于是，圣公会议的开幕日期被延至(1536年)11月1日。后来，圣公会议的地点又被改在维琴察[4]，会议开幕日期定在1538年5月1日。然而，在此过程中，弗朗索瓦一世依然不断地设置种种障碍。尽管如此，受命主持这次圣公会议的诸位教宗特使还是到了维琴察。但是，来此开会的主教仅有区区6人。于是，法国国王和教宗又在尼斯[5]会晤，然后决定将圣公会议的开幕日期延至1539年的复活节。[6] 此后不久，皇帝查理五世亦要求推迟圣公会议，因为他准备与抗议宗教徒举行会议，以图在德意志境内恢复宗教统一。教廷方面与查理五世以及弗朗索瓦一世又进行了数次协商，但均无果而终，于是，在1539年5月21日的教宗御前会议上，圣公会议被无限期推延，重新召开的日期将由教宗视具体情况而定。1541年9月，保罗三世和查理五世在卢卡[7]会晤，前者再次提出召开圣公会议问题。皇帝赞同教宗的意见，即圣公会议应该在维琴察举行，但他认为威尼斯方面可能不会同意，于是皇帝建议将特兰特作为会

---

① 帝国皇帝指神圣罗马帝国皇帝查理五世，罗马人的国王指德意志国王斐迪南一世，法国国王指弗朗索瓦一世。

② 彼得·凡·德·福斯特(Peter van der Vorst)，16世纪尼德兰人(当时尼德兰隶属于神圣罗马帝国)，生卒年不详。

③ 统治曼图亚的是当地望族贡扎加家族(Gonzaga)。该家族在此地统治达400余年(1328—1746年)。

④ 维琴察(Vicenza)，位于意大利东北部，是威尼斯西面的一个小城。

⑤ 尼斯(Nice)，位于法国东南部，濒临地中海。

⑥ 即1539年4月6日。

⑦ 卢卡(Lucca)，位于意大利中北部利古里亚海附近，如今是托斯卡纳大区的一座城市，也是卢卡省的首府。

议地点；稍后，枢机贡塔里尼[1]建议将会议地点定在曼图亚，但是，最终并未作出任何决定。后来，教廷向皇帝及弗朗索瓦一世发出请求，让他们将本国的枢机派到罗马，这样的话，召开圣公会议问题便可以由枢机团来进行讨论。莫洛内[2]是作为负责处理圣公会议事务的教宗特使而常驻德意志的，教宗（同意他的建议）并决定将在特兰特召开圣公会议。罗马教廷就相关问题又做了进一步的磋商，随后，1542年5月22日，保罗三世颁布谕令，宣布将于当年11月1日在特兰特城召开一次基督教圣公会议。抗议宗教徒对将要召开的这次圣公会议发起猛烈攻击；弗朗索瓦一世也是不遗余力地反对召开这次会议，他甚至不准在他的王国之中公布教宗的上述这份关于召开圣公会议之谕令。

德意志的天主教诸侯以及波兰国王西吉斯孟德[3]同意召开圣公会议。而查理五世则大发雷霆，其原因在于，他与弗朗索瓦一世之间眼看就要爆发战争，而教宗对这场战争却持中立的立场，而且，教宗谕令中的措辞亦让查理五世感到十分恼怒[4]；因此，他致信保罗三世，对之大加斥责。不过，由教宗委派的特别专员还是前往特兰特城，为圣公会议的召开进行各种准备工作；后来，教宗又任命三位枢机作为负责圣公会议事务的特使。然而，由于弗朗索瓦一世和皇帝查理五世的举动，结果只有为数极少的意大利和德意志主教到达特兰特，圣公会议的开幕再次成为泡影。1543年3月，教宗又前往波伦亚；当年6月，他与查理五世在布赛托[5]举行会谈，但是，有关圣公会议的事情依旧未能取得进展。教宗与皇帝之间的关系再度紧张，而且，查理五世与弗朗索瓦一世之间又爆发了战争，因此，圣公会议又被延期至1543年7月6日（但仍未能如期举行）。《克莱斯比和约》[6]（1544年9月17日）签订之后，

---

① 贡塔里尼（Contarini，1483—1542年），全名加斯帕罗·贡塔里尼（Gasparo Contarini），威尼斯人。

② 莫洛内（Morone，1509—1580年），全名吉奥瓦尼·莫洛内（Giovanni Morone），1536年任教宗保罗三世的驻德使节，1542年返回罗马任枢机。1557年教宗保罗四世因怀疑他信仰异端而将之囚禁于罗马。1559年保罗四世死后，莫洛内获释，教宗庇护四世宣布他无罪。1563年，莫洛内被任命为特兰特会议主席。

③ 西吉斯蒙德（Sigismund），即西吉斯蒙德一世（Sigismund I），波兰国王兼立陶宛大公（the grand duke of Lithuania），1506—1548年在位。

④ 详见本书正文的开篇“教宗保罗三世就召开特兰特圣公会议所颁的训令”。

⑤ 布赛托（Busseto），位于意大利北部，是帕尔玛（Parma）地区的一个小镇。

⑥ 《克莱斯比和约》（*Peace of Crespy*），神圣罗马帝国皇帝查理五世与法国国王弗朗索瓦一世于1544年9月17日签订的和约，两国之间自1521年以来断断续续进行的战争至此暂告结束。另，克莱斯比（Crespy）是位于巴黎东面的一个小城，在莫城（Meaux）附近，今属塞纳—马恩省（Seine-et-Marne）。

保罗三世和查理五世之间的紧张关系亦得以化解。弗朗索瓦一世已不再反对召开圣公会议，而且他还宣布说，和皇帝一样，他本人也同意将特兰特作为会议地点。1544 年 11 月 19 日，教宗颁布名为“欢乐的耶路撒冷”(Laetare Hierusalem)之谕令，再次宣布召开圣公会议，即，将于 1545 年 3 月 15 日在特兰特城开始召开圣公会议。1545 年 2 月，教宗任命吉奥瓦尼·戴尔·蒙特、马赛罗·塞尔维尼和雷吉纳尔德·波尔三位枢机作为教宗特使，负责主持这次圣公会议。① 到了 3 月的时候，来到特兰特城的主教依然寥寥无几，因此，会议的开幕日期只得再度推迟。不过，皇帝查理五世希望圣公会议能够尽早开幕，于是，第一次正式会议的召开时间被定在 1545 年 12 月 13 日。(在这一天)，圣公会议的首席主持人戴尔·蒙特枢机首先主持圣灵弥撒，然后，在特兰特大教堂的唱经楼举行第一次正式会议。会议首先宣读两份教宗谕令，一是召开圣公会议的谕令②，二是任命教宗特使并让其负责圣公会议事务的谕令③；随后，戴尔·蒙特枢机宣布基督教圣公会议开幕，并决定在(1546 年)1 月 7 日召开第二次会议。出席第一次会议的，除了担任会议主席的 3 位教宗特使之外，还有枢机级的特兰特主教马德鲁佐④，此外还有 4 位大主教、21 位主教以及 5 位修会会长。出席会议的还有德意志国王斐迪南派来的几位特使；此外还有 42 位神学家和 9 位教会法学家，这些人是作为会议顾问而被召集来的。

二、会议程序

在完成其伟大任务过程中，圣公会议不得不与许许多多的困难作斗争。在最初的几个星期里，圣公会议主要是忙于解决会议程序问题。经过漫长的讨论，最终达成以下决定，即：首先由担任教宗特使的诸位枢机提出准备供与

---

① 吉奥瓦尼·戴尔·蒙特(Giovanni del Monte，1487—1555 年)，后来于 1550—1555 年任教宗，称尤里乌斯三世(Julius III)。马赛罗·塞尔维尼(Marcello Cervini，1501—1555 年)，尤里乌斯三世于 1555 年 3 月 23 日去世，马赛罗·塞尔维尼于当年 4 月 9 日当选教宗，称马赛罗二世，但因积劳成疾，在位仅 22 天便去世。雷吉纳尔德·波尔(Reginald Pole，1500—1558 年)，1536 年被擢升为枢机，1556 年被任命为英国坎特伯雷大主教。

② 指 1544 年 11 月 19 日的教宗谕令。

③ 指 1545 年 2 月 22 日的教宗谕令。

④ 马德鲁佐(Madruzza，亦写作 Madruzzo，Madruzzi，von Madrutz，von Madrutsch 或 de Madruce，1512—1578 年)，全名克里斯托弗·马德鲁佐(Cristoforo Madruzza)，1539 年出任特兰特主教，1542 年成为枢机。

会成员讨论思考的问题，接着由小规模的神学顾问委员会就这些问题起草文件；然后，由教长组成的特别审议团举行预备会议，并对相关文件进行全面彻底的讨论；如果相关文件是属于教义方面的，则由负责教义问题的教长特别审议团进行讨论；如果相关文件是属于教会法方面的，则由负责教会法问题的教长特别审议团进行讨论。起初，参加圣公会议的教会父老被分成三个讨论组；但是，这一做法带来了很多麻烦，因此，很快便被取消。在前期讨论工作全部完成之后，相关问题将被送到审议大会上，与会者将对之进行详细辩论，然后形成最终的教令。这类审议大会的组成人员包括所有主教、修会会长、拥有投票权的隐修院院长、拥有投票权的缺席人员之代理人以及世俗君王的代表。经过诸如此类详尽辩论之后形成的教令将被提交给正式的代表大会，并由与会者对之进行投票表决。(1545 年)12 月 18 日，在审议大会上，教宗特使就讨论程序问题公布了 17 项条款。但是，这些规定也带来了一系列的难题，其中一个主要问题是，究竟应该首先讨论教义问题还是应该首先讨论教会生活作风改革问题。最终的解决方案是，对两大议题同时展开辩论。因此，在各次正式会议上，将首先公布与天主教教义有关的教令，接着再以相似的方式公布与教会纪律及教会改革相关的教令。另外还有一个问题，即，作为圣公会议的成员，修会会长和隐修院院长是否每人都应拥有表决权？在这个问题上，各方存在着严重分歧。不过，经过长时间的讨论，最终作出如下决定：每个修会只能拥有一票表决权，该表决权属于每个修会的会长。另，教宗派来三位本笃会隐修院院长，让他们代表整个本笃会，(但圣公会议决定)，他们三人只能拥有一票表决权。

在这次圣公会议究竟应冠以什么样的名头问题上，也必须制定一份教令，而且该教令将在第二次正式会议上予以公布；然而，在对这份教令进行初步讨论的过程中，人们的观点却出现了激烈的分歧。问题的焦点是，在“特兰特神圣会议”(Sacrosancta tridentina synodus)名号上是否还应加上“代表整个教会的”(universalem ecclesiam reproesentans)这样的附加语。根据菲耶索莱[①]主教博拉丘·马尔泰罗(Braccio Martello)的记载，在出席圣公会议的成员中，有很多人希望加上后面的这个附加语。虽然说这一名头本身是名正言顺的，但是，对于教宗特使以及参加圣公会议的其他一些成员看来，这种附加名头却是危险的；这是因为，当年的康斯坦斯会议和巴塞尔会议[②]即是用了

---

① 菲耶索莱(Fiesole)，意大利佛罗伦萨下属的一个小城。

② 康斯坦斯会议(Council of Constance)，1414—1418 年召开。巴塞尔会议(Council of Basle)，1431—1445 年召开。

这样一个名头，而这个名头可以用以表明这次基督教圣公会议的权威性高于教宗。因此，有人提议使用“基督教会全体的”(oecumenica et generallis)这样一种附加语来代替之，几乎所有的主教都接受了这一提议。只有三名主教坚持使用“代表整个教会的”(universalem ecclesiam reproesentans)这一附加语，在随后的日子里，他们又数次提出这个问题，不过，均未获成功。还有一点是关于缺席主教之代理人问题的，也就是说，这些代理人是否应该拥有表决权？最初，代理人未被给予表决权；不过，对于某些德意志主教来说，由于其境内的宗教问题麻烦重重，他们无法离开自己所辖的教区，因此，保罗三世破例允许他们委派代理人，由代理人代表他们参加会议。1562年，圣公会议重新续开，庇护四世不再允许委派代理人这一做法。(圣公会议)还通过了其他一些规定，例如，在圣公会议期间，与会者依然有权在自己的教区获得收入；另外，圣公会议还就与会者的生活方式问题作出了规定。后来，亦即在会议的第三阶段，圣公会议又对上述规定做了各种各样的调整和修改。在此期间，圣公会议邀请的神学家人数大增，已经发展为一个庞大的团体。因此，这些神学家被划分为六个组别，每个组都要对大量的教令草案进行讨论。圣公会议还经常成立一些特殊的代表团以处理某些特殊的问题。整套辩论规则是非常审慎的，根据这一规则，对于提请辩论的那些问题，人们必须对其方方面面都要进行绝对如实且详尽的讨论。而且，在罗马与特兰特之间设有固定的信使服务机构，因此，对于圣公会议的辩论情况，教宗一直了如指掌。

三、会议进程与各次正式会议

1. 在特兰特召开的第一阶段会议

在参加此次圣公会议的教会父老以及被召前往特兰特的神学家当中，有许多重要人物。作为圣公会议主持人，教宗特使们具有高超能力，能够应对其艰难的工作。在出席最初几次正式会议的主教当中，特别引人注目的有哈恩的帕塞科[①]、菲尔特雷的坎佩奇奥[②]以及前文提到过的菲耶索莱主教。奥

① 哈恩的帕塞科(Paceco of Jaén)，西班牙哈恩教区主教。

② 菲尔特雷的坎佩奇奥(Campeggio of Feltre)，意大利菲尔特雷教区主教。

古斯丁隐修会会长基洛拉莫·赛里潘多[①]则是参加此次圣公会议的修会首脑中最为杰出的一位。在与会的神学家中,有两位学识渊博的多明我会修士必须要提及,他们是安布罗基奥·卡塔里诺[②]和多梅尼克·索托[③]。1545 年 12 月 13 日,圣公会议召开第一次正式会议,宣布会议开幕。随后,与会者围绕与会议程序相关的各种问题展开讨论;1546 年 1 月 7 日的第二次会议和 1546 年 2 月 4 日的第三次会议均没有讨论任何与信仰或法度相关的问题。在第三次会议上,各种前期准备工作以及会议程序问题才得以基本解决。只是在此之后,圣公会议才开始其实质性工作。皇帝查理五世的代表弗兰西斯科·德·托莱多[④]一直到(1546 年)3 月 15 日才抵达特兰特;后来,查理五世又派出其私人代表门多萨[⑤],而此人于(1546 年)5 月 25 日才达到会议地点。教宗特使们提出的第一个议题是作为神启源泉的圣经问题,(1546 年)2 月 8 日,他们将该议题提交给审议大会进行讨论。在各式各样的审议会上,与会者就这一问题进行详尽的初步讨论,在此基础上形成两份教令;在 1546 年 4 月 8 日的第四次正式会议上,与会者围绕这两份教令又进行辩论,教会父老们最终通过了这两份教令。在论及正典圣经问题时,两份教令同时规定:对于信仰和道德教化问题而言,教会传统(圣传)与《圣经》一道都是标准的超自然神启。在圣经文本及使用问题上,这两份教令宣布:通俗本圣经(the Vulgate,"武加大"本圣经)是供布道与辩论使用的权威文本,当然,并不是说有了这一规定就不能对之进行文本方面的校订。另外,教令还规定,在对《圣经》进行解释的时候,必须要遵循教父们已经达成的那些共识,而且,在任何时候都不得将《圣经》用于迷信之目的。不过,在使用方言翻译《圣经》问题上,两份教令没有作出任何的规定。

与此同时,教宗与诸位教宗特使之间就教会改革问题展开了认真的讨论,而且,特使们提出了很多议题,其中特别涉及罗马教廷及其管理、主教、教

---

① 基洛拉莫·赛里潘多(Gerolamo Seripando,1493—1563 年),意大利人,14 岁时加入奥古斯丁修会(the Augustinian Order),通晓希腊语、希伯来语、哲学和神学。1546 年,赛里潘多中途参加特兰特会议,就《圣经》文本、原罪以及称义等问题发表许多独特的意见。1561 年,庇护四世授予他枢机头衔,并任命他为负责特兰特会议的第二特使。1563 年 3 月 17 日,赛里潘多因患肺炎在特兰特去世。

② 安布罗基奥·卡塔里诺(Ambrogio Catarino,1484—1553 年),意大利人,天主教神学家。

③ 多梅尼克·索托(Domenico Soto,1494—1560 年),西班牙神学家。

④ 弗兰西斯科·德·托莱多(Francisco de Toledo,1515? —1584 年),西班牙人,与神圣罗马帝国皇帝查理五世关系密切,1569—1581 年间任西班牙副王,直接治理西班牙殖民地秘鲁。

⑤ 门多萨(Mendoza,1503? —1575 年),全名迪亚哥·胡尔塔多·德·门多萨(Diego Hurtado de Mendoza),西班牙人,诗人,政治家,作为神圣罗马帝国皇帝查理五世的特使,曾多次出访他国。

会有俸圣职、什一捐、圣秩以及圣职人员培训等方面的问题。查理五世希望推迟讨论教义方面的问题，但是，圣公会议以及教宗均不同意这种做法。因此，圣公会议采取齐头并进的方法，即，在讨论教义问题的同时，也制定与纪律法度相关的教令。(1546 年)5 月 24 日，审议大会开始讨论原罪、原罪的性质、原罪的后果以及通过洗礼来消减原罪等方面的问题。与此同时，圣母玛利亚无原罪始胎(the Immaculate Conception of the Virgin)问题也被提出来讨论，但绝大多数与会者最终还是决定，在这个问题上不作任何明确的教义上的结论。在教会改革方面，展开讨论的问题涉及神学教师职位的设立、福音的宣讲以及主教的驻寨义务等问题。关于最后这个问题，西班牙主教帕塞科提出疑问，即，这种义务究竟是源于上帝的安排还是源于人类的安排，也就是说，它是否仅仅就是根据教会的一项法令而作出的要求？针对这一问题，后来出现了漫长而激烈的讨论。1546 年 6 月 17 日，第五次正式会议就原罪教义问题公布了教令，其中包含有 5 条以绝罚(或诅咒)为惩治手段的教规，以此反对那些在相关问题上持错误观念的说教。此次正式会议还公布了第一份有关改革方面的教令，该教令由两章组成，一是关于讲经师和博雅师职位的设立问题，二是关于布道员和劝募官问题。①

下一次正式会议原定于(1546 年)7 月 29 日举行。为准备这次会议，(教宗特使)提出以下问题供大会讨论：在教义方面，需要讨论的是称义问题；在教会纪律方面，需要讨论的是主教驻寨义务问题。(1546 年)6 月 21 日，教宗特使们向审议大会提出建议，让其讨论以上这些问题。提请审议大会进行辩论的称义问题是教义方面最为根本的问题之一，对之进行讨论，就必然涉及 16 世纪的那些异端分子；而且，就称义问题本身而言，要对之作出决断也存在着一系列巨大的难题。神圣罗马帝国皇帝的那一方试图阻止对整个称义问题作任何的讨论；查理五世与抗议宗诸侯的战争又迫在眉睫，因此，在与会的教会父老中，有一些人为此颇为焦虑；而且，皇帝与教宗之间又出现了一些新的争执。不过，与会者还是以饱满的热情就称义问题展开了探讨和辩论，讨论的气氛非常活跃，有的时候甚至非常激烈，因此，下一次正式会议及其辩论活动只得延期举行。在对相关问题作出最终决定之前，为了对称义问题的重要方面进行辩论并对(主教)驻寨义务问题进行讨论，圣公会议至少召开了 61 次审议大会，此外还召开了 44 次其他类型的审议会议。1547 年 1 月 13 日，第六次正式会议公布了“关于称义之教令”这一杰作，该教令由前言和 16 章正文组成；其后还附有 33 条教规，以谴责那些对该教令中的观点持反对意

① 详见《特兰特圣公会议教规教令集》第五次会议中的相关文献。

见的异端。这次会议也公布了一份有关改革的教令，该教令共分5章，涉及主教驻寨义务问题，还涉及教会有俸圣职持有者或其他职位持有者的义务问题。正是由于颁布了这些教令，结果使得第六次会议成为整个特兰特圣公会议期间举行的最重要、最具决定性的会议之一。

为准备下一次正式会议，教宗特使们又向审议大会提出了讨论议题，即：在天主教会教义方面，讨论圣礼问题；在教会纪律问题上，要制定一系列法令，内容涉及主教的任命、主教的职务活动以及教会有俸圣职等问题。在上述这些问题讨论完毕之后，1547年3月3日召开了第七次正式会议。在教义方面，会议公布了一份教令，教令之后附有相应的教规，其中包括圣礼总论(13条教规)、洗礼(14条教规)和坚振礼(3条教规)。会议还公布了一份有关改革的教令，该教令由15章组成，内容涉及主教和教会有俸圣职问题，其中特别涉及圣职兼领、巡访、豁免、医院的设立以及对圣职人员犯罪问题的处理等方面。在这次正式会议召开之前，与会相关人员就已讨论过暂停圣公会议或将圣公会议转移至另外一个城市继续举行等问题。(其原因在于)，教宗与皇帝的关系已经变得越来越紧张；而且，施马尔卡尔登战争①已在德意志境内展开；另外，特兰特城又爆发一种传染病，夺走了方济各会会长以及其他一些人的生命。因此，在1547年3月11日的第八次正式会议上，身兼教宗特使的几位枢机提议将此次圣公会议转移到另外一个城市继续举行；早些时候，教宗确曾给他们发来一份谕令，(其中谈到这个问题)，因此，特使们在采取这一行动的时候，便以教宗的这份谕令作为凭据。② 绝大多数教会父老赞同将圣公会议转移到波伦亚；第二天(3月12日)，教宗特使们便赶往那里。到第九次正式会议的时候，与会人数已有所增加，其中包括4位枢机、9位大主教、49位主教、2位受托代理人、2位隐修院院长、3位修会会长以及50位神学家。

2. 波伦亚阶段

在参加此次圣公会议的教会父老中，绝大多数人都跟随身兼教宗特使的

---

① 施马尔卡尔登战争(the Smalkaldic War)，这里指的是第一次施马尔卡尔登战争，即1546—1547年神圣罗马帝国皇帝查理五世与德意志抗议宗(即路德宗，或称信义宗)诸侯之间的战争。后来，在1552—1555年，又发生第二次施马尔卡尔登战争，这是德意志抗议宗诸侯联合部分天主教诸侯反对查理五世的战争。

② 教宗在谕令中并没有明确规定将圣公会议转移至某一具体的城市，而是将处理这一问题的全权赋予了教宗特使。详见《特兰特圣公会议教规教令集》第七次会议中的“关于授权更换会议地点之教宗谕令”。

那几位枢机一起从特兰特去了波伦亚，但是，有 14 位主教是属于查理五世那一派的，他们反对更换会议地点，因此，他们依旧留在特兰特。变换会议地点是一次突然行动，事先并没有和教宗进行任何特别的商讨，因此，这一做法让保罗三世感到不悦。保罗三世或许早已料到，这一做法将会使得他本人与皇帝之间的关系出现更为严重的障碍。事实的确如此，查理五世对改变会议地点这一做法极其愤怒，他通过自己的使节维嘉（Vaga）对此事表示抗议，并强烈要求将会议地点移回特兰特。皇帝查理五世打败了施马尔卡尔登同盟①，因此其势力大为增长。一些颇具影响的枢机试图调解皇帝与教宗之间的矛盾，但有关的谈判最终还是未能成功。于是，查理五世对圣公会议转移至波伦亚一事发表正式抗议；对于留在特兰特的那些西班牙主教，查理五世亦不准他们离开那座城市；而且，他又自行与德意志抗议宗教徒重新展开谈判。因此，在 1547 年 4 月 21 日于波伦亚召开的圣公会议第九次正式会议上，只发布了一份教令，其内容就是宣布会议延期。虽然审议会议就多种多样的问题进行过详尽的探讨和辩论，但是，在 1547 年 6 月 2 日的第十次正式会议上，所做的工作仍然和上一次会议一样（即，再次宣布会议延期）。尽管斯冯德拉托枢机②以及玛德鲁佐枢机等人做了各种努力，但是，皇帝与教宗之间的关系依旧越发紧张，一切谈判均是无果而终。留在特兰特城的那些主教也没有举行过任何正式的会议。后来，教宗下达召集令，要求波伦亚方面和特兰特方面各派 4 位主教前往罗马，但滞留特兰特城的那些主教却寻找托词，声言他们无法服从这一召集令。事已至此，保罗三世倒是开始希望皇帝方面能够和他展开极端的对抗，（这样他便可以从圣公会议这一麻烦事中脱身）。在此情形下，（1547 年）9 月 13 日，教宗宣布圣公会议暂停，并向教宗特使戴尔·蒙特枢机发出命令，要求他解散集中在波伦亚的那些与会成员。9 月 17 日，戴尔·蒙特完成了解散工作。教宗又召集一些主教前往罗马，在那里，他们将负责起草一些有关教会纪律改革方面的教令。圣公会议第一阶段就此结束。1549 年 11 月 10 日，教宗去世。

---

① 施马尔卡尔登同盟（the Smalkaldic League），德意志抗议宗（新教）诸侯为与皇帝查理五世抗衡而于 1531 年组成的同盟。双方于 1546—1547 年及 1552—1555 年两度发生武装冲突。皇帝先胜后败，被迫妥协。1555 年双方缔结《奥格斯堡宗教和约》。

② 斯冯德拉托枢机（Sfondrato，1493—1550 年），全名弗朗西斯科·斯冯德拉托（Francesco Sfondrato），米兰大贵族，1544 年成为枢机，宗教裁判所成员，曾作为教宗特使出访德意志、英国、法国，此人是教宗格里高利十四世的父亲（Gregory XIV，1590—1591 年在位）。

3. 在特兰特召开的第二阶段会议

保罗三世的继任者是尤里乌斯三世(1550—1555 年在位),其原名是吉奥瓦尼·戴尔·蒙特,(在保罗三世时期),其身份是枢机,而且是(特兰特)圣公会议的首席教宗特使。(当选教宗以后),为了重开圣公会议,他立即与皇帝查理五世展开谈判。1550 年 11 月 14 日①,教宗颁布"在原地点续开圣公会议"之谕令,决定在特兰特重新召集会议。他任命枢机马赛罗·克莱森、西彭托大主教塞巴斯蒂安·皮吉努斯以及维罗纳主教阿罗伊斯·里波马尼担任会议主席。② 教宗特使克莱森枢机于 1551 年 4 月 29 日抵达特兰特。除了特兰特城主教之外,来此参加会议的还有来自皇帝查理五世所治诸国的 14 位主教;还有几位主教此前曾待在罗马,他们亦来到了特兰特。第十一次会议于 1551 年 5 月 1 日举行,会议宣布特兰特圣公会议继续召开,并决定(1551 年)9 月 1 日作为下次会议的举行日期。在由神学家组成的审议会议上,与会者对圣餐礼问题以及有关进一步进行教会纪律改革的教令草案进行了讨论,而且为了讨论上述这些问题,还召开了几次审议大会。在出席会议的神学家中,有莱内茨③和萨尔梅隆④,此二人是由教宗派来的;此外还有约翰·阿尔查(Johannes Arza),他是代表皇帝而来的。皇帝查理五世、德意志国王斐迪南以及法国国王亨利二世⑤等人也都向会议派出了各自的使节。不过,法国国王却不愿意让任何法国主教参加此次圣公会议。1551 年 9 月 1 日的第十二次正式会议仅仅作出一项决定,即,将会议延期至(1551 年)10 月 11 日。之所以作出延期决定,其原因在于,除了已经到会的美因茨(Mainz)和特里尔(Trier)两地大主教之外,圣公会议还指望能有其他一些德意志主教前来参加会议。第十三次正式会议于 1551 年 10 月 11 日举行。会议就圣餐礼问题公布了一份内容丰富的教令,该教令共分 8 章,另附有 11 条教规;会议还公布一份有关改革方面的教令,该教令亦有 8 章,内容涉及主教的监管职责以及主教的司法管辖权等方面的问题。在圣餐礼问题上,尚有四项条

---

① 关于这一日期,不同的材料中有不同的说法。在施罗德的英译本《特兰特圣公会议教规教令集》中,这一日期为 12 月 14 日,见施罗德译本第 69 页。在沃特沃斯的英译本《特兰特圣公会议教规教令集》中,这一日期为 12 月 18 日,见沃特沃斯译本第 73 页。

② 关于马赛罗·克莱森(Marcellus Crescentius)、西彭托大主教塞巴斯蒂安·皮吉努斯(Sebastian Pighinus of Siponto)和维罗纳主教阿罗伊斯·里波马尼(Aloysius Lipomanni of Verona)等人,参见本书正文《特兰特圣公会议教规教令集》第十一次会议中的相关注释。

③ 莱内茨(James Lainez,1512—1565 年),西班牙人,神学家,耶稣会第二任会长。

④ 萨尔梅隆(Alphonsus Salmeron,1515—1585 年),西班牙人,耶稣会圣经学学者,神学家。

⑤ 亨利二世(Henry II),法国国王,1547—1559 年在位。

文有待讨论,其内容涉及以酒和饼两种形象领圣餐问题以及儿童领圣餐问题。因此,会议又公布另外一份教令,决定将上述悬而未决的问题延至下次会议再作讨论。另外,有些抗议宗教徒希望前来参加圣公会议,因此,此次会议还专门为他们发布了一份通行许可令。在此之前,勃兰登堡选帝侯约阿希姆二世①的使节已经抵达特兰特。

(1551年)10月15日,圣公会议举行审议大会,圣公会议的诸位主席将有关告解礼和临终涂油礼的教令草案提交给大会供其讨论。由神学家组成的审议会议对这些问题进行了详尽探讨,在这些神学家中,特别著名的有格罗普、诺希亚、塔佩尔以及胡塞尔②等人。在(1551年)10至11月间,还举行了多次审议大会,以讨论上述问题。(1551年)11月25日,圣公会议举行第十四次正式会议,会议公布了一份有关教义问题的教令,其中有9章是关于告解礼问题的,有3章是关于临终涂油礼问题的。在上述内容之后,附有多项教规,其中有关告解礼的有15条,有关涂油礼的有4条,其主旨在于谴责在这两个问题上的那些异端说教。此次会议还公布了一份有关改革方面的教令,其内容涉及圣职人员纪律问题以及与教会有俸圣职相关的各种问题。也就是在此期间,好几个抗议宗诸侯及相关城市派出的使节也到达了特兰特。他们提出了各种各样的要求,例如:在此前作出的那些决定中,如果与"奥格斯堡信纲"③相悖,就必须予以取消;对于天主教徒与抗议宗教徒之间存在争议的那些问题,必须推迟讨论;必须明确规定,教宗在地位上低于基督教圣公会议;而且他们还提出其他一些让圣公会议无法接受的建议。自上次正式会议结束之后,神学家们以及审议大会又多次召集会议,讨论弥撒圣祭问题以及神父委任方面的问题,而且讨论了教会改革方案,为制定新的改革教令作前期准备。为了向抗议宗的使节们表示友好,在1552年1月25日举行的第十五次正式会议上,圣公会议宣布,对于那些已经纳入讨论的议题,将推迟作出决定;由于抗议宗教徒再次提出安全保证问题,圣公会议又为他们拟定了一份新的通行许可令。至此,出席特兰特圣公会议的,除了3位教宗特使和玛德鲁佐枢机之外,还有10位大主教和54位主教,其中大多数人都

---

① 勃兰登堡选帝侯约阿希姆二世(Joachim II of Brandenburg,1535—1571年在位),霍亨索伦家族(Hohenzollerns)成员,信奉抗议宗教义,属于"新教诸侯"。

② 格罗普(John Gropper,1503—1559年),意大利法学家和神学家。诺希亚(Frederic Nausea,1480?—1552年),德意志神学家。塔佩尔(Ruardus Tapper,1485—1559年),鲁汶(Louvain,神圣罗马帝国属地,今属比利时)神学家。胡塞尔(Jean Hessels,1522—1566年),鲁汶神学家。

③ 奥格斯堡信纲(the Confession of Augsburg),亦称"奥格斯堡信条"。基督教抗议宗(即路德宗,或称信义宗)的基本信仰纲要。

是来自皇帝查理五世统治下的那些国家。（在此期间），萨克森的莫里斯①背信弃义，向查理五世发起进攻，因此，特兰特城以及与会者均处于危险之中。于是，在 1552 年 4 月 23 日举行的第十六次正式会议上，圣公会议颁布教令，宣布圣公会议暂停两年。不过，暂停的时间远远超过了两年，等到圣公会议重新开启的时候，漫长的时间已经随风飘去。

4. 在特兰特召开的第三阶段会议

尤里乌斯三世没有活到能够重新召开圣公会议的那一天。其继任者是马赛罗二世（1555 年在位），此人原名是马赛罗·塞尔维尼，原为枢机，并曾以教宗特使的身份参加过特兰特圣公会议。马赛罗当选教宗 22 天之后便去世。② 马赛罗二世的继任者是以冷峻著称的保罗四世（Paul IV，1555—1559 年在位），他在罗马以及天主教会的其他地方积极推行教会内部改革，但他却从未认真考虑过重新召开圣公会议问题。庇护四世（Pius IV，1559—1565 年在位）在当选教宗之后不久，便向众枢机宣布自己有重开圣公会议之意愿。实际上，他早已找到了合适的助手来完成这一重要工作并能将圣公会议的决定转化成天主教会内部的常规做法；此人便是他的外甥、时任米兰大主教的查理·鲍罗米欧枢机③。（决定重开圣公会议之后），在很多方面再次出现严峻的困难。皇帝斐迪南④虽然强烈要求召开圣公会议，但他希望圣公会议能在德意志的某个城市举行，而不是在特兰特举行。而且，他还极力要求对将要召开的圣公会议进行重新定位，即，它不是以前那次会议的延续，而是一次新的圣公会议。法国国王也要求召开一次新的圣公会议，但他不希望在特兰特召开这次会议。而德意志的那些抗议宗教徒则千方百计地反对召开此次

---

① 萨克森的莫里斯（Maurice of Saxony，1521—1553 年），抗议宗诸侯，1547—1553 年任选帝侯，1552 年 1 月与信奉天主教的法王亨利二世（Henry II，1547—1559 年在位）结盟，共同对付神圣罗马帝国皇帝查理五世；1552 年 4 月，法国国王与帝国皇帝之间爆发战争，法国方面侵入洛林（Lorraine），并攻占土尔（Toul）、梅茨（Metz）和凡尔登（Verdun）。

② 关于马赛罗二世（Marcellus II），参见本书正文《特兰特圣公会议教规教令集》第一次会议中的相关注释。

③ 查理·鲍罗米欧（Charles Borromeo，1538—1584 年），中国天主教会通常将之译为“嘉禄·鲍荣茂”。鲍罗米欧 1538 年生于意大利，曾获教会法和民法博士学位。在其舅父庇护四世的安排下，鲍罗米欧成为枢机并出任米兰大主教。鲍罗米欧是第三阶段特兰特会议的真正筹划者，对会议的进程以及会议的最终结束均起到至关重要的作用。特兰特会议结束之后，鲍罗米欧在所辖教区全力推行会议成果，而且多有创新。他还设立主日学校，开办教区修院，并大力整饬圣职人员以及普通信徒的道德生活作风。

④ 即神圣罗马帝国皇帝斐迪南一世（Ferdinand I，1555—1564 年在位），原为德意志国王，查理五世逊位以后，斐迪南继位。

圣公会议。经过漫长的谈判之后，皇帝斐迪南、西班牙国王、葡萄牙国王、信奉天主教的瑞士以及威尼斯决定，将这件事交给教宗，由教宗自己作出抉择。1560 年 11 月 29 日，教宗颁布“召开圣公会议”之谕令，宣布将在特兰特再次召开圣公会议，时间定在 1561 年的复活节。然而，德意志抗议宗教徒反对召开圣公会议，即便教宗大使戴尔费诺(Delfino)和科蒙多内(Commendone)等人百般劝解，但他们依旧坚持其反对立场。(尽管如此，召开圣公会议的计划并未出现变化。)教宗任命枢机埃尔科莱·贡扎加为圣公会议主席，又任命斯塔尼斯劳·霍希欧、加柯莫·普太奥、基洛拉莫·赛里潘多、路德维希·希莫奈塔以及艾尔泰姆普斯的马克·斯提科等几位枢机作为教宗特使。[①] 由于主教们很晚才抵达特兰特，因此，圣公会议的开幕日期被推迟。第十七次正式会议最终于 1562 年 1 月 18 日召开，会议宣布取消当年的圣公会议暂停令，并确定下一次正式会议的日期。除了身为教宗特使的 4 位枢机之外，出席此次会议的还有 1 位枢机、3 位宗主教、11 位大主教、40 位主教、4 位隐修院院长和 4 位修会会长，此外还有 34 位神学家。对于圣公会议的几位主席而言，(德意志)诸侯们的那些使节是造成诸多麻烦的源头，他们提出各式各样的要求，而其中有些要求纯属天方夜谭。另外，抗议宗教徒在继续诽谤中伤这次圣公会议，而皇帝斐迪南则希望圣公会议推迟讨论教义方面的问题。

第十八次正式会议于 1562 年 2 月 25 日[②]举行，这次会议只是公布了一份有关制定禁书目录的教令，另外还同意向抗议宗教徒颁发通行许可令。随后的两次正式会议(即第十九次会议和第二十次会议)分别于 1562 年 5 月 14 日和 1562 年 6 月 4 日举行，这两次会议仅仅就是公布了会议延期令。在此时期，与会人数的确有了增加，天主教君王们派出了各式各样的使节，而且这些使节都已抵达特兰特城；不过，在这次圣公会议的性质问题上以及会议地点问题上，有些诸侯依然在设置各种各样的障碍。皇帝斐迪南送来了一份详尽的教会改革方案，而其中有很多条款都是圣公会议所无法接受的。尽管如此，教宗特使们仍在继续推进圣公会议的工作，他们提交出有关圣餐礼问题的教令草案，该草案主要涉及的是两种形象下的圣餐问题；另外，特使们还提

---

① 关于埃尔科莱·贡扎加(Ercole Gonzaga，1505—1563 年)、斯塔尼斯劳·霍希欧(Stanislaus Hosius，1504—1579 年)、加柯莫·普太奥(Jacobus Puteus du Puy，1495—1563 年，由于生病，实际上从未真正履行特使职能)、基洛拉莫·赛里潘多(Hieronymus Seripando，1493—1563 年)、路德维希·希莫奈塔(Luigi Simonetta，约 1500—1568 年)以及艾尔泰姆普斯的马克·斯提科(Marcus Siticus of Altemps，此人最终没有参加特兰特会议)，参见本书正文《特兰特圣公会议教规教令集》第十七次会议中的相关注释。

② 在沃特沃斯和施罗德译本《特兰特圣公会议教规教令集》中，第十八次会议的时间均为 1562 年 2 月 26 日。

交了几份有关教会改革的教令草案。对于这些问题,全都按照过去的常规方式进行讨论。第二十一次正式会议于1562年7月16日举行,会议公布了一份教义方面的教令,内容涉及两种形象下的圣餐礼问题以及儿童领圣餐问题,该教令由4章组成,其后还附有4条教规。会议还公布了一份有关改革方面的教令,该教令共分9章,内容涉及神父的委任、教区参议会成员的收入、新堂区的设立以及对劝募官职位的处理等问题。(此次会议结束之后),教宗特使们又将与弥撒圣祭有关的条款提交给审议会议进行讨论;在随后两个月中,围绕这一教义问题,人们展开了长时间的热烈讨论。第二十二次正式会议一直到1562年9月17日才得以举行,这次会议公布了4份教令:第一份是有关弥撒圣祭这一教义的,其内容分为9章,并附有9条教规;第二份是有关取缔圣餐领受过程中的那些陋习的;第三份是有关教会改革的,该教令共有11章,其中特别涉及圣职人员的道德作风、领受教会职务的必备条件、对遗嘱的处理以及宗教场所的管理等问题;第四份是有关平信徒在领受圣餐过程中是否可以使用圣餐杯问题的,该教令决定将这一问题留给教宗去处理。

到了这个时候,圣公会议开始处于一种极度困难的境地,而且其严峻程度几乎是前所未有的。世俗君王们提出各种自相矛盾的要求,而且,在他们所提要求中,有些是圣公会议所根本无法答应的。与此同时,参加圣公会议的教会父老们又围绕驻寨职责问题以及主教与教宗之关系问题展开激烈的辩论。(1562年)11月13日,法国的一些主教抵达特兰特,他们向圣公会议提出了好几项居心暧昧的建议。(也就是在此期间),教宗特使中的两位成员贡扎加枢机和赛里潘多枢机又先后去世。于是,教宗任命了两位新的特使兼会议主席,即莫洛内①和那瓦杰罗②,他们二人逐步战胜了各种困难。此后,由84位神学家组成的审议会议就授职礼这一教义问题的诸多方面展开了讨论,在这些神学家中,最为著名的有萨尔梅隆(Salmeron)、索托(Soto)和莱内茨(Lainez)等人;而且,圣公会议还多次召开审议大会对上述问题进行讨论。第二十三次正式会议最终于1563年7月15日召开。会议公布了一份教令,其内容涉及授职礼以及教阶制问题,该教令共有4章,并附有8条教规。会议还公布了一份有关改革方面的教令,该教令分为18章,内容涉及驻寨义

---

① 莫洛内(Giovanni Morone,1509—1580年),罗马枢机。详见前文注释。

② 那瓦杰罗(Bernardo Navagero,1507—1565年),威尼斯人,外交家,两度担任帕多瓦市(Padua, Padova)市长,1561年任枢机,1563年3月,和莫洛内一起被任命为教宗特使,负责处理特兰特会议事务。

务、不同品级圣职的授予以及青少年圣职人员(神学院学生)的教育等方面的问题。这次会议向教会公布的这些教令是漫长且艰苦讨论的产物,235 位拥有表决权的会议成员都参加了相关讨论。(这次会议结束之后),与会者就下述问题再次出现了争执,即,此次圣公会议是否应该尽快结束或是否应该立即结束?与此同时,审议会议继续讨论有关婚姻礼问题的教令草案。第二十四次正式会议于 1563 年 11 月 11 日举行。在教义方面,会议公布了一份有关婚姻礼的教令,该教令附有 12 条教规;同时,会议还公布一份有关婚姻改革方面的教令,该教令共分 10 章,内容涉及订立有效婚约所需的各种条件。此次会议还就教会改革问题公布了一份教令,该教令共分 21 章,内容涉及教会职位管理方面的各种问题。

在与此次圣公会议有关的一切人等中,结束会议的愿望已经变得越来越强烈,因此,圣公会议决定,将尽快结束会议。有很多问题在以前已经作过初步讨论,因此,现在已经完全可以对之作出最终结论。第二十五次正式会议于 1563 年 12 月 3—4 日举行,这是最后一次正式会议。这次为期两天的会议批准并公布了以下一系列教令。12 月 3 日,在教义方面,会议公布了一份有关对圣徒进行崇拜与祈求的教令,该教令还论及圣骨、圣物和圣像问题;会议还公布了一份对修士和修女进行改革的教令,该教令共分 21 章;此外,会议又公布了一份有关教会纪律改革方面的教令,内容涉及枢机及主教的生活方式、教士的合格证明、用于弥撒的遗赠、教会有俸圣职的管理、对圣职人员蓄养情妇现象的取缔以及圣职人员的一般生活问题等等。12 月 4 日,会议公布了以下内容:一份教义方面的教令,是有关大赦问题的;一份关于斋戒和节日的教令;还有一份教令是有关弥撒经书、每日祈祷书、教义问答手册以及禁书目录的编订事宜的,该教令规定,将上述这些工作交由教宗去处理。(在 12 月 4 日的会议上),圣公会议还宣布,所有世俗统治者的使节都被给予了应有的地位,任何世俗统治者在这一问题上都没有受到任何的歧视。会议还要求世俗统治者接受并贯彻此次圣公会议的各种决定。最后,有关人士宣读了圣公会议在保罗三世和尤里乌斯三世期间制定的那些教令,并宣布所有这些教令一律有效。与会的教会父老们同意将圣公会议的所有决议交由教宗批准和确认,然后,会议主席莫洛内枢机宣布圣公会议闭幕。与会的 215 名教会父老在圣公会议制定的教令上签署了自己的姓名,其中包括 4 位教宗特使、2 位枢机、3 位宗主教、25 位大主教、167 位主教、7 位隐修院院长、7 位修会会长以及 19 位得到合法授权的缺席教长的代理人(他们代表 33 位缺席的教长)。[1] 1564 年 1 月 26 日,庇护四世颁布“确认令”,批准特兰特圣公会议所颁的一切教令。天主教诸国接受了这些教令,不过,有些国家在接受的时候是有所保留的。

事实已经证明,对于天主教会的内部发展来说,特兰特圣公会议是至关重要的。任何其他的圣公会议都没有像特兰特会议这样需要在如此严峻的困难条件下去完成自身的任务,也没有任何其他的圣公会议像特兰特会议这样需要解决如此众多且极端重要的问题。这次会议以其实际行动向世界表明,尽管在教会生活中反复出现背教行为,但是,在教会生活中,终究还存在着充沛的宗教力量,终究还有大量的人在忠诚捍卫那些不容变更的基督教原则。这次圣公会议没有能够治愈西欧社会的宗教分歧,虽然说这是一个遗憾,但这绝对不是参加此次圣公会议的那些教会父老们的过错。实际上,为了与当时那些错误的说教作斗争,这次圣公会议将永无谬误的上帝之真理明确地宣示出来,这就为战胜异端以及在教会内部实行真正的改革奠定了坚实的基础。

——译自《天主教百科全书》(*The Catholic Encyclopedia*)

---

① 这一数字与《特兰特圣公会议教规教令集》中的数据有出入。参见《特兰特圣公会议教规教令集》第二十五次会议“众父老在会议结束时的颂词”末尾给出的数据。

教宗保罗三世[①]就召开特兰特圣公会议所颁的训令

教宗保罗三世

① 保罗三世(Paul III,1468—1549 年,1534—1549 年任教宗):中国天主教会通常称之为“保禄三世”。此人本名是亚历桑德罗·法尔内赛(Alessandro Farnese,他的一个孙子亦叫此名,参见本书尾声部分“对特兰特会议成果的确认”中的相关注释),1493 年成为助祭级(或称执事级)枢机(Cardinal-deacon),1519 年成为神父级(或称司铎级)枢机(Cardinal-priest),1534 年出任教宗。保罗三世是一位颇为矛盾的人物。一方面,作为当时颇有名望的人文主义者,他有时主张调和与新教(路德宗)的矛盾;但另一方面,他又力图强化天主教会的权威,如批准成立耶稣会、开除英国国王亨利八世的

上帝的众仆之仆、主教保罗①特颁此谕，以备永久纪念②。

万能的上帝之所以秉持天道而将教宗职位托付于朕③，并不是因为朕本人有什么优点和功劳，而是天道本身所具有的大善大德使然。在出任教宗之初，朕即已察知，时势动荡不安，而且，在朕的几乎一切事务中，处处都会遇到困窘尴尬之事。作为牧者，朕的焦虑和警戒之心也就由此而起。④

基督教世界曾长期遭受诸种恶行的折磨，而且几乎已被它们完全压垮。朕当然非常愿意早日着手根治这些邪病恶行，但是，和那些为软弱所困之人⑤一样，朕当时感到，以朕之力量，尚不足以承负如此沉重之担。

这是因为，朕认为，基督教世界面临诸多迫在眉睫的危险，要想解放基督教世界并使之免遭威胁，和平是个必不可少的前提；然而，朕却发现，事事都充满着敌对和纷争；尤其是(那两位)君主⑥，上帝几乎已将一切事务的管理权都委托给了他们，但他们却相互操戈。

再则，朕认为，为了保持基督教的完整统一，同时为了使吾等从内心里
2 更加坚信天国诸事有望实现，对于上帝的羊群来说，必须采取一群一牧之方

教籍、怂恿神圣罗马帝国皇帝查理五世展开对新教徒的战争。一方面，他痛斥别人对新教徒的残酷无情，主张"宽以待人"；但另一方面，他又颁布"禁书目录"，而且正式成立罗马宗教裁判所(后更名为"圣职部"，今改名为"教义部")。一方面，他宣称要清除天主教会内部的腐败现象；但另一方面，他本人却有4个私生子，而且还将两个尚为少年的孙子(分别为14岁和16岁)提拔进了罗马教廷的"枢机团"。保罗三世是"天主教改革运动"(过去通常称为"反宗教改革")的开创者，在他的推动下，特兰特圣公会议于1545年正式开幕。*

* 本书所有注释均为中译者所加，不另标注。

① 即教宗保罗三世。从总体结构来说，天主教会的圣秩只有三个品级，从高到低分别是主教、神父(司铎)和助祭(执事)。教宗虽然是天主教会的最高领袖，但他依然属于主教品级，而且他也一直兼任罗马主教一职。

② 原文为"PAUL, bishop, servant of the servants of God, for the future memory hereof."(中国天主教会的传统译法是"天主众仆之仆、保禄主教，为永久纪念事。")"天主众仆之仆"(拉丁文写作"Servus Servorum Dei")是教宗的谦称，公元595年，教宗格里高利一世首次使用之。

③ 原文是"we"。关于教宗在正式场合下使用的这个谦词的汉语译法，参见译者前文"关于特兰特会议及会议成果的几个问题"中的相关注释。

④ 保罗三世的这份谕令原本没有分段。为便于阅读，现根据其行文内容分成若干段落。特此说明。

⑤ 《圣经》言：耶稣"能体谅那愚蒙的和迷失的人，因为他自己也是被软弱所困"。见《圣经·新约·希伯来书》5:2。

⑥ 指神圣罗马帝国皇帝查理五世(Charles V，生卒年1500—1558年，1519—1555年在位)和法国国王弗朗索瓦一世(François I，生卒年1494—1547年，1515—1547年在位)。查理五世在成为帝国皇帝之前是西班牙国王。他和弗朗索瓦一世曾为争夺神圣罗马帝国皇位以及为抢夺各种领地而展开长期战争。在这一过程中，罗马教廷扮演的角色并不光彩，为了自身权益，教廷时而支持弗朗索瓦一世，时而支持查理五世，结果使得当时的政治局势变得更为复杂。

式①;然而,原本统一的圣名②却被教会分裂、敌对不和以及异端邪说所打破,而且已近四分五裂。

另外,朕原本希望看到基督教世界能够平安无事,能够成功抵御异教徒们的军事进攻和险诈计谋,然而,由于吾等人人皆有违法犯科之罪——毫无疑问,对于吾等的罪愆,上帝已是雷霆震怒——其结果就是:罗德岛已经失守③;匈牙利遭受蹂躏④;(土耳其人)还曾图谋从海陆两路对意大利、奥地利以及伊利里亚⑤发起进攻。作为我们的邪恶且残暴的敌人,土耳其人从未善罢甘休,他们盼望着我们内部出现争斗与不和,这样,他们就可以找到合适的机会以成功实施其计谋。

彼得之舟⑥颠簸在翻江倒海般的暴风骤雨之中,颠簸在由异端、不和以及战争所组成的汹涌波涛之中。朕在前文已言,朕被征召前来引领并管理这艘小舟,但是,以朕之个人的力量,实在不足当此重任。因此,朕首先还是向上帝倾诉自己的各种焦虑和关切⑦,因为他能够为朕提供支撑,能够让朕的灵魂变得坚定且充满力量,能够让朕在理解问题时变得小心谨慎且充满智慧。

---

① “一群一牧”(one fold and one shepherd)意即:全体基督教徒是一个整体,不能分裂;全体基督教徒应该由一位宗教领袖(即教宗)负责管理,不能权出多门。《圣经》言:“我另外有羊,不是这圈里的;我必须领他们来,他们也要听我的声音,并且要合成一群,归一个牧人了。”见《圣经·新约·约翰福音》10:16。

② “圣名”(the Christian name)指上帝或耶稣的名称,这里指“一体化的基督教会”。

③ 指1522年土耳其人攻占罗德岛之事。罗德岛(Rhodes,亦写作Rodos或Ródhos),位于爱琴海东南部,上古时期先后被迈锡尼人、多利安人、罗马人以及波斯人统治过。1309年,在十字军东征中战败的圣约翰骑士团(医院骑士团)在回撤过程中占据罗德岛。在这里,骑士团竭力阻止穆斯林向东地中海地区的扩张。1453年,君士坦丁堡落入土耳其人之手,罗德岛上的圣约翰骑士团成为整个东地中海地区惟一一支基督教力量。1522年6月,20万土耳其军队开始围攻罗德岛,岛上7000名骑士团士兵坚守6个月,最终不支。1523年年初,骑士团与土耳其人达成协议,骑士团撤出罗德岛。此后,罗德岛长期归土耳其统治。1912年该岛落入意大利之手,后又经德、英统治,1948年始归希腊管辖。

④ 1526年以后,天主教国家匈牙利逐步被土耳其人占领。

⑤ 伊利里亚(Illyria),古代伊利里亚人(Illyrians,后与南下的斯拉夫人融合,成为南斯拉夫人)的居住地,位于巴尔干半岛西北部,包括今天的伊庇鲁斯、阿尔巴尼亚、黑山、黑塞哥维那、达尔马提亚等地。

⑥ 彼得之舟(the bark of Peter),指天主教会。天主教会认为,“就像彼得(耶稣的使徒之一)驾舟航越加利利海(the Sea of Galilee,位于巴勒斯坦东北部)那样,教会之舟也会航越时间之海”。另,根据《圣经》所言,在耶稣传道时代,加利利海周围的居民多以打鱼为生,这里的天气变幻无常;在加利利海边,耶稣招收彼得(西门)、安德烈、雅各、约翰等人为使徒;在海上乘船期间,耶稣曾让彼得(西门)把船驶到深水处下网打鱼,由于鱼多,险些破网。见《圣经·新约·马太福音》4:18—21。

⑦ 《圣经》言:“上帝啊,你必使恶人下入灭亡的坑,流人血、行诡诈的人必活不到半世,但我要依靠你。”见《圣经·旧约·诗篇》55:23。

后来，朕追忆起朕之诸位先任，他们都是智慧卓绝、圣洁有加之人；在基督教世界处于极端危难之际，他们都会召开基督教圣公会议和主教全员大会，将之作为最好的也是最合适的救治良方。于是，朕也决定召开一次圣公会议。

朕征询了诸位君王的意见，因为在朕看来，对于朕的这项计划来说，得到他们的赞同是极为有用的，也是极为策略的。朕发现，他们在那个时候并不反对这项神圣的工作。因此，朕下令召开圣公会议以及由诸位主教和神父参加的全员大会（参加此类会议乃是他们的义务）。会议预定于吾主纪元[1] 1537 年（亦即本朝[2]三年）6 月 10 日[3]在曼图亚城[4]开幕。关于以上所言，朕的那些信函和卷宗可以作证。当时，朕曾信心十足地认为，当吾等凭借上帝之名齐聚到那里以后，上帝必将如其允诺的那样出现在吾等之中；而且，依其
3 善良和仁慈，他会通过其口的吐纳，轻而易举地将这个时代的一切风暴和危险驱散尽净。

然而，人类之敌总是设置各种圈套和陷阱来与神圣的事业作对，因此，就在开始筹备会议之初，与朕之一切愿望和希冀相悖的事情出现了：除非朕答应某些条件，曼图亚城将拒绝吾等在那里召开会议。关于这些条件，朕在其他一些信函中已有描述。这些条件与朕之诸位先任所制定的基本原则是水火不容的，与当时的状况是水火不容的，与朕、教廷以及教会名誉之尊严和自由也是水火不容的。[5]

---

① 吾主纪元（year of Our Lord's Incarnation，亦简称为 year of Our Lord），即现今所说的“公元”或“西元”，以耶稣“道成肉身”（Incarnation）为元年。通常来说，“吾主”（Our Lord）指耶稣，“The Lord”则是指上帝（天主）。

② 本朝（our pontificate），这里指教宗保罗三世自己担任教宗的这段时期。保罗三世 1534 年 10 月 12 日当选教宗，10 月 13 日即位。1534 年是前任教宗克勒蒙七世（Clement VII，1523—1534 年在位，1534 年 9 月 25 日去世）在位的最后一年，这一年的纪年仍归在克勒蒙七世名下；新任教宗虽然在这一年即位，但其纪年要从第二年算起。

③ 在施罗德的英译本《特兰特圣公会议教规教令集》（Rev. H. J. Schroeder, O. P., *Canons and Decrees of the Council of Trent*, Rockford, Illinois: Tan Books and Publishers, Inc., 1978）中，这次会议的预定开幕日期为 1537 年 5 月 23 日，见该译本第 2 页。另，亦有著作称，此次会议预定开幕日期是 1537 年 5 月 8 日，见本特：《路德宗福音教会的具有象征意义的书籍：史学导论》（F. Bente, *Historical Introductions to the Symbolical Books of the Evangelical Lutheran Church*, St. Louis: Concordia Publishing House, 1921），第 7 章。

④ 曼图亚城（Mantua），位于意大利西北部，今为意大利曼图亚省省会。当时，曼图亚由当地望族贡扎加家族（Gonzaga）统治，且享有独立的主权。该家族在此地统治达 400 余年（1328—1746 年）。

⑤ 曼图亚公爵曾表示，教廷可以在曼图亚开会，但曼图亚政府不会对当地治安作出任何保证。此次会议之所以流产，还有许多因素，例如，路德宗各王公拒绝派代表出席会议，法国国王下令禁止本国主教参加会议，等等。

于是，朕不得不再去寻找另外一个地方，亦即要再去挑选另外某个城市。由于不能马上找到一个适宜而恰当的城市，朕被迫将这次圣公会议的开幕时间推迟到这一年的 11 月份①。也就是在此期间，土耳其人——吾等永久的凶残之敌——又率强大的舰队向意大利发起了进攻，占领、洗劫并蹂躏了阿普利亚地区②的好几个城市，而且将当地的一些居民掳掠而去。在这种兵荒马乱、草木皆兵的氛围中，朕致力于国土沿岸③的防御，同时也为周边诸国给予支援。

不过，即便在这种情形下，朕也没有停止与诸位基督徒君王进行协商讨论，朕仍继续劝谕他们向朕提供资讯，即：按照他们的看法，哪个地方适合召开这次圣公会议？但是，他们的观点千差万别、摇摆不定，而且有毫无意义的拖延之嫌，于是，朕决定选择维琴察④这座城市。朕作此选择是满怀善念的，而且朕认为，这一选择也是极为审慎的。这是一座殷富的城市，是威尼斯人赠予朕的。威尼斯人勇猛顽强、深孚威望，而且颇具实力，因此，该城不仅可以用其特有的方式为所有与会者提供畅行无阻的通道，而且可以为大家提供既安全又无拘无束的住处。但是，原定的时间⑤已经流逝太多，并且要将新选城市知会所有人，而 11 月份马上就要来临，因此，朕没有机会及时颁谕以让公众知晓这一变更；再则，冬天亦已临近。于是，朕不得不将圣公会议的开幕时间再次延期至次年春天，亦即次年 5 月⑥。

这一抉择是坚定的，为此所颁的谕令也是掷地有声的。朕自己在做一些
准备工作；而且，在上帝的支持下，为了能以恰当的方式开好这次大会，朕还 4
着手安排其他一切相关事宜。与此同时，朕认为，不论是对这次圣公会议的召开而言，还是对基督教世界的总体福祉而言，诸位基督徒君王都应该在和平与和谐状态下团结起来，这一点是至关重要的。基督家族有两大中流砥

---

① 在施罗德的英译本《特兰特圣公会议教规教令集》中，这一日期更为明确，为 1537 年 11 月 1 日，见该译本第 2 页。

② 阿普利亚(Apulia)，亦称普利亚(Puglia)，位于亚平宁半岛最南端的东南部，即“靴形”地形的“脚后跟”部分。

③ 即教皇国的西海岸。教皇国位于亚平宁半岛中部偏西地区，其西面濒临第勒尼安海(Tyrrhenian Sea)。

④ 维琴察(Vicenza)，位于意大利东北部，是威尼斯西面的一个小城。15 世纪初，威尼斯开始在意大利北部展开扩张行动。1405 年，威尼斯将统治维琴察的德拉斯卡拉家族(Della Scala)赶走，维琴察成为威尼斯的属地。16 世纪初，欧洲诸国在意大利北部地区展开混战。教皇国是诸次战事的主要挑动者，初始时，教皇国与法国、西班牙、奥地利等国结盟，合力打击威尼斯，获胜后攫取了维琴察等地；后来，教皇国又与威尼斯、西班牙等国结为盟友，而与法国开战。在此过程中，维琴察不断转手。

⑤ 指曼图亚会议流产之后到新确定的开会日期(1537 年 11 月)之间的这一段时间。

⑥ 即 1538 年 5 月。在施罗德的英译本《特兰特圣公会议教规教令集》中，这一日期为 5 月 1 日，见该译本第 3 页。

柱，一位是永远的“奥古斯都”、“罗马人的皇帝”[①]查理[②]，另一位是“笃信王”[③]弗朗索瓦[④]，他们都是朕至爱的基督子民，朕不断地恳求甚至说是哀求他们两人会会面，请求他们俩和朕坐在一起开个会。

朕不断地给他们写信，不断地向他们派遣使节[⑤]，而且不断地从朕的那些德高望重的兄弟同仁中选派教廷特使[⑥]前往他们那里，以此来苦口婆心地劝使他们抛却彼此之间的嫉视与仇恨，团结起来建立坚固的联盟和神圣的友谊，而且劝他们致力于拯救摇摇欲坠的基督教世界这一大业，这是因为，上帝之所以给予他们这么大的权力，其目的主要就是让他们保护这个基督教世界。如果他们玩忽职守，或者未能将所有的心思都用在谋求基督徒们的共同福祉上，那么，他们呈奉给上帝的就将是一份苦涩且问题严重的账目清单。他们最终答应了朕的请求，并前往尼斯城[⑦]会合。尽管朕已老迈[⑧]，非常不适合长途奔波，但为了上帝的大业，同时也为了促成和平，朕还是长途跋涉前往那里。

与此同时，朕并未疏忽懈怠。随着预定的圣公会议开幕日期——即(1538年)5月——的日益临近，朕向维琴察派出了三位教廷特使，他们都是德高权威之人，均选自朕的同仁兄弟，而且都是神圣罗马教会的枢机。待朕结束这次旅程并完成这次和平使命之后，朕才能够更加精确地亲自处理一切事务。在此之前，由他们负责主持这次圣公会议的开幕，接待来自各地的教

---

① “奥古斯都”(August)这一称号源于罗马帝国开国皇帝屋大维(Octavian，公元前27—公元14年在位)。公元前27年1月，屋大维应“人民的请求”，接受元老院授予他的“奥古斯都”称号。“奥古斯都”有“神圣”、“至尊”、“庄严”、“伟大”之意。后来，“奥古斯都”成为罗马帝国皇帝的一种常规头衔。从10世纪中叶起，德意志(中世纪的“罗马帝国”及“神圣罗马帝国”)皇帝获得专有称号“奥古斯都、罗马人的皇帝”(拉丁文为 Imperator Augustus Romanorum，英文为 August Emperor of the Romans)。1806年，这一称号在拿破仑战争中成为历史。

② 即神圣罗马帝国皇帝查理五世(1519—1555年在位)，参见前文注释。

③ 笃信王(the most Christian king 或 the most Christian Majesty)这一称呼由罗马教廷于8世纪首创，但当时是一种比较随意的泛指称呼，到了中世纪中后期，“笃信王”成为法国国王的专有称号。参见陈文海：“君主制时代法兰西国王及其国家的‘宗教身份’问题”，载《世界历史》2006年第4期，第69—78页。

④ 即法国国王弗朗索瓦一世(1515—1547年在位)，参见前文注释。

⑤ 使节(Nuncios)，即罗马教廷派驻外国的常驻大使。

⑥ 教廷特使(Legates *a latere*)，指罗马教廷为处理某一特殊任务而临时委派的出使一方的教廷代表，其职衔多为枢机。

⑦ 尼斯(Nice)，位于法国东南部，濒临地中海。

⑧ 尼斯会晤发生在1538年，当时教宗保罗三世已达70周岁高龄。也正是在这一年，保罗三世开除了英国国王亨利八世的教籍。

长①；他们还将视乎情况处理各种相关事宜并出席各种相关活动。

也就是在此期间，朕投身于那一神圣且最为必要的工作，即和谈②。对于这一工作，朕是以满腔的热忱、情感和执著而全身心投入的。朕曾不顾舍弃性命之虞，亲历那次旅途中出现的种种危险。对此，上帝可以作证，朕信赖他的仁慈善良。朕的良心也可以作证，在这一点上，至少不能指责朕有玩忽职守之罪，也不能指责朕没有竭力寻求达成和解的机会。(两位)君王自己也可作证，朕曾通过使节、信函、特使、劝喻、告诫以及一切形式的恳求等方式，频繁且诚挚地恳请他们将各自的妒忌之心放在一旁，然后结成联盟，同仇敌忾，合力拯救基督教世界，因为基督教世界已经处在极度危险之中，而且这种危险已经迫在眉睫。同样可以作证的还有朕的那些彻夜守望与牵肠挂肚，还有朕的灵魂在日日夜夜之中所付出的那些劳作，此外还有朕的那些至哀至切的焦虑与担心；在这桩事中，朕所经历的上述苦楚已经到了无以复加的地步。然而，朕的这些劝言和辛劳并未带来预想的结果。

尽管如此，或许在吾主上帝看来，朕的这些努力还是值得嘉许的；朕仍在期盼上帝能够眷顾一下朕的各种心愿。在这件事上，朕的的确确已经做到肝脑涂地，一直恪尽灵牧之责，至今没有在任何事上渎职懈怠。对于朕在寻求和平方面所作的各种努力，如果有人从任何其他意义上去解释，朕会感到由衷的悲哀。不过，即便在悲哀之中，朕也还会感谢全能的上帝；对朕来说，他就是善于忍耐的典范与楷模；他希望自己的使徒们为了耶稣之名而能够有资格遭受指责，因为耶稣能够为吾等带来和平③。

由于朕之罪愆，朕在尼斯召集的这次会晤和会议并未能够让这两位君王彼此达成真正且永久的和平。尽管如此，两人还是应允停战 10 年。正是基于这一结果，朕希望这次圣公会议能够开得更有意义；而且，借助这次圣公会议的权威，进而可以尽善尽美地建立和平。因此，朕敦促这两位君王亲临这次圣公会议，而且要他们带领随行的诸位教长一同前往，另外还要他们下令召集那些没在身边者(赶赴维琴察)。然而，他们找出两条推托的理由，即：在那个时候，他们必须回国；而且，随行的诸位教长已因长途旅行而鞍马劳顿、

---

① 教长(prelate)，是一种泛称，指依据教会法而享有治理权者，包括主教、代理牧师、男修院院长、直属教宗的男修会高级主管等等。

② 施罗德的英译本《特兰特圣公会议教规教令集》中的表述是"在诸位君王之间建立和平"，见该译本第 4 页。

③ 《圣经》言：彼得以及其他一些使徒在耶路撒冷传播耶稣的教义，结果被当地不信基督的那些权贵迫害，并遭到囚禁和毒打。被释放之后，这些使徒并未因为受辱而怨恨，反而"心里欢喜，因被算是配为这名受辱"。见《圣经·新约·使徒行传》5：17—42。另，《圣经》言："他使我们和睦"(原文直译是："他是我们的和睦"，he is our peace)，见《圣经·新约·以弗所书》2：14。

身心俱疲，有必要调整一下以恢复体力。他们以此为借口，恳求朕再颁一份延期令，推迟这次圣公会议的开幕日期。

6 朕原本不愿在这个问题上让步，但在此期间，朕却收到朕之特使发自维琴察的信函，其中禀明：圣公会议开幕日期已到，甚至说开幕日期已经过去很久，然而，到达维琴察的境外各国教长只有区区一两个人。得到这个消息之后，朕感到这次圣公会议无论如何已无法在原定时间召开，于是，朕应允上述诸位君王的提议，将圣公会议的举行日期推迟到次年的复活节[1]。吾主道成肉身纪元 1538 年 7 月 4 日[2]，与朕之谕令及延期令相关的谕函在热那亚发出并公布。

朕之所以较为爽快地同意延期，是考虑到时间短促，为彻底重建和平而必须解决的那些事情不可能在尼斯这个地方完成，而上述两位君王又向朕作出允诺，他们将各自派遣一名使节前往罗马与朕进行沟通，这样，在罗马，而且有朕亲自在场，上述那些事情就可以更为方便地得到处理和协商。也是基于这一理由，他们二人向朕恳求说，应该先进行和谈，然后再召开圣公会议，这是因为，和平一旦建立，这次圣公会议对基督教世界来说就将更为有用、更为有益。的确，正是这种对和平的殷切期望促使朕满足了这两位君王的愿望。在朕启程离开尼斯之后，这两位君王又进行过友善的会面，（和平的）希望因此又大大加强。这一消息让朕兴高采烈，而且进一步坚定了朕的美好愿望。正因如此，朕相信，上帝最终肯定还是倾听了朕的那些祈祷，而且通情达理地接受了朕的那些最为诚挚的和平夙愿。因此，缔结这一和约既是朕所渴望的，也是朕所极力推进的。

持下述意见的不仅是前面提到的那两位君王，而且还有朕所至爱的基督之子“罗马人的国王”斐迪南[3]，即：在达成和平之前，不应召开这次圣公会议。与此同时，各方各派还通过信函和派遣使节来竭力要求朕再一次将（召

---

① 即 1539 年的复活节。复活节（Easter，亦称 Resurrection Sunday 或 the Feast of the Resurrection of the Lord）是基督教最重要的节日之一。按《圣经·马太福音》的说法，耶稣基督在十字架上受刑死后三天复活，故设立此节。根据西方教会的传统，在春分（3 月 21 日）当日见到满月或过了春分见到第一个满月之后，遇到的第一个星期日即为复活节。东方教会则规定，如果满月恰好出现在这第一个星期日，则复活节再推迟一周。因此，复活节节期大致在 3 月 21 日至 4 月 25 日之间。根据历法推算，1539 年的复活节是在 4 月 6 日。

② 在施罗德的英译本《特兰特圣公会议教规教令集》中，这一日期为 6 月 28 日，见该译本第 5 页。

③ 即斐迪南一世（Ferdinand I，1503—1564 年），神圣罗马帝国皇帝查理五世之弟，1522—1558 年间作为查理五世的代理人负责德意志地区的管理，其间于 1531 年被选为“罗马人的国王”（King of the Romans），即德意志地区的国王，这一头衔的获得意味着他已被指定为神圣罗马帝国皇帝（即“罗马人的皇帝”，Emperor of the Romans）的继承人。此外，斐迪南还担任波西米亚国王

开圣公会议的)时间推迟。其中,至尊的皇帝①尤为急迫,他声称,他已经向那些从天主教中分离出来的异议者允诺,他将与朕进行商讨,争取能够找到 7
某种和解方案;而在他返回德意志之前,这一工作无法圆满完成。

朕一心渴望和平,而且强大的君王们又提出上述种种意愿,尤其重要的是,朕还看到,即使到了前文所说的复活节那一天,维琴察仍然没有出现任何其他的教长。如今,朕已避免使用“延期”这个反反复复被使用但次次都是无果而终的词了。鉴于上述情形,朕宁可选择暂停召开这次圣公会议,等朕以及教廷认为合适的时候再启此事。朕于是也就这么做了。1539年6月10日,朕向上述诸位君王发出有关暂停召开圣公会议的信函,在这些信函中,可以很清楚地看出朕的基本想法。朕作出暂停召开圣公会议这一决定是不得已而为之的,此后,朕一直在期待着那一合适的时机,期待着那一和平的来临,这一和平既可给未来的圣公会议带来庄严,也可为之带来更多的与会者,而且还可为基督教世界带来更为直接的安全。

在此期间,基督教世界的状况却在一天天地恶化。匈牙利人在其国王去世之后将土耳其人邀请入境,国王斐迪南已对土耳其人宣战②。在他人煽动下,比利时的部分地区则起兵反对至尊的皇帝③。为了镇压这次反叛,皇帝先是与“笃信王”④达成极为友善且融洽的协议,而且二人均向对方表达出极其美好的善愿;随后,皇帝穿越法国,进兵比利时。接着,他又返回德意志,在这里,他开始召开由德意志各路诸侯及城市参加的帝国议会⑤,其目的在于协商他曾和朕说过的那一和谐问题。

(1526—1564年)和匈牙利国王(1526—1564年)。1555年,查理五世逊位,斐迪南随之即位,称斐迪南一世(1555—1564年在位)。斐迪南一世虽然一直保持天主教徒身份并与新教诸侯展开长期战争,但后来他却致力于调和天主教与新教(路德教)之间的分歧。正是在他的主持下,新旧教双方于1555年签署《奥格斯堡宗教和约》,从而确立“教随国定”原则。

① “至尊的皇帝”(the serene emperor),指神圣罗马帝国皇帝查理五世。

② 即前文提到的“罗马人的国王”斐迪南。1521年,斐迪南与曾身兼波西米亚和匈牙利两国国王的乌拉迪斯罗斯二世(Uladislaus II,1516年去世)之女安娜(Anne)结婚。1526年,路易二世(安娜之兄)去世,斐迪南依据协议而成为两国国王。在波西米亚,斐迪南的执政较为顺利。但在匈牙利,他则遇到严峻挑战,其主要竞争对手是当地贵族约翰·扎普里亚(John Zapolya,1487—1540年)。约翰坚持,禁止任何外国人继承匈牙利的王位。1526年,约翰称王,即约翰二世(1526—1540年)。于是匈牙利出现二王相争局面。1529年,土耳其人入侵匈牙利,约翰二世投靠土耳其苏丹苏来曼一世(Sulayman I,1520—1566年在位),成为傀儡国王。斐迪南与约翰二世及土耳其人进行多年军事斗争,但终无显著成果,后来不得不向土耳其人缴纳贡赋,以保住其在匈牙利的“二分之一”国王头衔。

③ 即神圣罗马帝国皇帝查理五世。比利时当时属于尼德兰的一个组成部分,整个尼德兰均属神圣罗马帝国的领土,但这里的民族关系复杂,而且多支外国势力(如法国、英国等)在此均有其利益。

④ 即法国国王弗朗索瓦一世,见前文注释。

⑤ 帝国议会(Diet),由德意志宫廷会议发展而来,在14世纪中期开始由选帝侯和帝国诸侯两部分组成,但它除了协商诸侯间的事务外并无其他明确的权力。城市在15世纪前被排除于帝国议会之外,此后情况有所改变。

然而，和平的希望如今已经渺茫至极；在举行的诸次帝国议会中，原计划是要进行协商并达成统一，但其结果却似乎只是引发更为严重的龃龉不和。在此情形下，朕又想到先前的那一救世药方，即召开一次圣公会议。朕从神圣罗马教会的枢机主教中选任几位特使，让他们将朕的这个建议转告皇帝本人。在拉蒂斯邦帝国议会①上，朕尤为真诚地最后一次提出这个建议，朕之爱子、主管圣普拉克斯迪斯教堂②的枢机主教、学识渊博且正直无私的加斯帕·康达里尼③作为朕的特使参加了这次会议。

朕以前曾担心，上述帝国议会或许会作出一项决定，请求朕宣布：从天主教会中分离出去的那些持异议者坚持诸多条款，其中的一些条款将暂被容
8 忍，其结局留待召开基督教圣公会议时再作考查和决定。如今这一担心已不复存在。不论是从整个基督教还是天主教的真理出发，抑或是从朕本人以及教廷的尊严出发，都不会容忍朕在这个问题上让步。因此，朕作出如下抉择：公开提出倡议，尽快召开圣公会议。

朕仅有的意图和愿望就是一有机会便立即召开基督教圣公会议，除此之外，别无他愿，因为朕希望，基督子民们借此可以重获和平，基督教亦可借此重获统一。不过，朕还是衷心希望，这次会议的召开能够得到基督徒君王们的善意理解和支持。朕在祈盼这种善意，同时也在守候那一藏而不露的时机，守候着您愉悦的那个时机，啊，上帝！然而，就是在此过程中，朕最终不得不得出结论：只要是去讨论神圣之事，只要讨论的是有关基督教信诫问题，那么，任何时候都是会让上帝愉悦的。让朕之灵魂痛苦不堪的是，朕看到，基督教世界的情形一天比一天恶化，匈牙利被土耳其人完全击垮，德意志亦险境重重，其他所有国家也都是惶恐不安、痛苦难熬。因此，朕决意不再等待任何君王的同意，而是径自求诸全能的上帝，并将希望寄托于基督教世界的众多良民身上。

---

① 拉蒂斯邦(Ratisbon)，德文称雷根斯堡(Regensburg)，德意志东南部的一个小城，位于多瑙河与雷根河(Regen)汇合处，现为巴伐利亚州首府。拉蒂斯邦帝国议会实质上就是德意志新旧教双方为解决分歧而举行的一次宗教会议，时间是在1541年4月。

② 圣普拉克斯迪斯教堂(St. Praxedes church)，位于罗马城。圣普拉克斯迪斯是早期基督教历史上的女圣徒。据传，在罗马皇帝安东尼(Antoninus，138—161年在位)时期，帝国残酷迫害基督徒，普拉克斯迪斯奋力救助遭难的基督徒，最后以身殉教。

③ 加斯帕·康达里尼(Gaspar Contarini，1483—1542年)，出身于威尼斯的一个著名家族，是教宗保罗三世的亲信之一。他是当时天主教会内部改革运动的主要推动者，他对新教的态度比较温和，主张双方妥协，以求教会合一，但他过早离世，其合一努力终成泡影。教宗称他为自己的"爱子"(beloved son)，这是教宗对其臣属的习惯性称谓，是对《圣经》中类似表述的套用，如《圣经》有言："你是我的爱子，我喜悦你。"见《圣经·新约·马可福音》1:11；而且，"教宗"(pope)一词的本意就是"父亲"、"爸爸"。

维琴察城已不再属于朕。在选择新的开会地点问题上，朕希望，既要考虑到基督徒们的共同利益，也要考虑到日耳曼民族面临的难处。在拟议的几个地点中，日耳曼民族主张选择特兰特①。虽然说朕认为，如果将会议地点选在阿尔卑斯山南侧的意大利②，一切事情的处理都将更为便利，但是，朕还是以慈父般的宽厚放弃朕之意愿，而应承了他们的要求。于是，朕已经选择特兰特作为召开基督教圣公会议的地点，时间是今年的 11 月份③。

这个地方是一个合适的开会地点，作此抉择是因为，来自德意志以及与之毗邻的其他诸国的主教和教长们的确可以非常轻松地聚集到这里，从法国、西班牙以及其他更为遥远的教省来这里也不会有什么困难。在确定开会 9
日期问题上，朕考虑到，既要留出时间以便在所有基督教国家中公布朕的这份谕令，也要留出时间让所有教长们有机会前往特兰特。

以前曾制定过一些规章条例，其中规定，如果变更圣公会议地点，必须提前一整年作出决定。④ 朕没有作此规定，其用意在于：基督教世界如今遭受如此众多的天灾人祸，必须为之提供某种救治良方，朕想立即实现这一愿望，而不愿再有任何拖延。⑤ 不过，朕深知这个时代，也认识到其中的各种困难。朕知道，指望从圣公会议中获得的那些东西仍然是个无法确定的未知数。但是，《圣经》中有言："当将你的事交托耶和华，并倚靠他，他就必成全。"⑥既然如此，朕已决意，与其去怀疑朕自身的软弱，还不如去相信上帝的温厚与仁慈。这是因为，在做善事的时候，经常会出现这样的情形，即：由凡人组织的圣公会议未能完成的，上帝的力量却能完成。

---

① 特兰特（标准意大利语写作 Trento，但意大利的不少方言都将之写成 Trent；其拉丁文名称写作 Tridentum），亦译为特兰托、特伦托、特利腾、脱利腾、天特，等等。特兰特位于亚平宁半岛东北，在维琴察的北面。关于特兰特的行政归属，不少宗教史著作表述有误。特兰特原为古代罗马国家的属地，西罗马帝国覆亡后，先后归哥特人、伦巴德人和法兰克人统治；中世纪中期开始，特兰特成为神圣罗马帝国的组成部分，但享有相对的自治权，且施行政教合一体制；在 19 世纪初的拿破仑时代，特兰特先后被划归奥地利、巴伐利亚和拿破仑麾下的"意大利王国"；1814 年拿破仑帝国垮台之后，特兰特被并入奥地利；第一次世界大战临近结束时，即 1917 年，特兰特最终成为意大利的领土。

② 特兰特和维琴察等地均在阿尔卑斯山南侧。教宗保罗三世在此强调的是会议地点选在意大利的好处。意大利在当时只是一个地理名词，而不是一个独立的政治单位，在这个地区，教宗权势较重，故他一直倾向于在意大利地区召开会议。而德意志方面恰恰反对这一做法，认为如果会议在意大利地区召开，德意志方面将明显受制于教宗。

③ 即 1542 年 11 月。在施罗德的英译本《特兰特圣公会议教规教令集》中，这一日期为 11 月 1 日，见该译本第 7 页。

④ 这一规定是康斯坦斯圣公会议（Council of Constance，1414—1418 年）作出的。

⑤ 教宗保罗三世发布这份谕令的时间是 1542 年 6 月，而宣布在新地点特兰特召开圣公会议的时间预定在 1542 年 11 月，二者之间的时间间隔不足半年。因此，教宗作出上述解释。

⑥ 见《圣经·旧约·诗篇》37：5。

朕有全能的上帝、圣父、圣子和圣灵的权威作为依靠；有神圣的使徒彼得和保罗的权威作为依靠，而且，朕也正在人世间行使这一权威。作为朕的德勋望重的同仁兄弟，神圣罗马教会的枢机主教们建议并同意，撤销并废除前文所说的那份暂停令。因此，朕目前的这份谕令就是要明确撤销并废除那份暂停令。在此基础上，朕宣布、通告、召集、约定并下谕：基督教圣公会议将在今年即吾主道成肉身纪元 1542 年 11 月开幕①；地点是在特兰特城，对于所有国家来说，这都是一个空间开阔、畅通无阻且近便合适的地方。为了赞美和称颂上帝，也为了全体基督徒的福祉，在上帝的帮助下，圣公会议将在那里举行，在那里作出决议，并在那里闭幕。②

朕召集、敦劝并告诫下述人等：包括宗主教③、大主教和主教在内的朕之所有德勋望重的兄弟④，朕的诸位爱子男修院院长，以及依据法律或特权而有权参加圣公会议并有权在会上发表意见的其他所有人在内，都应参加本次会议；根据法律或习惯，在圣公会议举行过程中，通常会提出并通过相关惩处条例，以对缺席会议者予以处罚。依据他们对朕以及对教廷所发的誓愿，同时依据神圣管辖权并依据相关惩处条例，朕嘱托并严令：不论他们是哪个国家的，都要而且是必须要前去参加并亲自出席这次圣公会议。如果因某些合情合理的障碍而使他们受阻不能成行的，他们必须要提供证据，或由其合法的代理人和代表处理一切事宜。

朕还要哀恳前面提到的那位皇帝、笃信王以及其他诸位国王、公爵和诸侯，对于至圣的基督信仰和全体基督徒的信仰来说，最起码就目前而言，他们的出席具有极其特殊的价值。上帝和吾主耶稣基督胸怀慈悲之心，但其信理和宗教所体现的真理如今却受到里里外外的猛烈攻击。出于对这种慈悲之心的至深关切，朕向他们发出恳求：上帝给了他们巨大的恩惠，如果他们能够因此而感到自己负有职责，如果他们希望基督教世界平安无事，那么，他们就不应弃置上帝的大业和利益，就应该亲自出席这次圣公会议，通过参加这次会议，他们的信诚与美德将大大有益于普通大众，大大有益于他们自己以及他人今生和来世的福祉。但是，如果他们不能亲自出席（朕并不希望出现这种情况），那么，至少要让他们派遣使节，这些使节必须持有有效的委任状，而

---

① 在施罗德的英译本《特兰特圣公会议教规教令集》中，这一日期为 11 月 1 日，见该译本第 8 页。

② 后来的会议进程表明，这一规定没有得到全面执行。1547 年的第 8、第 9 和第 10 次会议是在波伦亚(Bologna)举行的。

③ 宗主教(patriarchs)，指罗马、君士坦丁堡、亚历山大、耶路撒冷以及安塔基亚(安条克)五城主教。

④ “兄弟”(brethren)，教宗对所有主教的称呼。教宗、宗主教、大主教在基督教神品中均属于主教这一层次，故有“兄弟”之称。

且必须是有分量的人物，在圣公会议上，每个使节都能够审慎而庄重地代表其君主本人。

不过，最为重要的有一件事，此事对于他们而言是不费吹灰之力的，但还是要请他们予以关注，即：来自他们国家和各省的主教和（其他各类）教长们必须前去参加这次圣公会议，而不得搪塞和拖延。上帝以及朕有权以特殊方式向德意志的诸位教长和诸侯提出这一要求，因为下令并召集这次圣公会议主要是从他们的利益考虑的，是按照他们的意愿进行的，举办会议的这个城市也是依照他们的愿望而确定的；要让他们全体出席会议的开幕典礼并为会议增光添彩，不要认为此事是个负担。

在思考问题方面，上帝先行于吾等；在思想活动方面，上帝亦执其自己的智慧和真理之光照亮于前。因此，有上帝同在，在这次圣公会议上，吾等以一 11
种更好且更宽容的方式去处理相关问题；而且，要集合所有的慈爱之心，共赴同一个目标，就有关基督教完整及真理的一切问题进行思索、讨论，迅速且恰当地达到预期结果；恢复好的习惯，纠正坏的习俗；求得基督徒君王以及基督教民族的和平、统一与和谐；另外，野蛮人和异教徒发起诸多袭击，试图颠覆整个基督教世界，因此，这次圣公会议还将寻求一切必要手段，以击退这些袭击。

朕的这封信函及其内容将让一切相关之人知晓；对于所有必须知阅此信之人，此信将毫无阻碍地传达到他们手中，因此，任何人都不得以不知此信作为借口。所以，朕希望并下令：朕之宫廷信使或某些公证人必须在梵蒂冈的使徒之长大教堂①和拉特兰大教堂②高声公开宣读此信，时间要选在民众通常聚集到那里聆听宗教圣礼的时候。宣读完毕之后，要把此信张贴在上述大教堂的门上，另外还要张贴在教廷文书院③的大门上，在鲜花广场④通常张贴此类文件的地方也要张贴此信。在这些地方，此信要公开张贴一段时间，以便让所有人详细阅读并知晓其内容。此信撤下来以后，在同一地点还将张贴

---

① 使徒之长（the prince of the apostles），中国天主教通常称“宗徒之长”，指使徒领袖圣彼得。因此，使徒之长大教堂（Basilica of the prince of the apostles）即圣彼得大教堂。

② 拉特兰大教堂（the Lateran Church），亦称圣约翰大教堂，或称救世主大教堂，是罗马主教（同时亦是教宗）直接管辖的教堂。

③ 教廷文书院（the Apostolic Chancery），初步出现于公元4世纪，负责起草并处理教廷文书。在中世纪，该机构在教廷中的地位较为重要；进入近代以后，其职能趋于简单，地位亦有明显下降。如今，教廷文书院隶属于教廷国务院。

④ 鲜花广场（Campo di Fiore），位于罗马城内，其名称来源不确。相传此名源于古罗马政治家庞培（Pompey）的情妇弗罗拉（Flora）。亦有人认为，14世纪的时候，该广场所在地是一片开满鲜花的旷野，后变为集市，随以“鲜花”命名之。在中世纪及近代早期，这个广场还是执行死刑的地方。如今，广场中心树立着意大利著名哲学家布鲁诺（Bruno，1548—1600年）的雕像。1600年，亦即特兰特会议结束几十年之后，布鲁诺因赞同“日心说”而被罗马教廷烧死在鲜花广场中央。

信件的抄写本。通过如此这般的宣读、公布和张贴，朕希望，从公布并张贴之日起，经过两个月的时间，朕前述信函所涉及的所有人都能产生强烈的义务感和责任感，就如当着他们的面宣读和公布此信一样。另外，朕命令并颁谕：必须要绝对保证信函抄写本的准确可靠，不得出现任何让人疑虑或怀疑之处，其抄写和签署均要通过公证人之手，而且要由有权威的教会人士盖章担保。

因此，不得有任何人胆敢冒犯朕的这封集号召、通告、召集、法规、教令、
12 命令、训诫和恳求于一体的信函，也不得有任何人胆敢莽撞地反对它。如果有人企图如此行事，就要让他知道，他将招致全能的上帝以及神圣的使徒彼得和保罗的愤恨。

吾主道成肉身纪元1542年（亦即本朝八年）6月11日[1]，于罗马圣彼得大教堂。[2]

布劳希

耶尔・丹德[3]

---

[1] 在施罗德的英译本《特兰特圣公会议教规教令集》中，这一日期为5月22日，见该译本第10页。

[2] 从教宗保罗三世这份信函式通谕中可以看出，特兰特圣公会议预定在1542年11月开幕。但是，随后的进程依然是一波三折。新教徒猛烈攻击教宗在这个问题上的“不怀好意”。法国国王弗朗索瓦一世亦坚决反对召开这次会议，甚至禁止教宗的这一通谕在法国公布。另外，对于通谕中的有关“恶毒”词句，神圣罗马帝国皇帝查理五世也作出强烈反应，而且为此专门写信责骂教宗。到了预定的会议开幕日期，只有为数甚少的几位主教到达特兰特，会议没有按时开成。1544年，教宗与查理五世达成和解，法国国王亦不再反对在特兰特召开圣公会议。于是，教宗宣布特兰特圣公会议将于1545年3月15日正式开幕；但是，到了预定日期，仍然没有多少主教到达特兰特。在查理五世的积极努力下，特兰特圣公会议最终于1545年12月13日正式开幕。

[3] 布劳希（Blosius，拉丁文本写作 Blofius）和耶尔・丹德（Jer Dand，拉丁文本和施罗德的英译本均写作 Hier Dand）应为教廷文书院工作人员，负责这份文件的起草及公证。

特兰特圣公会议第一次会议

本次会议是在教宗保罗三世时期举行的，开会日期是主年 1545 年 12 月 13 日。①

关于本次圣公会议开幕的教令

为了对神圣且不可分割的三位一体即圣父、圣子和圣灵表达赞美与称颂之情，为了增进和强化基督信仰与基督教，为了铲除异端，为了天主教会的和平与统一，为了对神职人员和基督徒民众进行改造，为了镇压并摧毁基督教世界的敌人，兹下令并宣布，特兰特圣公会议开始且已经开始。诸位对此是否赞同？

*他们答曰：*我们赞同。

---

① 教宗保罗三世并没有亲自出席这一会议。1545 年 2 月，教宗任命吉奥瓦尼·戴尔·蒙特(Giovanni del Monte，1487—1555 年，后来于 1550—1555 年任教宗，称尤里乌斯三世 Julius III，或译为犹利三世)、马赛罗·塞尔维尼(Marcello Cervini，1501—1555 年；尤里乌斯三世于 1555 年 3 月 23 日去世，马赛罗·塞尔维尼于当年 4 月 9 日当选教宗，称马赛罗二世，但因积劳成疾，在位仅 22 天便去世)和雷吉纳尔德·波尔(Reginald Pole，1500—1558 年)等三位枢机作为教宗特使，负责主持特兰特圣公会议。第一次会议在特兰特大教堂的唱经楼举行。会议第一主席吉奥瓦尼·戴尔·蒙特首先主持了圣灵弥撒，继而宣读教宗的有关谕令，接着宣布会议开幕。出席本次会议的，除了上述 3 名特使之外，还有枢机兼特兰特城主教马德鲁佐(Madruzza)；此外还有 4 位大主教、21 位主教、5 位修会会长、42 位神学家和 9 位教会法学家。

13 关于下次会议的通告

由于庄严而隆重的吾主耶稣基督诞辰之节①已经临近，而且在这年头年尾之际，其他一些节日也将随后而至，因此，下次会议将在主显节②之后的那个星期四举行，亦即在主年 1546 年 1 月 7 日举行。诸位对此是否赞同？

*他们答曰：*我们赞同。

---

① “吾主耶稣基督诞辰之节”(the Nativity of our Lord Jesus Christ)，即通常所说的圣诞节(Christmas Day)。

② “主显节”(the Epiphany)，亦称“三王来朝礼”，指上帝显现在世人面前。按照《圣经》的说法，耶稣降生时，曾借异星显现给东方贤士(三博士、三王)。天主教会于每年的 1 月 6 日举行主显节，以纪念耶稣首次与非犹太人接触。

第二次会议

本次会议于主年1546年1月7日举行。

关于圣公会议期间应循生活方式及其他诸事之教令[①]

特兰特圣公会议是在圣灵之中合法召开的，会议主持人依然是教廷的那三位特使[②]。本会议认同神圣的使徒雅各[③]之言，即："各样美善的恩赐和各样全备的赏赐都是从上头来的，从众光之父那里降下来的"[④]，对于向他求取智慧的那些人，他都会慷慨且毫无怨言地赐给他们以智慧[⑤]。本会议亦知晓，"敬畏耶和华是智慧的开端"[⑥]。因此，特兰特圣公会议规定并颁令，所有来到特兰特城开会的基督的信徒都必须接受规劝，即接受现在所作的下述规劝：必须改正自己此前所犯的各种恶行与罪愆，在以后的生活中要对上帝怀有敬畏之心；不要放纵肉体的情欲[⑦]，"祷告要恒切"[⑧]；要经常忏悔；要行圣餐

---

① 1564年的拉丁文版本将这份教令分为5段，沃特沃斯的英译本将之分为4段，施罗德的英译本则将之分为3段。为便于阅读和理解，这里将全文分为8段，前5段在沃特沃斯英译本中仅为一个段落。

② 即吉奥瓦尼·戴尔·蒙特(Giovanni del Monte，1487—1555年)、马赛罗·塞尔维尼(Marcello Cervini，1501—1555年)和雷吉纳尔德·波尔(Reginald Pole，1500—1558年)三位枢机主教。参见"特兰特圣公会议第一次会议"中的第一个注释。

③ 关于《圣经·雅各书》的作者雅各(James，亦写成Jacob)，学术界特别是宗教界有不同说法。一种意见认为，这里的雅各是耶稣的堂兄弟或表兄弟，曾任耶路撒冷主教，是第一位殉教的使徒。另外一种意见认为，这里的雅各是玛利亚的小儿子，即耶稣的弟弟。

④ 《圣经·新约·雅各书》1:17。

⑤ 《圣经》言："你们中间若有缺少智慧的，应当求那厚赐与众人、也不斥责人的上帝，主就必赐给他。"见《圣经·新约·雅各书》1:5。

⑥ 《圣经·旧约·诗篇》111:10。

⑦ 《圣经》言："你们当顺着圣灵而行，就不放纵肉体的情欲了。"见《圣经·新约·加拉太书》5:16。

⑧ 《圣经》言："在指望中要喜乐；在患难中要忍耐；祷告要恒切。"见《圣经·新约·罗马书》12:12。

礼[1];要经常去教堂;要尽可能地遵守上帝的诫令;在私下里,每天都要为基督徒君王间的和平与天主教会的统一进行祈祷。

来这个城市参加本圣公会议的主教们以及在圣秩[2]中担任圣职的所有
14 人,应该勤勉地颂扬上帝;勤勉地献祭、赞美和祈祷;应该依其职责,至少要在每个星期天举行弥撒圣祭[3],因为正是在这一天,上帝创造了光,也正是在这一天,上帝死而复活[4],同是在这一天,上帝将圣灵洒向了诸位信徒[5];而且,要像圣灵那样,在使徒[6]的教导下,为教宗这位最神圣的主教、为皇帝[7]、为诸位国王和其他身处高位之人、为所有人,进行恳求、祷告、代求和祝谢。如果这样,吾等就可以过上平安无事的生活,就可以享受和平,就可以看到信仰的增强。[8]

---

① 圣餐礼(the sacrament of the Eucharist),天主教称"圣体圣事"、"感恩祭"或"感恩圣事"。"Eucharist"源于希腊文,本意是"感恩"。

② 圣秩(the sacerdotal order),按照天主教的说法,"圣秩"是耶稣基督所立的圣事,通过这一圣事,基督将自己的传教救人任务托付于自己的门徒及其继承人,使他们在他所建立的教会里继续执行传教救人之任务,直到世界的终结。为使门徒及其继承人能够圆满完成大任,基督又授予他们以神权,即训导、圣化及治理三种神权。"训导权"即讲授天主教义之权;"圣化权"即施行耶稣所立之各种圣事、净化和圣化人灵之权;"治理权"即管理教会的人事及教务行政之权。另外,基督还赋予他们以"圣宠",协助他们完成"荣主救人"之大业。关于"圣秩"的起源问题,天主教会在《圣经》中找到了诸多"依据"。例如:耶稣在受难前夕最后晚餐时,拿起饼来,祝谢了,擘开,递给门徒说:"你们拿去吃吧!这就是我的身体,为你们而舍弃的,你们应行此礼,为纪念我。"然后又拿起杯来,祝谢了,递给门徒说:"你们都由其中喝吧!因为这是我的血,新约的血,为大众倾流,以赦免罪恶。你们应这样做,为纪念我。"(路加福音,22:17—20;马太福音,26:26—28;哥林多前书,11:23—25)又如,耶稣在复活那天晚上显现给门徒们说:"愿你们平安!就如父派遣了我,我也同样派遣你们。"说了这话,就向他们嘘了一口气说:"你们领受圣神吧!你们赦免谁的罪,就给谁赦免;你们存留谁的罪,就给谁存留。"(约翰福音,20:21—23)再如,耶稣在升天前对门徒们说:"天上地下所有的权柄都赐给我了。所以,你们要去,使万民作我的门徒,奉父、子、圣灵的名给他们施洗。凡我所吩咐你们的,都教训他们遵守,我就常与你们同在,直到世界的末了。"(马太福音,28:18—20)

③ 弥撒圣祭(the sacrifice of the mass),即圣餐礼,是天主教最高级别的祭礼。

④ 这里的上帝是指"三位一体"中的圣子,亦即耶稣。《圣经》有言:"上帝却叫他从死里复活。"见《圣经·新约·使徒行传》13:30。

⑤ 《圣经》言:"五旬节到了,门徒都聚集在一处。忽然,从天上有响声下来,好像一阵大风吹过,充满了他们所坐的屋子,又有舌头如火焰显现出来,分开落在他们各人头上。他们就都被圣灵充满,按着圣灵所赐的口才说起别国的话来。"见《圣经·新约·使徒行传》2:1—4。

⑥ 这里的使徒指耶稣的使徒之一保罗(圣保罗)。保罗于公元2年(一说3年)生于小亚,最初竭力维护犹太教及各种祖传律法,并对"异端"基督教大加迫害。后来,保罗改弦易辙,成为耶稣的忠实信徒,最后在罗马殉教。他留下14封书信,构成《圣经·新约》的主体。这里所说的"教导"出自保罗所写的《提摩太前书》。

⑦ 指神圣罗马帝国皇帝查理五世。

⑧ 《圣经》言:"要为万人恳求、祷告、代求、祝谢;为君王和一切在位的,也该如此,使我们可以敬虔、端正、平安无事地度日。"见《圣经·新约·提摩太前书》2:1—2。

本圣公会议还要求，他们至少要在每个星期五守斋①一次，以纪念耶稣基督受难之事②；并且要向穷人布施。在每个星期四，必须在（特兰特）大教堂举行圣灵弥撒，在仪式上，必须诵读连祷文③并进行其他与此目的相配的祈祷；在这一天，在其他教堂中，至少要诵读连祷文并做相关祈祷。在举行神圣礼仪期间，不得谈话和闲聊，嘴巴和思想要与宗教仪式主持者保持统一。

对于主教来说，应该做到无可指责、清醒节制、纯洁正派，并能管理好自己的家居成员④。因此，本圣公会议亦要求：每个人首先都要做到，在进餐时必须节制，在饮食上必须适度。另外，在餐饮时往往会出现闲聊现象，因此，围坐在餐桌旁时，要诵读《圣经》，即便是主教，亦要遵循这一规定。⑤

每个人都要教导并监管自己的仆人，让他们不要饶舌、酗酒、无礼、贪婪、傲慢、渎神和贪图享乐。最后，还要让他们规避邪恶，拥抱美德；在服装打扮、行为举止以及其他一切行动上，要让他们表现得体面正派，以与上帝之仆的仆人这种身份相符。

另外，本圣公会议特别担心、忧虑的事情是：多年以来，异端的乌云一直笼罩在大地上空。如今，这一乌云正被驱散。本届圣公会议希望，在真光⑥耶稣基督的帮助之下，天主教真理之光能以辉煌且纯净的面貌放射出来，那
些需要改革的事情能够得到改革。因此，本届圣公会议要求，已经来到这里 15
的和将要来到这里的所有天主教徒，特别是那些对《圣经》有研究有心得的天主教徒，必须在内心深处勤勉思考下述问题，即：究竟通过何种方式和途径，本圣公会议才能够最好地实现自己的目的并获得预期的结果；对于那些将被谴责的和将被赞同的各种事情，究竟应该如何迅速且审慎地进行谴责和赞同，以使全世界所有人都能以同一个声音和同样的信念去荣耀上帝——吾主

---

① 守斋（fast，fasting），为宗教或伦理等方面的原因而实行的禁食行为。天主教会的斋戒分为大斋和小斋。18—60岁的成年信徒应守大斋，即大斋日只可饱食一次，其他两餐可略进一些食物。14岁以上的所有信徒均应守小斋，即每个星期五禁食肉类（鱼虾除外）。

② 根据《圣经》中的有关描述并结合犹太教的某些节期，一般认为，耶稣被钉死在十字架上的那一天是星期五。不过，对于这一说法，也有许多不同意见。

③ 连祷文（litany）是天主教中以连续呼求上帝以及天国诸圣为特征的祈祷方式。连祷文有多种，但其开头是统一的，即："上帝，求垂怜；基督，求垂怜"（或者译成："上帝矜怜我等，基督矜怜我等"）。

④ 《圣经》言："作监督（主教）的，必须无可指责，只作一个妇人的丈夫，有节制，自守，端正，乐意接待远人，善于教导；不因酒滋事，不打人，只要温和，不争竞，不贪财；好好管理自己的家，使儿女凡事端庄顺服。"见《圣经·新约·提摩太前书》3：1—4。

⑤ 就餐过程中诵读《圣经》，这并不是特兰特宗教会议的发明创造。在第三次托莱多宗教会议（Toledo，589年）和第二次兰斯宗教会议（Reims，813年）上，天主教会均提出这一要求。

⑥ 《圣经》言："那光是真光，照亮一切生在世上的人。"见《圣经·新约·约翰福音》1：9。

耶稣基督之父①。

当听命于上帝的神父们聚集在祝福②之地并表达自己的意见之时，应遵循托莱多圣公会议③的教令，即：任何人都不能吵嚷喧闹，不能毫无节制地喊叫，不能以跺脚或敲打东西的方式制造混乱，也不能在那些错误且愚蠢的问题上固执己见、争执不休；不论是在讲什么问题，都应该秉持温和的态度，这样的话，听者就不至于被冒犯，对准确判断的渴望也就不至于被错乱的心智所扭曲。

此外，本圣公会议还决定并颁令：在圣公会议期间，或许会偶遇下述情形，即，有人可能没有坐在自己应该坐的位置上④，并（以这种方式）发表自己的意见，甚至以“赞同”（*Placet*）一词来表达自己的意见；如果他们出席全体大会，并做出各种行动，那么，任何人均不得因此而遭到歧视，也不得有任何人因此而获得新的权益。⑤

关于下次会议的通告

*宣读完上述教令之后，（会议主持者）宣布，下次会议将在2月4日（星期四）举行。*⑥

---

① 《圣经》言：“但愿赐忍耐与安慰的上帝叫你们彼此同心，效法基督耶稣，一心一口荣耀上帝——我们主耶稣基督的父！”见《圣经·新约·罗马书》15：5—6。

② 祝福（benediction），天主教的一种仪式，通常形式是：神职人员手画十字，为人或物祈求上帝降福。

③ 指675年在西班牙托莱多（Toledo）召开的第11次宗教会议（圣公会议）。

④ 意指没有站在自己原有立场上或没有考虑到自己在会议上的身份和地位。

⑤ 这一规定主要是为慰抚新教徒而作的，即让他们不必为参加这次会议而产生不必要的担心。

⑥ 指1546年2月4日。

第三次会议

本次会议于1546年2月4日举行。

关于信经[①]之教令

以神圣而不可分的三位一体即圣父、圣子和圣灵的名义(颁布此令)。

特兰特圣公会议是在圣灵之中合法召开的,会议主持人依然是教廷的那 16
三位特使[②]。本圣公会议认为,将要讨论和处理的事情极为重要,特别是铲除异端和移风易俗这两个方面尤显重要,之所以要召开本圣公会议,其主要目的即在于解决这两个问题。本会议亦认同使徒[③]之言,即:这场角力并不是针对有血有肉之人进行的争战,而是与上天之中邪恶之灵的一场争战[④]。因此,本圣公会议与前面所说的这位使徒一道发出下列规劝:所有人、每一个人首先要做到的就是要倚靠上帝、依赖他的大能大力;在一切事务中,都要以信德作为盾牌,借助于它,就可以灭尽最为邪恶者发出的一切邪毒的箭镖;还要戴上救赎之盔,握着圣灵之剑,这剑就是上帝的道;这样,就可以成为刚强

---

① 信经,原文写作"the Symbol of Faith",本意就是"信仰的标志",这是比较古老的用词,现在一般用"creed"一词来表达"信经"之意。所谓信经,就是基督教(包括天主教)的最基本信条,通常以是否遵循信经来作为判别正统和异端的标志。天主教的信经主要有"尼西亚信经"(Nicene Creed)、"加采东信经"(Chalcedonian Creed)、"亚他那修信经"(Athanasian Creed)和"使徒信经"(Apostles' Creed)等。这份教令所说的信经是指公元325年在尼西亚会议上制定的基本信条,即"尼西亚信经"。"尼西亚信经"的发展经历了一个复杂的过程。325年制定的原始版信经在以后又有很多变化,381年方正式成形并公布,其最终被接纳则是在451年召开的加采东圣公会议上。

② 具体名单见"特兰特圣公会议第一次会议"中的第一个注释。

③ 在原文中,"使徒"一词用的是复数(the apostles),但对照下文,似应为单数,其意指使徒保罗。

④ 《圣经》言:"我们并不是与属血气的争战,乃是与那些执政的、掌权的、管辖这幽暗世界的,以及天空属灵气的恶魔争战。"见《圣经·新约·以弗所书》6:12。

之人。①

因此，在上帝的恩宠之下，为了让上述虔诚挂念之事得以开始处理并能够继续推进，本圣公会议规定并颁令：在处理其他一切事情之前，必须要发布一份信仰告白。在这里，吾等将以教父②为榜样。在那些圣公会议上，他们往往都会在开始行动之初动用这一盾牌来与异端展开斗争；而且，仅凭这一盾牌，他们就可以不时地将不信教者纳入信仰之轨道，就可以征服异教徒，而且可以坚定信徒们的信念。

正是基于这一原因，本圣公会议认为，将信经告白出来是恰当的做法。神圣罗马教会将此信经作为基本原则，所有宣称信仰基督之人都必须认可之；而且，神圣罗马教会还将之作为坚固且惟一的基石，地狱之门将永远无法战胜之③。该信经的词句在所有教会中都是同一的，其内容如下：

> 我信独一的全能之父上帝，他是天地及有形无形之万物的创造者。
> 我信独一的主耶稣基督，他是上帝的独生子，在万世之前为父所生；他乃
> 出于上帝而为上帝，出于光而为光，出于真神而为真神；他乃受生而非被
> 造，与父同质一性，万物均借父受造；为救我们世人，他从天降临，因着圣
> 17 灵，借童女玛利亚而成肉身并为人；又是为了我们，他被本丢·彼拉多④
> 钉在十字架上，受难，后被葬埋；按照《圣经》的说法，他于（死后）第三天
> 复活，随后升天，并坐在父之右边；他必将再度荣耀降临，审判生者与死
> 者；他的国度永无穷尽；我信圣灵，他是主，他是生命的赐予者，他出自于
> 父和子；他与父、子同受敬拜，同受尊荣；他曾借众先知说话；我信使徒所
> 立的独一的圣而公教会。我信仰为赦罪而立的独一洗礼；我盼望着死者

---

① 《圣经》言："你们要靠着主，倚赖他的大能大力作刚强的人。要穿戴上帝所赐的全副武装，就能抵挡魔鬼的诡计"；"用真理当作带子束腰，用公义当着护心镜遮胸，又用平安的福音当着预备走路的鞋穿在脚上。此外，又拿着信德当着盾牌，可以灭尽那恶者一切的火箭；并戴上救恩的头盔，拿着圣灵的宝剑，就是上帝的道"。见《圣经·新约·以弗所书》6:10—11;14—17。

② 教父（the Fathers），指早期基督教会中那些为基督教的生存和基督教基本理论作出贡献的神学家。

③ 《圣经》言："我还告诉你，你是彼得，我要把我的教会建造在这磐石上；阴间的权柄不能胜过他。"见《圣经·新约·马太福音》16:18。

④ 本丢·彼拉多（Pontius Pilate），《圣经·新约》中的人物。大约在公元26—36年间，彼拉多任罗马帝国犹太行省（Judaea）的巡抚（procurator，亦译"执政官"或"总督"）。耶稣在耶路撒冷的时候，被犹太长老捉拿，然后被押解到彼拉多那里。当彼拉多知晓耶稣是加利利人之后，便将他交给加利利人。然而，加利利人在戏弄并侮辱了耶稣之后，又将之交给彼拉多。在逾越节，彼拉多释放了杀人犯，却处死了耶稣。据《圣经》说，彼拉多在任期间曾虐杀过许多犹太人。公元36年，彼拉多返回罗马。据传，彼拉多后来自杀身亡。

复活，盼望着来世的永生。阿门。

关于下次会议的通告

特兰特圣公会议是在圣灵之中合法召开的，会议主持人依然是教廷的那三位特使①。本圣公会议了解到，在各地，有许多教长正准备启程，还有一些教长已在前来此地的旅途之中。本圣公会议考虑到，对于本圣公会议将要作出的一切教令而言，出席赞同和确认这些教令的教士人数越多，这些教令在世人之中就越受敬仰、越受尊敬。因此，本圣公会议决定并颁令：在本次会议结束之后，下次会议将在接下来的喜乐主日②之后的那个星期四举行。不过，在两次会议之间的这段时间里，对于本圣公会议认为有必要予以讨论和核查的那些问题，对之的讨论与核查将不会被推迟。

---

① 具体名单见"特兰特圣公会议第一次会议"中的第一个注释。

② 喜乐主日(Laetare Sunday)，亦译为"欢乐主日"，意即"欢乐的星期天"。在天主教节日中，有两个喜乐主日，一个在"四旬期"的第四个星期天，一个在"将临期"的第三个星期天。前者是以期待耶稣复活为主题的喜乐主日，节期在上半年，即复活节之前；后者是以期待耶稣诞生为主题的喜乐主日，节期在下半年，即圣诞节之前。本教令所言的是在本次会议(1546 年 2 月 4 日)之后将出现的喜乐主日，即上半年中的喜乐主日。根据历法推算，该喜乐主日之后的那个星期四应为 1546 年 4 月 8 日。

第四次会议

本次会议于1546年4月8日举行。

关于正典圣经[1]之教令[2]

特兰特圣公会议是在圣灵之中合法召开的，会议主持人依然是教廷的那
18 三位特使[3]。本圣公会议一直在关注一个问题，即：福音[4]中的讹误既然已被清除，那么，在天主教会中，就应该保持福音的纯洁。这一福音是在非常久远的年代通过《圣经》中的诸位先知应许给后人的，它首先是上帝之子、吾主耶稣基督通过自己之口向外传播的，然后他又命其使徒将之宣讲给每个人听[5]，把它作为挽救真理、挽救道德准则等一切活动的源泉。

本圣公会议亦清楚地认识到，这些真理和准则既包含在成文的书籍之中，也包含在不成文的圣传[6]之中。这些圣传是由众使徒受之于基督本人之

---

① 正典圣经（the canonical Scriptures），即"正经"，指符合正统基督教教义、得到正统教会认可或批准的《圣经》。

② 这份教令原本不分段。为便于阅读，现将之分为6个自然段，特此说明。

③ 具体名单见"特兰特圣公会议第一次会议"中的第一个注释。

④ "福音"（the Gospel）本意为"好消息"，通常指耶稣给人类带来的好消息，即天国即将来临。另外，"福音"一词还用指"福音经书"，即《新约全书》中的"马太福音"、"马可福音"、"路加福音"和"约翰福音"四部福音书。

⑤ 《圣经》言：耶稣对其使徒说，"天上地下所有的权柄都赐给我了。所以，你们要去，使万民作我的门徒，奉父、子、圣灵的名给他们施洗。凡我所吩咐你们的，都教训他们遵守，我就常与你们同在，直到世界的末了。"见《圣经·新约·马太福音》28：18—20。另，《圣经·新约·马可福音》中亦有类似言论（16：15—18）。

⑥ 圣传（traditions，亦称 divine traditions），亦译为传统、传承。在天主教会中，圣传主要是指教会信仰、教理、礼仪以及圣经的传承。在早期基督教历史上，耶稣及其使徒都是以口传方式传播其思想主张的。在基督教世界中流传的宗教理论、文献、礼仪和习惯，有许多没有被纳入《新约全书》中，但天主教会依然将之视为祖传圣训，从而与《圣经》一起被视为信仰启示的源头。

口而流传下来，或是由众使徒本人依据圣灵口授而成，然后就像手把手一样一直传到我们这一代。独一的上帝是《旧约全书》和《新约全书》的作者，因此，本圣公会议以诸位正统教父为榜样，怀着虔诚且恭敬之情，接受上述二书并对之表示敬仰。还有圣传，它们是由基督或圣灵口授的，而且在天主教会中保存至今，从未中断；因此，不论这些圣传是有关信仰的，还是有关道德的，本圣公会议一律予以接受并表示敬仰。

另外，本圣公会议认为，在该教令中，加进一份圣卷清单是合适的，这样的话，对于本圣公会议究竟认可哪些圣卷这一问题上，也就不会有任何人产生疑问了。① 关于神圣经文之名单，现列举如下：

属于《旧约全书》经文的包括："摩西五经"，亦即"创世记"、"出埃及记"、"利未记"、"民数记"和"申命记"②；"约书亚记"、"士师记"、"路得记"、"列王纪"四卷③、"历代志"两卷、"以斯拉记"第一卷以及第二卷（标题是"尼希米记"）④；"托比亚记"⑤、"尤地德记"⑥、"以斯帖记"、"约伯记"以及由150篇圣咏组成的"大卫圣咏集"⑦；"箴言"、"传道书"、"雅歌"、"智慧书"⑧、"德训

---

① 由宗教会议确定"正经"的做法早已有之。例如，364年的劳迪塞亚宗教会议（Laodicea，在叙利亚境内）、382年的罗马宗教会议以及393年的希波宗教会议（Hippo）等都曾确定了所谓的"正经"。

② 出于阅读习惯，这里采用的是基督教（新教）中文本《圣经》中的译名。下同。中国天主教会对之的传统译名为"梅瑟五书"、"创世纪"、"出谷纪"、"肋未纪"、"户籍纪"和"申命纪"。

③ "列王纪"有广义和狭义之分。广义的"列王纪"包括"撒耳母记上"、"撒母耳记下"、"列王纪上"和"列王纪下"，狭义的"列王纪"只包括后两者。"列王纪"的主旨在于提醒世人：上帝对世事并非袖手旁观，一切事物都在他的掌控之中。

④ "以斯拉记"（Book of Esdras），此书分上下两卷，有时亦将两卷分开，各自独立成篇，上卷称"以斯拉记"，下卷称"尼希米记"（Nehemias）。

⑤ 基督教（新教）《圣经》中没有这一篇目。"托比亚记"（Book of Tobias）是《旧约全书》中的一篇经文，记述一个充军到亚述但热心助人的犹太家庭的传奇故事。在张久宣翻译的《圣经后典》中，"托比亚记"又被译为"多比传"，见张久宣译：《圣经后典》，商务印书馆1996年版，第1—40页。

⑥ 基督教（新教）《圣经》中没有这一篇目。"尤地德记"（Book of Judith）是《旧约全书》中的一篇经文，记述犹太孀妇尤地德刺杀亚述国将领、拯救以色列人脱离亚述国统治的经过。在张久宣翻译的《圣经后典》中，"尤地德记"又被译为"尤迪传"，见张久宣译：《圣经后典》，商务印书馆1996年版，第41—75页。

⑦ "大卫圣咏集"（Davidic Psalter），即《旧约全书》中的"诗篇"。据称，"诗篇"中约有半数为以色列第二位国王大卫所作，故有"大卫圣咏集"之称。

⑧ 基督教（新教）《圣经》中没有这一篇目。"智慧书"（Book of Wisdom）为《旧约全书》中的一篇，出现于公元前2世纪初，作者不详，此书作者将文中的智慧归功于"智王"所罗门，旨在安慰侨居海外的犹太同胞并坚定他们的信念。在张久宣翻译的《圣经后典》中，"智慧书"又被译为"所罗门智训"，见张久宣译：《圣经后典》，商务印书馆1996年版，第101—146页。

篇"①、"以赛亚书"、"耶利米书"以及"巴路克书"②;"以西结书"和"但以理书";"十二小先知书"③,即"何西阿书"、"约珥书"、"阿摩司书"、"俄巴底亚书"、"约拿书"、"弥迦书"、"那鸿书"、"哈巴谷书"、"西番雅书"、"哈该书"、"撒迦利亚书"和"玛拉基书";"马加伯书"④两卷,即第一卷和第二卷。⑤

19 属于《新约全书》经文的包括:"四福音书",即"马太福音"、"马可福音"、"路加福音"和"约翰福音";福音书作者路加写的"使徒行传";使徒保罗的十四封书信,即"罗马书"一封、"哥林多书"两封、"加拉太书"一封、"以弗所书"一封、"腓立比书"一封、"歌罗西书"一封、"帖撒罗尼迦书"两封、"提摩太书"两封、"提多书"一封、"腓利门书"一封和"希伯来书"一封;使徒彼得的书信两封,使徒约翰的书信三封,使徒雅各的书信一封,使徒犹大的书信一封以及使徒约翰的"启示录"。

在天主教会中,人们已经习惯于诵读上述书卷,而且,它们均包含在古老的"通俗本拉丁文圣经"⑥之中。如果有人不承认上述所有书卷及其所有组成部分为神圣的正统经文,如果有人明知故犯地拒绝接受前面所说的这些圣

---

① 基督教(新教)《圣经》中没有这一篇目。"德训篇"(Ecclesiasticus)又称"息辣书"(Book of Sirach),《旧约全书》中的智慧书之一,其主要内容是:规劝世人应以敬畏上帝作为生活的准则,并以守法作为获得幸福的基础。在张久宣翻译的《圣经后典》中,"德训篇"又被译为"便西拉智训",见张久宣译:《圣经后典》,商务印书馆 1996 年版,第 147—275 页。

② 基督教(新教)《圣经》中没有这一篇目。"巴路克书"(Book of Baruch)为《旧约全书》中的先知书之一,相传为巴路克流亡巴比伦时所作,其主旨在于安慰受难的同胞。在张久宣翻译的《圣经后典》中,"巴路克书"又被译为"巴录书",见张久宣译:《圣经后典》,商务印书馆 1996 年版,第 276—286 页。

③ 在《旧约全书》中,先知分为两类。一类是"大先知"(major prophets),共有 4 人,即以赛亚(Isaiah)、耶利米(Jeremiah)、以西结(Ezekiel)和但以理(Daniel)。一类是"小先知"(minor prophets),共 12 人,即下文 12 篇先知书的作者。

④ 基督教(新教)《圣经》中没有这一篇目。"马加伯书"(Books of Machabees)为《旧约全书》的最后一部,分上下两卷,其主要讲述的是公元前 2 世纪犹太人保卫宗教自由的战争。在张久宣翻译的《圣经后典》中,"马加伯书"又被译为"马加比传",见张久宣译:《圣经后典》,商务印书馆 1996 年版,第 315—441 页。

⑤ "十二小先知书"的汉文和英文篇目名称对照:"何西阿书"(Osee),"约珥书"(Joel),"阿摩司书"(Amos),"俄巴底亚书"(Abdias),"约拿书"(Jonas),"弥迦书"(Micheas),"那鸿书"(Nahum),"哈巴谷书"(Habacuc),"西番雅书"(Sophonias),"哈该书"(Aggæus),"撒迦利亚书"(Zacharias),"玛拉基书"(Malachias),"马加伯书"(Machabees)。

⑥ "通俗本拉丁圣经"(亦称"武加大本圣经",the Latin Vulgate),指公元 382—405 年间由圣哲罗姆(St. Jerome,340? —420 年)根据希伯来文和希腊文圣经译本并参照已有的拉丁文译本而翻译并校订出的新的拉丁文本《圣经》。这之后的 1000 多年中,"通俗本拉丁文圣经"译本一直是基督教的标准译本。到 1382 年时,宗教改革的先驱、英国人约翰·威克里夫(John Wycliffe,1320? —1384 年)将"通俗本拉丁文圣经"翻译成了英文。

传，那么，此人应受绝罚①。因此，请所有人都要知晓，在奠定了信仰告白这一基础之后，本圣公会议将以何种秩序与何种方式进行；也要请所有人都要知晓，在进一步确定教条和恢复伦理道德过程中，本圣公会议将主要向何人寻求见证与支持。

关于圣经②版本及使用之教令③

另外，目前坊间流传多种拉丁文《圣经》版本，本圣公会议认为，如果将其中真实可靠且权威的那一版本公布出来，对上帝之教会将大有益处。因此，本圣公会议决定并宣布：在过去漫长的岁月中，前文所述的那一古老的《通俗本圣经》一直在教会中使用并一直得到教会的认可，因此，在公开性的讲论、辩论、布道以及释义中，将以该版本作为可靠且权威版本，任何人均不得胆大妄为，不得以任何借口拒绝或试图拒绝之。

而且，为了对喜怒无常的灵魂作出制约，本圣公会议下令：在信仰和道德方面，如果涉及对基督教教义的阐发问题，那么，任何人均不得倚仗自己的判断，不得对《圣经》进行歪曲以符合自己的观念；在对前述《圣经》的解释上，即使(他们)从未打算在未来某个时候将自己的解释公之于众，那也不得与神圣

---

① “此人应受绝罚”，其原文是“let him be anathema”。关于此句的翻译，历来有不同的意见。“anathema”的含义较为模糊，它既有“诅咒”之意，亦有“绝罚”之意。中文本《圣经》将“anathema”译为诅咒，如：“若有人不爱主，这人可诅可咒”，见《圣经·新约·哥林多前书》16：22；再如：“我们已经说了，现在又说，若有人传福音给你们，与你们所领受的不同，他就应当被诅咒”，见《圣经·新约·加拉太书》1：9。但是，从特兰特会议的精神主旨以及当时新旧教对立的氛围来看，天主教会对与自己作对的新教及其他异教的憎恨不是用简单的“诅咒”就可以解决的；它一直认为，除了天主教会之外，没有其他的“救恩之途”。出于维护天主教纪律之目的，天主教会必然会作出比较严厉的规定，即：在天主教内，谁若相信新教的那套说法，谁便不能再算是天主教徒。因此，在这里，将“anathema”翻译为“绝罚”(即“开除教籍”)是比较合适的。此外，“绝罚”之类的说法也不是特兰特会议的首创。自325年尼西亚会议之后，教会所颁的每一教规之末都有这一说法。而且，其表达方式已有程式化趋向，即：“谁若说：……，那么，说这种话的人，应受绝罚”(If anyone says that ... let him be anathema.)。另外，值得注意的是，特兰特会议历时18年之久，在不同阶段，教宗及其代理人对新教的厌恶程度也是有所差别的，因此，对“绝罚”手段的使用也就有所不同。在由教宗庇护四世(Pius IV，1559—1565年在位)发起的特兰特会议第三阶段，由于教宗本人相对温和，会议对“绝罚之剑”(the sword of excommunication 或称 the sword of anathema)的使用作出了比较严格的限制。详见第二十五次会议“关于改革之教令”第3章。

② 原文是“the sacred books”，其含义较为广泛，可译为“圣卷”、“圣书”或“圣典”；在该教令中，其意指《圣经》或《圣经》中的具体篇目。

③ 这份教令和前面的“关于正典圣经之教令”是一脉相承的，阐述的是同一个主题。因此，该教令在语句上是承接前一份教令的。

20 的母教会[1]一直坚持且如今仍在坚持的观念相悖，真理判别权和《圣经》解释权归神圣的母教会所有[2]；而且，其解释也不得与教父们的共识相悖。违反上述规定者，将由其教区首长[3]勘查，并依据既定法律予以惩处。

在这个问题上，还应对印刷商施以制约，本圣公会议认为此举是合适的。如今，印刷商们不受任何约束，也就是说，他们可以为所欲为；不经教会上级部门的批准，他们就印制前文所述《圣经》中的各卷圣书；并印制由三教九流人等编写的圣经评注，而且，经常不署印刷机构的名称，或者经常使用虚构的名称，更为恶劣的是连作者的姓名也没有，还有就是，把在其他地方印制的这类书籍(运过来)，不分青红皂白地出售牟利。因此，本圣公会议决定并下令：从今以后，对于《圣经》特别是前文所述的那一古老的《通俗本圣经》，必须以最为正确的方式来印制。不论何人，在印制或委托他人印制与神圣教义相关之书籍时，都必须事先经过教区首长的审查和批准；如果所印此类书籍没有作者姓名，或在日后销售此类书籍，抑或藏有此类书籍，均被视为非法；如有违背者，则依照最近一次拉特兰圣公会议所定教规予以绝罚并处以罚款[4]如果他们[1]是修道士，那么，除了要经过上面所说的审查和批准之外，还必须得到其修院内部上司的许可，修院上司将根据他们自己的规章条例对相关书籍进行审查。对于那些手稿，如果有人在未经审查和批准之前就将之出借或传阅，其所受到的惩处将与那些私自印书者相同。藏有或阅读此类手稿的人，除非他们能够说出其作者的姓名，否则他们自己将被视为手稿的作者。另外，对这类书籍的批准必须以书面形式作出；为保证这一目标的实现，所有相

---

① 神圣的母教会(holy mother Church)：为避免歧义，这里不宜译为“圣母教会”。罗马天主教会认为自己是“众教会之母”(mother of all churches)，故有“母教会”之称。

② 692年，东罗马帝国皇帝查士丁尼二世(Justinian II，685—695年和705—711年两度在位，最后被杀)在君士坦丁堡召开昆尼塞克特宗教会议(Quinisext Council，“Quinisext”是数字5和6的合写，指这次宗教会议是第五次和第六次宗教会议的合称)，会议制定102条教规，并规定最高教会拥有《圣经》解释权。这次宗教会议主要是由东方教会操纵的，其许多决定与西方教会的信念相悖(例如，该会议认为，教士没有必要坚守独身)。罗马教廷没有派代表参加此次宗教会议。会议所作出的规定也一直没有得到西方教会的全面认可。不过，对于某些可以为西方天主教会所用的规定，西方天主教会还是予以利用的。

③ 教区首长(Ordinary)，对教区享有治理权的圣职人员，通常为主教。

④ 指1512—1517年在罗马教廷拉特兰宫(Lateran)召开的“第五次拉特兰圣公会议”(the Fifth Lateran Council)。该份教令实际上是将私自印刷《圣经》以及与《圣经》有关的书籍视为渎圣罪。根据第五次拉特兰圣公会议制定的教令，对渎圣罪的处罚有如下一些规定。对于教内人士犯有渎圣罪，其处罚是：初次犯罪者，其各种有俸圣职之薪停发一年；二次犯罪者，如其只有一种有俸圣职，则被剥夺，如果犯罪者拥有多种有俸圣职，则由当地主教决定剥夺其中一职；三次犯罪者，所有圣职及头衔均自动丧失，教会将永远不再录用此人出任圣职。对于俗人犯有渎圣罪，则分两种情况。如果犯罪者是贵族，对其处罚是：初次犯罪者，罚款25杜卡特(ducats，威尼斯货币，中世纪

关书籍，不论是手抄的，还是印刷的，都必须将批准文件真实可靠地置于书籍的开篇。所有这些工作，亦即批准与审查之类的工作，都是免费的，只有如此，该批准的才会得到批准，该谴责的才会受到谴责。

此外，本圣公会议还要对那些鲁莽轻率之举施以强力约束。正是出于这
种鲁莽轻率，（有人）会将《圣经》中的字句加以改变和歪曲，然后将之用于各 21
种各样的渎圣之事，即，用于那些庸俗下流、荒诞无稽、愚蠢至极的事情，用于逢迎拍马、贬抑损毁、迷信行为、邪魔妖术、巫术以及诽谤诬陷之事。为了铲除诸如此类的不敬和怠慢现象，同时为了保证在此之后不得有任何人以任何方式将《圣经》中的字词用于上述活动或用于类似目的，本圣公会议要求并责令：作为圣言的亵渎者和侵犯者，以上所述的这些人将由主教严加监管，对之施以法律上的惩处，并依主教们自己的决断对之施以其他形式的处罚。

关于下次会议的通告

与以前做法一样，本圣公会议决定并颁令，下次会议将在至圣的五旬节之后的那个星期四举行。②

及近代欧洲许多国家通用的硬通货，多为金币；据有关材料，在15世纪，意大利威尼斯的码头工人每年可以挣100杜卡特；贵族年收入约为1000杜卡特）；二次犯罪者，罚款50杜卡特；三次犯罪者，将失去贵族头衔。如果犯罪者是平民，对其处罚是：初次犯罪者，即可被投进监狱；如果犯罪超过两次，犯罪者将被强制穿戴标志着渎圣罪的服装，在教区主教堂入口处罚站一整天；如果屡教不改，则可判终身监禁，或被罚到海船上做苦役。

① 指印制者或委托印制者。

② 五旬节（Pentecost），亦称“圣灵降临节”或“七七节”。按照《圣经·新约全书》的说法：耶稣复活后第50天差遣圣灵降临，门徒领受圣灵后开始向世界各地传布福音。教会规定每年复活节后第50天为圣灵降临节。根据历法推算，1546年五旬节之后的那个星期四对应的日期是1546年6月17日。

第五次会议

本次会议于1546年6月17日举行。

关于原罪之教令

天主教是我们的信仰，如果无此信仰，就将无从取悦上帝①；在谬误被清除之后，但愿这一信仰能够继续保持其自身的完美统一与纯洁无瑕，但愿基督子民不被各种异教之风所动摇②。然而，在我们这个时代，上帝的教会被众多邪恶之事所困扰，其中，在有关原罪及其补救问题上，那条古蛇③，亦即人类的永恒之敌，不但在挑动新的争执，而且在煽动旧的争端。有鉴于此，为了感化误入歧途之人，同时也为了坚定摇摆不定之人的信仰，特兰特圣公会议——本会议是在圣灵之中合法召开的，会议主持人依旧是教廷的那三位特

使④——将遵循《圣经》、诸位圣洁的教父以及诸次深孚民意的圣公会议所作出的言说，同时依照教会自身的判断以及教会的一致意见，现就前面所说的原罪问题作出如下规定、告白和声明。

1. 如果有人不信下述教言，那么，此人应受绝罚，即：始祖亚当在伊甸园里违背了上帝的戒律之后，便立即丧失其当初受造之时所具备的圣洁和公

---

① 《圣经》言："人非有信，就不能得上帝的喜悦；因为到上帝面前来的人必须信有上帝，且信他赏赐那寻求他的人。"见《圣经·新约·希伯来书》11:6。

② 《圣经》言："在基督的身体里合而为一"，"使我们不再做小孩子，中了人的诡计和欺骗的法术，被一切异教之风摇动，飘来飘去，就随从各样的异端。"见《圣经·新约·以弗所书》4:14。

③ "古蛇"(the old serpent)，"创世记"中称为"蛇"(the serpent)，无"古"字。见《圣经·旧约·创世记》3:"第一个罪和罪的惩罚"。"启示录"中，这条"蛇"被称为"龙"(the dragon)、"大红龙"(the great red dragon)、"大龙"(the great dragon)、"古蛇"(the old serpent)、"魔鬼"(the Devil)或"撒旦"(Satan)。见《圣经·新约·启示录》12:3—4,7—9;20:2。

④ 具体名单见"特兰特圣公会议第一次会议"中的第一个注释。

义；由于他犯下那一推诿搪塞之罪[①]，结果招致上帝的激愤与天谴，于是也就招致死亡之罚，关于这一点，上帝在事先已经警告过他[②]；除了要承受死亡之外，他还将受缚于那一自此以后将掌有死亡之权者，即魔鬼[③]；而且，正是由于那一推诿搪塞之罪，亚当整个人都遭到改变，不论是躯体还是灵魂，都朝着更坏的方向变化。

2. 如果有人持下述主张，那么，此人应受绝罚，即：亚当犯下的推诿搪塞之罪仅仅殃及他自己，而并没有殃及他的后代；他失去了从上帝那里领受来的圣洁和公义，但失去圣洁和公义的仅仅是他自己一个人，而并没有因此连带到我们；或者说，亚当因悖逆之罪而变得肮脏，不过，他只是将死亡以及身体之苦痛传给了整个人类，而并没有将罪孽（此罪意味着灵魂的死亡）也传下来。（持此主张的人之所以应受绝罚），这是因为他的想法与使徒[④]的下述言论相抵触："罪是从一人入了世界，死又是从罪来的，于是死就临到众人，因为众人都犯了罪。"[⑤]

3. 如果有人持下述主张，那么，此人应受绝罚，即：亚当的这种罪孽从源头上说只有一个，它不是以模拟复制的方式而是以生殖蔓延的方式传递给所有人的，因此，在每个人身上，这种罪孽都只是属于自己个人的；对于此罪，可以通过人性的力量或其他各种补救方式予以消除，而不必借用吾主耶稣基督这位惟一中保[⑥]的功德来消除此罪；他是以自己的鲜血而让我们归顺于上帝的，也是为了我们，他才转变成公义、圣洁和救赎[⑦]。或者，如果有人否认下述教言，那么，此人应受绝罚，即：通过由教会正当施行的洗礼，前文所述的耶稣基督之功德不仅泽被于成年人，而且泽被于婴幼儿童。（上述之人之所以应受绝罚），是因为，"在天下人间，没有赐下别的名，我们可以靠着得救。"[⑧]

---

① 关于亚当偷吃"禁果"（智慧果）之后的表现以及他与上帝之间的对话，见《圣经·旧约·创世记》3。

② 《圣经》言："园中各样树上的果子，你可以随意吃，只是分别善恶树上的果子，你不可吃，因为你吃的日子必定死！"见《圣经·旧约·创世记》2:16—17。

③ 《圣经》言："儿女既同有血肉之体，他也照样亲自成了血肉之体，特要藉着死败坏那掌死权的，就是魔鬼，并要释放那些一生因怕死而为奴仆的人。"见《圣经·新约·希伯来书》2:14—15。

④ 指使徒保罗。

⑤ 见《圣经·新约·罗马书》5:12。

⑥ 中保（mediator），即中介、调解人，"新约全书"中指耶稣。例如，《圣经》言："只有一位上帝，在上帝和人中间，只有一位中保，乃是降世为人的基督耶稣"。见《圣经·新约·提摩太前书》2:5。

⑦ 《圣经》言："上帝又使他成为我们的智慧、公义、圣洁、救赎。"见《圣经·新约·哥林多前书》1:30。

⑧ 见《圣经·新约·使徒行传》4:12。

23 正因如此,才有了下述宣言:“看哪,这就是上帝的羔羊;看哪,就是他要将世人的罪孽除去。”①也正因如此,才有了另一宣言:“在你们当中,只要是已经受洗的,就都已经分享了基督的功德。”②

4. 如果有人否认下述教言,那么,此人应受绝罚,即:即便其父母已是受洗之人,从母腹中新生的婴儿也要接受洗礼。或者,如果有人持下述观点,那么,此人亦应受到绝罚,即:婴儿接受洗礼,当然的确是为了赦免罪孽③,但是,他们并没有从亚当那里承袭任何的原罪;这种原罪必须通过再生洗礼才能得到补赎,以此才可获得永生;因此,对于婴儿来说,“使罪得赦”的洗礼可作这样理解,即,它不是正确的,而是虚妄的。(上述之人之所以应受绝罚),是因为使徒有言:“罪是从一人入了世界,死又是从罪来的,于是死就临到众人,因为众人都犯了罪。”对于此言的理解,除了天主教会在一切场合一以贯之坚持的立场之外,不得有任何其他的理解方式。因此,根据从诸位使徒那里传下来的这一信仰准则,婴儿本身即便还没有犯下任何罪孽,但出于上述缘由,其“使罪得赦”的受洗也是实在而正确的,其目的在于:对于婴儿来说,因从母腹出生而沾染上的那些东西可通过再生而被冲洗而去。这是因为,“人若不是借由洗礼水和圣灵而获得再生,那他就不能进入天国。”④

5. 如果有人否认下述教言,那么,此人应受绝罚,即:吾主耶稣基督的恩典是借由洗礼而施予众人的,通过这一恩典,原罪之愆便得以赦免。或者,如果有人持下述观点,那么,此人亦应受到绝罚,即:(即使经过洗礼,)那一真正的罪孽之本性也并没有被全部消除,而只是被擦拭掉,或者只是不再被归罪而已。(上述之人之所以应受绝罚),原因在于,对于那些已获再生之人,其身上已无任何东西会让上帝憎恶,因为对于那些通过洗礼而与基督同享死亡并与基督真正同葬一处的人⑤来说,已不会遭受任何谴责。⑥ 他们已不是听任肉体的支配来进行生活,而是已经摒弃旧的生活方式而成了新人,这一新面

---

① 中文本《圣经》原译文是:“看哪,上帝的羔羊,除去世人罪孽的!”见《圣经·新约·约翰福音》1:29。

② 中文本《圣经》原译文是:“你们受洗归入基督的都是披戴基督了。”见《圣经·新约·加拉太书》3:27。

③ 《圣经》言:“你们各人要悔改,奉耶稣基督的名受洗,叫你们的罪得赦,就必领受所赐的圣灵”。见《圣经·新约·使徒行传》2:38。

④ 《圣经》言:“人若不是从水和圣灵生的,就不能进上帝的国。从肉身生的就是肉身;从灵生的就是灵。我说:‘你们必须重生’,你不要以为希奇。”见《圣经·新约·约翰福音》3:5—7。

⑤ 《圣经》言:“我们藉着洗礼归入死,和他一同埋葬,原是叫我们一举一动有新生的式样,像基督藉着父的荣耀从死里复活一样。”见《圣经·新约·罗马书》6:4。

⑥ 《圣经》言:“如今,那些在基督耶稣里的就不定罪了。”见《圣经·新约·罗马书》8:1。

貌是依据上帝的形象来创造的。① 这样的人已经变得清白、无瑕、纯洁、无 24
罪，已经得到上帝的钟爱，已经成为上帝的子嗣，而且和基督一起共同成为（上帝的）子嗣。② 因此，没有任何东西可以妨碍他们进入天堂。但是，本圣公会议看到并且承认，在已经受洗之人的身上，依然存在着俗欲或罪孽意向。这种俗欲是留待我们与之进行斗争的，因此，对于那些凭借耶稣基督的恩典顽强抵制而非默许的人来说，这种俗欲是不会伤及他们的。没错，只有中规中矩进行奋斗的人才会得到冠冕。③ 使徒有的时候会将这种俗欲称作罪孽④，但本圣公会议声明，对于那些已获再生的人来说，天主教会从未认为这种俗欲是真正的实实在在的罪孽，因为它只是从属于罪孽、趋向于罪孽而已。

本圣公会议还要声明的是，该教令论述的是原罪问题，而无意于将上帝之母、未染原罪的真福童贞玛丽亚问题包括在该教令之中；（关于这一问题），本圣公会议重申，已故教宗西克斯特四世⑤制定的规章将继续得到遵守，若有违反，将依上述规章中的条文进行惩处。

关于改革之教令

第1章 关于讲经师和博雅师⑥职位的设立

本圣公会议忠于并接受诸任教宗以及诸次得到认可的圣公会议所制定

---

① 《圣经》言："如果你们听过他的道，领了他的教，学了他的真理，就要脱去你们从前行为上的旧人，这旧人是因私欲的迷惑渐渐变坏的；又要将你们的心志改换一新，并且穿上新人；这新人是照着上帝的形象造的，有真理的仁义和圣洁。"见《圣经·新约·以弗所书》4：21—24。又，《圣经》言："不要彼此说谎；因你们已经脱去旧人和旧人的行为，穿上了新人。"见《圣经·新约·歌罗西书》3：9—10。

② 《圣经》言："圣灵与我们的心同证我们是上帝的儿女；既是儿女，便是后嗣，就是上帝的后嗣，和基督同作后嗣。如果我们和他一同受苦，也必和他一同得荣耀。"见《圣经·新约·罗马书》8：16—17。

③ 《圣经》言："人若在场上比武，非按规矩，就不能得冠冕。劳力的农夫理当先得粮食。"见《圣经·新约·提摩太后书》2：5—6。

④ 指使徒保罗对"俗欲"问题的相关论述。详见《圣经·新约·罗马书》6—8。

⑤ 西克斯特四世（Sixtus IV，1471—1484年在位）。1477年，西克斯特四世颁布谕令，决定设立"圣母无原罪始孕瞻礼"，时间定为每年的12月8日。

⑥ 讲经师（lecturers of Holy Scripture，或 lecturers in Holy Scripture），以讲解《圣经》、阐述教理为主要任务的教师。关于"博雅师"这个译名，在这里需要补缀几句。"博雅"的对应英文是"the liberal arts"。对于这个英文词组的翻译，学术界历来存在多种译法，如"自由七艺"、"文科七艺"、"美雅之学"等等。天主教会所说的"the liberal arts"从字面上看的确有"自由"之意，因为这个用语是从古代希腊的"自由思想"、"自由之学"借用来的。在古代希腊，一个具有自由地位或身份

的规章，同时亦要为之增添某些内容。圣灵以其无可复加的慷慨大度而将《圣经》传递给世间万民，为了让这部天国宝藏不被怠慢忽略，本圣公会议决定并下令：在有些教堂中，有专门为神圣神学讲教者设立的受俸牧师职位、受俸圣职以及其他各种名目的有俸圣职。对于这些教堂，主教、大主教、首席主教①以及当地的其他教长将强制（甚至可用削减薪俸之手段来强制）那些拥有相关受俸圣职、助牧基金以及其他各种名目有俸圣职之人阐述并诠释前文所述的那本《圣经》。这些领有相关圣职之人可以亲自讲授，其前提是他们必须力能胜任；如果不行，则可由其他有此能力者代为授课，替代人选要由上面所述的主教、大主教、首席主教或当地的其他教长负责遴选。需要注意的是，从此以后，这一类受俸圣职、助牧基金以及其他相关有俸圣职只授予有相应能力之人，只授予能够亲自担当此任之人。

有些总主教②座堂或主教座堂，其所在城市非常有名，且人口众多；另外，还有一些协同教堂③，它们位于比较大的城镇之中，这些教堂可能不归任何一个教区管辖，但教堂却拥有众多的圣职人员。上述这些教堂中，有的根本没有为神学讲教事业专门设立此类受俸牧师职位、受俸圣职以及其他相关有俸圣职。对于这类教堂，一旦遇到有俸圣职出缺，只要这一出缺不是因辞职而出现的，或者这一出缺圣职没有连带其他与讲经事业不可协调之职责的，那么，依据这一情况，该圣职将被立即单立出来，并将永远用作讲经职位。在这些教堂中，如果实在没有任何收入，或者收入实在有限，那么，总主教或

的人，要想养成自由的怀疑精神、自由的批判精神、自由的探索精神以及自由发表自身见解的能力，就必须在一些基础学科（如文法、修辞、辩证法、算术、几何、天文、音乐 7 个方面）具备足够的素养，否则就不可能达到“科学理性精神”上的自由。因此，在涉及古代希腊历史的时候，将“the liberal arts”译为“自由七艺”是比较妥帖的。但是，中世纪的天主教会对“the liberal arts”的理解毕竟不能与古代希腊同日而语，虽然天主教会要求教士学习的也是上述 7 个方面，但其目的终究不是要让教士们获得“自由”，而是要让他们利用有关知识为教会服务。因此，将中世纪天主教会所言的“the liberal arts”译为“自由七艺”，其含义往往令人费解。另外，将之译为“文科七艺”亦存在问题，因为在“七艺”中，包含有数学学科等“理科”内容。而且，在“the liberal arts”这个术语中，“arts”并不是普通意义上的“艺术”，而是指素质、素养、能力。综合各种意见，本书译者将这个术语译为“博雅学科”，这个译名既有音译的成分，亦有意译的功效。正是在这个前提下，译者将“从事博雅学科教学工作的教师”译为“博雅师”。

①　首席主教（primate）有两层含义。第一，依据教会法，首席主教只有一人，即罗马教宗。第二，在天主教世界，每个国家亦有一人可被称为首席主教，但这仅仅属于荣誉头衔。该教令中所说的“首席主教”显然属于第二种情况。

②　总主教（metropolitan），亦即教省总主教。在天主教会中，总主教在省属教区内有督导信徒保持信仰和遵循教会纪律之职责；在东方教会中，总主教则不一定有明确的省属教区。

③　协同教堂（collegiate church），亦称联合教堂或大圣堂，指由数位神父共同管理的教堂。

主教本人应该拿出某一普通有俸圣职①之收入，将之用于上述事业，当然，原先与这一普通有俸圣职相连的那些职责和义务将被免除；或者动用其所在城市和主教管区那些慈善捐助人所捐善款以达此目的；或者还可以采取其他各种合适手段。通过上述方式，在教区参议会②的协助下，总主教或主教要保证《圣经》讲授工作能够得以展开。不过，其他一切讲授工作，不论是依据传统习俗设立的，还是依据其他情形设立的，都绝对不能因此而被停废。

有些教堂，其年收入极为微薄；而且，当地的圣职人员和俗民人数亦极为有限。因此，在这里不宜设置讲经师职位。对于这类教堂，至少要配备一名教师。在教区参议会的协助下，由当地主教负责挑选教师。教师的职责是为圣职人员和其他穷苦学员免费讲授语法，这样，在上帝的帮助下，他们在将来或许还可过渡到对《圣经》的研习中来。为达此目的，应该拿出某一普通有俸 26
圣职之收入，将之分给那位语法教师，只要他继续教课，他就可以获得这些收入，当然还得有一个前提，即：必须是这一有俸圣职没有被废止继续负担这一职责；或者可以从主教团或教区参议会的收入中拿出一部分，给他发放合适的报酬；最后，还可以让主教根据自己教堂及教区的实际情况去寻找其他的解决办法。只有如此，才有可能保证这一神圣、有用且有益的规定不至于以各种貌似有理的借口而被废弃。

在隐修院中，如果条件合适，也应该以类似的方式来讲授《圣经》。如果隐修院院长对此事漫不经心，那么，当地的主教必须采取合适的措施来强制他们履行职责。在这件事上，当地主教就是罗马教廷的特使。至于其他修道院，如果适于研习，那么，也应该以相似的方式进行《圣经》讲授工作，而且将由修会代表大会和会省代表大会向之委派货真价实的教师。

在世俗学院中，讲授《圣经》也是极为有益的，而且也是最为必要的，但有些学院至今仍没有设立这一职位。为了捍卫和增进天主教信仰，同时也为了保存并普及健康有益的教义，那些笃诚的君王和各地政府应该本着虔诚和慈爱之心，敦促那些学院设立讲经职位；对于那些曾经设有此类职位但后来又被废止的，要让其恢复。为了避免出现在虔敬的外表下散布不敬之思想，本圣公会议决定：不论讲经活动是公开的还是私下的，出任讲经师职位者，事先都必须接受当地主教对其生活方式、道德修养以及学问学识的考查，并需得

---

① 普通有俸圣职（simple benefice），指不用履行“牧灵”（cura animarum）之责的那些有俸圣职。

② 教区参议会（chapter），指教区之内由圣职人员组成的议事会，这种议事会对教区的管理拥有一定的发言权。另外，修会当中亦有类似的参议会。

到当地主教的批准，否则，任何人不得出任该职；当然，该规定不适用于男修院讲经师。另外，对于那些讲授《圣经》之人，只要他们是在学校公开授课，那
27 么，即使他们没有履行其原有受俸牧师职位及受俸圣职之有关职责，在收取这些职位应得的各种收入方面，也将完全享受并保有普通法所规定的一切特权；在这些学校研习《圣经》的学员也同样享受并保有这些特权。

第2章　关于布道员和劝募官①

对于基督教世界而言，宣讲福音之必要性绝不亚于阅读福音。而且，宣讲福音是主教们的首要职责。因此，本圣公会议决定并颁令：除非有合法的理由而不能履行职责，否则，所有的主教、大主教、首席主教以及各教会所有其他各类教长都必须亲自宣讲耶稣基督的神圣福音。如果主教以及前述其他各类人等偶遇阻碍而不能亲自布道且理由合法，那么，他们必须按照（拉特兰）圣公会议②规定的程式，委派合适之人，使之能够积极健康地担当起这一布道之责。如果有人心存藐视而未执行这一规定，他将遭到严厉惩罚。

教堂具有牧灵③之功能，因此，对于首席神父④、本堂助理神父⑤以及其他一切相关之人来说，不论他们是以何种方式掌管教区教堂或其他各种教堂的，至少要在每个主日和那些庄严的节日里，用健康有益的言辞来哺育民众，

---

① 布道员（preacher），亦称传道员、讲道员或宣讲师，即宣传“福音”、传播基督教基本信仰之人。劝募官（questor，亦写作 quæstor），其原文“quæstor”原本指古代罗马的一种官职，其主要职能是负责政府财政的收支和管理，因此，对于古罗马历史，该官职译为“度支官”。在中世纪，天主教会亦沿用这一名词（汉译为“劝募官”），用指为教会募集善款之人。这种官员由教会指定，在募捐过程中，劝募官有权代表教会给予捐献者以“大赦”（即宽宥其以往犯下的罪愆），以示对捐献者的鼓励。1517年，为筹款修缮圣彼得大教堂，罗马教廷以及德意志相关人员委派多明我会修士约翰·特泽尔（Johann Tetzel，1470—1519年）前往德意志募捐，马丁·路德借机发难。后来，为避免世人将“大赦”和“赎罪券”等同起来，罗马教廷禁止这种募捐活动。1562年7月16日，特兰特会议第二十一次全体会议正式颁令，宣布废除“劝募官”这一名称，同时，该官职本身亦被一并废止。详见第二十一次会议“关于改革之教令”第9章。因此，特兰特会议以后，“劝募官”便成为一个历史名词。

② 指第四次拉特兰圣公会议（the Fourth Lateran Council）。这次会议由教宗英诺森三世（Innocent III，1198—1216年在位）本人亲自主持，于1215年11月在罗马教廷的拉特兰宫举行。会议通过了由教宗事先组织拟定的70项教规教令，这些规定对中世纪后期乃至近代天主教会均有巨大影响。

③ 牧灵（cure of souls，拉丁文称 cura animarum），为神父的基本职责，其主要内容是训导信徒和施行圣事。

④ 首席神父（archpriest），亦译为总铎、大司铎或首席司铎，即在由主教主持的大礼弥撒中的襄礼神父。

⑤ 本堂助理神父（curate），亦称副主任神父、副本堂神父，亦简称本堂助理、副本堂或副堂。一般来说，在堂区（parish）中担任主管工作的神父称堂区神父、本堂神父或主任司铎，在堂区工作的其他神父称本堂助理神父。

这些民众已将自己托付给了他们；他们应该身体力行，但是，如果因有其他事务在身而无法履行职责且理由合法的话，则可由其他有能力者代劳；在哺育民众时的用语选择上，既要考虑到他们自己的能力，也要照顾到民众的水平。向民众讲授的应该是所有民众为求得救而必须要知晓的那些事情，而且，要通过简洁平白的语言让他们明白，应该避免哪些恶行，应该追寻哪些美德，这样的话，他们才能免却永恒的惩罚，才能获得天国的荣光。在上述负有牧灵之责的人等中，如果有人因玩忽职守而没有履行这一职责——即使有人会以各种借口声称自己不受当地主教的管辖，即使有人会说某些教堂因某某原因 28
而可以免除相关义务，或者即使有人说这些教堂附属于某一修道院，或已经和某一修道院合并，而该修道院并不在这个主教管区之内——只要那些教堂的的确确位于当地主教的管区之内，那么，主教们就不能忽略自己作为牧者所应承担的监管、挂念之责。只有这样，下面的话才不至于变成现实："孩童求饼，无人擘给他们。"①因此，经过主教规劝，三个月之后，如果他们依旧不履行自己的职责，那么，将通过教会惩戒之方式强制他们履行职责，或者主教亦可自行采取其他手段以达目的。再则，如果主教认为合适的话，亦可委派他人代替承担那一布道之责，并从各种有俸圣职的收入中拿出一部分，给予替代者以公平合理的报酬，直到那位主事者本人悔过自新并能履行自己的职责时为止。

需要注意的是，有一些教区教堂是隶属于某些修道院的，而这些修道院又并不属于任何一个教区管辖。如果这些修道院的院长和修会教长在前述之事上玩忽懈怠，那么，在相关教区所在的教省中，由教省总主教负责强制他们履行相关职责。在这件事上，教省总主教就是罗马教廷的代表；任何习俗、豁免、诉求、抗议或抵制之类的事由均不能阻碍本教令的实施，（如果出现上述情形），将由具备法定资格的法官立即着手处理，但只是对事情真伪问题进行核查，在对案情作出考量之后作出处理决定。

对于修道士而言，不论他们属于哪一修会，如果自身的生活作风、道德伦理以及学识水平等方面在事先没有经过其上级教长的审查和认可，而且没有获得许可证，那么，即使在自己所属修会的教堂中，他们亦不得从事布道活动。在从事布道活动之前，他们必须携带资格许可书，亲自前往主教那里，以恳请主教的恩准。但是，如果教堂不属于他们自己的修会而他们又要在这些教堂中布道，那么，他们除了要有所属修会教长颁发的许可证之外，还必须拥有当地主教颁发的许可证，如果没有这一许可证，他们在任何情况下也不得 29

---

① 见《圣经·旧约·耶利米哀歌》4:4。

29 在上述那些不属于他们自己修会的教堂中布道。需要注意的是，主教将免费颁发这种许可证。

如果布道员在民众中间传播邪恶思想或散布流言飞语——上帝是禁止此类事情发生的——主教将禁止他继续布道；即使他是在自己所属修会的修道院里或其他修会所属修道院里布道的，（主教亦将禁止之）。如果他宣扬异端邪说，即便他声称自己根据某一总体特权或某一具体特权而享有豁免权，主教也将依据法律规定或当地的习惯法对之进行处置。在处理这类事情时，主教拥有教宗的权威，主教就是罗马教宗的代表。但是，需要提醒主教们注意的是，不要因无端指控或其他各种诬陷诽谤而惹怒布道员，也不要让布道员找到任何针对主教的正当的抱怨理由。

另外，主教们必须警惕的是：有些人在名义上是修道士，但他们却没有生活在修道院里，而且也不遵守他们的宗教条规。对于这些人，另外再加上一些在俗教士，如果主教们对之并不了解，而且，如果这些人的道德水准和宗教思想没有被核查认可，那么，即使他们以各种各样的特权作为借口，在当地主教就相关事宜向罗马教廷作出征询之前，他们当中的任何人也不得在自己所在的城市和教区中从事布道活动。除了通过隐瞒真相或者编造假话的方式，否则，那些不称职之人就不可能从罗马教廷那里诈取到任何此类特权。

在任何情况下，那些募集善款之人（通常亦被称为“劝募官”）均不得以任何方式擅自从事布道活动，即，既不可亲自布道，也不可委托他人布道。如有违犯者，不论其享有何种特权，主教和当地的教区首长均要采取合适的补救措施对之作出全面制约。

关于下次会议的通告

另外，本圣公会议还决定并颁令，下次会议将在神圣的使徒雅各祝日之后的那个星期四举行①。

① 使徒雅各（apostle James），耶稣的使徒之一，公元44年在耶路撒冷殉教，其纪念日（祝日）为每年的7月25日。根据历法推算，当年“雅各祝日之后的那个星期四”应当是1546年7月29日。

*这次会议后来被推迟至1547年1月13日举行。*①

① 1546年6月21日，教宗特使将下次全体会议的议题提交给与会人员进行讨论，其中主要涉及两个问题，一个是"称义"问题，另外一个是主教是否应该常驻辖区问题。由于与会人员在这两个问题上存在众多分歧，达成统一意见的进程非常艰难，最终不得不将下次会议延期。经过将近7个月的讨论，与会者才基本形成一致意见。

第六次会议

本次会议于1547年1月13日举行。

关于称义[1]之教令

前言

当前,在"称义"问题上流传着某种错误说教,它不仅夺去了众多的信徒,而且对天主教会的统一造成严重危害。有鉴于此,为了颂扬万能的上帝,为了上帝的荣光,为了天主教会的安宁,同时也为了对灵魂进行拯救,特兰特基督教圣公会议准备向全体基督信徒详细阐述真实准确且健康有益的称义教理,这一教义是"公义之太阳"[2]、"吾等信仰之创始者与完善者"[3]耶稣基督教给人们的,是众使徒传承下来的,是天主教会在圣灵的启示下而一直坚持的;本圣公会议严格规定,从今以后,在信仰、宣教或讲授(称义问题方面),任何

---

① 称义(Justification),中国天主教会通常称之为"成义"或"复义"。其基本含义是:人人皆有原罪,因此都是"罪人";但是,"罪人"可以领受圣宠(即上帝的恩典),因此其罪可得赦免,从而成为"义人"。根据天主教的主张,"罪人"只有在信仰和善行两个方面均有出色表现,方可"成义"。但是,马丁·路德的新教则强调"因信称义"(justification by faith,亦称"信仰得救"),其基本主张是,人之所以能够"称义",原因在于信仰耶稣,与是否有"善行"无关。特兰特圣公会议对这一存在巨大分歧的教理问题极为重视,经过漫长的讨论和激烈的交锋,最终形成这份教令,其基本思想是:在"成义"问题上,维护天主教传统诠释,痛斥新教的"异端邪说"。

② 《圣经》言:"但向你们敬畏我名的人必有公义的日头出现,其光线有医治之能。"见《圣经·旧约·玛拉基书》4:2。

③ 《圣经》言:"我们既有这许多的见证人,如同云彩围着我们,就当放下各样的重担,脱去容易缠累我们的罪,存心忍耐,奔那摆在我们前头的路程,仰望为我们信心创始成终的耶稣。他因那摆在前面的喜乐,就轻看羞辱,忍受了十字架的苦难,便坐在上帝宝座的右边。"见《圣经·新约·希伯来书》12:1—2。

人都不得违背本教令所限定并宣布的内容而另行一套。本圣公会议是在圣灵之中合法召开的，会议主持者是帕莱斯特里那主教大人吉奥瓦尼·戴尔·蒙特[1]和耶路撒冷圣十字架大教堂神父大人马赛罗[2]，此二人均是神圣罗马教会的枢机，而且同是罗马教宗的特使；他们二人是以保罗三世之名义在此主持会议的，保罗三世乃是吾等至圣的父与主，而且，他是依据上帝之天命而成为教宗的。[3]

第1章 关于本性与律法[4]在使人称义方面的无能为力

本圣公会议首先宣布，为了对"称义"这一教义有一正确且明确的理解，每个人都必须承认并作出以下告白：亚当犯下推诿搪塞之罪，所有人因此丧失其清白[5]，从而变得不洁不净[6]。正如使徒[7]所言，"从本性上说"，(所有 31
人)都是"遭受天谴之人"[8]。也正如有关原罪的那份教令[9]所阐述的那样，他

---

① 参见第一次会议第一个注释。吉奥瓦尼·戴尔·蒙特为会议的首席主持人。吉奥瓦尼·戴尔·蒙特(Giovanni del Monte)的名字有多种拼写，有的是简写，有的是合写，有的是全称(如 Giammaria del Monte 或 Giovanni Maria del Monte)。另外，此人于 1543 年 10 月 5 日被教宗保罗三世擢升为帕莱斯特里那城(Palestrina，位于罗马城东南方向的小山城)主教。

② 参见第一次会议第一个注释。马赛罗(Marcellus，亦写成 Marcello)同为会议主持人，1539 年 12 月 19 日被教宗保罗三世擢升为神父级枢机，领有罗马城中的耶路撒冷圣十字架大教堂(the Holy Cross in Jerusalem)。

③ 参见第一次会议第一个注释。在前五次会议上，会议主持人一直有 3 位，除了该教令提及的两位之外，还有雷吉纳尔德·波尔(Reginald Pole)。波尔的社会背景比较特别，其母玛格丽特(Margaret)是英王的侄女，即英国国王爱德华四世之弟乔治的女儿。波尔与英国国王亨利八世的关系比较曲折，先是深得国王宠信，后来由于在国王离婚案以及其他一些事情上与国王产生矛盾，结果失宠。后来，波尔得到教宗保罗三世的重用，并成为筹办特兰特圣公会议的 3 位教宗特使之一。特兰特圣公会议第二次全体会议上宣布的"关于圣公会议期间应循生活方式及其他诸事之教令"即是由波尔起草的。但是，第五次会议结束之后，波尔于 1546 年 6 月 28 日离开特兰特。关于波尔离职的原因，历来有不同的说法，一说是波尔身体欠佳，不得不抽身修养；一说是波尔在"称义"问题上与其他正统派存在不可调和的分歧，正统派认为他有"异端"倾向，故而波尔不得不离会出走。从波尔的思想主张来看，其对"称义"问题的理解的确与正统派存在很大差异。

④ 律法(the Law)，指犹太圣经(《旧约全书》)中的"摩西律法"(the law of Moses)。

⑤ 《圣经》言："这就如罪是从一人入了世界，死又是从罪来的，于是死就临到众人，因为众人都犯了罪。"见《圣经·新约·罗马书》5:12。又，《圣经》言："死既是因一人而来，死人复活也是因一人而来。在亚当里众人都死了；照样，在基督里众人也都要复活。"见《圣经·哥林多前书》15:21—22。

⑥ 《圣经》言："我们都像不洁净的人；所有的义都像污秽的衣服。我们都像叶子渐渐枯干；我们的罪孽好像风把我们吹去。"见《圣经·旧约·以赛亚书》64:6。

⑦ 指使徒保罗。

⑧ "从本性上说"都是"遭受天谴之人"：by nature children of wrath。中文《圣经》译为"本为可怒之子"。《圣经》言："我们从前也都在他们中间，放纵肉体的私欲，随着肉体和心中所喜好的去行，本为可怒之子，和别人一样。"见《圣经·新约·以弗所书》2:3。

⑨ 指特兰特圣公会议第五次会议上宣布的"关于原罪之教令"，具体内容见前文。

们至今仍是“罪愆之奴仆”①,仍然在魔鬼和死亡的掌控之中。尽管说自由意志绝没有在世人体内完全泯灭,但其威力已在逐渐减弱,这种自由意志已在走下坡路。因此,“外邦人”②并不能够仅仅依靠人之本性所具备的力量就可以获得解放;即使是犹太人,也不可能凭借摩西律法中的字句本身来获得解放;或者说,所有人都不可能仅凭这些力量和字句使自身从前述状态中崛起而新生。

第2章 关于基督降临③之天道与奥义

正是由于上述缘故,下面的事情得以发生:在一个极其合适的神圣时刻④,天父——慈悲为怀之父和赐人以各种慰藉之上帝⑤——履行自己在律法时代之前以及在律法时代期间向众多圣洁的父老宣布并允诺之事⑥,也就是,将其子耶稣基督派遣到人世间,让他救赎生活在律法统治下的犹太人⑦,同时,让那些没有遵循公义的“外邦人”获得公义⑧,而且,让世间万民均能获得上帝之子的名分。上帝已经向耶稣提议,让他作为抚慰者,以自己的鲜血,通过信仰⑨,来“为我们的罪,不是单为我们的罪,也是为普天下人的罪”⑩而作出牺牲。

---

① 《圣经》言:“岂不晓得你们献上自己做奴仆,顺从谁,就做谁的奴仆吗?或做罪的奴仆,以至于死;或做顺命的奴仆,以致成义。感谢上帝!因为你们从前虽然做罪的奴仆,现今却从心里顺服了所传给你们道理的模范。”“因为你们做罪之奴仆的时候,就不被义约束了。”见《圣经·新约·罗马书》6:16—17,20。

② “外邦人”(the Gentiles):这一称呼原为犹太人用语,指犹太人以外的那些人。

③ “基督降临”(Christ's Advent 或 the Advent of Christ):按照基督教的说法,耶稣作为救世主(基督)在巴勒斯坦降生为人,其任务是传播福音、救赎世人。

④ 《圣经》言:“及至时候满足,上帝就差遣他的儿子,为女人所生,且生在律法以下”。见《圣经·新约·加拉太书》4:4。

⑤ 《圣经》言:“愿颂赞归于我们的主耶稣基督的父上帝,就是发慈悲的父,赐各样安慰的上帝。”见《圣经·新约·哥林多后书》1:3。

⑥ 《圣经》言:“圭必不离犹大,杖必不离他两脚之间,只等细罗(就是赐平安者)来到,万民都必归顺。”“耶和华啊,我向来等候你的救恩。”见《圣经·旧约·创世记》49:10,18。

⑦ 《圣经》言:“要把律法以下的人赎出来,叫我们得着儿子的名分。”见《圣经·新约·加拉太书》4:5。

⑧ 《圣经》言:“那本来不追求义的外邦人反得了义,就是因信而得的义。但以色列人追求律法的义,反得不着律法的义。”见《圣经·新约·罗马书》9:30—31。

⑨ 《圣经》言:“上帝设立耶稣作挽回祭,是凭着耶稣的血,藉着人的信,要显明上帝的义;因为他用忍耐的心宽容人先时所犯的罪”。见《圣经·新约·罗马书》3:25。

⑩ 见《圣经·新约·约翰一书》2:2。

第3章 什么人可以通过基督而称义

需要注意的是，虽然耶稣基督“是为所有人而死的”①，但并非所有人都能得益于他的死，只有那些领受耶稣基督受难之功德者方可得益。这是因 32
为，假如说世人不是通过亚当精子的代代繁殖而诞生的，那么，他们的确也就不会自出生之时起就成为不义之人；然而，正是由于这一繁殖，当他们通过他(指亚当)而在母体受孕之时，他们也就获得了属于他们自己的不义。因此，假如他们不借助于基督而获得再生，他们将永远无法称义，这是因为，在这种再生过程中，经由耶稣基督受难之功德，恩典将被赋予他们，而正是这种恩典才能使他们变成义人。关于这一恩泽，使徒一直劝告我们，要我们“感谢父，叫我们能与众圣徒在光明中同得基业。他救了我们脱离黑暗的权势，把我们迁到他爱子的国里；我们在爱子里得蒙救赎，罪过得以赦免。”②

第4章 不义之人的称义以及在恩典法则之下的称义模式：简单描述

关于不义之人的称义问题，现以下述词句予以描述：不义之人称义，就是从一种状态向另外一种状态的转变。在前一种状态中，人是作为第一位亚当的孩子而诞生于世的；而后一种则是恩典状态，通过第二位亚当，即通过我们的救世主耶稣基督，人们可以获得上帝之子的名分。自福音开始传播之日起，如果不经过再生之洗礼，或者说，如果没有接受这种洗礼的欲望，那么，这一转变就无论如何也不可能得以实现。正如《圣经》所言：“人若不是从水和圣灵生的，就不能进上帝的国。”③

第5章 论成年人称义必须有一准备过程，另论及准备过程之起始问题

此外，本圣公会议还要作出如下声明：对于成年人而言，要达到前面所说的那种称义状态，就必须以上帝事先安排好的经由耶稣基督而作出的那一恩 33
典作为起点，也就是说，必须以耶稣基督接受天命而降临人世为起点；虽然说成年人自身尚无任何功德可言，但通过这一恩典，他们已经获召。由于自身的罪愆，他们原本是远离上帝的，但是，在上帝恩典的激励和帮助之下，他们就有可能自觉自愿地认同这一恩典并与这一恩典进行合作，因而也就有可能

① 《圣经》言：“他替众人死，是叫那些活着的人不再为自己活，乃为替他们死而复活的主活。”见《圣经·新约·哥林多后书》5：15。

② 见《圣经·新约·歌罗西书》1：12—14。

③ 见《圣经·新约·约翰福音》3：5。

倾向于改变自己的信仰，从而使他们自己进入称义状态。因此，当上帝通过圣灵之光来感动世人心灵之时，世人自身在受到这种感召的时候就不可能是绝对的无动于衷，因为他还有能力拒绝这种感召。而且，如果仅凭他自己的自由意志，而没有上帝的恩典，那么，在上帝的眼中，他是不可能使自己进入称义状态的。因此，《圣经》上说“你们要转向我，我就转向你们”①，其意就在于提醒我们有自己的自由；而当我们回应说“耶和华啊，求你使我们向你回转，我们便得回转”②之时，我们便是在承认说我们需要上帝的恩典。

第6章　准备称义之方式

对于已经成年的那些人而言，在神圣恩典③的感召和帮助下，他们通过听道而信道④，于是自觉自愿地向上帝靠拢；他们开始相信上帝所作的启示和应许都是真的，尤其相信下述教言是千真万确的，即：“蒙上帝之恩典，因耶稣基督之救赎”⑤，不义之人因而得以称义。同时，他们已经认识到自己乃是不义之人，并且原先对神圣的公义还心存恐惧，而正是这种神圣的公义使他们深受其益并被之感动；于是，他们从对神圣公义的恐惧转而敬重上帝的慈悲之心，由此也就产生了对未来的期盼；他们相信，由于基督之缘故，上帝必将对他们大发慈悲；他们开始敬爱上帝，将之作为一切公义之源泉；正因如此，他们开始抱着某种憎恨和厌恶之情向自己的罪愆发起进攻，也就是说，以
34 悔罪之心向罪愆发起进攻，而这种悔罪必须是要在接受洗礼之前完成的。最后，他们决心接受洗礼，决心开始过一种新的生活，并决心遵守上帝的诫命。至此，他们便算具备了称义之意向。关于这种意向，《圣经》中有如下表述：“到上帝面前来的人必须信有上帝，且信他赏赐那寻求他的人”⑥；“小子，放心吧！你的罪赦了”⑦；“畏惧耶和华，就可以将罪愆驱逐出去”⑧；“你们各人

---

① 见《圣经·旧约·撒迦利亚书》1:3。

② 见《圣经·旧约·耶利米哀歌》5:21。

③ “神圣恩典”(divine grace)，亦译为“圣宠”。

④ 《圣经》言：“信道是从听道来的，听道是从基督的话来的。”见《圣经·新约·罗马书》10:17。

⑤ 《圣经》言：“因为世人都犯了罪，亏缺了上帝的荣耀。如今却蒙上帝的恩典，因基督耶稣的救赎，就白白地称义。”见《圣经·新约·罗马书》3:23—24。关于到底是不是“白白地称义”问题，天主教和新教存在巨大分歧。参见“关于称义之教令”第8章。

⑥ 见《圣经·新约·希伯来书》11:6。

⑦ 见《圣经·新约·马太福音》9:2；《圣经·新约·马可福音》2:5。

⑧ 见《圣经·旧约·传道书》1:27。中文本《圣经》中，“传道书”第1节只有18小节，西方天主教会使用的《圣经》版本(理查德·夏罗内主教 Richard Challoner 的1749年修订注释本)中，该节共有40小节。

要悔改，奉耶稣基督的名受洗，叫你们的罪得赦，就必领受所赐的圣灵”①；“所以，你们要去，使万民作我的门徒，奉父、子、圣灵的名给他们施洗。凡我所吩咐你们的，都教训他们遵守”②；最后还有，要“专心归向耶和华”③。

第7章　不义之人称义意味着什么，其得以称义之原因何在

在有了这种意向和准备之后，随之而来的就是称义本身；通过自觉自愿地接受恩典和赠礼，不义之人即可变为正义之人，而且将由（上帝）之敌变为（上帝）之友，这样，他就“可以凭着永生的盼望成为后嗣”④。因此，这种称义不仅仅是罪愆的赦免，而且还是人之内心的圣化与更新。

关于这种称义，其原因如下所述：其终极原因，当然要归诸上帝和耶稣基督的光荣、归诸永生。直接动因则源自慈悲的上帝，他无偿地（为信徒）“洗净”并使之“成圣”⑤，以“所应许的圣灵”（为信徒）涂油并作出印记，而“这圣灵是我们得基业的凭据”⑥。功德方面的原因源自上帝至爱的独生子、吾主耶稣基督；“我们作仇敌的时候”⑦，“因他爱我们的大爱”⑧，他便在木头十字架上以其最圣洁的受难使我们得以称义，而且在上帝面前为我们作出补赎。35
手段方面的原因则源自洗礼，它是信仰之圣礼，如果不经此礼，任何人都将永远无法称义。最后，惟一的正式原因就是上帝的公义，这并不是说上帝自己借此而义，而是说上帝借此而让我们得以称义；也就是说，上帝赋予我们以公义，使我们的“心志改换一新”⑨，我们不仅被赋予好的名声，而且实实在在是被上帝所召唤，并由此变为公义之人；按照每个人的命运，同时也根据每个人在称义过程中的意向以及与上帝的合作情况，我们每个人都将得到自己的那

---

① 见《圣经·新约·使徒行传》2:38。

② 见《圣经·新约·马太福音》28:19—20。

③ 见《圣经·新约·撒母耳记上》7:3。

④ 《圣经》言：“圣灵就是上帝藉着耶稣基督——我们救主厚厚浇灌在我们身上的，好叫我们因他的恩得称为义，可以凭着永生的盼望成为后嗣。”见《圣经·新约·提多书》3:7。

⑤ 《圣经》言：“如今你们奉主耶稣基督的名，并藉着我们上帝的灵，已经洗净，成圣，称义了。”见《圣经·新约·哥林多前书》6:13。

⑥ 《圣经》言：“你们既听见真理的道，就是那叫你们得救的福音，也信了基督，既然信他，就受了所应许的圣灵为印记。这圣灵是我们得基业的凭据，直等到上帝之民被赎，使他的荣耀得着称赞。”见《圣经·新约·以弗所书》1:13—14。

⑦ 《圣经》言：“因为我们作仇敌的时候，且藉着上帝儿子的死，得与上帝和好；既已和好，就更要因他的生得救了。”见《圣经·新约·罗马书》5:10。

⑧ 《圣经》言：“上帝既有丰富的怜悯，因他爱我们的大爱，当我们死在过犯中的时候，便叫我们与基督一同活过来。你们得救是本乎恩。”见《圣经·新约·以弗所书》2:4—5。

⑨ 《圣经》言：“又要将你们的心志改换一新，并且穿上新人。”见《圣经·新约·以弗所书》4:23。

份公义，圣灵是依照自己的意愿向每个人分派公义的①。这是因为，虽然说除了那些领受吾主耶稣基督受难之功德的人之外，其他任何人都不可能变成公义之人，但是，这种领受功德之事是在前文所述的不义之人得以称义的过程之中发生的，在这一过程中，通过最为圣洁的基督受难所具备的功德，"圣灵将上帝的爱浇灌在"了那些称义之人的"心里"②，而且，这种爱将固守在他们的身上。因此，人就和耶稣基督嫁接在了一起，正是通过耶稣基督，在人之称义过程中，其罪愆得以赦免，同时，他还会接受其他各种德行，亦即信仰、期盼和仁爱③，这些德行是在赦罪的同时被灌输给人的。这是因为，如果不加上期盼和仁爱，仅凭信仰，是无法将人与基督完美结合在一起的，也无法使人成为基督躯体中具有活力的一个肢体。因此，下述说法是千真万确的："若没有行为"，信仰"就是死的"④，就不会有任何收益；"在耶稣基督里，受割礼不受割礼全无功效，惟独使人生发仁爱的信心（信仰）才有功效。"⑤虽然说信仰能够给人以永生，但是，如果没有期盼和仁爱，单凭信仰则不可能使人获得永生；因此，在接受洗礼之前，慕道者⑥当会祈求获得信仰，这时，他们应该向天主教会寻求之。这是和使徒时代形成的传统相一致的。在向天主教会寻求信仰的同时，他们也将立刻听到基督之言："你若要进入永生，就当遵守诫命。"⑦因此，当他们获得基督的真正之公义之后，亦即在获得再生之后，他们将随之受命，即：必须把这一公义保持得纯洁无瑕，将之当着一件由耶稣基督

---

① 《圣经》言："圣灵显在各人身上，是叫人得益处。这人蒙圣灵赐他智慧的言语，那人也蒙这位圣灵赐他知识的言语，又有一人蒙这位圣灵赐他信心，还有一人蒙这位圣灵赐他医病的恩赐，又叫一人能行异能，又叫一人能作先知，又叫一人能辨别诸灵，又叫一人能说方言，又叫一人能翻方言。这一切都是这位圣灵所运行、随己意分给各人的。"见《圣经·新约·哥林多前书》12：7—11。

② 《圣经》言："患难生忍耐，忍耐生老练，老练生盼望；盼望不至于羞耻，因为所赐给我们的圣灵将上帝的爱浇灌在我们心里。"见《圣经·新约·罗马书》5：3—5。

③ 按照中国天主教会的传统译法，这三项德行分别称为信德、望德和爱德（faith, hope and charity），合称"三超德"。根据天主教教义，信德是指信徒接受上帝之爱，让上帝作为心中的主人，并愿意按照上帝的意旨行事。望德是指信徒对美而善的上帝有着深刻的渴望和期待。爱德是指信徒热爱上帝，并为了上帝而热爱众人。

④ 《圣经》言："信心若没有行为就是死的"；"虚浮的人哪，你愿意知道没有行为的信心是死的吗？"见《圣经·新约·雅各书》2：17，20。

⑤ 见《圣经·新约·加拉太书》5：6。另，《圣经》言："受割礼不受割礼都无关紧要，要紧的就是作新造的人。"见《圣经·新约·加拉太书》6：15。

⑥ 慕道者（catechumen），又称"望教者"或"保守教友"。按照天主教会的说法，慕道者是指那些愿意接受洗礼、加入教会并研习天主教教义之人；另外，有些信徒虽然已经接受过洗礼，但对天主教信仰或一无所知，或一知半解，或从未在实践中履行自己的信仰，因此，这类人也应该参加"慕道研习"。

⑦ 见《圣经·新约·马太福音》19：17。

赐予他们的"上好的袍子"[①],以替代当年亚当因不忠不顺而使他自己以及我 36
们失却的那一件。如果这样,那么,在吾主耶稣基督的审判席之前,他们就可以穿着这件袍子,也就可以获得永生。

第8章 应当如何理解不义者因信称义之"无偿性"

需要注意的是,使徒[②]曾经说过,人因信而称义,而且这种称义是无偿的[③];但是,对于上述这些语句,必须按照天主教会一以贯之主张并表述的那样去理解,即:之所以在这个问题上说我们是因信而称义,那是因为信仰是人类获救之起点,是整个称义过程的源头和根本;"人非有信,就不能得上帝的喜悦"[④],也就不能获得做上帝之子的名分。因此,之所以说我们的称义是无偿的,那是因为,在称义之前,不论是信仰还是行为(善功),都不能让人获得称义之恩典。这是因为,正如前面所说的这位使徒所言,"既是出于恩典,就不在乎行为;不然,恩典就不是恩典了。"[⑤]

第9章 驳斥异端分子那种愚蠢的自信

需要注意的是,尽管说必须坚信下述教言,即:为了基督的缘故,借上帝的慈悲之怀,人之罪愆的赦免不仅现在是无偿的,而且一直以来都是无偿的,除此之外,别无他途;但是,对于下述人等,不能仅凭其以下之言论就认定其罪愆将得到赦免或已经得到赦免,即,这种人夸口声称,坚信自己的罪愆已经得到赦免,而且对此有十足的把握。在异端分子和分裂分子中,可能会存在以上这种愚蠢且不敬的自信,实际上,在我们这个多难之秋,的确存在着这种
现象,而且其传播呈翻江倒海之势,以与天主教会分庭抗礼。需要注意的是, 37
同样也不能持下述立场,即:那些已经真正得以称义之人必须坚信自己已经称义,对此不能有半点怀疑;只有坚信自己已获宽恕并坚信自己已经称义,否则,任何人都不可能被恕罪,也不可能称义;单凭这一信仰,即可获得赦罪和称义,其理由似乎是,一个人如果不相信这一点,那他就是在怀疑上帝的诺言,就是在怀疑基督之死与复活所具备的功效。(之所以不能持上述立场)这

---

① 《圣经》言:"把那上好的袍子快拿出来给他穿;把戒指戴在他指头上;把鞋穿在他脚上;把那肥牛犊牵来宰了,我们可以吃喝快乐。"见《圣经·新约·路加福音》15:22。

② 这里的使徒指保罗。

③ "无偿地"亦译"白白地"。《圣经》言:"因为世人都犯了罪,亏缺了上帝的荣耀;如今却蒙上帝的恩典,因基督耶稣的救赎,就白白地称义。"见《圣经·新约·罗马书》3:24。

④ 见《圣经·新约·希伯来书》11:6。

⑤ 见《圣经·新约·罗马书》11:6。

是因为，尽管任何一位虔诚之人都不应怀疑上帝的慈悲、基督的功德以及圣礼的功效，但是，任何一个人，当他反顾自己之时，当他看到自己的软弱和懈怠之时，他对自己领受的恩典就有可能产生惶恐不安之情，因为任何人都不能确信自己的信念永不出错，因而也就不能信誓旦旦地确认自己已经获得上帝的恩典。

第10章 关于称义之后的发扬光大

因此，在以前述方式称义并成为上帝的朋友和家里人①之后，他们的美德将一步步增进，正如使徒所言，他们将“一天新似一天”②。也就是说，他们要让自己的肢体接受禁欲之磨炼③，将自己的肢体作为公义的器具以使之成圣④；而且，他们将遵循上帝以及教会的诫命，并使信仰与善行相互合作；这样，通过基督之恩典而获得的那一公义就会发扬光大，因而他们也就会进一步得称为义。正如《圣经》所言：“为义的，叫他仍旧为义”⑤；“不要害怕自己得称为义，即便是死亡也不足畏惧”⑥；此外还有，“这样看来，人称义是因着行为，不是单因着信。”⑦当神圣的天主教会祈祷说“啊，主啊，增进我们的信仰、期盼和仁爱吧”⑧之时，其意就是在祈求公义的这种发扬光大。

---

① 《圣经》言：“你们不再作外人和客旅，是与圣徒同国，是上帝家里的人了。”见《圣经·新约·以弗所书》2:19。

② 这里的使徒指保罗。《圣经》言：“我们不丧胆。外体虽然毁坏，内心却一天新似一天。”见《圣经·新约·哥林多后书》4:16。

③ 《圣经》言：“基督是我们的生命，他显现的时候，你们也要与他一同显现在荣耀里。所以，要治死你们在地上的肢体，如淫乱、污秽、邪情、恶欲和贪婪。因这些事，上帝的忿怒必临到那悖逆之子。”见《圣经·新约·歌罗西书》3:4—6。

④ 《圣经》言：“不要容罪在你们必死的身上作王，使你们顺从身子的私欲。也不要将你们的肢体献给罪作不义的器具；倒要像从死里复活的人，将自己献给上帝，并将肢体作义的器具献给上帝。罪必不能作你们的主，因你们不在律法之下，乃在恩典之下。”“我因你们肉体的软弱，就照人的常话对你们说。你们从前怎样将肢体献给不洁不法作奴仆，以至于不法；现今也要照样将肢体献给义作奴仆，以至于成圣。”见《圣经·新约·罗马书》6:13,19。

⑤ 《圣经》言：“不义的，叫他仍旧不义；污秽的，叫他仍旧污秽；为义的，叫他仍旧为义；圣洁的，叫他仍旧圣洁。”见《圣经·新约·启示录》22:11。

⑥ 见《圣经·旧约·德训篇》18:22。中文版《圣经》(新教)中没有“德训篇”这一经文。在中文版的《圣经后典》中，该节经文又与西方通行的经文存在根本差异。西方通行的经文是：“不要让任何事情妨碍你永作祈祷，不要害怕自己得称为义，即便是死亡也不足畏惧：因为上帝的酬劳是永续不竭的。”(Let nothing hinder thee from praying always, and be not afraid to be justified even to death: for the reward of God continueth for ever.)中文版《圣经后典》中的对应小节是：“如果你向主做了保证，那就要尽快地兑现。不要等你临死的时候，才想起履行诺言。”见张久宣译：《圣经后典》，商务印书馆1996年版，第183页。

⑦ 见《圣经·新约·雅各书》2:22。

⑧ 按照天主教会的传统，这是在五旬节(圣神降临节)之后第13个星期天时使用的祈祷词。

第11章 关于遵守诫命，并论及遵守诫命之必要性与可能性 38

需要注意的是，不论何人，不论其称义的程度有多高，都不应认为自己可以不用遵守诫命。而且，不论何人，都不应利用下述鲁莽之言(为自己开脱)，即：对于已经称义之人来说，遵守上帝诫命是不可能的事。教父们曾经诅咒过并禁止这一言论。上帝并不会强令人们去做不可为之事，而是以命令的方式来规劝你，劝你去做自己能够做到的事，劝你为自己做不到的事进行祈祷，而且，上帝还会帮助你去做自己有可能做到的事。[1] “他的诫命不是难守的”[2]，而且，他的“轭是容易的”，他的“担子是轻省的”[3]。虽然说作为上帝之子，他们当会爱基督；但是，那些爱上帝的人，就应该遵守上帝的诫命，上帝本人对此已有阐述[4]；毫无疑问，在上帝的帮助下，他们是可以做到这一点的。这是因为，虽然说在俗世此生中，作为人，不论其多么圣洁、多么公义，在日常生活中，他们有时还会堕落犯罪，至少会犯一些轻微之罪(亦称可宽赦之罪)；但是，他们并不会因此而变成不义之人，因为作为义人，其祈求已使我们的冒犯得到宽恕[5]，而且这种祈求是谦卑且真诚的。正因如此，称义之人应该感到自己更有义务沿着公义之路向前迈进，因为他们“既从罪里得了释放，就作了义的奴仆”[6]，因而他们可以“自守、公义、敬虔度日”[7]，因此，也就可以藉由耶稣基督而一路前行，他们正是通过耶稣基督而获得这一恩典的[8]。对于上

---

① 这里是借用圣奥古斯丁(Aurelius Augustinus，354—430年)的观点。奥古斯丁是罗马帝国晚期基督教思想家，同时也是欧洲中世纪基督教神学的重要开创者。该教令中的相关表述详见奥古斯丁：《论自然与恩典》(*De Natura et Gratia* / *On Nature and Grace*，417年)64：271。其拉丁原文可在互联网上查阅(如 http://www.sant-agostino.it/latino/natura_grazia/index.htm)。

② 见《圣经·新约·约翰一书》5：3。

③ 《圣经》言：“凡劳苦担重担的人可以到我这里来，我就使你们得安息。我心里柔和谦卑，你们当负我的轭，学我的样式；这样，你们心里就必得安息。因为我的轭是容易的，我的担子是轻省的。”见《圣经·新约·马太福音》11：28—30。

④ 《圣经》言：“人若爱我，就必遵守我的道；我父也必爱他，并且我们要到他那里去，与他同住。不爱我的人就不遵守我的道。你们所听见的道不是我的，乃是差我来之父的道。”见《圣经·新约·约翰福音》14：23—24。

⑤ 《圣经》言：“免我们的债，如同我们免了人的债。”见《圣经·新约·马太福音》6：12。

⑥ 见《圣经·新约·罗马书》6：18。另，《圣经》中还有这样的表述：“你们既从罪里得了释放，就作了义的奴仆，就有成圣的果子，那结局就是永生。因为罪的工价乃是死；惟有上帝的恩赐，在我们的主基督耶稣里，乃是永生。”见《圣经·新约·罗马书》6：22—23。

⑦ 《圣经》言：“因为上帝救众人的恩典已经显明出来，在教训我们除去不敬虔的心和世俗的情欲，在今世自守、公义、敬虔度日，等候所盼望的福，并等候至大的上帝和我们救主耶稣基督的荣耀显现。”见《圣经·新约·提多书》2：11—13。

⑧ 《圣经》言：“我们既因信称义，就藉着我们的主耶稣基督得与上帝相和。我们又藉着他，因信得进入现在所站的这恩典中，并且欢欢喜喜盼望上帝的荣耀。”见《圣经·新约·罗马书》5：1—2。

帝用自己的恩典而使之称义的那些人而言，除非是他们首先抛弃了上帝，否则上帝是不会抛弃他们的。因此，任何人都不应单凭信仰而自以为是，不应
39 认为只要有了信仰就可以成为上帝的后嗣，就可以获得上帝的基业；更不应认为，即使不和基督“一同受苦”，“也必和他一同得荣耀”①。因为，正如使徒②所言，即便是基督本人，“他虽然为儿子，还是因所受的苦难学了顺从。他既得以完全，就为顺从他的人成了永远得救的根源。”③正是基于这一原因，这位使徒对那些称义之人发出下述规劝：“岂不知在场上赛跑的都跑，但得奖赏的只有一人？你们也当这样跑，好叫你们得着奖赏”；“所以，我奔跑不像无定向的；我斗拳不像打空气的。我是攻克己身，叫身服我，恐怕我传福音给别人，自己反被弃绝了”。④ “使徒之长”彼得亦规劝道：“应当更加殷勤，使你们所蒙的恩召和拣选坚定不移。你们若行这几样，就永不失脚”。⑤ 由此可以清楚地看出，如果有人认为，称义之人在做任何一件善功时都免不了要犯罪，至少会犯下一些可以赦免的小罪，那么，持这种观点的人就是违反了正统的宗教教理；更加不可容忍的还有下述观点，即：（称义之人在做任何一件善功时）都会招致永罚；另外，下述之人的观点也是（违背正统宗教教理的），即：对于称义之人来说，如果他们有下述想法，那么，他们在一切行为上便都犯了罪，即，他们的首要目的当然是为了使上帝得到荣耀，但除此之外，他们还会希求获得永恒的酬报，正因如此，才激发他们从怠惰中奋起，才能鼓动自己去参加那次赛跑，因为《圣经》有言：“为了获得酬报，我已倾心于去做您吩咐的让人称义之事”⑥；而且，关于摩西，使徒还说过这样的话：“他想望所要得到的赏赐。”⑦

---

① 《圣经》言：“圣灵与我们的心同证我们是上帝的儿女；既是儿女，便是后嗣，就是上帝的后嗣，和基督同作后嗣。如果我们和他一同受苦，也必和他一同得荣耀。”见《圣经·新约·罗马书》8：16—17。

② 这里的使徒指“希伯来书”的作者。这封书信里面没有明示其作者是谁。据后世学者推测，其作者大概是保罗，或者是保罗的门徒。

③ 见《圣经·新约·希伯来书》5：8—9。

④ 见《圣经·新约·哥林多前书》9：24，26—27。另，从该教令表述中可知，该教令是将保罗视为“希伯来书”的作者的。据“哥林多前书”的开篇之言，“哥林多前书”的作者是保罗以及他的“兄弟”所提尼(Sosthenes)。

⑤ 见《圣经·新约·彼得后书》1：10。

⑥ 此句经文的原文是“I have inclined my heart to do thy justifications on account of the reward”。在不同的《圣经》版本中，这句经文有很大出入。在中文本《圣经》(新教)中，相对应的小节是：“我的心专向你的律例，永远遵循，一直到底。”(I inclined my heart to perform your statutes forever, to the end.)见《圣经·旧约·诗篇》119：112。

⑦ 《圣经》言：摩西“宁可和上帝的百姓同受苦害，也不愿暂时享受罪中之乐。他看为基督受的凌辱比埃及的财物更宝贵，因他想望所要得的赏赐。”见《圣经·新约·希伯来书》11：25—26。

第12章　在“预定论”问题上，应避免那种轻率鲁莽的自以为是

此外，在上帝预定拣选这一神秘问题上，不论何人，只要他生活在凡俗的人世间，就不应该言之凿凿地声称自己已经是被上帝选中的那些人当中的一分子，给人的感觉好像是，称义之人永远也不会再犯什么罪愆似的；或者说，40
即便真的犯了罪，他也可以为自己许下一个诺言，保证痛改前非即可。这是因为，除了有特别的启示，否则，就不可能知晓上帝到底为自己选择了什么人。

第13章　关于恒忍[1]之礼

与以上所述相似，在恒忍之礼问题上，不论何人，都不能自许有绝对的把握，都不能自认为已经获得了这一恩礼。关于恒忍之礼，《圣经》有言：“惟有忍耐到底的必然得救。”[2]这种恩赐只能得自上帝，此外别无他途；上帝能让站立者站稳，从而让他坚持不懈地站立下去；而且，对于跌倒之人，上帝还能将之扶起。当然，所有人都应该坚定不移地寄希望于上帝的帮助，这是因为，除非人们自身缺乏上帝的恩典，否则，上帝既已开启善功，就会圆满地成就它，就会让他们立志行事，并让他们完成这一善功。[3] 尽管如此，还是要提醒那些自以为站得很稳之人，应该多加小心，以免跌落[4]；在劳作、朝拜、施舍、祈祷、斋戒以及守贞之时，一定要心怀敬畏、身心战栗，以此达成自身的救赎。[5] 他们知道，他们虽然获得了再生，但这仅仅表明他们有希望得到荣光，而并不表明他们已经得到了荣光本身[6]；因此，他们依然要与肉身战斗，要与尘世战斗，要与魔鬼战斗，在斗争之时，必须要（对上帝）心存敬畏；而且，在这

---

① 恒忍（perseverance），亦译为“择善固执”或“坚忍”。在天主教教义中，恒忍是指面对困难，不屈不挠，恒心行善，坚持到底。另，根据天主教教义，一个人具备的不屈不挠之精神乃是上帝恩赐的礼物。

② 见《圣经·新约·马太福音》10:22，24:13。

③ 《圣经》言：“我深信那在你们心里动了善功的，必成全这功，直到耶稣基督的日子。”“你们立志行事都是上帝在你们心里运行，为要成就他的美意。”见《圣经·新约·腓立比书》1:6；2:13。

④ 《圣经》言：“自己以为站得稳的，须要谨慎，免得跌倒。”见《圣经·新约·哥林多前书》10:12。

⑤ 《圣经》言：“我亲爱的兄弟，你们既是常顺服的，不但我在你们那里，就是我如今不在你们那里，更是顺服的，就当恐惧战兢做成你们得救的功夫。”见《圣经·新约·腓立比书》2:12。

⑥ 《圣经》言：“他曾照自己的大怜悯，藉耶稣基督从死里复活，重生了我们，叫我们有活的盼望”。见《圣经·新约·彼得前书》1:3。

一斗争过程中，他们必须借助于上帝的恩典，必须遵循使徒①的教导，否则，他们就不会取得成功。使徒(保罗)是这样说的："我们并不是欠肉体的债去顺从肉体活着。你们若顺从肉体活着，必要死；若靠着圣灵治死身体的恶行，必要活着。"②

41 第14章 关于堕落者及其重新称义

有些人本来已经获得称义之恩典，但由于又犯(新)罪，结果导致恩典丧失。不过，在上帝的激励之下，如果他们能够厉行告解圣事③并能借助于基督之功德而去力争重获那一失落的恩典，那么，这些人仍可重新称义。这是因为，对于那些堕落者而言，这种称义方式是一种补救，圣洁的教父们曾恰如其分地将之称为"恩典之船遇难后的第二块救生板"。其原因在于，对于那些领洗之后再次堕落犯罪之人，基督耶稣曾为之创设告解圣事，他(对其门徒们)说："你们受圣灵！你们赦免谁的罪，谁的罪就赦免了；你们留下谁的罪，谁的罪就留下了。"④因此，应当让世人记住以下教言：作为一个基督徒，在其堕落之后所作的悔罪与其受洗之时所作的忏悔是迥然有异的，这种悔罪不仅仅是痛下决心不再犯罪，也不仅仅是表白自己对罪愆的憎恶，或者说，不仅仅是要有一颗"忧伤痛悔的心"⑤；对于这些罪愆，还要以施行圣礼的方式进行忏悔，至少要心存这种愿望，并能在合适的时机履行这一圣礼；同时，还要经由神父对之进行宣赦；另外，还要通过斋戒、施舍、祈祷以及其他各种属于属灵生活应有的虔敬行为进行补赎。当然，这样做并不是为了让其接受永罚，因为这一惩罚将与其罪愆一起，因告解圣礼而得到赦免，或者因有履行告解圣礼之愿望而得到赦免。相反，这样做只是为了让其获得暂罚，正如《圣经》所言，有些人虽已获得上帝之恩典，但却不知感恩，他们使得圣灵忧伤担

---

① 这里的使徒是指《罗马书》的作者保罗。

② 见《圣经·新约·罗马书》8:12—13。

③ 告解圣事(sacrament of penance，又称 sacrament of confession)，亦译作"告解礼"、"忏悔礼"、"忏悔圣事"、"和好圣事"或"办告解"。按照天主教教义，信徒应该怀着悔改之心，向合法的神父表白自己在领洗之后所犯的罪愆，神父代表上帝赦免其罪，使之与上帝及教会重修旧好。

④ 按照《圣经》的说法，这是耶稣基督赋予其门徒的特权。《圣经》中有这样的说法：耶稣对其门徒说："愿你们平安！父怎样差遣了我，我也照样差遣你们。"说完此话，耶稣向门徒们"吹一口气"，并说了"你们受圣灵"之类的教言。天主教会即以此作为忏悔礼的神学依据。见《圣经·新约·约翰福音》20:21—23。

⑤ 《圣经》言："上帝所要的祭就是忧伤的灵；上帝啊，忧伤痛悔的心，你必不轻看。"见《圣经·旧约·诗篇》51:17。

心①，而且他们在毁坏上帝之殿时亦毫无畏惧之心②，因此，对于这些人，就像洗礼时的情形一样，对之的惩罚并不总是可以完全赦免的。关于这种痛悔，《圣经》有言："应当回想你是从哪里坠落的，并要悔改，行起初所行的事"③；《圣经》又言："依着上帝的意思忧愁，就生出没有后悔的懊悔来，以致得 42
救"④；此外，《圣经》还有言："你们要悔改！你们要结出果子来，与悔改的心相称。"⑤

第15章 若犯大罪⑥，丧失的是恩典而非信仰

还有这样一些人，他们阴险狡诈，善于"用花言巧语诱惑那些老实人的心"⑦。为了与之斗争，必须坚守以下教言：一个人获得称义之恩典之后，如果他背教弃信，则会导致这一恩典的丧失，同时，其信仰本身也将丧失；而且，其他任何一种大罪也会导致这一恩典的丧失，不过，在这种情况下，信仰并不会丧失。坚守以上准则，是为了捍卫神圣律法的教诲。被神圣律法排除在天国之外的不仅是那些异教徒，而且还有那些犯有淫乱、通奸、亲男色（同性恋）、说谎、偷窃、贪婪、醉酒、抢劫、勒索之罪的信徒，而且还包括犯有十恶不赦之罪的其他一切人等。⑧ 在圣恩帮助之下，他们能够约束自己以免犯下此

---

① 《圣经》言："不要叫上帝的圣灵担忧；你们原是受了他的印记，等候得赎的日子来到。"见《圣经·新约·以弗所书》4:30。

② 《圣经》言："岂不知你们是上帝的殿，上帝的灵住在你们里头吗？若有人毁坏上帝的殿，上帝必要毁坏那人；因为上帝的殿是圣的，这殿就是你们。"见《圣经·新约·哥林多前书》3:16。另，《圣经》言："人的工程若被烧了，他就要受亏损，自己却要得救；虽然得救，乃像从火里经过一样。"见《圣经·新约·哥林多前书》3:15。

③ 见《圣经·新约·启示录》2:5。另，《圣经》言："你若不悔改，我就临到你那里，把你的灯台从原处挪去。"见《圣经·新约·启示录》2:5。

④ 见《圣经·新约·哥林多后书》7:10。

⑤ 《圣经》言："天国近了，你们应当悔改！"见《圣经·新约·马太福音》3:2，4:17。另，《圣经》言："毒蛇的种类！谁指示你们逃避将来的忿怒呢？你们要结出果子来，与悔改的心相称。……现在斧子已经放在树根上，凡不结好果子的树就砍下来，丢在火里。"见《圣经·新约·路加福音》3:7—9。

⑥ 大罪（mortal sin），亦称"死罪"。按照天主教的说法，大罪是指与上帝严重对抗的那些行为；按照天主教神学家的说法，构成大罪的有三个指标，即：在"重大"事件上，"明知"、"故犯"上帝的诫命。

⑦ 《圣经》言："兄弟们，那些离间你们、叫你们跌倒、背乎所学之道的人，我劝你们要留意躲避他们。因为这样的人不服侍我们的主基督，只服侍自己的肚腹，用花言巧语诱惑那些老实人的心。"见《圣经·新约·罗马书》16:17—18。

⑧ 《圣经》言："你们岂不知不义的人不能承受上帝的国吗？不要自欺！无论是淫乱的、拜偶像的、奸淫的、作娈童的、亲男色的、偷窃的、贪婪的、醉酒的、辱骂的、勒索的，都不能承受上帝的国。你们中间也有人从前是这样；但如今你们奉主耶稣基督的名，并藉着我们上帝的灵，已经洗净，成圣，称义了。"见《圣经·新约·哥林多前书》6:9—11。另，《圣经》言："律法不是为义人设立

类罪愆；而如果他们犯下这些罪愆，他们将被隔绝而无法享受基督的恩典。

第16章 关于称义之果实，亦即关于善行之功德以及这种功德之性质

有鉴于此，对于以这种方式称义之人来说，不论他们是从不间断地一直保有所受之恩典，还是在失却恩典之后重新找回了这一恩典，都应知晓使徒①的下述教言："你们务要坚固，不可动摇，常常竭力多做主工；因为知道，你们的劳苦在主里面不是徒然的"②；"因为上帝并非不公义，竟忘记你们所做的工和你们为他名所显的爱心"③；还有，"你们不可丢弃勇敢的心；
43 存这样的心必得大赏赐"④。因此，行善到底⑤并信赖上帝的那些人必将获得永生，这是基督耶稣慈悲地许给上帝之子们的恩典，同时，由于他们积有善行和功德，因此，这种永生也是上帝自己诚心诚意地许给他们的赏赐⑥。这是因为，此乃公义之冠冕，使徒⑦在战斗和赛跑之后曾宣称，这一冠冕是为他存留的，公义之法官⑧将赐给他这一冠冕，而且，冠冕不只是赐给他自己，而且还赐给希望看到法官显现的所有人。⑨之所以这么说，是因为，作为诸多肢体之首脑和长有众多枝杈之葡萄树⑩，耶稣自己一直永不停息地向那些称义之人倾注力量，这种力量永远伴随在他们所做善行的前后左右；如果没有这种力量，他们将无论如何也无法获得上帝的喜悦和称

的，乃是为不法和不服的，不虔诚和犯罪的，不圣洁和恋世俗的，弑父母和杀人的，行淫和亲男色的，抢人口和说谎话的，并起假誓的，或是为别样敌正道的事设立的。"见《圣经·新约·提摩太前书》1:9—10。

① 这里的使徒指保罗。

② 见《圣经·新约·哥林多前书》15:58。

③ 见《圣经·新约·希伯来书》6:10。

④ 见《圣经·新约·希伯来书》10:35。

⑤ 《圣经》言："惟有忍耐到底的必然得救。"见《圣经·新约·马太福音》10:22。

⑥ 《圣经》言："你们既从罪里得了释放，作了上帝的奴仆，就有成圣的果子，那结局就是永生。因为罪的工价乃是死；惟有上帝的恩赐，在我们的主基督耶稣里，乃是永生。"见《圣经·新约·罗马书》6:22—23。

⑦ 这里的使徒指保罗。

⑧ 公义的法官指上帝。

⑨ 《圣经》言："那美好的仗我已经打过了，当跑的路我已经跑尽了，所信的道我已经守住了。从此以后，有公义的冠冕为我存留，就是按着公义审判的主到了那日要赐给我的；不但赐给我，也赐给凡爱慕他显现的人。"见《圣经·新约·提摩太后书》4:78。

⑩ 《圣经》言："我是真葡萄树，我父是栽培的人。凡属我不结果子的枝子，他就剪去；凡结果子的，他就修理干净，使枝子结果子更多。""枝子若不常在葡萄树上，自己就不能结果子；你们若不常在我里面，也是这样。我是葡萄树，你们是枝子。常在我里面的，我也常在他里面，这人就多结果子；因为离了我，你们就不能做什么。人若不常在我里面，就像枝子丢在外面枯干，人拾起来，扔在火里烧了。"见《圣经·新约·约翰福音》15:1—6。

颂。因此，我们必须坚信，对于那些称义之人来说，已经没有任何其他东西会去阻止他们成就下述形象，即：在上帝恩典之下，他们已经完成了自己的善功，正是凭借这些善功，他们已经完全满足神圣律法对此生之要求；而且，他们已经实实在在地获得了永生，只要他们是在享受恩典的状态下离开此世的，他们就将在恰当的时刻获得永生①，这是因为我们的救世主基督有言："人若喝我所赐的水就永远不渴。我所赐的水要在他里头成为源泉，直涌到永生。"②因此，我们的公义虽然得以建立，但这种公义并非出自于我们自己③；而且，不能无视或否认上帝的公义。就被称之为"我们的"那种公义而言，正是依靠它内存在我们身上，我们才得以称义；上帝的公义也是一样，上帝是借助于基督的功德而将之倾注给我们的。下述教言亦不能被忽略，即：虽然说在《圣经》中有许多事情都被归功于善功，但是，基督还是许诺说，即使他"只把一杯凉水给这小子里的一个喝"，（这个人）就"不能不得赏赐"④。而且，使徒⑤亦有证言："我们这至暂至轻的苦楚，要为我们成就极重无比、永远的荣耀。"⑥尽管如此，这远远不是意味着基督徒就可以自信或自荣，也远远不是意味着基督徒就可以不信赖上帝、不荣耀上帝⑦；上帝赐给世间万民的洪恩是巨大无比的，甚至他还愿意把出自其恩赐的那些东西算着是 44
世人的功德。由于"我们在许多事上都有过失"⑧，因此，在上帝面前，每个人得到的必然不只是怜悯和慈善，而且也有严肃与审判。任何人，即便他没有

---

① 《圣经》言："我听见从天上有声音说：'你要写下：从今以后，在主里面而死的人有福了！'圣灵说：'是的，他们息了自己的劳苦，做工的果效也随着他们。'"见《圣经·新约·启示录》14:13。

② 见《圣经·新约·约翰福音》4:14。

③ 《圣经》言：以色列人"向上帝有热心，但不是按着真知识。因为不知道神的义，想要立自己的义，就不服上帝的义了。"见《圣经·新约·罗马书》10:2—3。

④ 《圣经》言："人因为先知的名接待先知，必得先知所得的赏赐；人因为义人的名接待义人，必得义人所得的赏赐。无论何人，因为门徒的名，只把一杯凉水给这小子里的一个喝，我实在告诉你们，这人不能不得赏赐。"见《圣经·新约·马太福音》10:41—42。另，《圣经》言："不敌挡我们的，就是帮助我们的。凡因你们是属基督，给你们一杯水喝的，我实在告诉你们，他不能不得赏赐。"见《圣经·新约·马可福音》9:41—42。

⑤ 这里的使徒指保罗。

⑥ 见《圣经·新约·哥林多后书》4:17。

⑦ 《圣经》言："兄弟们哪，可见你们蒙召的，按着肉体有智慧的不多，有能力的不多，有尊贵的也不多。上帝却拣选了世上愚拙的，叫有智慧的羞愧；又拣选了世上软弱的，叫那强壮的羞愧。上帝也拣选了世上卑贱的，被人厌恶的，以及那无有的，为要废掉那有的，使一切有血气的，在上帝面前一个也不能自夸。但你们得在基督耶稣里是本乎上帝，上帝又使他成为我们的智慧、公义、圣洁、救赎。如经上所记：'夸口的，当指着主夸口。'"见《圣经·新约·哥林多前书》1:26—31。另，《圣经》言："夸口的，当指着主夸口。因为蒙悦纳的，不是自己称许的，乃是主所称许的。"见《圣经·新约·哥林多后书》10:17—18。

⑧ 见《圣经·新约·雅各书》3:2。

意识到自己做错了什么,也不能对自己做出评判[①];这是因为,人的一生不是由人来作出检查和评判的,评判者只能是上帝,上帝"要照出暗中的隐情,显明人心的意念。那时,各人要从上帝那里得着称赞"[②],正如《圣经》所言,"他要照各人的行为报应各人。"[③]

以上即为天主教在称义问题上的教义,不论何人,只要不是心悦诚服地、坚定地接受本教义的,就不可能得称为义。此外,本圣公会议认为有必要将以下教规附列于此,以便让世人知道应该坚持和遵循什么,也要知道应该避免和弃绝什么。

关于称义之教规[④]

第1条　如果有人持下述主张,那么,此人应受绝罚,即:人类可以凭借自己的功德而在上帝面前获称为义,这种称义既可以通过其自身具有的天赋力量来完成,也可以通过遵循律法的教诲来实现,而没有必要仰仗上帝经由耶稣基督所施之恩典来获得。

第2条　如果有人持下述主张,那么,此人应受绝罚,即:上帝借由耶稣基督而给人类施加恩典,其目的仅仅在于让人类可以更为轻松地过上公义的生活,可以更为轻松地获得永生;给人的感觉就是,即使没有上帝的恩典,单凭人的自由意志,尽管的确比较艰苦且会遇到种种困难,但人类终究还是能够达到上述两个目标的。

第3条　如果有人持下述主张,那么,此人应受绝罚,即:人类可依据个人需要而进行信、望、爱、悔,这样,称义之恩典就可以降临其身[⑤];在这一过程中,并不需要事先获得圣灵的启示,也不需要圣灵的帮助。

45 第4条　如果有人持下述主张,那么,此人应受绝罚,即:在上帝的感动

---

① 《圣经》言:"我被你们论断,或被别人论断,我都以为极小的事;连我自己也不论断自己。我虽不觉得自己有错,却也不能因此得以称义;但判断我的乃至主。所以,时候未到,甚么都不要论断,只等主来。"见《圣经·新约·哥林多前书》4:3—5。

② 见《圣经·新约·哥林多前书》4:5。

③ 见《圣经·新约·马太福音》16:27。另见《圣经·新约·罗马书》2:6;《圣经·新约·启示录》22:12。

④ 教规(cannon),亦称教条,其形式上的特征在于言简意赅,便于记忆和传播。这里所列的33条教规都是依据本次会议制定的有关称义问题的教令而作出的,每条教规都可以在"关于称义之教令"中找到"理论"根据。

⑤ 《圣经》言:"患难生忍耐,忍耐生老练,老练生盼望;盼望不至于羞耻,因为所赐给我们的圣灵将上帝的爱浇灌在我们心里。"见《圣经·新约·罗马书》5:5。

和鼓舞下，人的自由意志将会顺应上帝的激励和召唤；但是，人的自由意志却无论如何也不会以主动合作的方式使自己倾向于上帝，不会让自己做好准备以获得称义之恩典；即使自由意志有意于让自己拒绝允诺上帝的激励和召唤，但它却无法做到这一点；自由意志犹如某种无生命的东西，它只是在被动接受，除此之外，它什么事也做不了。

第5条　如果有人持下述主张，那么，此人应受绝罚，即：在亚当犯罪之后，人类的自由意志就已丧失并灭绝；或者说，人类的自由意志只是一种徒有其名的东西，而且实实在在是一种有名无实的东西，它是由撒旦引入教会之中的一种虚构的东西。

第6条　如果有人持下述主张，那么，此人应受绝罚，即：人并不能靠自己的力量来使自己的行为方式变得邪恶；善行是上帝的创造，恶行也是上帝的创造；善行和恶行不仅是上帝所允许的，而且也是上帝自身行事的特征；因此，和保罗接受神召一样，犹大的背叛也是上帝自己的作品。

第7条　如果有人持下述主张，那么，此人应受绝罚，即：人在称义之前，不论他以什么方式行事，其所做的一切事情其实都是有罪的，或者说，其所做的一切事情都会招致上帝的憎恨；他越是执著地想让自己获得恩典，其所犯的罪愆就越加严重。

第8条　如果有人持下述主张，那么，此人应受绝罚，即：正是由于对地狱的恐惧①，我们才为自己所犯罪愆而感到哀伤，正因如此，我们才逃往上帝那里以求其怜佑，或者说，我们才竭力避免犯罪；因此，对地狱的恐惧是一种罪愆，或者说，它会使罪人变得更加罪孽深重。

第9条　如果有人持下述主张，那么，此人应受绝罚，即：不义之人只凭信仰就可以得称为义，也就是说，不需要辅之以其他任何东西，即可获得称义之恩典；而且，根本不需要动用自己的意志去为之作任何的准备。

第10条　如果有人持下述主张，那么，此人应受绝罚，即：世人得称为义，并不要借助于基督的那份公义，上帝只是借助于它而为我们建立功德；或者说，借助于耶稣的那份公义，世人可以正式成为公义之人。

第11条　如果有人持下述主张，那么，此人应受绝罚，即：世人得称为 46
义，要么完全归因于基督的公义，要么完全归因于对罪愆的赦免，而由圣灵浇

---

① 《圣经》言："那杀身体、不能杀灵魂的，不要怕他们；惟有能把身体和灵魂都灭在地狱里的，正要怕他。"见《圣经·新约·马太福音》10:28。另，《圣经》言："我要指示你们当怕的是谁：当怕那杀了以后又有权柄丢在地狱里的。我实在告诉你们，正要怕他。"见《圣经·新约·路加福音》12:5。

灌在其心里的且至今一直存于他们体内的恩典和慈爱①却与其称义无关;或者说,使我们能够称义的那一恩典只是上帝表达其善意的一种行为。

第 12 条 如果有人持下述主张,那么,此人应受绝罚,即:让人能够称义的那一信仰不是别的,就是要对上帝的慈悲坚信不疑,为了基督的缘故,上帝即以其慈悲之心而赦免了我们的罪愆;或者说,仅凭对上帝慈悲的这种坚信就可以使我们得以称义。

第 13 条 如果有人持下述主张,那么,此人应受绝罚,即:为了使自己的罪愆得到赦免,每个人都必须坚信自己的罪愆已经得到宽恕,在持这一信念时,绝不能因自己的软弱和自己的性情而产生任何的犹疑不决。

第 14 条 如果有人持下述主张,那么,此人应受绝罚,即:一个人之所以能被恕罪并能得称为义,原因就在于他坚信自己已被宽恕并坚信自己已经称义;或者说,只有相信自己已经称义,否则,任何人都不会是真正地称义;而且,单凭这一信念,即可达到被恕与称义之目的。

第 15 条 如果有人持下述主张,那么,此人应受绝罚,即:一个人如已获得再生并已得称为义,那么他就应该有这样的信仰,即:必须坚信自己已经毫无疑问地成了上帝预先选定的那些人中的一分子。

第 16 条 除非因得到特别启示而知晓其理,否则,如果有人声称自己享有能够坚持到底的恒忍大礼,而且声称自己对此有绝对可靠的把握,那么,此人应受绝罚。

第 17 条 如果有人持下述主张,那么,此人应受绝罚,即:只有那些已获预定可以得到永生之人才享有称义之恩典,而其他所有蒙召之人(则无此荣耀),他们虽然也的确受到上帝的召唤,但却没有收到恩典;给人的感觉就是,在神力的安排下,这些人已被预先选定进入邪恶状态。

第 18 条 如果有人持下述主张,那么,此人应受绝罚,即:即便是对于已经称义并已置身于恩典之中的人来说,上帝的诫命也是无法遵守的。

47 第 19 条 如果有人持下述主张,那么,此人应受绝罚,即:除信仰之外,“福音”中没有其他任何强制性要求;其他事情均属无关紧要且没有约束,既无强令要求,亦无明令禁止;或者说,“十诫”是与基督教徒毫不相关的。

第 20 条 如果有人持下述主张,那么,此人应受绝罚,即:一个人如果已经得称为义并已达到非常完美的地步,那么,他就没有必要去遵守上帝和教会的诫命,而只需相信这些诫命就可以了;给人的感觉就是,“福音”是一种直

---

① 《圣经》言:“所赐给我们的圣灵将上帝的爱浇灌在我们心里。”见《圣经·新约·罗马书》5:5。

接且绝对的永生诺言，永生的获得并不需要具备遵守诫命这一前提条件。

第 21 条 如果有人持下述主张，那么，此人应受绝罚，即：基督耶稣被上帝派到人世间，其角色只是一个应当得到世人信赖的救赎者，而不是一个应当得到世人服从的立法者。

第 22 条 如果有人持下述主张，那么，此人应受绝罚，即：称义之人根本不需要上帝的特殊帮助，就能够坚守他那已经获得的公义；或者又说，即使有上帝的特殊帮助，他也无法坚守他那已经获得的公义。

第 23 条 如果有人持下述主张，那么，此人应受绝罚，即：一个人一旦称义，就再也不会犯罪，再也不会失去恩典，因此，一个人如果堕落并犯罪，则表明他从未真正称义过；或者说，与上述情形相反，除非上帝赋予某个人以（犯罪的）特权（如教会在圣母玛利亚问题上所持的立场），否则，一个人在其整个一生之中都能够避免一切罪愆，即便是那些可被宽恕的小罪也不会犯。

第 24 条 如果有人持下述主张，那么，此人应受绝罚，即：在上帝面前，一个人所得的公义并不会通过善功而得到保存，也不会通过善功而得到增加；那些善功仅仅是获得称义之后的果实和表征，而不是其公义得以增加的原因。

第 25 条 如果有人持下述主张，那么，此人应受绝罚，即：公义之人在做每一件善事时至少都会犯有小罪，甚至还会犯下大罪——这是更加不可容忍的说法——因而也就会遭致永罚；但他不会仅仅因为这一原因而被罚入地狱，因为上帝并没有把善功作为将人罚入地狱的动因。

第 26 条 如果有人持下述主张，那么，此人应受绝罚，即：即使公义之人通过出色的行事和对上帝诫命的遵守而恒忍到底，即使他们为信仰上帝而做出各种善功，那他们也不能因此而指望和期盼通过上帝的慈悲和耶稣基督的 48
功德而从上帝那里获得永恒的酬报。

第 27 条 如果有人持下述主张，那么，此人应受绝罚，即：除了不信上帝这一宗罪之外，没有其他任何的大罪；或者说，一旦获得了恩典，那么，除了不信上帝这一宗大罪之外，所犯其他任何罪愆，不论有多么严重，也不论有多么巨大，都不会导致恩典的丧失。

第 28 条 如果有人持下述主张，那么，此人应受绝罚，即：如果一个人因犯罪而失去所获恩典，那么，他的信仰也会随之丧失；或者说，其信仰尽管可以保留下来，但已是没有活力的信仰，因而它已不是一种真正的信仰；或者说，一个人如果有信仰而没有仁爱，那么，他就算不上是一个基督徒。

第 29 条 如果有人持下述主张，那么，此人应受绝罚，即：一个人如果在受洗之后又堕落，那么，他就不可能依靠上帝的恩典而再次获得新生；或者说，单凭信仰，他就可以重获那一失去的公义，而不需要像罗马圣公教会依据吾主基督及其使徒之教诲而一直承认、遵循和宣讲的那样，也就是说，不需要履行什么忏悔圣事。

第 30 条　如果有人持下述主张，那么，此人应受绝罚，即：对于任何一位悔罪之人来说，在接受称义之恩典以后，其罪过已被赦免，其永罚之罪的痕迹亦被抹去，因此，在天堂之门可以（为他们）打开之前，不论是在现世，还是在炼狱，都不会还留有有待解除的暂罚之罪。

第 31 条　如果有人持下述主张，那么，此人应受绝罚，即：称义之人在履行善功时，如果抱有获得永恒酬报之目的，那么，他就犯了罪。

第 32 条　如果有人持下述主张，那么，此人应受绝罚，即：称义之人所做的善功既然是上帝所赠的礼物，那么，这些善功就不可能同时又是称义之人
49 的功德；或者说，作为耶稣基督的一个具有活力的肢体，一个人凭借上帝的恩典和耶稣基督的功德而履行善功，并因此而得称为义，这样的人不会真正享受到恩典的增加，也不会真正享受到永生，如果他在恩典状态中死去，那么，他也不会真正获得永生本身，也不会使自己的荣耀得到增加。

第 33 条　如果有人持下述主张，那么，此人应受绝罚，即：由本次圣公会议制定的这份教令中有关称义问题的天主教教义在某些方面背离了上帝的荣耀和吾主耶稣基督的功德，该教义没有细致阐明吾等信念之正确性，而且同样没有细致阐述上帝和耶稣基督的光荣。

关于改革之教令

第 1 章　教长应该常驻教堂，此乃合适之举；如果他们没有依此行事，将援引旧有法律对之进行惩罚，另外还要颁布新的惩罚措施

在前文所述的诸位教廷特使①主持下，本圣公会议认为，教会纪律极度松懈，必须予以整顿；而且，教士以及基督徒民众的生活方式极度堕落，必须予以改造。为达此目的，本圣公会议一直认为，首先从大教堂主持者入手乃合适之举，因为只有统治者正直无瑕，被统治者才能安全得救。因此，本圣公会议希

① 即本次会议的主持人帕莱斯特里那主教吉奥瓦尼·戴尔·蒙特和耶路撒冷圣十字架大教堂神父马赛罗。参见第六次会议“关于称义之教令”中的前言及相关注释。

望，借助于吾主和上帝的慈悲，并借助于上帝在尘世之代理人①的审慎，在未来的岁月中必须确保做到以下要求，即：按照教父们那些古老而崇高的律令，必须将最为称职之人——即在其先前的岁月中，包括从孩童到成年的每一个阶段中，在履行教会纪律方面一直令人称颂并能够证明自己品行端正的那些人——选进教堂的管理机构之中，因为这种管理工作极为艰巨，即便是天使也会对之望而生畏。因此，不论何人，不论其拥有何种名义和头衔，只要他受 50
职管理宗主教教堂、首席主教教堂、总主教教堂或主教教堂，本圣公会议都要向他们提出劝诫，而且也希望他们接受劝诫，即：他们"当为自己谨慎，也为全群谨慎，牧养上帝的教会，就是他用自己血买来的"②；同时，正如使徒③所要求的，他们"要凡事谨慎"，要为万事辛劳，而且要恪尽职守。④ 不过，要让他们知道，如果他们像雇工那样抛弃被托付给他们的那些羊群⑤，如果他们没有去看护他们的那些羊群，那么，他们就不可能完成自己的职守，最高审判官⑥会因致死羊群之罪而惩罚他们⑦；这是因为，假如狼已经把羊吃掉了，牧羊人却对此一无所知，那么，毫无疑问，牧羊人的辩解托辞肯定不会被（上帝）接受。

令人扼腕哀叹的是，在当今这个时代，却存在这样一些教长，他们（不仅在牧民问题上玩忽职守），甚至对其自身的救赎也毫不在意，他们热衷于俗间事务而轻视天国事务，热衷于人事而轻视神事；他们游走于多个宫廷，或者整天忙于凡间俗事；他们的羊群被遗弃，对受托之羊的监管之责亦被弃而不顾。有鉴于此，本圣公会议一直认为，似乎有必要重申那些以反对不驻寨教长为宗旨的古老教规，由于时代的混乱无序，也由于人类的杂乱无章，这些教规如今已几乎被废弃殆尽，本教令就是要重申这些古老的教规。另外，为了让前

---

① 指罗马教宗及其控制下的教廷。

② 见《圣经·新约·使徒行传》20:28。

③ 这里的使徒指保罗。

④ 《圣经》言："务要传道，无论得时不得时，总要专心，并用百般的忍耐、各样的教训责备人，警戒人，劝勉人。因为时候要到，人必厌烦纯正的道理，耳朵发痒，就随从自己的情欲增添好些师傅，并且掩耳不听真道，偏向荒渺的言语。你却要凡事谨慎，忍受苦难，做传道的功夫，尽你的职分。"见《圣经·新约·提摩太后书》4:2—5。

⑤ 《圣经》言：耶稣说，"我是好牧人；好牧人为羊舍命。若是雇工，不是牧人，羊也不是他自己的，他看见狼来，就撇下羊逃走；狼抓住羊，赶散了羊群。雇工逃走，因他是雇工，并不顾念羊。我是好牧人；我认识我的羊，我的羊也认识我，正如父认识我，我也认识父一样；并且我为羊舍命。"见《圣经·新约·约翰福音》10:11—15。

⑥ 在"旧约全书"中，"最高审判官"指耶和华，即上帝。

⑦ 《圣经》言：耶和华说，"倘若守望的人见刀剑临到，不吹角，以致民不受警戒，刀剑来杀了他们中间的一个人，他虽然死在罪孽之中，我却要向守望的人讨他丧命的罪。"见《圣经·旧约·以西结书》33:6。

文所述的这些教长更加虔心地常驻于自己的教堂，同时也为了改造教会内部的道德风尚，本圣公会议还认为有必要制定并颁布以下规章。不论何人，不论他拥有多么高的地位、多么高的身份，也不论他有多么显耀，如果不是遇有特殊阻碍并且这种阻碍在法理上能够说得通，或者说，如果没有公正合理的理由，那么，假如他擅离自己的首席主教教堂、总主教教堂或主教教堂，也就是说，假如他擅离自己的教区且持续时间长达六个月，那么，不论他享有什么名头，不论他举出什么原因，不论他以什么名义，也不论他拥有何种特权，（教
51 会）都将依法褫夺其年收入的四分之一，教会上级首脑将把这些收入转存于教会府库并将之用于救济当地贫民。如果在随后的六个月中他继续擅离职守，那么，仅凭这一事实，他的年收入就将再被褫夺四分之一，对这些收入的处理办法与上述相同。如果他继续目无法纪，那他将有可能招致神圣教规的严厉惩罚。在这种情况下，总主教有义务对擅离职守的下属主教进行斥责。如果总主教擅离职守，那么，该教省中年纪最长的教区主教有义务对之进行斥责，而且必须在三个月之内以信函或派遣信使的方式将相关情况反映到罗马教宗那里；（如果这位年纪最长的教区主教未能履行这一义务），他将遭到惩罚，也就是说，他将被禁止进入自己原先管辖的那个教堂。罗马教宗将凭借其享有的最高主教教座之权威，视各位不驻寨教长在藐视法纪问题上的严重程度，对之采取相应的措施；同时，他还可以为各地教堂提供更为合用的圣职人员，因为在上帝的襄助之下，他会知道什么样的圣职人员有益且有用。

第2章　不论何人，只要他持有有俸圣职且该圣职要求其拥有者必须亲自驻寨，那么，除非有公正合理之理由，否则，如果他擅离驻地，则是非法行为；即便他有公正合理的理由，其离开驻地之事也必须得到当地主教批准；出于牧灵之考虑，在批准其离开驻地之后，主教还必须要委托另外一人以代理其职务，而且要扣除那位离开驻地者的一部分收入

至于职位比主教低的那些人，如果他们持有有俸圣职，且不论这些圣职是自有的还是代管[1]的，只要法律或习俗要求该圣职持有者必须亲自驻寨，那么，当地的教区首长就要根据所属地点和当事人的具体情况而采取适当的法律手段来强迫他们驻守其地；对于这些圣职持有者来说，这样做应该说是

---

① 代管（in commendam）：按照中世纪及近代前期的教会法，如果某一有俸圣职出缺，那么，在委任新的持有人之前，该圣职由某一圣职人员（通常为主教）代为管理，而且代管人享有与该圣职相关的各种收益。1836年，天主教会取消了这一做法。

合适的，因为它有助于对教堂进行更好的管理，也有助于增进对上帝的服务。不能让任何人享有不驻寨或不驻其地却享其利之特权，亦不能让任何人享有诸如此类的永久之特许。不过，还将继续实行临时性的准行和特许，但是，在给予这类准行和特许之时，绝对要有真实且合理的理由，而且要由教区首长亲自批准方为合法。即便如此，在遇有上述情况之时，作为罗马教廷在此类 52
事务上的代表，主教们有义务做好以下之事，即：要任命那些能够胜任工作之人来代理相关圣职，而且要从该圣职的收益中适当提取一部分作为代理人之薪俸，以此确保牧灵之事在任何情况下也不被忽略。在这件事上，任何人都不得享有任何的特权和任何的豁免权。

第3章　不论是在俗圣职人员，还是那些在修院之外生活的修会圣职人员，如果他们做出僭越条规之事，都将由当地的教区首长对之作出规劝

如果其下属犯有僭越条规之事，各地教会之教长必须谨慎且认真地对之进行规劝。不论是在俗圣职人员，还是生活在修院之外的修会圣职人员，只要他做出出格之事，那么，作为罗马教廷在此类事务上的代表，当地的教区首长将依照教会法规对之进行察访、处罚和斥责，在俗圣职人员不得以其个人享有某种特权为借口来逃脱这类惩处，修会圣职人员亦不得以所属修会享有某种特权为借口来规避这类惩处。

第4章　主教以及其他地位较高的教长应视需要而尽可能地经常对所有教堂进行巡访；不论何种事务，只要它有可能影响本教令的实施，都将一应废止

主教以及其他高级教长应视需要而尽可能经常依据教会法规对其所属的教区参议会及其成员进行巡访、纠偏和改进，他们既可以独自从事这项工作，也可以挑选合适之人陪同他们一起去完成这项工作。教区参议会及其成员不得以任何豁免权、习俗、司法裁决、誓约或协议作为自己的挡箭牌，即不得有以下这样的想法：即使有罗马教宗的授权，主教及其他教长也不得对他们作出惩戒之类的举措。以上所述的豁免权之类的东西只适用于教区参议会的创始人，而并不适用于他们的后继者。

53 **第5章 主教不得在本教区之外的另外一个教区中行使任何的主教职权，亦不得在另外一个教区下达命令**

任何一位主教均不得以享有某种特权为借口而在本教区之外的其他教区行使主教职权；当然，得到当地教区首长明确准许者除外，即便如此，该主教行使职权时的施及对象也只能限于上述教区首长的属民。如果违反这一规定，当事主教将被依法中止行使主教职权，以这种方式获得委任的那些人亦将被依法中止履行其圣职。

关于下次会议的通告

下次会议将在本年度大斋节①期间第一个星期天之后的那个星期四举行，亦即在3月3日②举行。诸位对此是否赞同？

*他们答曰：*我们赞同。

---

① 大斋节(Lent)，亦称“四旬期”，旧称“严斋期”或“封斋期”。按照天主教会的规定，自“圣灰礼仪日”算起，至复活节前的40天时间为大斋期，主要目的在于纪念耶稣受难，为复活节作准备，并为“望教友”作领洗前的准备。另，按天主教会的规定，年满18岁而未达60岁的信徒须守大斋，即一天只能饱食一餐，其他两餐可进少量食物，其余时间只可用不含酒精的饮料。

② 即1547年3月3日。

第七次会议

本次会议于 1547 年 3 月 3 日举行。

关于圣礼之教令

前 言[1]

特兰特圣公会议是在圣灵之中合法召开的，会议主持者依然是教廷的那几位特使。[2] 本圣公会议坚持《圣经》中的教言，坚持从使徒传下来的各种传统，同时也坚持由其他各次圣公会议以及教父们作出的得到普遍认可的那些教言。在上次会议上，经全体教父一致同意，关于称义问题的教义得以颁布。为了完善这一健康有益之教义，有必要对至圣至洁的教会圣礼问题作出论述。正是通过这些圣礼，一切真正的公义才得以发端；如果（一个人）已经有了公义，那么，也正是通过这些圣礼，其公义才得以光大；如果（一个人）失去了公义，那么，同样也是通过这些圣礼，其公义才得以失而复得。在我们这一动荡不安的时代，存在诸多与至圣至洁之圣礼对抗的谬误和异端，其中有些是早先异端的复活，很久以前，我们的教父就已对之作出谴责；同时，其他一 54
些谬误和异端则是晚近才出现的；对于天主教会的纯洁和灵魂的救赎来说，所有这些谬误和异端都是极为有害的。因此，为了铲除这些谬误并根绝这些异端，本圣公会议一直认为，制定并颁布下述这些教规乃合适之举；同时，本

---

① 在与新教斗争过程中，圣礼问题是天主教最为关注的核心问题之一，围绕圣礼问题而制定的各种教规教令一直到 1563 年 12 月的第 24 次会议才基本完成。因此，1547 年 3 月 3 日颁布的这份教令只是一段绪论，其后所颁布的有关圣礼之教规教令与这段绪论总合在一起，才构成完整的“关于圣礼之教令”。

② 详见第六次会议“关于称义之教令”中的“前言”及相关注释。

圣公会议希望，在圣灵的襄助之下，日后还将公布与此相关的其他教规教令，以最终完成这项业已开始的工作。

圣礼总论

第 1 条　如果有人持下述主张，那么，此人应受绝罚，即："新律"①中规定的那些圣礼并非全部都是由吾主耶稣基督创制的；或者说，圣礼并不一定就是指洗礼、坚振礼、圣餐礼、告解礼、临终涂油礼（亦译"终敷礼"）、授职礼和婚姻礼这七项，可以多于这七项，也可以少于这七项；或者说，从本质上讲，这七项礼仪中，任何一项都不是真正的圣礼。

第 2 条　如果有人持下述主张，那么，此人应受绝罚，即："新律"里的这些圣礼和"旧律"里的那些圣礼相比，除了仪式上的差异和外在习俗上的不同之外，其他没有什么差别。

第 3 条　如果有人持下述主张，那么，此人应受绝罚，即：这七项圣礼相互之间都是对等的，因此，没有任何理由认为一种圣礼比另外一种圣礼更优越。

第 4 条　如果有人持下述主张，那么，此人应受绝罚，即：对于救赎之事而言，"新律"中的这些圣礼并非必需，而属多余；即使没有这些圣礼，甚至说即使没有行这些圣礼的欲望，世人单凭信仰这一条就可以从上帝那里获得称义之恩典；不管怎么说，对于每个人而言，所有这些圣礼都是不必要的。

第 5 条　如果有人持下述主张，那么，此人应受绝罚，即：创制这些圣礼的目的仅仅就是为了培育世人的信仰。

55 第 6 条　如果有人持下述主张，那么，此人应受绝罚，即："新律"中的那些圣礼并不含有它们所宣示的那种恩典；或者说，即使人们对恩典没有做出任何妨碍之事，那些圣礼也不会将恩典赋予他们，给人的感觉就是，恩典或公义是通过信仰而获得的，圣礼只是恩典或公义的外在符号，只是基督徒信念的某些标志，借助于这些标志，在世人中间，信与不信得以区分而已。

第 7 条　如果有人持下述主张，那么，此人应受绝罚，即：就上帝这一方而言，恩典并不总是通过所谓的圣礼而被赋予人们的，即使人们恰当地领受

---

①　"新律"（New Law），亦即"新约"、"新经"，它是和"旧律"（Old Law，旧约、旧经）相对而言的。按照基督教的说法，上帝耶和华与以色列在西奈山所建立的关系称为（旧）盟约；后因此约每况愈下，上帝便经由耶稣的宣讲和救赎而与人类建立了新盟约。

了圣礼，上帝也不会将恩典赋予所有领受圣礼之人；上帝只是在有的时候会通过圣礼来赋予人们以恩典，而且上帝只将恩典赋予某些人。

第 8 条　如果有人持下述主张，那么，此人应受绝罚，即：恩典并不是由"新律"中的所谓圣礼来赋予世人的，也不是通过履行这些圣礼而被赋予世人的；要想获得恩典，只要对上帝的允诺保持信仰就足够了。

第 9 条　如果有人持下述主张，那么，此人应受绝罚，即：洗礼、坚振礼和授职礼这三项圣礼并不能够赋予灵魂以特殊性，也就是说，它们并不能够让灵魂带上某种永久的属灵之印记，因此，这三项圣礼没有可重复性。

第 10 条　如果有人持下述主张，那么，此人应受绝罚，即：所有基督徒都有权力传道，都有能力施行所有的圣礼。

第 11 条　如果有人持下述主张，那么，此人应受绝罚，即：在施行圣礼的时候，圣礼施行者（司祭）并不一定要想着自己是在做天主教会所做之事。

第 12 条　如果有人持下述主张，那么，此人应受绝罚，即：圣礼施行者如果已经犯有大罪，那么，即使他遵循了施行某一圣礼所必需的一切要领，他也不可能完成这一圣礼，而且也没有资格为他人施行这一圣礼。

第 13 条　如果有人持下述主张，那么，此人应受绝罚，即：天主教会的那些仪式虽已被广为接受和认可并已被惯用于对圣礼的管理之中，但是，圣礼施行者可依自己的意愿而无视或省去这些仪式，而且圣礼施行者在这样做的 56
时候并不会犯下什么罪愆；或者说，各教会中的任何一位圣职人员都可以改变这些仪式，而代之以其他新的仪式。

关于洗礼

第 1 条　如果有人持下述主张，那么，此人应受绝罚，即：约翰[1]施行的洗礼和基督施行的洗礼具有同样的效果。

第 2 条　如果有人持下述主张，那么，此人应受绝罚，即：真正的天然之水并不是洗礼所必需的，因此，吾主耶稣基督所说的"人若不是从水和圣灵生的"[2]这句话只是一种比喻而已。

---

① 约翰（John），即"施洗者约翰"（John the Baptist）。按照"新约全书"的说法，施洗者约翰是耶稣的表兄和先驱，他曾为耶稣施行洗礼。详见《圣经·新约·马太福音》1—16。

② 《圣经》言："人若不是从水和圣灵生的，就不能进上帝的国。"见《圣经·新约·约翰福音》3:5。

第 3 条　如果有人持下述主张，那么，此人应受绝罚，即：作为众教会之母和主人①，在洗礼问题上，罗马天主教会并没有确切可信的教义。

第 4 条　如果有人持下述主张，那么，此人应受绝罚，即：如果洗礼是由异端分子施行的，那么，即使是以圣父、圣子、圣灵的名义进行的，即使异端分子在施行洗礼的时候想着要按天主教会的方式行事，那它也不是真正的洗礼。

第 5 条　如果有人持下述主张，那么，此人应受绝罚，即：洗礼并不具有强制性，也就是说，洗礼并不是得救所必需的。

第 6 条　如果有人持下述主张，那么，此人应受绝罚，即：一个人受洗之后，除非他不愿再信（基督），否则，不论他犯有多大罪愆，也不会丧失恩典；即使他希望失去恩典，（他也不会失去恩典）。

第 7 条　如果有人持下述主张，那么，此人应受绝罚，即：通过洗礼，那些受洗之人只是必须要坚定自己的信仰，而不需要遵循基督的全部律法。

第 8 条　如果有人持下述主张，那么，此人应受绝罚，即：对于神圣罗马教会的所有戒律，不论是成文的还是不成文的，那些受过洗的人都不受之约束；因此，除非他们自愿顺从之，否则，他们没有必要非得遵守那些戒律。

57 第 9 条　如果有人持下述主张，那么，此人应受绝罚，即：受过洗的人对受洗之事的记忆是极为深刻而持久的，因此，他们可以这样来想问题，即：由于他们在洗礼中早已作出那一诺言，因而，在洗礼之后所作的所有誓言都是无效的；给人的感觉就是，正是由于这些誓言，他们贬低了自己曾经表白过的那一信仰，而且贬低了洗礼本身。

第 10 条　如果有人持下述主张，那么，此人应受绝罚，即：只要对受洗之事念念不忘并对洗礼的功效深信不疑，那么，在受洗之后所犯的一切罪愆，要么可被赦免，要么可被化为无关大局的小罪。

第 11 条　如果有人持下述主张，那么，此人应受绝罚，即：一个身处异教徒中间的人原本是一直拒绝信仰基督的，如果这样的人要改宗并悔过的话，就必须恰当而准确地对之进行反复施洗。

第 12 条　如果有人持下述主张，那么，此人应受绝罚，即：不论何人，如果不是在基督当年受洗时的那个年龄，或者不是在要死的时候，均不得受洗。

第 13 条　如果有人持下述主张，那么，此人应受绝罚，即：孩童并不能够做出表明自己信仰的行为，因此，在受洗之后，孩童也不能被纳入信众行列；正是由于这一原因，在孩童懂事之后，就要对之进行重洗；或者说，孩童并不

---

① 罗马天主教会自视高于其他所有教会，故有“母亲”（mother）和“女主人”（mistress）之称。

能够用自己的行为来表明自己的信仰，而只是以教会的信仰来让他们受洗，与其如此，倒不如将这种洗礼免掉更好。

第 14 条　如果有人持下述主张，那么，此人应受绝罚，即：对于那些在孩童时代以上述方式受洗的人来说，当其长大成人之后，就要对之作出以下咨问，即：在当年受洗之时，其代父代母们[1]曾以他们这些孩童的名义作出诺言，如今他们是否认可这些诺言？如果他们的回答是否定的，那么，就将任由他们按照自己的意志去作出抉择；与此同时，即便要迫使他们成为基督徒，对之的惩罚也是有限的，即：在他们悔改之前，不得领受圣餐礼以及其他圣礼；除此之外，别无惩罚。

关于坚振礼 58

第 1 条　如果有人持下述主张，那么，此人应受绝罚，即：给已经受洗之人施行的所谓坚振礼只是一种空洞无物的仪式，它并不是一种真正的圣礼；或者说，在古时，它只不过是一种考问教理的方式而已，那些即将迈入青少年时代的人可以通过这种方式向教会表明自己的信仰。

第 2 条　如果有人持下述主张，那么，此人应受绝罚，即：如果有人将任何一种善德或功效归功于坚振礼上所使用的圣油，那么，他就是严重亵渎和冒犯了圣灵。

第 3 条　如果有人持下述主张，那么，此人应受绝罚，即：有资格施行神圣坚振礼的并不仅仅限于主教，任何一位普通的神父都有资格施行坚振礼。

关于改革之教令

本圣公会议的主持者依旧是教廷的那几位特使。[2] 围绕驻寨和改革问题，相关工作已经展开；为了赞美上帝，同时也为了促进基督教的发展，本圣公会议希望继续推进这项工作。因此，本圣公会议一直认为，颁布以下教令

---

① 对于“godfather”、“godmother”和“sponsor”这几个词，汉语通常译为“教父”、“教母”和“教父母”（或“教父教母”），其中后两个词的译名尚可，但将“godfather”译为“教父”则易于和那些被称作为“教父”的早期教会神学家（the Fathers）相混淆。因此，这里沿用中国天主教会的教内译法，称之为“代父”、“代母”和“代父母”。

② 详见第六次会议“关于称义之教令”中的“前言”及相关注释。

乃合适之举；此举的目的在于，在一切事情上，要永远维护罗马教廷的权威。

第1章　谁有能力管理主教座堂

在主教座堂管理者的人选问题上，应按照亚历山大三世[1]在拉特兰圣公会议[2]上颁布的教规（其开头语是“Cum in cunctis”，意为“当在所有之中”）来处理，即：必须是婚生的，必须已经成年，其道德水准必须为世人认可，必须拥有必要的学识；除此之外，任何人均不得入选。[3]

59 ## 第2章　同时持有多个主教座堂者，只许保留一座，余者必须以特定的方式在规定的时间内予以放弃

不论何人，不论其职位有多高、地位有多显，也不论他是多么的杰出，均不可违背神圣的教规，即：不能以依权利而享有的名义、以代为管理的名义或以其他任何名义接受并同时掌管几座宗主教座堂或主教座堂；这是因为，一个人如果能够成功地、富有成效地将一座教堂管理好并且能对治下诸多灵魂的拯救给予应有之关注的话，那么，可以肯定地说，这个人就已极为幸运了。然而，有些人的做法却与本教令的主旨相悖，他们如今仍同时掌管多座教堂。他们可以根据自己的意愿而选择保留其中的一座教堂；如果他们是受罗马教廷直接支配的，他们就应在六个月之内放弃其余的教堂；如属其他情形，则应在一年之内完成上述工作；否则，除了最后获得的那座教堂之外，其余所有教堂之管理权都将被视为在本质上是出缺的。

第3章　有俸圣职只授予那些有才干之人

等级较低的有俸圣职，特别是那些负有牧灵之责的有俸圣职，将授予那些值得尊敬且富有才干之人，而且，圣职领受者要能常驻其地，并能亲自行使其牧灵之责。这一规定与亚历山大三世在拉特兰圣公会议上颁布的教规[4]

---

① 亚历山大三世（Alexander III），罗马教宗，1159—1181年在位。在天主教会历史上，亚历山大三世是以教会法学家而闻名的为数不多的几位教宗之一。

② 指1179年3月召开的第三次拉特兰圣公会议（the Third Lateran Council，基督教会历史上的第11次圣公会议）。这次会议由教宗亚历山大三世召集并亲自主持，约1000人出席，其中主教有302人。在这次会议期间，共召开3次全体代表大会（时间分别是1179年3月5日、14日和19日），会议的主要成果是制定并颁布了27条教规，内容涉及教宗的选举程序、圣职人员的任职资格、圣职人员的财产限制、女修院的管理、什一税的征收、对“上帝和平”的倡导、对比武大会的禁止以及对异端进行镇压等问题。

③ 这里指的是第三次拉特兰圣公会议所定27条教规中的第3条。

④ 关于亚历山大三世和第三次拉特兰圣公会议，参见该教令第1章相关注释。

(其开头语是“Quia nonnulli”,意为“因为有些”)是一致的[1],与格里高利十世[2]在里昂圣公会议[3]上颁布的教规(其开头语是“Licet canon”,意为“虽然参议会成员”)也是一致的[4]。以其他方式委任的圣职都是绝对无效的;要让不按上述教规进行圣职委任的主教知晓:(对于其违规行为),将依据(拉特兰)圣公会议之教规(其开头语是“Grave nimis”,意为“至为重要”)对之进行处罚[5]。

第4章　如果有人违背教规而占有多个有俸圣职,这些圣职将被剥夺 60

在有俸圣职的占有问题上,从今以后,不论何人,不论他是以终身合并的方式,还是以永久代管的方式,抑或是以任何其他名义或头衔,只要他的行为违背了神圣教规中有关圣职委任的规定,特别是如果他违背了英诺森三世[6]所定之教规[7](其开头语是“De multa”,意为“关于很多事情”),即,如果他胆敢接受并同时占有几份牧灵职位,或接受并同时占有几份互不相容的有俸圣职,那么,将依据上面提到的这项教规,同时依据本教规,此人的那些有俸圣职将被依法褫夺。

---

① 这里指的是第三次拉特兰圣公会议所定27条教规中的第13条。

② 格里高利十世(Gregory X),罗马教宗,1272—1276年在位。格里高利十世在位时间不长,其主要业绩在于调和意大利各邦国之间的关系,同时加强对德意志地区的控制;另外,在其正式出任教宗之后的第四天,即1272年3月31日,格里高利十世便决定于1274年在里昂召开宗教会议。里昂会议结束之后,格里高利在意大利北部各地巡视,最终在1276年1月10日客死于阿莱佐(Arezzo)。

③ 指1274年5—7月的里昂圣公会议(the General Council of Lyons),即第二次里昂圣公会议。会议由教宗格里高利十世发起并亲自主持,出席会议的有大约300位主教、60位修院院长,此外还有大量神学家。著名神学家托马斯·阿奎那(Thomas Aquinas)原定参加此次会议,但却在前往里昂途中病逝。本次宗教会议共举行6次全体代表大会,时间分别是5月7日、5月18日、6月7日、7月6日、7月16日和7月17日。本次圣公会议的主要议题有三:东西方教会统一问题、组建十字军征讨异教徒问题和教会改革问题。会议期间共制定了28条规章,会议结束后又增补3条,共计31条。这些规章于1274年11月1日正式公布。

④ 这里指的是第二次里昂圣公会议所定31条教规中的第14条。

⑤ 1215年第四次拉特兰圣公会议制定的规章中,第10条是关于圣职委任的,其中规定,对不守教规者将作出“严厉惩罚”。

⑥ 英诺森三世(Innocent III),罗马教宗,1198—1216年在位。英诺森三世是天主教会史上影响最大的教宗之一,在神学、教会法方面有精深的造诣,在加强教宗权威方面也是取得了空前的成就。

⑦ 指教宗英诺森三世于1215年组织召开的第四次拉特兰圣公会议(the Fourth Lateran Council)上所制定的71条教规中的第28条。

第5章 如果有人占有多个有俸圣职，且这些圣职负有牧灵之责，那么，圣职持有者必须向教区首长出示其拥有的相关特许状；教区首长将为相关教堂配备一名副手①，并从圣职收入中适当提取一部分作为该副手的薪俸

对于所有持有多份牧灵职位或持有多个互不相容之有俸圣职的人，当地教区首长将采取严格措施，强迫他们出示其拥有的相关特许状；同时还要按照格里高利十世在里昂圣公会议上颁布的那项教规②（其开头语是“Ordinarii”，意为“将得到安排处理”），对之采取其他解决办法。本圣公会议认为应该重申（格里高利十世的）这项教规，而且的确在此予以重申。此外，本圣公会议还要作如下补充：教区首长们必须采取一切手段，以确保牧灵之事在任何情况下都不被忽视，而且要确保在那些有俸圣职问题上绝对不能出现采取欺诈手段以逃避其应尽职责之现象，（为此，教区首长）甚至可以委任力能胜任的副手③，并从相关圣职④的收入中适当提取一部分作为该副手的薪俸。在前面所说的这件事上，不论何人，即便他委托了特别法官，即便法官作出了维护其利益的判决，他也不得享有任何的诉求权、特权和豁免权。

61

第6章 有俸圣职的合并在何种情况下才算有效

那些永久性的圣职合并如果是在过去40年内作出的，可由教区首长对之进行调查，（在此事务上），教区首长就是罗马教廷的代表；如果这类合并是通过诈取或欺骗等方式获得的，那么，它们将被宣布为无效合并。有些有俸圣职的合并虽然是在上述期限内作出决定的，但时至今日，这些合并中，有的仍完全没有落实，有的则是没有完全落实；不管怎么说，这类合并应被视为是通过鬼鬼祟祟的方式而达成的。今后，还会有圣职合并之事，不论这种合并是应谁的请求而作出的，除非有确凿的证据表明这类合并是基于合法的缘由或其他合理的缘故而作出的（这类合并必须由当地教区首长亲自核查，而且必须传召当事人进行当场咨问），否则，这类合并也将被视为是通过鬼鬼祟祟的方式而达成的。因此，除非罗马教廷在将来某个时候另作决断，否则，那些通过鬼鬼祟祟之方式而达成的合并都将是绝对无效的。

---

① 这里所说的副手是指那些同时持有多个有俸圣职之人的副手（或称“代理”）。一个人如果同时持有多个有俸圣职，他就不可能在同一时间里亲自照料多项事务，因此，该教规规定，只要符合相关规定，有俸圣职仍可归属其持有者，但要为之配备副手（代理），以保证相关工作的正常运转。

② 这里指的是第二次里昂圣公会议所定31条教规中的第3条，该教规主要论述圣职的选举及委任规则。

③ 指委派一些人作为那些同时持有多个有俸圣职之人的副手（代理）。

④ 指当事人的有俸圣职，而不是教区首长的圣职。

第7章 对于那些合并在一起的有俸圣职，必须进行查访；这些有俸圣职负有的牧灵之责必须得到履行，甚至可由永久性的副手履行这一职责；在任命副手的同时，还要给其分配一部分薪俸，这部分薪俸甚至可出自某一特定的财产

人们发现，有些负有牧灵之责的有俸圣职一直是和主教座堂、协同教堂或其他教堂合并在一起的，或一直是附属于上述教堂的；还有一些此类圣职一直是和修道院、(其他)有俸圣职、教士团或其他各式各样的宗教机构合并在一起的，或一直是附属于之的。对于上述这些有俸圣职，当地教区首长每年都要对之进行查访。教区首长必须满腔热忱地确保：(这些有俸圣职持有者必须配备力能胜任的副手)，由这些副手以令人称颂的方式行使相应的牧灵之责；除非教区首长认为以其他方式行事更有利于对教堂进行有效管理，否则，这些有俸圣职的副手就应该是永久任职，即，由教区首长依据这些副手的既有职务，将之委任为相关有俸圣职的永久代理；同时，要从相关有俸圣职 62
的收入中划出三分之一(教区首长可依自己的判断而提高或降低这一比例)作为其薪俸，这部分薪俸甚至可出自某一特定的财产。在前面所说的这件事上，不论何人，即便他委托了特别法官，即便法官作出了维护其利益的判决，那他也不得享有任何的诉求权、特权和豁免权。

第8章 教堂必须得到修缮；牧灵之事必须勤勉履行

当地教区首长每年都应以罗马教廷的名义遍访本地所有教堂，不论教堂享有何种豁免权，均不得免于查访；教区首长还应采取适当的法律手段，保证那些需要修缮的教堂必须得到修缮，而且还要保证做到，如果有关教堂附带有牧灵之责，那么，无论如何不能让这些教堂采取欺诈手段以逃避这一职责，也不能让它们逃避其他应尽之责。(在这个问题上)，所有的诉求权、特权和豁免权都将被绝对排除，即便这些特权和豁免权的渊源非常久远，即便(当事人)委托了特别法官，即便法官作出了维护其利益的判决，(亦不能改变上述规定)。

第9章 圣职就任仪式不能拖延

那些被擢升至比较重要的教堂中出任圣职者，应该在法律规定的时间内接受祝圣仪式①，不论何人，拖延时间不得超过六个月。

---

① 祝圣仪式(rite of consecration)，亦称祝圣礼、圣化礼或奉献礼。按照天主教会的传统，这是为了将人或物奉献给上帝而举行的隆重礼仪。

第 10 章　主教职位出缺后，除非有人由于事先已经获得某一有俸圣职资格或即将获得某一有俸圣职资格而且由于时间紧迫，（必须立即获得圣职），否则，教区参议会不得将“教士们”[①]出让给任何人；如果有人逆此而行事，将招致各式各样的惩罚

如果某一主教职位出缺，自出缺之日起的一年之内，各教堂参议会如果将
63 “获任圣职许可证”[②]或“领受圣职许可证”[③]或某些人所称的“教士们”给予他人，而此人又并不存在时间紧迫问题，即并不会由于事先已经获得某一有俸圣职资格或即将获得某一有俸圣职资格而必须立即获得圣职，那么，这种颁发许可证的做法，不论它是依据普通法中的某一条款，还是凭借某一特权或某一习惯传统，都是非法的。如果违反了上述规定，那么，相关的参议会将遭到禁罚[④]；那些已经获得委任之人，如果是属于低级神品的，将不得享有任何的教士特权，特别是在刑事案件中更是不得享有任何的教士特权；而那些属于高级神品的，将被依法中止行使其职务，处罚时限将依下一任教长的旨意而定。

第 11 章　教长虽然拥有擢升教职的权力，但对于那些没有正当擢升理由之人而言，教长的这一权力是不起作用的[⑤]

除了被擢升者拥有合法的理由，否则，不论是什么样的教长，其拥有的擢升教职之权都是不起作用的。被擢升者必须以书面形式说明他们为何不能由自己的主教来委任他们出任圣职。即便如此，在对这些人进行圣职委任之前，还必须要对这些人进行仔细的考察；然后由一名主教对之进行圣职委任，该主教必须是常驻于自己的主管教区中的；或者由该主教委托另外一人，由他代行主教职能为之进行圣职委任。

第 12 章　教长有权决定在某一时限内某人不得晋升教职，但这一时限不得超过一年

教长有权决定在某一时限内某人不得晋升教职，但是，除了法律规定的

---

① “教士们”（“reverends”），当时流行的一种通俗说法，实际是指各级各类圣职任职许可证。

② 获任圣职许可证（license for ordination）

③ 领受圣职许可证（letter dimissory，亦写成 dimissory letter 或 dimissorial letter），亦译为“领受圣职委托书”，通常来说，这是由本教区主教委托其他教区主教授予相关人员以圣职的文件。

④ 禁罚（interdict），是天主教会对违规人员或组织所作的处罚之一，其基本内容是禁止受罚者举行或领受圣事。

⑤ 本章论述的主题是：有些人的圣职晋升是通过所在教区之外的其他教区首长来实现的，对于这种晋升方式，必须加以规范。

各种例外情况而外，这一时限不得超过一年。

第13章 除去某些例外情况之外，其他人等，不论是由什么人举荐的，如果事先没有经过教区首长的考察并得到教区首长的批准，则不得获任圣职 64

对于那些（希望获得圣职的）人来说，不论他们是由什么样的教会人士（即使是教廷大使[①]）举荐、推选或提名的，如果事先没有经过当地教区首长的考察，而且如果没有得到教区首长对其能力的认可，那么，即使他们以享有某某特权为借口，或以根据某某惯例（这种惯例有可能还非常古老）为托辞，他们也不得被委任、批准并拥有任何一个有俸圣职。不论何人，都要经过这一考察过程；而且，任何人均不得采取上诉手段以逃避这一考察。不过，由大学以及从事综合研究的学院举荐、推选或提名的那些人不受以上规定制约。

第14章 在享有豁免权之人[②]所涉的民事案件中，有些案件可由主教负责处置

在处理享有豁免权之人所涉案件时，要遵循英诺森四世[③]在里昂圣公会议[④]上颁布的那项教规[⑤]（其开头语是"Volentes"）；本圣公会议认为应该重申（英诺森四世的）这项教规，而且的确在此予以重申。此外，本圣公会议还要作如下补充：在涉及工资和穷人的民事案件中，不论是教区圣职人员还是
居住在其修道院之外的修会圣职人员，也不论他们享有什么样的豁免权，即 65
使他们在上述案件中拥有由罗马教廷委派的特别法官，他们也可由当地的教

---

① 教廷大使（nuncio），教廷使节中的一种。按照罗马教廷以前的分类标准，如果一个国家中的民众大部分为天主教徒，那么，教廷派驻这个国家的使节便称为大使（nuncio）；而派驻非天主教国家的使节则称为"准大使"（pro-nuncio）。如今，罗马教廷已经取消这种区分，二者均称"大使"。

② 指教会圣职人员。

③ 英诺森四世（Innocent IV），罗马教宗，1243—1254年在位。

④ 指1245年6—7月召开的第一次里昂圣公会议（First Council of Lyons）。该次会议由教宗英诺森四世发起召开，出席会议的有140位主教，"拉丁帝国"（拜占庭帝国）皇帝鲍德温二世（Baldwin II）和法国国王路易九世（Louis IX）出席了会议。这次会议共召开3次全体代表大会，时间分别是1245年6月26日、7月5日和7月17日。这次会议最令人震撼之处是开除神圣罗马帝国皇帝腓特烈二世（Frederick II）的教籍并决定废黜其皇帝头衔。此外，会议还决定发动新的十字军东征，东征统帅为法国国王路易九世，目标是东方的萨拉森人（the Saracens，即穆斯林）和蒙古人。关于本次宗教会议颁布的教规，自古至今一直存在争议。新近的研究结果表明：后世所说的该次会议所定的22条教规是英诺森四世于1245年8月25日才公布的；1246年4月21日，英诺森四世又颁布了12项教令；最后，在1253年9月9日，英诺森四世又公布了最新版本，其内容除了上面所述教规教令之外，又增加了8项教令。

⑤ 指1245年8月25日颁布的22条教规之中的第6条。

区首长进行审理，教区首长可依据法律程序强令他们支付所欠之款；在其他案件中，如果没有罗马教廷委派的这类法官，(那么，教区首长亦可依照上述方式行事)。与本规定相抵触的任何特权、豁免权均属无效，那种委派保护人并由保护人出面阻止的做法亦属无效。

第15章 教区首长必须要确保，不论是何种类型的医院(包括那些享有豁免权的医院)，都要由其管理者进行精心管理

教区首长必须要做到：所有医院，不论它们拥有什么名称，也不论它们享有什么样的豁免权，都必须由医院自己的管理者对之进行忠心而勤勉的管理；在这个问题上，必须遵循维埃纳圣公会议①所定之教规②(其开头语是"Quia contingit")。本圣公会议认为应该重申这项教规，而且的确在此予以重申；同时还要重申该教规所包含的各种限制措施。

关于下次会议的通告

本圣公会议已经决定并颁令，下次会议在即将到来的卸白衣主日③之后第五天(那一天为星期四)举行，即于1547年4月21日举行。④

---

① 维埃纳圣公会议(the Council of Vienne)，指1311—1313年在法国南部城市维埃纳召开的宗教会议，会议由第一位"阿维农教宗"克勒蒙五世(Clement V)组织召开。约有300位主教(亦有114位之说)出席本次宗教会议，出席会议的还有法国国王菲利普四世(Philip IV)、英国国王爱德华二世(Edward II)和阿拉冈国王詹姆士二世(James II of Aragon)。本次会议主要解决圣殿骑士团问题，此外还准备组织新的十字军征讨，并就教会改革以及大学之中的东方语言教学问题作出相关规定。本次会议虽然在会议期间宣读和讨论过不少教规教令草案，但在会议结束前并没有公布具体条文。后来，教宗约翰二十二世(John XXII，1316—1334年在位)公布了该次会议制定的"38条教规教令"，但人们却发现，在这38条中，只有20条含有"经本圣公会议批准"之字样。

② 指维埃纳圣公会议"38条教规教令"中的第2条。

③ 卸白衣主日(Sunday in Albis)："albis"意为"长白衣"、"大白衣"，是圣职人员在弥撒或其他礼仪上所穿的白色长袍。"卸白衣主日"意即"脱去白色长袍的那个星期天"，也就是复活节期间的第二个星期天。在古代，那些在复活节前夕受洗之人均应身穿白衣，以示心灵纯洁；一个星期后方可卸去白装，故名。如今，这种习俗已被取消。

④ 按计划，1547年4月21日举行的应该是第八次全体代表大会；但是，由于会议议程临时变动，1547年3月11日增加了一次全体会议，其主题是根据教宗保罗三世的谕令而宣布将宗教会议的开会地点临时转移至波伦亚(Bologna)。因此，1547年4月21日举行的全体代表大会就变成了第九次全会。

关于授权更换会议地点之教宗谕令①

朕——上帝的众仆之仆、主教保罗②——，现致书朕之可敬的兄弟帕莱斯特里那主教吉奥玛利亚③，并致书朕所钟爱之子耶路撒冷圣十字架大教堂神父马赛罗④和科斯梅汀圣母教堂⑤助祭雷吉纳尔德⑥，上述三位枢机均是朕的特使，同时也是教廷的特使；朕愿诸位健康、有福。⑦

上帝秉持天道而赋予朕以主管普世教会之责。虽然说就才德而言，朕尚不足以担当如此重任，但是，朕仍将以下之事视为朕之本职工作的一部分，即，在有关基督教世界问题上，如果出现非同寻常之事而此事又必须加以决 66
断之时，就必须在适当的时机予以决断，而且要为之找到一个既方便又合适的解决问题的场所。

在早前某一时候，在朕的诸位可敬的兄弟（亦即神圣罗马教会的诸位枢

① 由于教宗和神圣罗马帝国皇帝之间的关系再次恶化，再加上特兰特出现流行性传染病，特兰特的社会政治氛围比较紧张。因此，在第七次全体大会（1547 年 3 月 3 日）召开之前，与会者就已开始讨论会议是否应该暂停或会议地点是否应该转移到另外一个城市。正因如此，教宗保罗三世在 1547 年 2 月下旬就给会议主持者发去一份谕令，明确授权他们在合适的时候将会议地点转移到另外一个城市。然而，当会议主持者自行决定将会议地点转移到波伦亚的时候，保罗三世还是表达了自己的不满；而且，这一转移也引起了教廷和神圣罗马帝国之间新的纷争。其结果就是，在波伦亚的几个月时间内，会议没有取得任何实质性的成果，最终只得解散，特兰特会议第一阶段草草收场。

② 即教宗保罗三世（1534—1549 年在位）。

③ 吉奥玛利亚（Giammaria），即前文提到的吉奥瓦尼·戴尔·蒙特，特兰特会议第一阶段的首席主持人。详见第六次会议“关于称义之教令”中的“前言”及相关注释。

④ 马赛罗，特兰特会议第一阶段的另外一位主持人。详见第六次会议“关于称义之教令”中的“前言”及相关注释。

⑤ 科斯梅汀圣母教堂（Santa Maria in Cosmedin），位于罗马城，始建于公元 6 世纪。在该教堂廊柱左侧，有一个仿照海神面孔制造的“真实之口”（Bocca della Verita）浮雕。据称，说谎者的手若伸进“真实之口”中，就会立刻被咬住不放。

⑥ 雷吉纳尔德，特兰特会议第一阶段的第三位主持人。详见第六次会议“关于称义之教令”中的“前言”及相关注释。关于雷吉纳尔德的圣职级别及升迁，现简介如下：1536 年，获得助祭（deacon）神品，当年 12 月即被擢升为枢机，即助祭级枢机；1555 年 12 月，被任命为神父级枢机（1556 年 3 月 20 日才正式获得神父称号）；1556 年，被任命为英国坎特伯雷大主教（1556 年 3 月 22 日，即获得神父品级两天之后，获得主教称号）。雷吉纳尔德于 1558 年 11 月 17 日去世。从其履历中可以看出，他担任枢机职务近 22 年，其中享有神父品级和主教品级的时间均很短，其余时间内，其神品一直是很低的（助祭）；但这并没有妨碍他成为当时最为重要的教会人士之一。另外需要注意的是，在教宗保罗三世写这份谕令的时候，雷吉纳尔德早已离开特兰特；但他又不是正式离职，因此，教宗在谕令中仍将之算作这次会议的主持人。

⑦ “健康、有福”以下的这些文字是保罗三世这份谕令的正文部分，原本没有分段。为便于阅读，现根据其行文内容将之分成若干段落。特此说明。

机）的提议和同意下，朕曾下谕在特兰特城召开基督教圣公会议，关于召开这次圣公会议之缘由，当时已有阐述。那时，由于受困于各种正当因缘，朕本人未能亲赴该城以出席这次圣公会议。后来，经诸位枢机的提议和同意，这次圣公会议延期举行，待找到更为成熟合适的开会时间，他们将知会于朕。关于会议延期召开之原因，当时亦已做过说明。后来，永远的“奥古斯都”、“罗马人的皇帝”查理和法兰西人的“笃信王”弗朗索瓦这两位朕所钟爱的基督之子之间达成了和平。听说此事以后，在各位枢机的提议和同意下，朕决定取消这次圣公会议的延期令。根据各位枢机的提议，朕当时便任命并委派你们作为朕本人以及罗马教廷的特使来参加这次圣公会议，朕是将你们当作和平天使而派往该城的，关于此事，在朕的各种有关信函中已有比较全面的阐述。①

举办这次圣公会议是一项极为神圣的工作，朕殷切希望，这一工作不要因为会议地点的不合适或其他任何原因而受到妨碍或受到过度拖延。朕拥有教廷之全权，可以自行采取行动，而且，朕（对相关事态）也有一定的了解。正因如此，又经各位枢机的提议和同意，根据目前各种事态的发展状况，朕以教廷之权威授予你们三位在下述事务上拥有完全的不受制约的权力和权威，如果你们当中有一人因正当原因而不能履行工作或因恰巧不在开会地点而无法履行职责，朕则以教廷之权威授予你们三位当中的两位在下述事务上拥有完全的不受制约的权力和权威，即：在你们认为合适的任何一个时候，你们都有权将这次圣公会议的地点由特兰特城转移到任何一个你们认为合适的更方便、更适宜、更安全的城市；（在作出转移开会地点这一决定之后），对于那些参加这次圣公会议的教长及其他成员，你们也有权禁止他们在特兰特城继续从事其他活动，甚至可以通过宗教惩戒和各种处罚来禁止他们在特兰特城继续活动；而且，在会议地点转移到另外一个城市之后，你们有权在这个新的会议地点继续召开并主持这次圣公会议，有权命令那些参加特兰特圣公会
67 议的教长和其他成员前往新的开会地点，（为达到这一目的），你们甚至可以以“发伪誓罪”（对不听召唤者）进行处罚，也可以遵照与召开本次圣公会议有关的各份函谕中所列之处罚方式对之进行惩处；在转移并改变了会议地点的这次会议上，你们仍然有权以原有的名义并以原有的权威主持并推进这次圣公会议，而且，按照先前写给你们的那些信函中所述内容及基本思路，你们还有权履行、规范、下令并处理以上所言的其他各种事务以及与这次圣公会议

① 关于这里所描述的各种情况以及所涉及的人物，详见本书序言“教宗保罗三世就召开特兰特圣公会议所颁的训令”及其相关注释。

有关的其他各种必须且合适的事务。朕宣布，在以上所述的这些事情上，不论你们做了什么，不论你们制定了什么规范，也不论你们下了什么样的命令，都将被视为已经经过朕之批准，而且被视为朕已对之表示满意。

因此，不论何人，均不得违反朕的这份授权函谕；或者说，不论何人，均不得莽撞蛮干、胆大妄为，均不得逆本函谕之旨意而行事。如果有人试图以身试法，那就要让他知晓，他将招致全能的上帝及其使徒圣彼得和圣保罗的愤慨。

吾主道成肉身纪元 1547 年(即本朝十一年)2 月 25 日于罗马圣彼得大教堂。

斯波尔主教法布

B. 莫塔[①]

---

① 斯波尔主教法布(Fab. Bishop of Spol)和莫塔(B. Motta)应为教廷文书院工作人员，负责这份文件的起草及公证。

第八次会议

本次会议于1547年3月11日举行。

关于转移会议地点之教令[①]

从此前的各种报告以及其他一些说法中可以得知，人们所传言的这种疾病显然是的的确确存在的[②]；为此，（本圣公会议）认定并宣布：教长们如果继续待在这座城市，就不可能没有丧失性命之虞；因此，不能也不应该违背他们
68 的意愿而强迫他们继续留在这里。对于以上所言，不知诸位是否赞同？

此外，自上一次全体会议以来，许多教长都已踏上返程之路。在与会代表的多次集会上，出于对上述那种疾病的恐惧，还有许许多多其他教长提出抗议，他们希望想尽一切办法离开这里，对于他们，（本圣公会议）找不出正当的理由让之继续待在这里。如果他们真的离开，那么，这次圣公会议就只能解散，即使不解散，仅靠留下来的为数很少的教长，圣公会议的正常进程也势必受到影响。还有，对生命的威胁已经迫在眉睫；而且，在以上所述的与会代表集会上，某些教父还提出了其他各种实实在在且合法的理由。同样，考虑到以上因素，（本圣公会议）颁令并宣布：为了维护本次圣公会议并将之进行到底，也为了保障诸位教长的生命安全，本次圣公会议的地点将临时转移至

---

① 这份教令原本没有分段。为便于阅读，现根据其行文内容将之分成若干段落。特此说明。

② 变更会议地点的根本原因是教廷与神圣罗马帝国皇帝之间的关系重新趋于紧张，而传染病问题恰好可以为转移开会地点提供名正言顺的理由。1547年年初，特兰特城的确出现过一场流行性传染病，圣方济会会长约翰·凯尔福斯(John Calvus)于1547年1月21日即因染病而逝世于特兰特城，此外还有一些与会代表罹病而亡。

波伦亚城①,这个地方的设施更为完善,其环境也更为有益于健康,因而是更为合适的会议地点;转移会议地点的这一决定自即日起生效;先前已经决定要在4月21日举行(下一次)全体会议,这次会议将在波伦亚如期举行;后续的其他事项将有条不紊地继续进行,在吾等至圣的主以及本圣公会议认为合适的时候,同时在征求战无不胜的皇帝②、笃信王③以及其他基督教王公之意见的基础上,本圣公会议的开会地点将会而且必须要迁回这个地方,或迁往其他某个地方。对于以上所言,不知诸位是否赞同?

*他们答曰:*我们赞同。④

---

① 这个时期的波伦亚城是教宗国的属地。将会议地点从神圣罗马帝国属下的特兰特转移到教宗国属下的波伦亚,这一做法并不是明智之举,它势必使得罗马教廷与神圣罗马帝国之间的矛盾进一步激化。波伦亚城(Bologna)位于特兰特南面、佛罗伦萨北面,其历史沿革概况如下:该城原为亚平宁半岛上的早期居民埃斯特拉坎人(Etruscan)的一个小镇;公元前189年,成为罗马人的殖民地;中世纪中前期,先后被伦巴德人、德意志人以及北部意大利的一些权贵世家所统治;从1506年一直到18世纪末,处于罗马教宗统治之下;拿破仑时期,成为拿破仑帝国的藩属;拿破仑帝国崩溃后,波伦亚重新成为教宗国的属地;1859年,该城并入彼得蒙王国,进而成为统一的意大利的一个组成部分。

② 指神圣罗马帝国皇帝查理五世(Charles V, 1500—1558年,1519—1555年在位)。

③ "笃信王"是中世纪中后期法国国王的专用别号,这里是指法王弗朗索瓦一世(François I, 1494—1547年,1515—1547年在位)。不过,本次会议结束后不久,弗朗索瓦一世便于1547年3月31日去世。新的"笃信王"将是弗朗索瓦一世的次子(长子早死)亨利二世(1547—1559年在位)。

④ 与特兰特会议开局时的情况相比,到第八次全体代表大会之时,与会人数已有较大幅度增加。除了两位教廷特使之外,还有4位枢机、9位大主教、49位主教、2位修院院长、3位修会会长、50位神学家以及世俗君王的一些代表。另,并非所有与会者都赞同转移开会地点。据记载,当时有14位忠于神圣罗马帝国皇帝查理五世的主教坚决反对改变会议地点,他们坚持留在特兰特,而且明确声称不承认在波伦亚召开的宗教会议。

第九次会议①

本次会议于 1547 年 4 月 21 日在波伦亚举行。

关于休会之教令②

不久前，本基督教圣公会议曾在特兰特城集中开会；如今，在圣灵的护佑之下，又依法在波伦亚城举行会议。会议主持者依然是那两位尊敬的大人，即帕莱斯特里那主教吉奥玛利亚·戴尔·蒙特和耶路撒冷圣十字架大教堂神父马赛罗③，他们均是神圣罗马教会的枢机，同时又是教宗的特使；他们是
69 以保罗三世之名义主持会议的，保罗三世是吾等至圣的父亲、至圣的主教大人，而且，保罗三世是凭借上帝之天道而成为教宗的。

今年 3 月 11 日，在特兰特城的那个老地方，(本圣公会议)举行了一次公开的全体代表会议④，会议的一切程式都是按照既定方式进行的。当时，本圣公会议决定并下令，这次圣公会议的会址将由那个地方⑤迁移至这个城市，而目前这一转移工作已经完成。(之所以作出以上这一决定)，是因为当时存在着一系列紧急而迫切的情况，而且这一决定也是有法律依据的；同时，

---

① 在作出转移会议地点之决定的第二天，即 1547 年 3 月 12 日，同意转移决定的与会代表们即启程前往波伦亚。在波伦亚的半年时间里(1547 年 3—9 月)，虽然会议代表们就圣礼以及天主教会改革问题进行了激烈的讨论和辩论，但由于时局动荡，特别是由于教廷与神圣罗马帝国之间的矛盾进一步升级，会议一直无法正常进行。在这一时期，仅有的会议正式文件就是在两次全体代表会议上发布的两份“休会令”(时间分别是 1547 年 4 月 21 日和 6 月 2 日)。

② 这份教令原本没有分段，而且，从语法结构来看，该教令从头到尾只有一句话，阅读起来颇费周折。为便于阅读，现根据其行文内容将之分成若干段落。特此说明。

③ 详见第一次会议相关注释以及第六次会议“关于称义之教令”中的“前言”及相关注释。

④ 指 1547 年 3 月 11 日临时召开的那次会议，即“第八次会议”。“老地方”是指特兰特大教堂，这是特兰特会议举行全体代表大会的固定地点。

⑤ 指特兰特城。

在这一问题上，神圣的罗马教廷也授予上述几位尊敬的主持人以特别的权力①。另外，在那里的时候，本圣公会议曾宣布②，在 4 月 21 日(也就是今天)将举行全体代表会议，在会议上将制定并公布有关圣礼以及其他改革事项之教令，在此之前，本圣公会议就一直有意于制定此类之教令。(在上次会议上③)，本圣公会议决定并下令，(4 月 21 日的)这次全体会议将在波伦亚城如期举行。

有些教会父老(司祭)虽然已经习惯于在这里参加本次圣公会议，但最近却赶上大斋节④中关键一个星期，在这些重要的节日期间以及随后而来的隆重的复活节节期，他们都要忙于自己所辖教会之事务。还有一些教会父老，由于受困于其他某些因素，至今还没有到达这里；不过，他们还是有望能够在不久之后到达此地。由于这一原因，能够参加会议的教长人数就受到了限制，而这一情况与本圣公会议的愿望有较大差异，在这样的会议上，审查并讨论与圣礼问题以及有关改革问题相关的诸种事情(就显得不合要求)。

因此，为了审慎地做好一切事情，为了以应有的严肃和认真态度去做好一切事情，本圣公会议自始至终认为以下决定是正确、有益且合适的，即：为了(让相关人士)迅速处理好各自事务，前面所说的原定于今天召开的这次全体会议应该延期举行并暂时休会，而现在就是要宣布这次全体会议延期并休会，复会的时间定在今年圣灵降临节八日庆期⑤期间的那个星期四⑥。本圣公会议自始至终认为，对于处理会议事务而言，这个日期是最为合适的；特别是对于那些现在还没有到会的教会父老们而言，这一日期更是最为妥帖的。不过，需要补充的是，出于对本圣公会议议事进程的考虑，如果有需要，本圣公会议可以而且有权根据自己的意愿对这一休会期限作出限制和缩减，而且，本圣公会议可以通过召开非正式大会来作出此类决定。

---

① 详见 1547 年 2 月 25 日教宗保罗四世发出的“关于授权更换会议地点之教宗谕令”。

② 指 1547 年 3 月 3 日第七次会议上作出的决定。

③ 指 1547 年 3 月 11 日召开的“第八次会议”。

④ 大斋节(Lent)，复活节前 40 天为大斋节，亦称“四旬期”。参见第六次会议“关于下次会议的通告”中的相关注释。

⑤ 圣灵降临节(Pentecost)，即犹太教中的“五旬节”。圣灵降临节是天主教会的重要节日，主要内容是纪念耶稣复活之后第 50 天圣灵降临人世并向人类传布福音之事。“八日庆期”(octave)，即连续 8 天的节期。按照天主教传统，在圣诞节、复活节和圣灵降临节这三大节日之后，还要继续庆贺 8 天。如今，复活节和圣诞节仍保留“八日庆期”这一传统，圣灵降临节之后的“八日庆期”已于 1969 年被天主教会取消。

⑥ 按照历法推算，这一天应该是 1547 年 6 月 2 日。

第十次会议

本次会议于1547年6月2日在波伦亚举行。

关于休会之教令

特兰特圣公会议是在圣灵之中合法召开的，会议主持者依然是神圣罗马教会的那几位枢机，他们同时也是教廷的特使①。3月11日，在特兰特城曾召开过公开的全体代表会议，根据这次会议颁布的教令，4月21日将在波伦亚这座著名的城市召开全体代表会议，其主题是圣礼问题和有关改革问题②。但是，由于某些原因，特别是考虑到有些教会父老尚未到达（波伦亚）而当时又估计他们会在不久之后能够莅会，本圣公会议故此曾颁布教令，宣布将（4月21日的）全体代表会议延期至今天举行。不过，本圣公会议依然希望和那些至今还没有到会的人士进行善意的协商，因此，现宣布并颁令：原定于今天（即1547年6月2日）召开的全体代表会议必须延期并休会，而且这一延期和休会现已的确得到实施，下次开会的时间定在圣母玛利亚诞辰节③之后的那个星期四，即今年9月15日④，届时将处理前面所述之事以及其他事项；尽管如此，在休会期间，有关教义和改革的讨论与诊察将继续进行，不得中断；同时，本圣公会议可以而且完全有权根据自己的意愿对这一休会期限进行缩减或延长，而且，本圣公会议可以通过召开非正式大会来作出此类决定。

---

① 关于会议主持者，详见第九次会议“关于休会之教令”及相关注释。

② 关于这次会议的筹备及变动，详见第九次会议“关于休会之教令”及相关注释。

③ 圣母玛利亚诞辰节（the Nativity of the Blessed Virgin Mary）：据基督教会的说法，圣母玛利亚的生日是9月8日。

④ 即1547年9月15日。

*1547年9月14日，在波伦亚举行非正式大会，圣公会议宣布，原定在第二天举行的全体代表会议无限期休会。*①

① 1547年6月2日会议之后，罗马教廷和神圣罗马帝国皇帝查理五世之间的矛盾依然非常尖锐，双方虽然进行多次谈判，但并未取得实质性成果。教宗保罗三世随后下令滞留在特兰特的几位主教前往罗马接受咨问，但这些主教却拒不从命。于是，1547年9月13日，保罗三世下令“暂停”本次宗教会议，并要求教宗特使戴尔·蒙特遣散居留在波伦亚的会议代表。因此，才有了1547年9月14日的这次临时会议，原定于9月15日举行的全体代表会议随之成为泡影。由保罗三世发起的特兰特圣公会议第一阶段就此结束。在随后的两年多时间里，保罗三世主要是在罗马进行教会纪律的整肃工作。1549年11月10日，保罗三世去世，享年81岁。

71

教宗尤里乌斯三世[①]就继续召开特兰特圣公会议所颁的训令

教宗尤里乌斯三世

---

① 尤里乌斯三世(Julius III，1550—1555 年在位)，即前文提到的吉奥瓦尼·戴尔·蒙特。在成为教宗之前的漫长岁月中，戴尔·蒙特长期受宠于教宗保罗三世，曾作为首席特使组织并主持了 1545—1547 年的特兰特会议第一阶段诸次会议，而且，也是在他的主导之下，会议地点由特兰特临时转移到了波伦亚。1549 年 11 月 10 日，保罗三世去世。从 1549 年 11 月 29 日起，罗马教廷的 48 位枢机开始举行秘密会议，以选举新一任教宗。然而，枢机之间分歧极为严重，已故教宗保罗三世的追随者们和神圣罗马帝国皇帝查理五世的支持者们倾向于推举雷吉纳尔德·波尔(前文提到过的教宗三位特使之一)或另外一位枢机儒安·德·托莱多(Juan de Toledo)出任教宗，但是，法国方面坚决反对。后来，保罗三世的追随者们与法国方面达成妥协，决定推举戴尔·蒙特成为新一任教宗。虽然神圣罗马帝国方面坚决反对，但戴尔·蒙特最终还是于 1550 年 2 月 7 日成功当选，是为尤里乌斯三世。尤里乌斯三世在位总共 5 年多时间，但其前期活动和后期表现存在巨大反差。在当选教宗之后不久，他便抛弃法国，而与神圣罗马帝国皇帝结盟；与此同时，他又下令继续召开特兰特圣公会议(1551—1552 年)。由于法国方面的抵制以及法国军队对意大利半岛造成严重威胁，尤里乌斯三世不得不让特兰特圣公会议再次“休会”。此后的几年中，对政治拼杀感到心灰意冷的尤里乌斯三世几乎不再抛头露面，而是躲到了自己的豪华宫殿中过起了半隐居的悠闲生活，只是偶尔地进行一些无关大局的天主教会改革活动。另外，和以前许多教宗一样，尤里

上帝的众仆之仆、主教尤里乌斯特颁此谕，以备永久纪念。①

很长一段时期以来，在德意志，一直存在着各种宗教纷争，这类纷争不仅将整个基督教世界搅得扰攘不宁，而且也引起整个基督教世界的极度反感。为了结束这类宗教纷争，朕认为，将圣公会议会址迁回特兰特城②并将这次圣公会议继续召开下去，是有益、恰当且合适的；而且，通过其信函和使节，朕也了解到，朕之钟爱的基督之子、永远的"奥古斯都"、"罗马人的皇帝"查理③亦有与朕同样的看法。

这次圣公会议是由朕之前任、已故教宗保罗三世下令召开的，而其筹备、实施以及后续的各次会议则是由朕负责操办的，同时还有神圣罗马教会的另外两位枢机④协同朕一起负责此事；当时，朕拥有枢机头衔，而且是以朕之前任的名义主持这次圣公会议的。在这次圣公会议上，曾举行过数次公开且庄严的全体代表会议，就信仰和改革问题颁布了多项教令，而且还就与这两大问题相关的其他许多问题进行了考量与讨论。

因此，作为当政之教宗，下令召开并指导圣公会议乃朕的分内之责。如果做到这一点，朕或许就可以使得天主教会获得和平，同时能够弘扬基督教信仰，而且能够让正统宗教得以发扬光大，而这样做的目的就在于颂扬全能的上帝，让全能的上帝增添荣光。而且，如果做到这一点，朕或许就可以能够尽朕的绵薄之力而以慈父般的牵挂之情去考虑德意志的安宁问题。在历史上，在培育纯正之宗教信仰方面，在修习圣公会议及圣洁之教父们的教言方面，在展示对罗马教宗——救世主耶稣在尘世上的代理人——应尽的忠顺和崇敬方面，和基督教世界的其他所有地区相比，德意志这个教省都是出类拔萃、首屈一指的。

朕希望，在上帝的恩典和惠助之下，在这件事上，所有的基督徒王公都能

乌斯三世的裙带作风也是恶名昭著的，其中最为后人诟病的是：在当选教宗之前，他曾在帕尔玛(Parma)大街上捡到一个男孩，于是将之带回并为之取名英诺森·戴尔·蒙特(Innocenzo del Monte)；当选教宗后不久，他便将这个时年17岁的懵懂而无知的少年擢升为枢机主教。

① 尤里乌斯三世的这篇谕函原本没有分段。为便于阅读，现根据其行文将之分成若干段落。特此说明。

② 特兰特圣公会议第一至第八次会议一直是在特兰特城举行的，而且，特兰特城也是会议开始之前就已确定的法定的会议地址。后来，由于各种因素，会议地点临时转移到罗马教宗管辖下的波伦亚城。尤里乌斯三世决定重新启动会议进程之后，经过多方征求意见，遂决定继续在特兰特城召开这一未完成的宗教会议。详见第九次、第十次会议及其相关注释。

③ 即神圣罗马帝国皇帝查理五世。关于查理五世及其名号，详见本书开篇"教宗保罗三世就召开特兰特圣公会议所颁的训令"及其相关注释。

④ 指马赛罗·塞尔维尼(Marcello Cervini，1501—1555年)和雷吉纳尔德·波尔(Reginald Pole，1500—1558年)。详见第一次会议及相关注释。

够赞同、支持并襄助朕的这些公正且虔诚的愿望。而且，借助于吾主耶稣基督的慈悲心肠，朕希望所有的基督徒王公都能够对下述人等进行规劝、命令
72 和告诫，即：朕的那些可敬的兄弟们，包括宗主教、大主教和主教；朕所钟爱的儿子，即修道院院长；根据权利、习俗或特权而应该出席圣公会议的其他所有人；还有就是朕之前任在有关召开圣公会议的信函中以及与此事有关的已经公布的其他所有信函中提到的那些人，朕之前任曾希望他们也能够出席圣公会议。① 也就是说，所有的基督徒王公都应该要求他们齐聚于前面所说的那座特兰特城，因为那一(导致不能在特兰特城继续召开圣公会议的)实际障碍如今已经不复存在②；这次圣公会议将在明年③的 5 月 1 日继续召开，因此，要让他们积极投身到这次圣公会议中来，不得有任何拖延；(明年 5 月 1 日)这一天将专门用于在如今已经确定的那个国家④重启并继续召开这次圣公会议。朕之所以选择这一日期，是经过深思熟虑的，是朕根据自己对事态的了解而作出决定的；而且，作为教宗，朕享有充分的权力以作出上述决断；另外，朕也征询了朕之可敬的兄弟们即神圣罗马教会的诸位枢机的意见并得到了他们的同意。

朕将特别关注，以保证朕的诸位特使在上述时间到达那个城市⑤。如果因年事太高⑥、健康状况以及因教廷事务而不得抽身等原因而导致朕不能亲自出席圣公会议的话，朕将通过他们并在圣灵的指引之下来主持这次圣公会议。朕之前任⑦在前文所述的那些信函中曾经谈论过圣公会议的会址转移问题和圣公会议的暂停召开问题，还谈过与之相反的各种问题，尤其还谈到那些不应成为(圣公会议)障碍的各种问题，而这些都是朕之前任的意志。朕希望并下令，这些信函中所包含的每一条文和每项教令都将保持其效力；就其内容来说，(这些条文和教令)还是有其必要的，因此，朕在这里对之予以重申。另外，朕还要宣布，如果有人试图违逆以上规定而行事，不论何人，不论其有多大的权威，不论他是有意的还是无意的，其所作所为都是无效且作废的。

因此，不得有任何人胆敢冒犯朕的这封集规劝、请求、告诫、法令、宣言、

---

① 详见本书开篇“教宗保罗三世就召开特兰特圣公会议所颁的训令”及其相关注释。

② 指 1547 年年初在特兰特城爆发的那场传染病。

③ 指 1551 年。

④ 指奥地利。当时的奥地利是属于神圣罗马帝国治下的一个邦国。

⑤ 指特兰特城。

⑥ 尤里乌斯三世出生于 1487 年 9 月 10 日，写这份谕函的时候(1550 年)已经 63 周岁。

⑦ 指教宗保罗三世。

复会、意志和教令于一体的信函,也不得有任何人胆敢莽撞地反对它。如果有人企图如此行事,就要让他知道,他将招致全能的上帝以及神圣的使徒彼得和保罗的愤恨。

吾主道成肉身纪元1550年(即本朝一年)12月18日[1]于罗马圣彼得大 73
教堂。

枢机主教克莱森

罗姆·阿玛萨厄斯[2]

---

① 在施罗德的英译本《特兰特圣公会议教规教令集》中,这一日期为12月14日,见该译本第69页。

② 枢机主教克莱森(M. Cardinal Crescen)和罗姆·阿玛萨厄斯(Rom. Amasaeus)应为教廷文书院工作人员,负责这份文件的起草及公证。另,枢机主教克莱森的全名是马赛罗·克莱森(拉丁文写作Marcellus Crescentius)。作为教宗尤里乌斯三世委任的特别代表,克莱森全权负责新一阶段特兰特会议的筹备和组织工作,而且亲自主持了该阶段6次全体代表会议中的前5次;后由于生病,克莱森没有参加1552年4月28日的最后一次全体代表会议。

第十一次会议[①]

本次会议是基督教特兰特圣公会议的第十一次会议，同时也是教宗尤里乌斯三世统治时期召开的第一次会议。本次会议于1551年5月1日举行。[②]

关于重启(特兰特)圣公会议之教令

为了颂扬并荣光圣父、圣灵和圣子这神圣且不可分割的三位一体，为了增进对基督的信仰并弘扬基督宗教，根据吾等至圣的主教大人[③]在其函谕中所定之形式和要旨，基督教特兰特圣公会议现重新开启，并开始继续处理后续之事。诸位对此是否赞同？

*他们答曰：*我们赞同。

---

① 在教宗保罗三世时期，特兰特圣公会议前后举行过10次全体代表会议(在特兰特城8次，在波伦亚城2次)。尤里乌斯三世是以完成未竟之事业的名义重新开启特兰特圣公会议的，因此，第二阶段的会议序号是接着前10次会议往下排的。

② 和保罗三世一样，作为教宗，尤里乌斯三世本人并没有亲自出席由他自己发起重开的这一阶段各次会议。和其前任相似，尤里乌斯三世也是委托他人负责会议具体事务并主持各次会议的。尤里乌斯三世任命了3位教会人士担任会议主持，他们分别是枢机主教马赛罗·克莱森(Marcellus Crescentius，前面的注释中已有介绍)、西彭托(Siponto，位于亚平宁半岛东南端)大主教塞巴斯蒂安(Sebastian)和维罗纳(Verona，位于意大利北部)主教阿罗伊斯(Aloysius)。不过，教宗给予他们的头衔并不一致，克莱森被称为"教宗代表"(legate)，塞巴斯蒂安和阿罗伊斯则被称为"教宗使节"(nuncios)。另，虽然教宗尤里乌斯三世严厉敦促基督教世界的所有相关人士必须准时抵达特兰特城以便1551年5月1日开始会议进程，但是，当教宗代表克莱森于1551年4月29日到达特兰特城的时候，来此参加会议的除了特兰特城主教之外，只有德意志的14名主教以及先期从罗马赶来的几位主教。因此，5月1日举行的这次全体代表会议并无实质内容。

③ "吾等至圣的主教大人"(our most holy Lord)，指教宗尤里乌斯三世。

关于下次会议的通告

下次会议将在今年的 9 月 1 日①举行。诸位对此是否赞同？

*他们答曰：*我们赞同。

① 指 1551 年 9 月 1 日。

第十二次会议

本次会议于1551年9月1日举行。这是教宗尤里乌斯三世统治时期召开的(特兰特圣公会议)第二次会议。

关于休会之教令①

基督教特兰特圣公会议是在圣灵之中合法召开的,会议主持人依然是
74 神圣罗马教廷的代表和使节②。在上次全体会议③上,本圣公会议曾作出决定,下一次全体会议将在今天举行,以进一步处理各种事宜。但是,杰出的德意志民族尚未莅临会议④,而本圣公会议所要解决的主要问题恰恰就是这个民族的利益问题;而且,其他地方的教会父老们来此参加会议的人数也非常有限。正是由于以上这些原因,本圣公会议才将会议进程一直拖延至今。

现在,为上帝而感到高兴且必须向全能的上帝表达感谢的是,不久之前,作为吾等可敬的兄弟同时也是虔信基督的儿子⑤,身兼神圣罗马帝国选帝

---

① 这份教令原本没有分段。为便于阅读,现根据其行文将之分成若干段落。特此说明。

② 教廷代表是指枢机主教马赛罗·克莱森(Marcellus Crescentius),两位使节是指西彭托大主教塞巴斯蒂安(Sebastian)和维罗纳主教阿罗伊斯(Aloysius),详见第十一次会议相关注释。

③ 指第十一次会议。

④ 这里应该是指德意志的那些"关键性"人物尚未来到特兰特城,因为在上一次会议召开之际,已经有14位德意志主教到了特兰特。德意志的"关键性"人物,除了那些世俗君王和天主教会中的高级教士,还包括新教(即路德宗,或称抗议宗)人士。

⑤ 按照天主教会的传统,罗马教宗将那些拥有主教或主教以上称号的教会人士称作"兄弟",把修道院院长以及世俗王侯称为"儿子"。美因茨(Mainz)和特里尔(Trier)两地大主教既拥有教会身份,又拥有世俗头衔,故有该教令中的这种说法。

侯①之任的美因茨和特里尔两地大主教已经抵达这里；而且，那个国家②以及其他教省的许多主教亦已在不久前来到了这里。本圣公会议满怀信心地认为，在感受其职位之要求下，并在上述榜样的带动下，德意志以及其他国家还会有很多教长将在短期内来到这里。基于这一考虑，本圣公会议宣布，下次会议将在 40 天之后举行，亦即在今年 10 月 11 日举行，会议将以今天作为接续点，继续推进圣公会议之进程。

在前面几次会议上，已经制定过一系列教令，对新律③中的七项圣礼做了总体论述，另外还对洗礼和坚振礼做了专门论述。④ 因此，本圣公会议决定并下令，下次会议将处理并讨论圣餐礼⑤这一至尊至圣的圣礼；在改革方面，将处理并讨论有关教长驻寨的其他一些事项，即如何让驻寨之教长更为从容、更为近便。

本圣公会议还要向所有(与会的)教父们发出规劝和告诫：他们必须要以吾主耶稣基督为榜样，在开会期间，要在人性弱点所许可的范围内，尽可能地进行斋戒和祈祷；只有如此，需作永久颂扬的上帝才会最终平息愤怒，上帝才有可能会作出允诺，让世人的心灵重新知晓上帝那一正确之信仰，重新知晓神圣的母教会⑥之统一，重新知晓公正生活之原则。

---

① 选帝侯(electoral princes，德语 Kurfürst，复数为 Kurfürsten)，是德意志历史上的一种特殊现象，指那些拥有选举德意志国王和神圣罗马帝国皇帝之权的诸侯。选帝侯制度始于 14 世纪中叶，终止于 19 世纪初，其间经历过诸多变化。其历史简况如下：1356 年，德意志卢森堡王朝皇帝查理四世为谋求诸侯对其子继承王位的承认，在纽伦堡制订“黄金诏书”，正式确认大封建诸侯选举皇帝的合法性。诏书确定了帝国的七个选帝侯。其中三个是教会选帝侯，即美茵茨大主教、科隆大主教和特里尔大主教；另外四个则是世俗选帝侯，即萨克森公爵、勃兰登堡边地侯、普法尔茨伯爵(或称莱茵行宫伯爵)以及波希米亚国王。七位选帝侯选举出来的人只能称“德意志国王”，只有经由教宗加冕后的“德意志国王”才能使用“神圣罗马帝国皇帝”头衔。1623 年，斐迪南二世将莱茵行宫伯爵的选举权转移给其表亲巴伐利亚公爵。1648 年，根据《威斯特伐里亚和约》，以补偿的方式设立第八名选侯并将此权利授予莱茵行宫伯爵；1777 年，莱茵行宫伯爵绝嗣，其领地移转于巴伐利亚选侯，莱茵行宫伯爵的选侯地位亦随之消失。1692 年，皇帝利奥波德一世授予不伦瑞克-吕讷堡公爵(亦称汉诺威公爵)以第九位选帝侯地位，但直到 1710 年才为帝国议会承认。1801 年，莱茵河左岸地区被割让给法国，造成特里尔和科隆两地大主教失去选帝侯资格，美因茨选帝侯资格亦被移转给雷根斯堡主教区。1803 年，帝国议会为符腾堡、巴登、黑森-卡塞尔以及萨尔茨堡创设四个选帝侯资格，但此四邦未曾行使此权。1806 年，神圣罗马帝国被拿破仑勒令解散，选帝侯失去其意义。在后来的德意志帝国，选帝侯以一种荣誉爵位的形式存在下去，但已与原意相去甚远。

② 指德意志。

③ 关于“新律”，详见第七次会议“圣礼总论”中的相关注释。

④ 详见第七次会议中的相关内容。

⑤ “圣餐礼”(most holy Eucharist)，原文来自希腊文“Eucharistia”，意为“感恩”。中国天主教会通常将“圣餐礼”称为圣体圣事、感恩祭、感恩宴、感恩圣事、感恩圣礼或直接称为弥撒。这里根据社会上的通俗用法，将之称为“圣餐礼”。

⑥ “神圣的母教会”指在罗马教廷领导之下的天主教会。

75

第十三次会议

本次会议于1551年10月11日举行。这是教宗尤里乌斯三世统治时期召开的(特兰特圣公会议)第三次会议。

关于至圣的圣餐礼之教令

基督教特兰特圣公会议是在圣灵之中合法召开的,会议主持人依然是神圣罗马教廷的代表和使节①。由于各种异端和其他各种极为严峻问题的存在,上帝之教会如今已是深受其扰,而且已被它们弄得四分五裂;因此,召开本次圣公会议的目的在于,在圣灵的特别指引和带领下,阐明与信仰和圣礼相关的那一正确而古老的教义,同时对一切异端以及其他各种极为严峻的问题进行救治。另一方面,圣餐礼是吾等之救世主留给其教会的,它是基督徒的团结统一和上帝之爱的象征;吾等之救世主正是希望通过这个圣礼而让所有的基督徒都能够紧密地联系和团结在一起。然而,在这个多灾多难的时代,在圣餐礼的教义、运用和崇拜问题上,教会的仇敌一直在传播各种可恶的谬误和分裂。正因如此,本圣公会议还有一个特别的愿望,甚至说从一开始就有的一个特别愿望,即:但愿这次圣公会议能够将那些可恶的谬误与分裂作为野草连根拔掉②。天主教会是受吾主耶稣基督本人及其使徒教诲的,而

---

① 一位代表,两位使节。详见第十二次会议“关于休会之教令”中的相关注释。

② “野草”(cockles,亦写成 weeds),亦称“稗子”,按照《圣经》所言,指麦田里的那些鱼目混珠的“麦仙翁”,耶稣曾以之比喻那些生活在好人之中的恶人。《圣经》言:“天国好像人撒好种在田里,及至人睡觉的时候,有仇敌来,将稗子撒在麦子里就走了。到长苗吐穗的时候,稗子也显出来了。田主的仆人来告诉他说:‘主啊,你不是撒好种在田里吗?从哪里来的稗子呢?’主人说:‘这是仇敌做的。’仆人说:‘你要我们去薅出来吗?’主人说:‘不必,恐怕薅稗子,连麦子也拔出来。容这两样一起长,等着收割。当收割的时候,我要对收割的人说,先将稗子薅出来,捆成捆,留着烧;惟有麦子要收在仓里。’”见《圣经·新约·马太福音》13:24—30。

且是受圣灵的教导的，而圣灵总是将一切真理带给天主教会的[1]。因此，本圣公会议声明，对于悠久而神圣的圣餐礼这一正确合理且纯正副实的教义，天主教会是一直坚守不移的，而且还将继续坚守下去，甚至要坚守到世界之末日。本圣公会议决定，从今以后，在至圣的圣餐礼问题上，所有的基督教信徒均不得相信、讲授或宣扬除本教令阐释和规定以外的任何内容。

第1章 关于吾主耶稣基督在至圣之圣餐礼中的临在[2] 76

首先，本圣公会议要传授以下教言，而且是公开且完全信服这一教言，即：在面饼[3]和酒[4]被祝圣之后，既是真神又是真人的吾主耶稣基督就会以那些可感可知的物体形态出现，并实实在在、确确实实地融合在圣餐礼这一庄严的圣礼之中。这是因为，在下述这种现象中并不存在任何矛盾，即：按照天赋之存在方式，在天堂里，我们的救世主总是坐在圣父的右手边；但是，在其他许多地方，他又会借助于圣礼并以某种存在方式而实实在在地临在于我们之中，虽然说我们对此几乎无法用语言来表达，但是，凭借信仰为我们造就的领悟能力，我们还是可以想象出而且必须要坚定不移地相信：对于上帝来说，这种情况是可能的。[5] 正因如此，就和真正的基督教会里的所有先辈一样，我们的所有先辈在论及这一至圣之圣礼时，都是非常坦诚地表白自己的下述信仰：我们的拯救者[6]是在其最后的晚餐上创设这一精彩而奇妙的圣礼的，他首先是用宗教仪式对面饼和酒进行祝圣，然后便以清晰而明确的语言宣称，他要将自己的身体和自己的血赐给门徒。他的这些话语先是由那些圣洁

---

① 《圣经》言："人带你们到会堂，并官府和有权柄的人面前，不要思虑怎么分诉，说甚么话；因为正在那时候，圣灵要指教你们当说的话。"见《圣经·新约·路加福音》12:11—12。另，《圣经》言："但保惠师，就是父因我的名所要差来的圣灵，他要将一切的事指教你们，并且要叫你们想起我对你们所说的一切话"；"只等真理的圣灵来了，他要引导你们明白一切的真理；因为他不是凭自己说的，乃是把他所听见的都说出来，并要把将来的事告诉你们。"见《圣经·新约·约翰福音》14:26;16:13。

② 临在(real presence)，亦译为"鉴临"或"亲在"。按照基督教会的说法，"临在"是指两种存在物在某种程度上的相互渗透、相互融合；造物主上帝"临在"于宇宙之中，而且与人类同在；耶稣基督也"临在"于信徒之中，其中尤为重要的是，耶稣基督还"临在"于圣餐礼之中。

③ 面饼(bread)，又称"祭饼"或"圣饼"。在包括天主教在内的基督教礼仪中，面饼是指弥撒中所用的用小麦面粉做成的未经发酵的圆形小饼，经过司祭"祝圣"之后，面饼就变成了耶稣基督的"圣体"(身体，尤指其肉)。

④ 酒(wine)，全称是"弥撒酒"(altar wine)，指弥撒中使用的特制的纯葡萄酒；按照基督教的说法，经过司祭"祝圣"之后，葡萄酒就变成了耶稣基督的血，即"圣血"。

⑤ 《圣经》言："我实在告诉你们：'财主进天国是难的。我又告诉你们，骆驼穿过针的眼，比财主进上帝的国还容易呢！'门徒听见这话，就希奇得很，说：'这样谁能得救呢？'耶稣看着他们，说：'在人这是不能的，在上帝凡事都能。'"见《圣经·新约·马太福音》19:23—26。另见《圣经·新约·路加福音》18:24—26。

⑥ 拯救者(Redeemer)，指耶稣基督。

的福音书作者[1]记录下来[2]，后来，又由圣徒保罗予以重复[3]；而且，这些话语中包含着教父们所理解的那一准确而明确的含义。因此，那些喜好争论且生性邪恶之人的下述做法实乃大逆不道之举：他们竟然对这些话语进行曲解，认为它们是荒诞无稽的纯具想象色彩的比喻；根据这一说法，基督的真体真血就被他们给否认了，而这种做法却是与天主教会的普遍观念相违背的。作为“真理的柱石和根基”[4]，天主教会将对基督的这一卓越至杰的恩惠永怀感恩之心，而且也永远不会忘却这一恩惠；对于由邪恶之人所构造出来的那些歪理邪说，天主教会一直对之深恶痛绝，并将之视为魔鬼撒旦的恶行。

77 第2章　关于创设这一至圣之圣礼的理由

因此[5]，在准备离开此世并前往圣父那里之前，我们的救世主[6]创设了这一圣礼。可以说，在此圣礼中，他将自己的神圣之爱无穷无尽地倾注给世人，以此让人们记住他所行的神奇之事[7]；而且，他还要求我们通过参与这一圣礼来表达对他的纪念，同时要求我们通过参与该圣礼来展示他的死亡之事，一直等到他回来审判这个世界时为止[8]。需要注意的是，救世主希望人们要把这一圣礼当作精神食粮来领受，通过这一圣礼，他们的灵魂就可以得到滋养并变得强健，从而通过救世主的生命而使（他们的灵魂）充满活力，因为救世主有言：“吃我肉的人也要因我活着”[9]；（而且，救世主也希望人们要

---

① 福音书作者（Evangelists），亦称“圣史”，指“新约圣经”中四部福音书的作者，他们分别是马太、马可、路加和约翰。关于圣餐礼仪，马太、马可和路加在各自的福音书中均有提及。

② 《圣经》言：“他们吃的时候，耶稣拿起饼来，祝福，就擘开，递给门徒，说：‘你们拿着吃，这是我的身体’；又拿起杯来，祝谢了，递给他们，说：‘你们都喝这个；因为这是我立约的血，为多人流出来，使罪得赦。但我告诉你们，从今以后，我不再喝这葡萄汁，直到我在我父的国里同你们喝新的那日子。’”见《圣经·新约·马太福音》26:26—29。另见《圣经·新约·马可福音》14:22—25；《圣经·新约·路加福音》22:17—20。

③ 《圣经》言：“我当日传给你们的，原是从主领受的，就是主耶稣被卖的那一夜，拿起饼来，祝谢了，就擘开，说：‘这是我的身体，为你们舍的，你们应当如此行，为的是记念我。’饭后，也照样拿起杯来，说：‘这杯是用我的血所立的新约，你们每逢喝的时候，要如此行，为的是记念我。’你们每逢吃这饼，喝这杯，是表明主的死，直等到他来。”见《圣经·新约·哥林多前书》11:23—26。

④ 《圣经》言：“我指望快到你那里去，所以先将这些事写给你。倘若我耽延日久，你也可以知道在上帝的家中当怎样行。这家就是永生上帝的教会，真理的柱石和根基。”见《圣经·新约·提摩太前书》3:14—15。

⑤ 这里是承接该教令第1章内容而继续论述圣餐礼其他事项的，故有这样的行文。

⑥ 指耶稣基督。

⑦ 《圣经》言：“他行了奇事，使人记念；耶和华有恩惠，有怜悯。”见《圣经·旧约·诗篇》111:4。

⑧ 《圣经》言：“你们每逢吃这饼，喝这杯，是表明主的死，直等到他来。”见《圣经·新约·哥林多前书》11:26。

⑨ 《圣经》言：“耶稣说：‘我实实在在地告诉你们，你们若不吃人子的肉，不喝人子的血，就没有生命在你们里面。吃我肉、喝我血的人就有永生，在末日我要叫他复活。我的肉真是可吃的，我的血真是可喝的。吃我肉、喝我血的人常在我里面，我也常在他里面。永活的父怎样差我来，我又因父活

把这一圣礼)当作一种解毒药来领受,通过这一圣礼,我们在日常生活中就能免犯错误,而且能够不犯那些不可饶恕之大罪。另外,他还希望这一圣礼能够成为我们来世荣耀和永恒幸福之印证,从而使之成为以他为头颅的那一躯体的象征①;他希望通过信仰、希望和仁爱这一最为密切的纽带,让我们作为肢体而与头颅连接在一起,如果这样,所有人就可以说一样的话,在我们中间也就不会有任何的分裂不和。②

第3章 关于至圣之圣餐礼优于其他圣礼

的确,至圣的圣餐礼与其他圣礼相比,有一点是相同的,即:圣餐礼也是神圣事物的一种象征符号,也是无形恩典的有形表现。但是,人们却发现,圣餐礼有一个卓越且不同寻常的特征,即:对于其他圣礼而言,只是当人在施行或领受它们的时候,它们才会具有使人成圣的力量;而对于圣餐礼来说,在没有被施行或领受之前,它当中就已存有使人成圣的创始力量本身。这是因为,主本人言之凿凿地告诉他的门徒说,他正在施与他们的是他自己的身 78
体③;而在此之前,门徒们并没有从主的手中接受过圣餐。以下说法一直是上帝的教会所奉之信条,即:在祝圣之后,主的真体真血连同主的灵魂和神性便会立刻存在于饼和酒这类有形物质之中;而且,凭借道④的威力,其圣体存在于面饼这一形象之中,其圣血存在于酒这一形象之中。需要强调的是,圣体同样也存在于酒这一外在形式之中,圣血也同样存在于饼这一外在形式之中,而其灵魂则同时存在于酒和饼之中。正是通过这种自然关联和血肉共融,吾主基督之躯体的各个部分才相互连接在一起,而基督"既从死里复活,

---

着;照样,吃我肉的人也要因我活着。这就是从天上降下来的粮。吃这粮的人就永远活着,不像你们的祖宗吃过吗哪还是死了。'"见《圣经·新约·约翰福音》6:53—58。另,关于"人子":在《新约全书》中,耶稣自称为"人子"(Son of Man)。关于"吗哪"(manna):《圣经》言:"这食物,以色列家叫吗哪;样子像芫荽子,颜色是白的,滋味如同搀蜜的薄饼。"见《圣经·旧约·出埃及记》16:31。《圣经》还有言:"这吗哪仿佛芫荽子,又好像珍珠。"见《圣经·旧约·民数记》11:7。

① 《圣经》言:"我愿意你们知道,基督是各人的头;男人是女人的头;上帝是基督的头。凡男人祷告或是讲道,若蒙着头,就羞辱自己的头。凡女人祷告或是讲道,若不蒙着头,就羞辱自己的头,因为这就如同剃了头发一样。"见《圣经·新约·哥林多前书》11:3—5。又,《圣经》言:"你们做妻子的,当顺服自己的丈夫,如同顺服主。因为丈夫是妻子的头,如同基督是教会的头;他又是教会全体的救主。教会怎样顺服基督,妻子也要怎样凡事顺服丈夫。"见《圣经·新约·以弗所书》5:22—23。

② 《圣经》言:"弟兄们,我藉我们主耶稣基督的名劝你们都说一样的话。你们中间也不可分党,只要一心一意,彼此相合。"见《圣经·新约·哥林多前书》1:10。

③ 见《圣经·新约·马太福音》26:26—29;《圣经·新约·马可福音》14:22—25;《圣经·新约·路加福音》22:17—20。参见该教令第1章相关注释。

④ 道(word, words),亦称"圣言",在基督教理论中,指三位一体中的第二位"圣子",亦即降生为人的耶稣基督。

就不再死”[1]。另外，由于基督的神性在人格上与他的身体及灵魂令人敬仰地联合在一起[2]，因此，这一神性同样也是同时存在于酒和饼之中。因此，在酒或饼中分别包含的内容与酒和饼中同时包含的内容是等量的，这是千真万确的。这是因为，基督完完整整地存在于饼之中，也完完整整地存在于饼的任何一个部分之中；同样，整个基督存在于酒之中，也存在于酒的任何一个部分之中。

第4章　关于质变[3]

需要注意的是，我们的拯救者基督曾经宣称以下说法是准确无误的，即：他献出了自己的躯体，而这一躯体就存在于面饼这一外在形式之中。[4] 因此，在上帝的教会中，以下说法一直是一个坚定不移的信条，本圣公会议在此亦予以重申，即：面饼和酒经过祝圣之后，其本质随之发生变化，面饼完全变成了吾主基督的身体，酒则完全变成了他的血。神圣的天主教会将这一变化恰当且合适地称作为“质变”。

79 ## 第5章　关于对此至圣之圣礼应有的崇拜与尊敬

因此，以下说法是毋庸置疑的，即：按照天主教会一直遵循的习俗，所有基督信徒都要以虔敬的态度对这一至圣之圣礼致以最高敬拜[5]，这一敬拜是献给真正的上帝的。这一圣礼是由吾主基督创设的，目的是为了让人们领受它[6]；仅凭这一理由，人们对这一圣礼的敬仰程度也不应有任何的降低。这是因为，我们相信，同是上述的这位上帝[7]就存在于这一圣礼之中；关于这位

---

① 《圣经》言：“我们若在他死的形状上与他联合，也要在他复活的形状上与他联合；因为知道我们的旧人和他同钉十字架，使罪身灭绝，叫我们不再作罪的奴仆；因为已死的人是脱离了罪。我们若是与基督同死，就信必与他同活。因为知道基督既从死里复活，就不再死，死也不再作他的主了。他死是向罪死了，只有一次；他活是向上帝活着。”见《圣经・新约・罗马书》6:5—10。

② 这里讲的是“两性一位”(hypostatic union)，亦称“天人合一性”，即“天主性”和“人性”的合一，指耶稣基督既有神性又有人性，是二者的具体合一。

③ 质变(transubstantiation)，亦称“本体变换”、“实体变换”、“体变”或“变质”，指面饼和葡萄酒经过司祭祝圣之后变为耶稣的圣体和圣血，但其外形依然保留酒饼的原样。

④ 见《圣经・新约・路加福音》22:19；《圣经・新约・约翰福音》6:48:58；《圣经・新约・哥林多前书》11:24。参见该教令第1章相关注释。

⑤ 最高敬拜(latria，拉丁语)，亦称“钦崇”。根据天主教教义，“latria”是专指对上帝的最高崇拜，作为无穷美善的造物主，上帝凌驾于任何受造物之上。

⑥ 见《圣经・新约・马太福音》26:26—28。参见该教令第1章相关注释。

⑦ 指耶稣基督。

上帝，永恒的圣父在让他来到这个世上时曾说过："上帝的使者都要拜他"①；众贤士也曾俯身敬拜他②；最后，正如《圣经》所言，加利利③的那些使徒也对他顶礼膜拜④。

此外，本圣公会议还要宣布，以下这一习俗在当年是以非常虔诚和严谨的方式而被引入上帝之教会的，即：每年都有一个固定的节日，在这一天，人们要以特有的崇敬心情隆重举行这一庄严且让人肃然起敬的圣礼；而且，人们还要虔诚地恭恭敬敬地抬着圣餐，在大街小巷及公共场所列队游行。这是因为以下做法是非常合理的，即：应该划出几天时间，将之作为神圣的日子，在这些日子里，通过特别的、非同寻常的列队游行，所有基督教徒就可以向世人表明，因为他们的共主和拯救者⑤给他们行了无法言喻的充满神性的恩惠，因此他们对之一直感恩戴德且一直念念不忘；通过这种方式，基督之死所带来的胜利和成功就可以得到展示。正因如此，获得胜利的真理就应该举行仪式，以庆贺战胜了谬误和异端这一事实。这样的话，当普世教会的那些敌人看到如此壮观的场面，当这些敌人置身于普世教会这一欢乐的海洋之中时，他们就会日趋衰落、土崩瓦解，或者会因羞愧和惶惑而被击垮，而且最终还有可能幡然悔改。⑥

---

① 《圣经》言："上帝使长子到世上来的时候，就说：上帝的使者都要拜他。"见《圣经·新约·希伯来书》1:6。

② 众贤士(Magi)亦称"贤士"或"博士"。按照《圣经》的说法，耶稣诞生之后，有数位贤士从东方(波斯)跟随"异星"来到伯利恒以拜见耶稣基督，并奉献黄金、乳香和没药三种礼品。详见《圣经·新约·马太福音》2:1—12。关于"Magi"之译名：旧称"三王"，今称"众贤士"，新教称"博士"。一般认为，众贤士应该是对星相学有较深研究的知识分子。公元7世纪，西方曾有传说，认为这三位贤士的名字分别是加斯巴(Gaspar)、迈尔西奥(Melchior)和拜尔色撒(Balthasar)。在中世纪欧洲，人们曾普遍将他们视为来自东方的三位国王，故有"三王来朝"之说。

③ 加利利(Galilee)，即加利利省，位于以色列北部。按照基督教的说法，加利利是耶稣的故乡。

④ 《圣经》言："十一个门徒往加利利去，到了耶稣约定的山上。他们见了耶稣就拜他，然后还有人疑惑。耶稣进前来，对他们说：'天上地下所有的权柄都赐给我了。所以，你们要去，使万民作我的门徒，奉父、子、圣灵的名给他们施洗。'"见《圣经·新约·马太福音》28:16—19。

⑤ 共主和拯救者(common Lord and Redeemer)，指耶稣基督。

⑥ 关于让信徒抬着圣餐("圣体")游行以及下一章关于将圣餐供奉起来等问题，新教坚决反对。加尔文在1529年写给神圣罗马帝国皇帝查理五世的信中曾有这样一段话："用庄严的仪式来肩抬圣饼，或将它陈列在高处以资崇拜，乃是一种与基督所设立的圣餐完全不符的腐败行为。因为在圣餐中，主固然将他的身和血摆在我们面前，可是只为叫我们可以吃喝。所以，他首先命令我们拿着吃，喝，然后又加上应许，证明我们所吃的是他的身体，所喝的是他的血。所以，那些将饼保留，或肩着游行叫人崇拜的，既是将应许从命令分开，换句话说，即是将那不可分的结割断，他们固然自以为得到了基督的身体，其实他们所得的，只是自己虚构的偶像而已。因为基督以饼和酒为象征来将他身体和血赐给我们的这应许，只属于那些从他手中领受，而且照着他所吩咐的方式去举行的人；但那些败坏饼酒的正用的人，既没有基督的应许，就只有自己的梦想留给他们。"见加尔文：《基督教要义》卷四"论教会改革之必要"(可在互联网上全文查阅，如：http:// www. chinachristianbooks. com. cn/ new/ ReformationTheology/ institutes/ content. htm)。

80 第6章 关于圣餐的储备及取用于病人

将圣餐储存在神圣的地方，这是一个非常古老的习俗，甚至在尼西亚圣公会议①期间，人们就已认可了这一做法。② 而且，还可以将圣餐取送给病人；为了这一目的，在教堂中还可以精心储存圣餐。这种做法不仅极为合情合理，而且人们还发现，许许多多的圣公会议都曾要求这样做，而天主教会从非常古老的时候起就一直遵循这一做法。因此，本圣公会议下令，这一有益且必需的习俗无论如何都要保留下去。

第7章 关于应该作出何种准备才配领受圣餐

不论何人，也不论他要接触的是什么样的神圣仪式，都必须具有虔诚的心灵，否则就是不合规矩的。由此，可以肯定地说，作为一个基督徒，如果他对这一超凡圣礼的圣洁性和神圣性理解得越深入，那么，他就应该越加留意自己的行为，以免自己在没有高度敬仰和极为圣洁的状况下领受这一圣礼；特别是当我们读到使徒③所说的以下这些令人惊惧的话语时，（就更加应该留意自己的行为）："人吃喝，若不分辨是主的身体，就是吃喝自己的罪了。"④因此，一个人要想领受圣餐，就必须想着以下箴言："人应当自己省察。"⑤现在，（根据）基督教会习惯法，（本圣公会议）宣布，这类省察是必要的，只有如
81 此，才能达到以下目的，即：不论何人，如果他已经意识到自己犯有大罪，那么，无论他自以为是何等的悔悟，如果他事先没有通过圣礼的形式进行忏悔，他就不得领受圣餐。本圣公会议下令，所有基督徒一律必须遵守这一规定，即使是那些负有主持圣餐礼之责的神父亦不得例外，对于这些人⑥而言，假如能有一位听忏悔者在他们面前，他们就可以利用这一机会（进行忏悔）。需要注意的是，如果遇有紧急情况，（犯有大罪的）神父在事先没有经过忏悔的情况下而不得不主持圣餐礼，那么，就要让他在事后尽早地进行忏悔。

---

① 尼西亚圣公会议（the Nicene Council），指第一次尼西亚圣公会议，这是基督教世界的第一次圣公会议，公元325年于小亚细亚尼西亚城（今土耳其伊兹尼克村）召开，共有318位主教出席此次会议，会期为2个月零12天。

② 尼西亚圣公会议共制定了20条教规，其中第13条论及圣餐问题。

③ 指使徒保罗。

④ 见《圣经·新约·哥林多前书》11:29。另，《圣经》言："无论何人，不按理吃主的饼，喝主的杯，就是干犯主的身、主的血了。"见《圣经·新约·哥林多前书》11:27。

⑤ 《圣经》言："人应当自己省察，然后吃这饼、喝这杯。"见《圣经·新约·哥林多前书》11:28。

⑥ 指负有主持圣餐礼之责的神父。

第8章 关于这一令人称颂之圣礼的使用

关于该圣礼的使用问题，我们的教父已正确且睿智地将之区分为三种领受方式。他们教导说：有些人，也就是说是罪人，他们仅仅是在圣礼礼仪上领受圣餐礼；有些人仅仅是在精神上[1]领受这一圣礼，也就是说，这些人心怀渴望，吃着摆在他们面前的天国之饼，由于仁爱之缘故，他们具备着充满活力的信仰[2]，而依据这一信仰，他们能够感受到这一圣礼中所包含的果实和功用；而第三类人则在圣礼礼仪上和在精神上同时领受着圣餐，这些人都是在事先对自己进行检省并让自己做好准备，在此前提下，他们就能“穿着结婚礼服”而走向那神圣的餐桌。[3] 至于该圣礼的领受，上帝之教会一直遵循以下习俗，即：俗人（平信徒）要从神父手中领受圣餐，而神父在主持圣餐礼的时候也必须自领圣餐。这一习俗来自使徒之传统[4]，因此必须予以保留，这是公正且合理的做法。最后，借助于上帝的慈悲心肠，本圣公会议以慈父般的真实爱心发出如下敦告、劝诫、期盼和恳求，即：从今以后，在（圣餐礼）这个合一的标志里，在这个仁爱的联结里，在这个和谐的象征里，拥有基督徒之名的每个人和所有人都要永远情投意合、同心同德。每个人和所有人都要记住，吾主 82
耶稣基督是多么的庄严伟大，他的爱是多么的广阔无边，为了我们的救赎，他献出了自己至爱的灵魂，并将自己的肉献出来（给信徒）吃[5]；记住了这些之

---

① 精神上（spiritually），亦译“属灵地”。

② 《圣经》言：“在耶稣基督里，受割礼不受割礼全无功效，惟独使人生发仁爱的信心才有功效。”见《圣经·新约·加拉太书》5:6。

③ 按照《圣经》的说法，这是耶稣所作的一个比喻，即“天国好比一个王为他儿子摆设娶亲的筵席”，见《圣经·新约·马太福音》22:2。又，《圣经》言：“王进来观看宾客，见那里有一个没有穿礼服的，就对他说：‘朋友，你到这里来怎么不穿礼服呢？’那人无言可答。于是王对使唤的人说：‘捆起他的手脚来，把他丢在外边的黑暗里；在那里必要哀哭切齿了。’”见《圣经·新约·马太福音》22:11—13。

④ 《圣经》言：“凡从人间挑选的大祭司，是奉派替人办理属上帝的事，为要献上礼物和赎罪祭。他能体谅那愚蒙的和迷失的人，因为他自己也是被软弱所困。故此，他理当为百姓和自己献祭赎罪。”见《圣经·新约·希伯来书》5:1—3。另，《圣经》言：“他不像那些大祭司，每日必须先为自己的罪，后为百姓的罪献祭；因为他只一次将自己献上，就把这事成全了。”见《圣经·新约·希伯来书》7:27。

⑤ 《圣经》言：“犹太人彼此争论说：‘这个人怎能把他的肉给我们吃呢？’耶稣说：‘我实实在在地告诉你们，你们若不吃人子的肉，不喝人子的血，就没有生命在你们里面。吃我肉、喝我血的人就有永生，在末日我要叫他复活。我的肉真是可吃的，我的血真是可喝的。吃我肉、喝我血的人常在我里面，我也常在他里面。永活的父怎样差我来，我又因父活着；照样，吃我肉的人也要因我活着。这就是从天上降下来的粮。吃这粮的人就永远活着，不像你们的祖宗吃过吗哪还是死了。’”见《圣经·新约·约翰福音》6:52—58。

后，他们就可以带着恒常且坚定的信念、高度虔诚的意向以及非同寻常的虔敬和崇拜心理去信仰并崇敬基督体血之中所包含的这些神圣奥义。每个人和所有人都要记住，他们应该做到经常地领受那一超物质的圣饼。（本圣公会议）希望他们的灵魂充满活力，希望他们的精神永远健康。每个人和所有人都要记住，在圣餐礼所具力量的激励下，他们已经精力充沛，在经过这一苦难的朝圣历程之后，他们终会到达天国，在那里，他们将会吃到同样的天使之圣饼[①]，但这种圣饼已没有任何面纱，而他们现在吃的圣饼却是掩盖在神圣的面纱之中的。

需要注意的是，只是把真理宣布出来而不把那些谬误展示出来并将之灭绝，这是不够的。因此，本圣公会议认为，将下述教规附列于此是有益的，这样的话，在天主教教义已经为人所知晓的前提下，所有人还可以明白他们应该反对和避免什么样的异端。

关于至圣的圣餐礼之教规[②]

第 1 条　如果有人否认下述教言并持有另类说法，那么，此人应受绝罚。其否认的是：吾主耶稣基督的圣体和圣血，连同他的灵魂和神性，也就是说整个基督，的的确确、实实在在地包含在至圣的圣餐礼之中。其另类说法是：基督包含在圣餐礼中，这只是一种象征，或者说只是一种表象，或者说只是一种手段。

第 2 条　如果有人持有以下另类说法并否认以下教言，那么，此人应受绝罚。其另类说法是：在神圣且圣洁的圣餐礼中，面饼和酒在本质上依然存在，但它们和吾主耶稣基督的圣体及圣血已经关联在了一起。其否认的是：经过奇妙且独特的变化，整个面饼已完全变为圣体，酒也完全变为圣血，保留下来的仅仅是面饼和酒的表象，天主教会恰如其分地将这一变化称作为“质变”。

第3条　如果有人否认下述教言，那么，此人应受绝罚，即：在令人尊敬

① 《圣经》言：“各人吃大能者的食物；他赐下粮食，使他们饱足。”（原文：Mortals ate of the bread of angels; he sent them food in abundance.）见《圣经·旧约·诗篇》78：25。

② 这里所定的 11 条教规都是在前述“关于至圣的圣餐礼之教令”的基础上作出的，每一条教规都可以从前述教令中找到依据。因此，在理解这些教规之时，可参阅前面的“关于至圣的圣餐礼之教令”。

的圣餐礼中，整个基督都包含在(饼和酒其中)任何一种形态之中；当(饼或 83
酒)被分为若干份时，整个基督也会包含在每一份之中。

第4条 如果有人持以下说法，那么，此人应受绝罚，即：祝圣仪式完成之后，吾主耶稣基督的圣体和圣血并不会(立即)存在于那令人尊敬的圣餐之中，只有在使用的时候，亦即只有在分食和领受的时候，才会存在于圣餐之中，而在此之前和在此之后均无效；而且，主的真体并不会继续存留在储存起来的或圣餐结束后剩余下来的那些祭饼①或那些经过祝圣的小圣体②之中。

第5条 如果有人持以下说法，那么，此人应受绝罚，即：至圣之圣餐礼的主要功效在于赦罪，而其他那些结果则并不是导源于该圣礼。

第6条 如果有人持以下说法，那么，此人应受绝罚，即：在圣餐礼中，人们不应以最高敬拜之礼去崇拜上帝的独子基督，也不应该以外化的形式来展示基督；与此相应，不应以节日般的特殊仪式来隆重地敬拜基督，也不应遵循神圣教会的那一令人称颂且为人普遍遵守的仪式和习俗，即不应抬着圣体到处游行；或者说，不应将基督圣体公开置于民众面前让其敬拜，否则的话，这些敬拜者就是偶像崇拜者了。

第7条 如果有人持以下说法，那么，此人应受绝罚，即：将圣餐储存在神圣的地方，这是不合法的；圣餐在被祝圣之后，应该立即分给在场之人；或者说，以崇敬的方式将圣餐取送给病人，这一做法也是不合法的。

第8条 如果有人持以下说法，那么，此人应受绝罚，即：在圣餐礼中，人们对基督的领受只是一种精神上的领受，而不是圣礼上的真正的领受。

第9条 如果有人否认以下教言，那么，此人应受绝罚，即：根据神圣的母教会所立的规范，每一个基督徒，所有的基督徒，不论是男是女，当他们达到懂事的年龄之后，每年至少要在复活节的时候领受圣餐。

第10条 如果有人持以下说法，那么，此人应受绝罚，即：主持圣餐礼的 84
神父自领圣餐，这是不合法的。

第11条 如果有人持以下说法，那么，此人应受绝罚，即：只要有了信仰这一前提，就足以领受至圣之圣餐礼。为了避免这一伟大的圣礼被不配领受之人领受，也为了避免这些人遭到死亡和谴责之罚，本圣公会议决定并下令：对于那些在良心上为大罪所累之人，不论他们自我感觉是多么的痛悔交加，只要他们能够找到一个人来倾听他们的忏悔，那么，他们都必须要在(领受圣餐)之前进行圣礼上的忏悔。另外，不论何人，只要他胆敢宣讲、传播或顽固

---

① 祭饼(hosts)，按照基督教的说法，祭饼就是经过祝圣之后已经成为圣体的面饼，其本质是圣体，面饼只是其表象。

② 小圣体(particles)，亦即被分成小块的祭饼。

地坚持与以上说法相违背的教理，或者说，只要他在公开辩论中胆敢捍卫与以上说法相违背的教理，那么，他将因此而被开除教籍。

关于改革之教令

第1章　主教们应该谨慎地对其属民的生活习俗进行改造；对于这些主教们所作出的规劝举措[1]，(当事人)不得提起任何上诉

特兰特圣公会议是在圣灵之中合法召开的，会议主持人依然是神圣罗马教廷的代表和使节[2]。本圣公会议一直想就与主教司法管辖权相关的问题做出一些决定。正如上次会议所宣布的那样[3]，此举的目的就在于：他们越是愿意常驻于自己的教堂，在治理其属民并让之保持恰当的生活和交往方式方面，他们就越会感到从容与自如。[4]

基于这一考虑，本圣公会议认为，恰当的做法是，首先应该对他们提出忠告，让他们时刻牢记：他们是牧者，而不是压迫者；他们应该(以牧者的身份)来领导自己的属民，而不是凌驾在属民的头上作威作福[5]；他们应该像爱自
85 己的孩子和兄弟那样爱自己的属民，应该尽量以告诫和规劝的方式让他们不要违法犯科；如果属民有不当行为，就要采取适当的惩罚措施对之进行强制，但不要让他们产生被逼之感。

不过，有些人则是由于人性本身的弱点而偶然犯罪，对于这些人的处理方式，要遵循使徒[6]的要求，即：要以百般的仁慈和耐心去责备、恳求和训斥

---

① “规劝举措”(correction)，按照天主教会的说法，“规劝”不属于法律手段，它是一种道德责罚，其目的在于协助他人避免犯错或犯罪。这里所说的“不得上诉”是仅就“规劝”方面而言的，并不是说对于主教的一切做法当事人均无权上诉。参见本教令第2章。

② 一位代表，两位使节。详见第十二次会议“关于休会之教令”中的相关注释。

③ 第十二次会议“关于休会之教令”中提到，在下一次会议(即第十三次会议)上，“在改革方面，将处理并讨论有关教长驻寨的其他一些事项，即如何让驻寨之教长更为从容、更为近便。”详见第十二次会议相关内容。

④ 本章内容原本没有分段。为便于阅读，现根据其行文将之分成若干段落。特此说明。

⑤ 《圣经》言：“我这作长老、作基督受苦的见证、同享后来所要显现之荣耀的，劝你们中间与我同作长老的人：务要牧养在你们中间上帝的群羊，按着上帝旨意照管他们；不是出于勉强，乃是出于甘心；也不是因为贪财，乃是出于乐意；也不是辖制所托付你们的，乃是作群羊的榜样。”见《圣经·新约·彼得前书》5:1—3。

⑥ 指使徒保罗。

他们①,这是因为,对于那些需要规劝之人来说,仁慈的效果通常比严厉要好,劝诫的效果通常比威胁要好,宽容的效果通常比强迫要好。

需要注意的是,如果属民所犯罪过的确很严重且必须要对之进行惩治的话,那么,对他们的处理要少一些苛严而多一些温和,要少一些严酷而多一些宽厚,要以仁慈之心对他们进行审判。这样的话,对于民众而言是有益且必需的那些纪律便可在和风细雨之中得到保存;而且,那些被惩罚之人或许因此而得到救治;假如他们仍不愿悔改,那么,通过他们所受的惩罚这一颇具教益的事例,其他人或许也就因此而不敢再去做那些邪恶之事。

(之所以要这样做),那是因为,作为一名既勤勉又仁慈的牧者,其职责就是:首先要用尽一切种类的温和性的药剂来治疗其羊群的病症;然后,如果病症严重且需要加药的话,则对之施以药性更猛、更烈的药物;但是,如果这些烈性药在解除病症方面仍属无效的话,那么,他至少要将其他羊解救出来,以免受到传染之危险。

至于那些犯罪之人,就大多数而言,为了逃避惩罚,也为了避开当地主教对他们的审判,他们都会假装自己有委屈、有冤情,而且还会以上诉为幌子来干扰法官的办案进程。而(教会)当初之所以创设(上诉)这一补救程序,其目的在于保护无辜者。因此,为了防止这一补救程序被滥用,也为了防止有人利用这一程序去护卫邪恶,同时也为了阻遏他们做出狡诈和背信弃义之事,本圣公会议决定并下令:

在与(教士)察访和规劝问题有关的案件中,在关于有资格和没资格(做某事)的这一类案件中,还有在刑事案件中,在正式判决下达之前,(当事人)不得以某一非最终裁定或其他任何所谓的冤情为由对相关主教或主教在属灵事务方面的总代理提起上诉;而且,主教或其代理也没有义务去理会它,因为这类上诉实属无足轻重的琐屑之事。不过,他们可以继续采取其他措施, 86
而不必理会那一类上诉,也不必理会来自上诉法官的任何禁令,而且也不必理会那些做法相反的惯例和习俗,即使那些惯例和习俗极为古老亦属无效。但是,有一些情况是例外的,即所说的冤情无法通过最终判决而得到解决,或者对于最终判决没有提起任何的上诉;在对这类案件进行处理时,古代教规中的那些法规将继续保持原样,不得有变。

---

① 《圣经》言:保罗对提摩太劝导说,"务要传道,无论得时不得时,总要专心,并用百般的忍耐、各样的教训责备人,警戒人,劝勉人。"见《圣经·新约·提摩太后书》4:2。

第2章　在刑事案件中，（当事人）可以对主教的判决提起上诉，他可以上诉到总主教那里，或者可以上诉到距离最近的主教那里

在刑事案件中，如果（当事人）对主教或主教总代理作出的判决提起上诉，而且如果这类上诉是可行的，那么，将遵循以下原则，即：如果这一案件是由罗马教廷委托当地法官办理的，其上诉案将提交给总主教处理，或提交给总主教的属灵事务总代理进行处理；如果这位总主教因某种原因而不值得信任，或者（当事人）距离总主教驻地超过法定的两天路程，或者上诉案原本就是针对总主教本人的，那么，该上诉案将提交给距离最近的一位主教或其代理来处理，而不能将之交给低级法官处理。

第3章　对于被告兼上诉人的一审判决必须在30天之内无偿作出

在刑事案件中，如果被告要对主教或其属灵事务总代理的判决提起上诉，那么，无论如何他都必须要将一审判决书出示给负责处理其上诉案的法官。如果没有看到一审判决书，法官便不得作出其赦免决定。如果上诉人提出要求，被上诉者①必须要在30天之内无偿完成以上所说的一审判决书。否则，如果没有一审判决书，出于公正之考虑，这类上诉案将被中止。

87

第4章　圣职人员如果犯有严重罪行，将以何种方式降夺其圣秩

有些时候，圣职人员会犯下极其严重的罪行，鉴于其邪恶已经到了令人震惊的地步，因此必须将他们从圣秩中清理出去，然后将之移交给世俗法庭处理。根据神圣教规的规定，在处理这类案件时，要求有一定数目的主教；如果不能将他们全部召集起来，那么，与案件相关的法律执行程序就要延期进行；而不论在什么情况下，只要他们能够出席，那就意味着他们的驻寨工作将被打断。有鉴于此，本圣公会议决定并下令：对于主教而言，以下行为是合法的，即，对于（犯了罪的）圣职人员，即便他拥有神父身份，主教本人或其属灵事务总代理都可对之进行定罪并可以对之作出非正式贬黜，在采取此类行动的时候甚至不必有其他主教在场。而且，主教还可以亲自从圣秩和神职级别上（对犯了罪的圣职人员）进行实际而正式的贬黜或降级，在这类案件中，根据教规要求，必须要有一定数目的其他主教在场。此外，还要召集类似数目的修院院长，让他们协助自己处理上述事务，这些修院院长必须是那些根据教廷所赋特权而有权持用主教冠冕和权杖之人。如果在所在城市或主教区

---

① 指相关的主教或主教在属灵事务方面的总代理。

找不到这样的院长，或者这些院长无暇或不便出席，那么，则由类似数目的在教会内担任显要职位的其他人士来协助主教，这些人士必须是德高望重之人，而且必须要有丰富的法律知识。

第5章 对于罪愆被赦、惩罚被免之事，主教可以立即介入并掌控对之的审理权

有时会发生这样的事，即：有些人会进行欺诈性的诉讼，而且这类诉讼看起来又是非常的合情合理，通过这种欺骗性的手段，他们便可以获得某种赦 88
免，由此，主教对他们作出的公正而严厉的惩罚要么被完全免除，要么被大大减轻。说谎是让上帝极度不悦的一种行为，因此，如果谎言不受惩罚，而且这一谎言还让说谎者得以再次犯罪并得到宽恕，那么，这样的事是不可容忍的。基于以上原因，本圣公会议决定并下令：有些人在事关公益方面犯有罪过或犯有懈怠失职之罪，而主教本人又曾对之做过调查，但这些人却以欺诈性的托辞要求对其罪过予以宽恕；有些人犯了严重罪行，主教本人已经对之定罪并作出了惩罚，但这些人却以欺诈性的托辞要求对其犯罪行为予以赦免；对于以上这些通过欺诈手段骗取和盗得宽免的行为，作为罗马教廷的代表，常驻于所在教会的主教可以不经（正常的）司法程序而立即自行掌控对其的审判权；如果依法认定这一宽免是通过欺诈性呈词或通过隐瞒事实真相之手段而获得的，那么，主教将对这一宽免不予承认。

第6章 除非案件涉及（对主教本人的）贬黜或免职，否则，主教不得被直接传唤

主教会对其属民进行行为规劝，即便这种规劝是公正的，他们通常也会对他产生强烈的怨恨，仿佛他们在主教手中遭到了什么冤屈似的。因此，他们会对之提出各种虚妄的指控，其目的就在于尽其所能、想方设法地去骚扰他。主要是出于对这种骚扰的恐惧，在对他们的懈怠失职进行调查和惩处时，主教就会变得畏缩不前。如果主教被迫放弃那一托付给他的羊群，这将极其不利于他自己，也极其不利于他所在的教会；而且，让他不停地东奔西走，对主教的尊严来说也不是没有害处的。为了避免上述情形，本圣公会议 89
决定并下令：对于主教而言，即使有人对其职务提出异议，或者即使有人通过调查、谴责、指控或其他任何方式对其展开行动，除非在此案中主教有可能受到贬黜或免职之处罚，否则便不得直接传唤他，也不得发出通知让其本人亲自出庭（受审）。

第7章 如果以主教为指证对象，证人应具备何种资格

在刑事案件中，如果涉及主教，那么，不论是在取证时，还是在作证时，抑或是在有可能对案件基点产生影响的其他程序中，不论何人，如果不具备以下资格，便不得充当证人，即：其证言必须确凿有据，必须要有良好的生活作风和良好的声誉且广受尊敬；如果他们以草率的方式作证或者抱着憎恨或自私自利的心理去作证，他们将会受到严厉惩处。

第8章 牵涉到主教的那些重大案件将由教宗审理

在事涉主教的有些案件中，根据主教被控之罪的性质，有的需要他们亲自出庭受审。这类案件将移送到教宗那里，由他作出决断。

关于推迟阐论与圣餐礼相关的四项条文以及给予抗议宗教徒[1]通行许可之教令

在这一至圣之圣礼[2]方面，各种各样的谬误有如荆棘一样，在主的田野里四处蔓延。本圣公会议希望能够将这些谬误一一清理出来，并且希望能为所有信徒做好救赎之准备，同时，本圣公会议每天都在向全能的上帝进行虔诚的祈祷。[3]

90 由于该圣礼所涉及的诸多问题极为重要，因此，围绕与该圣礼相关的各项条文，已经举行过许多次深入而彻底的讨论，而且也已征询过那些最为杰出的神学家们的意见；在此基础上，(本圣公会议)以至于为审慎的态度对天主教真理进行查考，而且正是以这种态度对这些条文进行了思考。

除去以上所说的这些条文之外，本圣公会议也一直在思考下述问题。首

---

① 抗议宗教徒(Protestants)，16世纪早期从天主教会中分离出来的“另类”基督教徒，由他们组建的宗教被称为“Protestant”或“Protestantism”，其汉译名称多种多样，如：基督教、基督新教、福音教、新教、分袂教、分离教、誓反教、复原教、更正教、更正宗、抗议宗，等等；其起源于1529年马丁·路德的信徒对神圣罗马帝国斯拜尔议会(Diet of Speyer)决议的抗议，由此在原来的天主教世界中形成一个与天主教分庭抗礼、势不两立的教派。在初始，信徒只是笼统地分为“天主教”和“基督(新)教”两大阵营，但后来，“基督(新)教”又继续分化，遂形成多个教派，其中以路德宗和加尔文宗为主要代表。

② 指圣餐礼。在圣餐礼问题上，天主教会与新教存在诸多分歧，本次会议并未能够在所有有关圣餐礼的问题上达成一致，因而，在大会上宣布的只有8项条文，其他一些分歧较大的条文则被搁置。详见本次会议颁布的“关于至圣的圣餐礼之教令”。

③ 这份教令原本没有分段。为便于阅读，现根据其行文将之分成若干段落。特此说明。

先，对于所有的基督信徒来说，要想获得救赎，所领受的那一令人敬仰之圣礼是不是必须同时具备两种形象①？是否有必要以神圣律法的形式对之作出明确规定？其次，如果一个人所领受的圣餐是以一种形象出现的，而另一个人所领受的圣餐是以两种形象出现的，那么，前者领受到的是否会比后者要少？再次，如果神圣的母教会②允许俗人可以领受只以面饼形象呈现的圣餐，或者，在没有主持圣礼的时候，神父亦可领受这种圣餐，那么，神圣的母教会的这一做法是否有错？最后，儿童是否也必须领圣餐？

但是，光荣的德意志教省的那些人士（他们自称为“抗议宗教徒”）希望，在对以上这些条文作出明确阐论之前，本圣公会议应该倾听一下他们的意见；基于这一原因，他们向本圣公会议提出请求，即：允许他们前来这里③并要保证他们的旅途安全，允许他们暂居在这座城市里，允许他们在圣公会议上发言并可以自由地表达自己的观点，而且要允许他们可以按照自己的意愿随时离开此地。

好几个月以来，本圣公会议就像一位虽然絮絮叨叨但却勤勉劳作的充满深切爱心的母亲，一直都在翘首期盼着他们的到来。本圣公会议之所以如此不知倦怠地劳作，就是企盼最终能够取得以下结果，即：在拥有基督徒之名的那些人中，不要再有任何的分裂龃龉；所有人都能认可同一位上帝、认可同一位救世主；而且，所有人都能表明具有同样的信仰，都能相信同样的教理，都能知晓同样的东西。本圣公会议寄希望于上帝的慈悲，同时希望能够将他们带回到至圣至益的统一的信、望、爱之中。

尽管如此，本圣公会议还是愿意在这个问题上向他们作出让步（这一让步仅适用于本次圣公会议），即：按照他们的请求，给予他们以安全与信用担保（即他们所说的“通行许可”④），其主体内容将在下文发布⑤。由于他们的缘故，本圣公会议已经作出决定，对那些条文⑥的阐论工作将推迟至第二次会议⑦再作决断；而且，本圣公会议已经宣布，这次会议将在圣徒保罗皈依

---

① “形象”（species），指圣体的外在形象，亦即面饼和酒的形象。按照基督教的说法，经过祝圣之后，面饼成为耶稣的圣体，葡萄酒成为耶稣的圣血，但其外表则依旧维持原有的饼和酒之形象。

② 指罗马天主教会。

③ 指特兰特城，更具体的就是指这次圣公会议开会的地方。

④ 通行许可（safe-conduct），指通过禁区时可免遭逮捕或伤害。

⑤ 即下文的“给予抗议宗教徒的通行许可”。

⑥ 即这份教令中所说的与圣餐礼相关的尚未决断的 4 项条文。

⑦ 这里所说的“第二次会议”是指以圣餐礼为讨论主题的第二次会议。以圣餐礼为主题的第一次会议即本次会议（即 1551 年 10 月 11 日召开的第十三次会议）。

91 节[1]那一天举行，亦即在明年 1 月 25 日举行。[2] 另外，本圣公会议亦已作出决定，考虑到弥撒圣祭[3]和圣餐礼这两项内容有着密切的关联，因此，在(1 月 25 日的)这次会议上，还将讨论弥撒圣祭问题。除此而外，在下次会议[4]上，本圣公会议将讨论告解礼和临终涂油礼问题。本圣公会议已经决定，这次会议将在童贞女殉道者圣徒凯瑟琳[5]节举行，亦即在(今年)11 月 25 日举行。另外，在以上所说的这两次会议上，改革之事还将继续举行下去。

给予抗议宗教徒的通行许可[6]

特兰特圣公会议是在圣灵之中合法召开的，会议主持人依然是神圣罗马教廷的代表和使节[7]。本圣公会议向德意志全境的每个人和所有人作出如下恩准，即：就本圣公会议所涉之事而言，不论是圣职人员还是俗人，也不论其等级、身份、地位及资格如何，只要他们愿意前来参加这次基督教圣公会议，都将享有安全保证和全面保护(即他们所说的“通行许可”)；在此通行许可中，必要且恰当的条款和决定一应俱全，而且这些条款和决定必须表述明确且要有针对性，而不能泛泛而谈。本圣公会议希望，这一通行许可将被视为明确告示，这样的话，在以下诸事上，他们就可以享有而且将会享有完全的

---

① 据基督教的说法，使徒保罗(？—约公元 65 年)是在某年的 1 月 25 日皈依基督教的。另，保罗的去世日期是 6 月 29 日。

② 即 1552 年 1 月 25 日。需要注意的是，虽然决定在这一天讨论圣餐礼的遗留问题以及其他各种问题，但由于时局动荡，在 1552 年 1 月 25 日这一天，会议并没有能够按既定规划进行，对相关问题的讨论被搁置，而且这一隔就是 10 年之久。只是到了教宗庇护四世时期，对相关问题的决议在 1562 年 7 月 16 日召开的第二十一次会议上才得以尘埃落定。

③ 弥撒圣祭(the sacrifice of the mass)，是天主教会最崇高、最隆重的祭礼。按照天主教会的说法，在祭坛上经过祝圣之后，基督的圣体圣血便成为真正的祭祀，因此，这一祭礼乃是十字架祭祀的重演；信徒通过聆听圣道以及参加圣祭，从而得以“亲身”参与到耶稣基督自我奉献于天主圣父之大礼；在基督教会初期，这一礼仪被称为“分饼”；公元 604 年以后，西方教会(即天主教会)开始将之称为“弥撒”。

④ 指第十四次会议。

⑤ 圣徒凯瑟琳(St. Catherine)，据称是生活在公元 4 世纪的亚历山大里亚城的一位贵族少女，她拒绝与罗马皇帝结婚，因为她坚称自己是“基督的新娘”；罗马皇帝召集 50 位哲学家与之辩论，试图让她放弃基督教信仰，但是这 50 位哲学家竟然全部败下阵来；罗马皇帝下令将之处以车裂之刑，但因车辆中途毁坏而未能成功，最终凯瑟琳被处以砍头之刑。关于凯瑟琳其人，古典晚期一直到中世纪早期，均无任何材料提及之。对她的崇拜是在公元 9 世纪以后才逐步兴起的。凯瑟琳的传统纪念日是在每年的 11 月 25 日。1969 年，梵蒂冈教廷取消了该纪念日。

⑥ 这一“通行许可”是为了召开 1552 年 1 月 25 日会议而向德意志新教徒作出的承诺，但由于时局动荡以及矛盾复杂，新教徒最终并未与会。因此，这一“通行许可”最终还是一纸空文。

⑦ 一位代表，两位使节。详见第十二次会议“关于休会之教令”中的相关注释。

自由，即，可以自由交换意见，自由提出建议，自由讨论本圣公会议准备讨论的那些事情；可以自由且安全地前来参加这次基督教圣公会议，可以在那里①停留和暂居；可以用口头和书面形式提交建议，而且想提多少条建议就可以提多少条；可以与教会父老们进行协商，也可以与由本圣公会议选派的人士进行讨论，而且，在与他们②进行辩论的时候，不得有任何的谩骂和侮辱行为；不论何时，只要他们有意，可随时离会。另外，本圣公会议认为，以下做法似乎亦是合适之举，即：如果他们出于更自由、更安全考虑而希望委托一些能够代表他们利益的法官，以处理他们已经犯下的或将来有可能犯下的各种罪行，那么，即使他们的那些罪行很严重甚或具有异端色彩，他们也还是可以自主挑选这类能够倾向于他们的法官。

---

① 指会议地点特兰特。

② 指抗议宗教徒。

第十四次会议

本次会议于1551年11月25日举行。这是教宗尤里乌斯三世统治时期召开的(特兰特圣公会议)第四次会议。

关于至圣的告解礼和临终涂油礼之教令

以下是关于告解礼之教义。

基督教特兰特圣公会议是在圣灵之中合法召开的,会议主持人依然是神圣罗马教廷的代表和使节①。(告解礼与称义)这两项内容关系密切,因此,出于某种程度上的需要,在"关于称义之教令"中,本圣公会议已经对告解礼进行过相当深入的讨论②。然而,在现今这个时代,和该圣礼有关的各种各样的谬误依然数目繁多。因此,对该圣礼作出更精确、更全面的界定,对于公众而言,其益处肯定是不可小觑。在这一界定中,凭借着圣灵的护佑,一切谬误都将被一一指出并被一一铲除,在此基础上,天主教的真理将会变得清清楚楚、巍然壮丽。本圣公会议将把天主教真理置于所有基督教徒面前,要让他们永远遵循这一真理。

第1章　关于告解礼的必要性以及该圣礼的创设

假如所有获得再生之人③能够对上帝永怀深厚的感恩之情,并由此能够恒常地守护那一在洗礼中领受的由上帝依其慷慨和恩典而发出的公义,那么,除了洗礼之外,就没有任何必要再去创设另外一种圣礼来为人们赦免罪

---

① 一位代表,两位使节。详见第十二次会议"关于休会之教令"中的相关注释。

② 详见第六次会议"关于称义之教令"中的第14章"关于堕落者及其重新称义"。

③ 指已经接受过洗礼的人。

愆。然而，"大慈大悲的"[①]上帝知道"我们的底细"[②]，有些人在受洗之后，还 93
会甘愿受制于罪恶、甘受魔鬼权势的控制；即便是对于这种人，上帝还是为之准备了一种救生药，此药便是告解礼；通过这一圣礼，由基督之死而产生的恩泽就会赋予那些受洗之后再次堕落之人。对于那些因犯有大罪而使自己变得污浊不堪之人来说，甚至对于那些渴望通过洗礼而使自己变得洁净之人来说，要想获得恩典和公义，在任何时候，告解的确都是必不可少的。这样的话，他们就可弃绝邪恶，其自身就可得到修补；由此，他们就可以怀着对罪愆的刻骨仇恨之情并怀着诚挚的愧疚之心而厌恶自己对上帝作出的严重冒犯之举。因此，先知[③]说过："你们当回头离开所犯的一切罪过。这样，罪孽必不使你们败亡。"[④]主耶稣也说过："你们若不悔改，都要如此灭亡！"[⑤]"使徒之长"彼得也曾规劝那些准备领受洗礼的罪人应该悔改，他说：你们每个人都要悔改，都要受洗。[⑥] 此外，在基督出现之前，悔改（告解）并不是一项圣礼；同样，不论对于何人，在基督显现之后到此人领受洗礼之前的这一段时间里，悔改（告解）也还不是一项圣礼。不过，主耶稣随后就特意创设了告解礼。在从死里复活之后，他就向其门徒吹了一口气，并说道："你们受圣灵！你们赦免谁的罪，谁的罪就赦免了；你们留下谁的罪，谁的罪就留下了。"[⑦]所有的教父都一致同意而且一直认为，通过这一令人崇敬的举动和这些清清楚楚的言辞，耶稣基督将赦免罪愆和保留罪愆的权力赋予了使徒及其合法继承人，由此他们可以使那些在受洗之后再次堕落的信徒重获圣洁。古老而顽固不化的诺瓦天教徒[⑧]否认这种赦罪权力，对于这些人，天主教会有充分的理由与

---

① 《圣经》言："上帝既有丰富的怜悯，因他爱我们的大爱，当我们死在过犯中的时候，便叫我们与基督一同活过来。你们得救是本乎恩。"见《圣经·新约·以弗所书》2:4—5。

② 《圣经》："因为他知道我们的本体，思念我们不过是尘土。"见《圣经·旧约·诗篇》103:14。

③ 指以西结（Ezekiel），按照"旧约"的说法，以西结是以色列人四大先知之一，他曾预言：由于敬拜邪恶的神灵以及违背上帝的告诫，以色列民众将会遭受上帝的惩罚，圣城将被毁，以色列人将流亡异国；直到他们悔改之后，他们才能回归故里，重建家园。另，除以西结之外，其他三位"大先知"分别是以赛亚（Isaiah）、耶利米（Jeremiah）和但以理（Daniel）。

④ 见《圣经·旧约·以西结书》18:30。

⑤ 见《圣经·新约·路加福音》13:5。

⑥ 《圣经》言："彼得说：'你们各人要悔改，奉耶稣基督的名受洗，叫你们的罪得赦，就必须受所赐的圣灵；因为这应许是给你们和你们的儿女，并一切在远方的人，就是主——我们上帝所召来的。'"见《圣经·新约·使徒行传》2:38—39。

⑦ 见《圣经·新约·约翰福音》20:22—23。

⑧ 诺瓦天教徒（Novatians），早期基督教内部异端派别"诺瓦天派"（Novatianism）成员。诺瓦天（Novatian，亦写作 Novatus，200—258 年），原本是罗马的一位神父，后自立为与正统派教宗分庭抗礼的反对派"教宗"。其主要观点是：凡是在"教难"时期背弃基督者，其罪永远不能得到宽赦。但是，正统教会却主张，对于那些"裂教者"、"背教者"应该宽大为怀，应该让他们重返教会的怀抱。

之断绝关系，并有充分的理由将之作为异端而进行谴责。因此，本圣公会议赞同(教父们对)吾主上述言辞之含义(所作的阐论)，并将之当作最为正确的含义而予以接受。有些人反对设立这一圣礼，他们错误地对(耶稣基督的)上述言辞进行曲解，认为它是指宣讲上帝之道的权力以及传播基督福音的权力；对于这类荒诞无稽的解释，本圣公会议予以谴责。

94 第2章　关于告解礼和洗礼的差别

除上述所言之外，这一圣礼在很多方面都不同于洗礼，这是显而易见的。就一项圣礼而言，内容与形式是其核心构成，在这两个方面，二者是大相径庭的。除此而外，以下说法也是毫无疑义的，即：施洗者没有必要充当判官，因为不论何人，只要他尚未经由洗礼之门而进入教会，教会就不会对之进行审判。圣徒保罗对此有言："审判教外的人与我何干？"① 然而，对于"教内之人"来说，即对于吾主耶稣曾用洗礼之水而使之成为其肢体的那些人来说，情况则不同。② 这些人如果在受洗之后因犯罪而玷污了自己，那么，上帝就不会以重新施洗的方法来让他们变得洁净，因为在天主教会中，重洗是绝对不合法的；而是要把他们当作罪犯而置于这一法庭③ 面前。在这一法庭中，经由神父的判决，他们可以获得宽赦；这种宽赦并不是仅有一次，而要视其悔罪频率而定，即，只要他们犯罪，就应让自己远离罪愆，因而也就应该为自己所犯之罪进行忏悔。此外，洗礼的结果是一回事，而告解礼的结果又是另一回事。这是因为，通过洗礼，我们就已经"披戴上了基督"④，已经成为一个全新的受造物而存在于他的体内，而且，我们的罪愆已经完完全全地得到了赦免。然而，如果是告解礼，按照神圣公义之要求，我们就必须付出诸多的泪水和大量的劳作，否则，我们就无论如何也无法达到这种新生和完善。因此，对于告解

产生这一派别的历史背景是：3世纪中期罗马帝国对基督教徒进行迫害，在世俗政权的高压之下，当时有不少基督徒放弃了自己的信仰。教会把这些人称作"堕落者"(lapsi)、"背道者"(backslider)或"失足者"(lapsed)。但是，在迫害渐缓之后，这些人又想重回教会。如何处置这些在迫害期间因国家施压而"跌倒"或放弃信仰之人？教会内部由此产生争议，并因此产生不同的宗教派别，诺瓦天派即是其中之一。诺瓦天派在随后几个世纪中一直有着众多追随者，6世纪以后渐趋衰落。

① 《圣经》言："因为审判教外的人与我何干？教内的人岂不是你们审判的吗？至于外人有上帝审判他们。你们应当把那恶人从你们中间赶出去。"见《圣经·新约·哥林多前书》5:12—13。

② 《圣经》言："就如身子是一个，确有许多肢体；而且肢体虽多，仍是一个身子；基督也是这样。我们不拘是犹太人，是希腊人，是为奴的，是自主的，都从一位圣灵受洗，成了一个身体，饮于一位圣灵。"见《圣经·新约·哥林多前书》12:12—13。

③ 这里的法庭是指由神父主持的告解礼。

④ 《圣经》言："你们受洗归入基督的都是披戴基督了。并不分犹太人、希腊人，自主的，为奴的，或男或女，因为你们在基督耶稣里都成为一了。"见《圣经·新约·加拉太书》3:27—28。

礼，那些圣洁的教父们恰如其分地将之称为“一种劳心劳力的洗礼”。正如对于那些尚未获得再生之人来说洗礼是必不可少的一样，对于那些在受洗之后再次堕落之人而言，要想获得救赎，这种告解礼同样也是必不可少的。

第3章　关于该圣礼的组成部分及效果 95

本圣公会议还要进一步指出，告解礼施行者所说的“我宽恕了你的罪恶”等诸如此类的话语就是告解礼的形式，而告解礼的功效主要就体现在这一形式之中；根据神圣教会的习惯做法，在上述话语之外，还会加上某些祈祷词，这种做法的确是值得称道的；不过，这些祈祷词绝对不是这一形式中的根本要素，而且也不是举行圣事时所必需的。需要注意的是，包括痛悔、认罪和补赎[1]在内的忏悔者自身的行为则构成了这一圣礼的内容；根据上帝的旨意，这些行为是忏悔者必须要完成的，只有如此，这一圣礼才能达到完善状态，(忏悔者的)罪愆才能得到充分且完全的赦免，正是基于这一原因，这些行为被称为告解礼的组成部分。还需注意的是，就其威力和成效而言，该圣礼的寓意以及该圣礼的产物就是与上帝和好；对于那些虔敬的并能诚心诚意地领受该圣礼之人而言，有了这一和好之后，在他们的心中，有的时候就有可能会产生平静与安详，同时在心灵上还会伴有无与伦比的慰藉。关于该圣礼的组成及效果，本圣公会议已作出以上决断；与此同时，本圣公会议还要对有些人所持的下述观点进行谴责，即：信仰以及那些将良心搅扰得慌乱不安的惶恐心理都是告解礼的组成部分。

第4章　关于痛悔

在前文所述的忏悔者各种行为[2]中，痛悔居于首要地位，它把以后不再犯罪作为目标，它是一种心智上的哀伤，一种对所犯罪愆的憎恶。要想让自
己的罪愆得到宽赦，那么，在任何时候都需要有这种痛悔感；因此，如果能将 96
这种痛悔感与下述两者结合起来，一是对上帝的慈悲坚信不移，二是渴望以恰当的方式去履行在领受该圣礼时必须要做的其他各种事情，那么，对于那些在受洗之后再次堕落之人而言，这种痛悔感就的确可以为其罪愆的赦免提供铺垫。因此，本圣公会议宣布，这种痛悔不只是意味着对犯罪行为的竭力

---

① 补赎(satisfaction)，亦称“赎罪”，按照天主教教义，其含义有二。第一，在告解礼中，忏悔者(告解者)针对自己所犯的罪过而做的“将功补过”之事，如诵经、斋戒等等。第二，在日常生活中，用各种措施去补救因自己的罪恶而对上帝产生的冒犯，包括用各种“善功”(如克苦、斋戒、祈祷、施舍等)去满足上帝的正义要求。

② 即该教令第3章中所说的告解礼必须具备的三项主要内容，即痛悔、认罪和补赎。

避免，不只是意味着决心过上新生活，也不只是意味着新生的开端，而且，根据“你们要将所犯的一切罪过尽行抛弃，自做一个新心和新灵”①这一教言，这种痛悔还意味着对旧有生活方式的憎恨。圣人们曾发出过以下诸如此类的哀怨，如：“我向你犯罪，惟独得罪了你；在你眼前行了这恶”②；“我因唉哼而困乏；我每夜流泪，把床榻漂起”③；“我因心里的苦楚，在一生的年日必悄悄而行”④；等等。毫无疑问，不论何人，如果他对圣人们的这些哀怨之辞一直思索于胸，那么，他就可以轻松地领悟到，这些哀怨之辞都是源于他们对往昔生活的极端憎恨，都是源于他们对罪愆的深刻厌恶。本圣公会议还要作出进一步教诲，即：有的时候，这种痛悔经由仁爱而臻于完美，而且，在实际领受该圣礼⑤之前，这种痛悔就已使人与上帝达成了和好；然而，痛悔之中应该包含着领受告解礼的欲望，如果只有痛悔而没有领受告解礼的欲望，那么，与上帝的这种和好就不能被归因于痛悔本身。此外还有不完美的痛悔，这种痛悔被称作“下等痛悔”；通常来说，之所以产生这种痛悔，要么是出于对滔天罪恶的掂量，要么是出于对地狱和惩罚的恐惧。因此，本圣公会议宣布，如果一个人在进行这种痛悔的时候能够有抛弃犯罪之欲望，同时又抱有被宽宥的希望，那么，这种痛悔不但不会使他变成伪善者和更大的罪人，而且它甚至还是上帝送来的礼物，是来自圣灵的一种推动；当然，圣灵尚未驻足于忏悔者的体内，而只是（以外在的力量）在感化他；不过，有了上述帮助，忏悔者就已经为自己准备了一条走向公义之路。虽然说如果没有告解礼，单凭这种下等痛悔本身并不能引领罪人达到称义之境界，但是，有了这种下等痛悔，终究可以协
97 助他在告解礼中获得上帝的恩典。这是因为，约拿⑥的那一令人毛骨悚然的预言虽然让尼尼微人⑦惶恐不安，但这种震撼却是有益的，在此预言的感化之下，尼尼微人进行了忏悔，结果从主那里获得了宽恕。⑧ 因此，某些人对天

---

① 见《圣经・旧约・以西结书》18:31。

② 见《圣经・旧约・诗篇》51:4。

③ 见《圣经・旧约・诗篇》6:6。

④ 见《圣经・旧约・以赛亚书》38:15。

⑤ 指告解礼。

⑥ 约拿（Jonas，亦写作 Jonah），“旧约全书”中的人物，据称是一位先知，“旧约全书”中的“约拿书”即是描述约拿事迹及其预言的。“约拿书”的主题在于说明：上帝认为，所有人，不论是否是上帝的选民，只要他们真心勉改，都可获得解救。

⑦ 尼尼微人（Ninivites），指尼尼微城的居民。尼尼微（Nineveh），古代亚述（Assyria）的都城。按照“旧约全书”的说法，先知约拿曾在这里传道，促使当地的国王及其臣民信服耶和华。

⑧ 《圣经》言：“约拿便照耶和华的话起来，往尼尼微去。……约拿……宣告说：‘再等四十日，尼尼微必倾覆了！’尼尼微人信服上帝，便宣告禁食，从最大的到至小的都穿麻衣。这信息传到尼尼微王的耳中，他就下了宝座，脱下朝服，披上麻布，坐在灰中。……于是上帝察看他们的行为，

主教作家们的下述指责是荒谬的，即：天主教作家们认为，告解礼可以自行传授恩典，领受告解礼之人不需做任何虔诚的努力。上帝的教会①从来没有教授过这样的主张，而且从来也没有接受过这样的说法。另外，他们的下述言论也是荒谬的，即：痛悔是逼迫性的、强制性的，而不是自由的、自愿的。

第5章　关于认罪

关于告解礼的创设，前文已经作了阐释。据此，普世教会②一直认为，对所犯罪愆进行全面的认罪，这也是主开始设定的；根据神圣律法，不论是谁，只要他在受洗之后再次堕落，都必须进行这样的认罪③。这是因为，吾主耶稣基督在准备从尘世升入天堂之时，将一些神父（亦即他自己的代理人④）留了下来，让他们作为统治者和审判官。基督信徒们所犯的一切大罪都要置于他们面前，这样的话，凭借他们掌有的锁钥之权，他们就可以作出赦罪或留罪之判决。⑤这是因为，以下之事是显而易见的，即：神父如果对相关事件不了解，就不可能作出这一（公正的）裁定；如果信徒们只是笼而统之地表白自己所犯之罪，而不是具体地将所犯之罪一一说出来，那么，在施加处罚时，神父们就将无法做到公正行事。由此可以明确地作出结论，即：在勤勉的自察自省之后，忏悔者在认罪的时候，必须要把自己所能记起的所犯一切大罪一一列举出来；即使其所犯之罪是极为见不 98
得人的，即使其所犯之罪仅仅是违背了"十诫"⑥中的最后两条戒律⑦，（也必须

见他们离开恶道，他就后悔，不把所说的灾祸降于他们了。"见《圣经·旧约·约拿书》3:1—10。另见《圣经·新约·马太福音》12:41；《圣经·新约·路加福音》11:32。

① 指天主教会。

② 指天主教会。

③ 《圣经》言：有一位身患麻风病的人乞求耶稣为他治病，耶稣摸了摸他的身体，其麻风病随之消除。随后，耶稣又嘱咐此人说："你切不可告诉人，只要去把身体给祭司察看，又要为你得了洁净，照摩西所吩咐的献上礼物，对众人作证据。"见《圣经·新约·路加福音》4:12—14。另，《圣经》言："我们若说自己无罪，便是自欺，真理不在我们心里了。我们若认自己的罪，上帝是信实的，是公义的，必要赦免我们的罪，洗净我们一切的不义。我们若说自己没有犯过罪，便是以上帝为说谎的，他的道也不在我们心里了。"见《圣经·新约·约翰一书》1:8—10。

④ 《圣经》言：耶稣对西门·彼得说："你是有福的！因为这不是属血肉的指示你的，乃是我在天上的父指示的。我还告诉你，你是彼得，我要把我的教会建造在这磐石上；阴间的权柄不能胜过他。我要把天国的钥匙给你，凡你在地上捆绑的，在天上也要捆绑；凡你在地上所释放的，在天上也要释放。"见《圣经·新约·马太福音》16:17—19。

⑤ 《圣经》言：耶稣对其门徒说："你们受圣灵！你们赦免谁的罪，谁的罪就赦免了；你们留下谁的罪，谁的罪就留下了。"见《圣经·新约·约翰福音》20:22—23。

⑥ "十诫"(Decalogue)，亦称"上帝十诫"或"摩西十诫"。按照基督教会的说法，它是上帝在西奈山上授予摩西的诫命，共10条。详见《圣经·旧约·申命记》5。

⑦ "十诫"中的最后两条戒律分别是"不可觊觎邻人的妻子"和"不可觊觎邻人的财物"。详见《圣经·旧约·申命记》5。

将之和盘托出，这是因为），这些罪愆有的时候对灵魂造成的伤害更为严重，它们比那些公开犯下的罪过更为危险。另一方面，我们会常常犯下一些可被宽恕的小罪，如果犯有这类小罪，我们并不会因此而失去上帝的恩典。在认罪的时候，（忏悔者）可以将这些小罪也一并说出来，那些虔敬之人的确就是这么做的，这样做当然是正确的，也是有益的，但绝非是强制性的；不过，这类小罪可以略去不说，而且即使略去了也不会有罪；对于这类小罪，可用其他许多办法进行补偿抵赎。需要注意的是，所有大罪，甚至在思想上犯下的那些大罪，都会使人成为“可怒之子”[1]和上帝之敌；所以，（忏悔者）必须通过公开而谦卑的认罪以求上帝对其所犯一切大罪进行宽恕。因此，当基督徒努力回忆自己所犯的一切罪愆并坦承自己犯下了这些罪愆之时，那么，毫无疑问，他们就已经将所有这些罪愆置于上帝的慈悲面前以求得到宽宥；但是，有一些人却不是这么行事的，他们会故意地将自己所犯的某些罪愆隐瞒起来，这样的话，他们在上帝的慈善面前就没有展示任何东西，因而也就无法通过神父而得到宽宥；这是因为，假如一个病人羞于将自己的创伤告知医生，那么，医生就无法知晓其病情，因而也就无法对之进行救治。另外，以下之事也是显然要做到的，即：在认罪的时候，对于导致罪愆种类发生改变的那些转折性事件，（忏悔者）也要加以阐释；这是因为，如果不讲这些转折性事件，悔罪者就无法将这些罪愆本身完整地表述出来，审判官也无法完整地知晓这些罪愆的原委，因而也就无法准确衡定其罪行的严重程度，也就无法依据这些罪行对悔罪者作出恰如其分的处罚。因此，以下这种说法是没有道理的，即：这些转折性事件都是那些无所事事之人编造出来的；或者说，只需在一个转折性事件上认罪，也就是说，只是在这一事件上，（悔罪者）对另外一人犯了罪。而且，下述说法也是恶毒而有害的，即：要求以这种方式进行认罪，那是无法做到的；或者说，认罪就是对良心的一种折磨和拷问。（之所以说它恶毒而有害），这是因为，众所周知，在天主教会内，对于悔罪者，除了以下这一要求而外，没有任何其他的要
99 求，即：每个人都应勤勉地进行自我省察，要对自己的良心进行全面的盘查，然后把自己记起的曾经严重冒犯了主和上帝的那些罪愆坦承出来；对于经过认真思索之后依然没有能够回想起来的其他一些罪愆，（教会）则以一揽子方式，将之视为已经包括在上述这次认罪行动之中；关于这些罪愆，我们可以充

① 《圣经》言：“我们从前也都在他们中间，放纵肉体的私欲，随着肉体和心中所喜好的去行，本为可怒之子，和别人一样。”见《圣经·新约·以弗所书》2:3。

满信心地与先知同声齐诵:“我的救赎主啊,愿你赦免我隐而未现的过错。”①需要注意的是,这种认罪有其难处,(忏悔者)会羞于说出自己的罪愆;因此,如果不能给他们提供大量且巨大的好处和慰藉来舒缓之,那么,这种认罪的确有可能成为一种(让忏悔者)备受其累的事情。所以,对于所有郑重其事地领受这一圣礼之人,都要给他们以宽恕,都要确确实实地给予他们以好处和慰藉。另外,还有一个单独向神父秘密认罪的方式问题。虽然说基督一直没有禁止过下述做法,即:为了抵偿自己所犯的罪过,为了让自己更为卑谦,为了给他人树立榜样,同时也为了让遭受中伤的教会获益,忏悔者可以公开认罪;但是,这一做法并不是上帝的戒律所强行要求的;而且,用人类的法律责令人们去公开认罪,特别是让人们公开承认那些见不得人的罪行,这种做法并不是非常慎重的。至圣至古的教父们一直主张采用带有圣礼性的秘密认罪方式,在这个问题上,他们的意见是高度一致的;而且,神圣的教会从一开始就采用这种认罪方式,时至今日依然如此。因此,毫无疑问,那些胆大妄为之人所作的下述无中生有的诽谤之辞也就不能成立了,即:认罪不是上帝的命令,而是人类的发明,是那些参加拉特兰圣公会议②的教父们的创造。这是因为,教会并没有通过拉特兰圣公会议来规定基督徒应当认罪,教会本来就知道认罪这件事是上帝律法所规定的、是必需的;教会只是借由这次圣公会议规定,在达到懂事年龄之后,每个人、所有人每年至少要认罪一次。因此,整个教会至今仍在遵守一个有益的习俗,即,在神圣且极受民众欢迎的大斋节③期间进行认罪,这一做法会给信徒的灵魂带来巨大的收益。本圣公会议完全赞同这一习俗,而且认为此乃虔敬之举,值得保留下去。

第 6 章 关于该圣礼的施行,并论及宣赦问题 100

在该圣礼施行者问题上,存在着各种邪说,它们主张,有权执掌锁钥④的不只是主教和神父,而应扩及其他一切人等。对于主的下述言论,即“凡你在地上捆绑的,在天上也要捆绑;凡你在地上所释放的,在天上也要释放”⑤以

① 《圣经》言:“谁能知道自己的错失呢?愿你赦免我隐而未现的过错。求你拦阻仆人不犯任意妄为的罪,不容这罪辖制我,我便完全,免犯大罪。”见《圣经·旧约·诗篇》19:12—13。

② 指 1215 年由教宗英诺森三世(Innocent III,1198—1216 年在位)召开的第四次拉特兰圣公会议,该次会议颁布了 71 条教规,其中第 10 条“关于任命传道士”论及忏悔和认罪问题。

③ 大斋节(Lent),亦称“四旬期”、“封斋期”或“严斋期”,指从圣灰礼仪日到复活节前的 40 天时间。

④ 指有资格主持告解礼。

⑤ 见《圣经·新约·马太福音》16:19。

及“你们赦免谁的罪，谁的罪就赦免了；你们留下谁的罪，谁的罪就留下了”①，这些邪说持有一种与该圣礼的创设完全相悖的信念，即：主在讲这些话的时候是漫不经心、漫无目的的，是面向所有基督徒而言的，因此，每个人都拥有赦罪之权；对于当被斥责的罪人，如果其罪愆可被公开且本人愿意，可用斥责的方式为其恕罪；如果其罪愆是见不得人的，则可由其本人以自觉自愿的方式向任何一个人做私下的认罪。本圣公会议宣布，以上这些说法都是邪恶的、荒谬的，是完全与福音真理背道而驰的。此外，本圣公会议还要提出以下教言：神父在圣职中已经领受了由圣灵赋予的力量，因此，即使他们犯有大罪，但作为基督属下的圣礼施行者，他们仍然可以行使赦罪之职；有些人坚持认为坏神父不具备这一资格，本圣公会议认为这种观点是错谬的。需要注意的是，虽然说神父所作的宽赦工作是在慷他人之慨，但是，这一工作并不仅仅就是负责宣读一下福音，也并不仅仅就是宣布一下“罪得宽免”；相反，它遵循的是一种司法方式，通过这一方式，神父就如同法官一样，（对忏悔者）宣布其判决。因此，忏悔者不可自以为是地认为，即便自己毫无痛悔之心，即便神父无意于认真地听他忏悔、无意于对他进行有效的宽赦，单凭自己的信仰，在
101 上帝的眼中，他还是可以得到真正的宽赦。这是因为，如果没有告解忏悔，单凭信仰本身，罪愆是不会得到任何赦免的；一个人如果明明知道神父是以儿戏的方式对他进行宽赦，而他又没有勤勉地去寻找另外一位能够认真行事的神父（来为自己宽赦），那么，他对自己的救赎之事就是极端马虎了。

第7章 关于（高级教职）对赦罪权的保留

只有对司法管辖范围内的人方可进行裁决，这是案件审判程序的本质要求。正因如此，上帝的教会一直坚持认为，如果神父对忏悔者既无常规的司法管辖权，又无特别受托的司法管辖权，那么，他对忏悔者所作的宣赦就一定是无效的。本圣公会议坚定地认为，这一观点是绝对正确的。在我们的至圣至洁的教父们看来，以下之事对于规范基督徒民众的行为应当说是颇为重要的，即：对于某些比较邪恶且比较严重的犯罪行为，不是所有的神父都有权宽赦的，而只能由那些最高级别的神父来宽赦；在普世的教会中，教宗被赋予至高无上的权威，凭借这一权威，对于某些比较严重的案件，他们有权保有独断审判权，他人无权干涉。另外，不论是什么事情，只要是出自上帝的安排，它

① 见《圣经·新约·约翰福音》20:23。

们就将都是井井有条的①;因此,以下之事也就没有任何疑问,即:在各自的教区内,所有的主教都被赋予对其臣民的权威,而且这种权威要高于其他级别较低的神父,主教们可按照(与教宗)同样的方式依法行事,特别是那些涉及绝罚之事的案件,(主教就更应该将之纳入自己的独断审判范围),当然,这样做的目的是在于教诲,而不是摧毁。对案件审理的这种保留不仅在外在可见的管理方面是有其成效的,就是在上帝看来也是效果颇佳的,这种做法与上帝的权威是一致的。需要注意的是,为了不让任何一个人因为上述这个原因而腐败枯亡,在上帝的教会中,一直虔敬地遵循着以下这一准则,即:对于
垂死之人,不存在任何保留问题;因此,在这种情况下,所有的神父都可以对 102
一切(濒临死亡的)忏悔者进行宽赦,宣布赦免其所有罪愆并免除对其所做的一切惩罚;除了这一种情况之外,(普通)神父在保留案件中便不再拥有任何其他权力,因此,他们应该尽力劝使那些忏悔者去做下面这件事,即:前往高级神父和合法的法官那里,以求获得宽赦之利。

第8章　关于补赎的必要性及果实

最后,还要论述一下补赎问题。在告解礼的所有组成部分②中,补赎在各个时期一直是我们的教父向基督徒民众推荐的一种告解行为;与此同时,它也遭到一些人的攻击,而这种攻击在我们这个时代表现得尤为嚣张,那些人高举虔诚的幌子,他们"有敬虔的外貌,却背了敬虔的实意"③。鉴此,在补赎问题上,本圣公会议宣布,以下说法是绝对荒谬的而且是与上帝之道绝对背道而驰的,即:罪过永远不会得到主的赦免,所有的惩罚也永远不会得到主的宽除。(之所以称之为绝对荒谬),这是因为,不仅在圣传④之中,就是在《圣经》中也可以找到明确而卓越的例证,而这些例证以浅白平易的方式对上述这一谬误进行了驳斥⑤。的确,按照神圣公义之本性,以下之要求似乎是应当的,即:有些人在受洗之前只是由于自己的无知而犯罪,对于这些人,应

---

① 《圣经》言:"在上有权柄的,人人当顺服他,因为没有权柄不是出于上帝的。凡掌权的都是上帝所命的。"见《圣经·新约·罗马书》13:1。

② 详见该教令第3章"关于该圣礼的组成部分及效果"。

③ 见《圣经·新约·提摩太后书》3:5。

④ 圣传(divine tradition),即"神圣的传统",指教会信仰、教理、礼仪和圣经的传承。按照教会的说法,在最初的时候,耶稣及其众使徒以口传方式传播福音,而且,远在"新约全书"问世之前,教会就已经在要求世人遵守耶稣所吩咐的一切。在教会中流传的教理、文献、教父著作、礼仪、习惯之中,有的被列入"新约",有的虽未被列入"新约",但亦被教会视为"祖传珍宝",一直流传至今,成为《圣经》以外的信仰源头。

⑤ 在《圣经》中,关于上帝具有特殊威力以及赏罚分明的描述非常多,可参见《圣经·旧约》"创世纪"3:14—19;"民数记"12:10—16,20:10—12;"列王纪下":12:9—16。

该采取一种方式让其进入恩典状态；而对于下述这些人，则应采取另一种方式让其进入恩典状态，即：这些人原被罪恶和魔鬼所奴役，后被解放出来，并且领受了圣灵之赠礼，但此后，他们却明知故犯，竟然毫无顾忌地亵渎上帝之殿①，竟然有恃无恐地惹圣灵担忧②。而且，对于我们的罪愆，不能在不做任何补赎的情况下就被宽赦，这一要求是与上帝的慈悲相契合的；否则，我们就会投机取巧，就会把自己的罪愆视为无足轻重的小事，就会对圣灵进行侮辱
103 并会当众冒犯他③，如果这样，我们就会陷入更为严重的罪恶之中，就会“为自己积蓄愤怒，以致上帝震怒”④。毫无疑问，这些补赎行为有如一种佩戴着马嚼子的控制手段，能够强劲地抑制人们犯罪，而且能够让忏悔者在未来的日子里更加谨慎、更加警醒。另外，这些补赎行为还能够清除残余的罪孽，如果能在(与原先那种恶行)相对立的德行指导下采取行动，还可以摧毁由邪恶生活方式所带来的各种恶习。在上帝的教会中，要想避开由主发出的迫在眉睫的惩罚，最有把握的办法就是以真诚的痛悔之心来履行告解礼所要求的这些善功，除此之外，别无更好的选择⑤。除此而外，还应加上一点，即：基督耶稣是为我们赎罪的⑥，我们的一切能力都是来自于他⑦，因此，当我们以补赎的方式来忍受因我们的罪愆而带来的痛苦之时，我们就已经让基督耶稣获得了安慰，而且，我们也因此而获得一个极有把握的担保，即，“如果我们和他一同受苦，也必和他一同得荣耀。”⑧此外，我们为自己的罪愆而作出的这种补赎并不完全是我们自己的事情，并不是说可以不经过基督耶稣就可以完成的；这是因为，单凭我们自己，绝不可能自然而然地做成任何事情，但是，基督耶稣能够增强我们的力量，如果有了他的合作，我们就能够做成一切事情。

---

① 《圣经》言：“岂不知你们是上帝的殿，上帝的灵住在你们里头吗？若有人毁坏上帝的殿，上帝必要毁坏那人；因为上帝的殿是圣的，这殿就是你们。”见《圣经·新约·哥林多前书》3:16—17。

② 《圣经》言：“不要叫上帝的圣灵担忧，你们原是受了他的印记，等候得赎的日子来到。”见《圣经·新约·以弗所书》4:30。

③ 《圣经》言：“何况人践踏上帝的儿子，将那使他成圣之约的血当作平常，又亵慢施恩的圣灵，你们想，他要受的刑罚该怎样加重呢！”见《圣经·新约·希伯来书》10:29。

④ 见《圣经·新约·罗马书》2:5。

⑤ 《圣经》言：“天国近了，你们应当悔改！”“你们要结出果子来，与悔改的心相称。”见《圣经·新约·马太福音》3:2,8。

⑥ 《圣经》言：“惟有基督在我们还作罪人的时候为我们死，上帝的爱就在此向我们显明了。现在我们既靠着他的血称义，就更要藉着他免去上帝的忿怒。”见《圣经·新约·罗马书》5:8—9。

⑦ 《圣经》言：“我们因基督，所以在上帝面前才有这样的信心。并不是我们凭自己能承担甚么事；我们所能承担的，乃是出于上帝。”见《圣经·新约·哥林多后书》3:4—5。

⑧ 见《圣经·新约·罗马书》8:17。

因此，在这件事上，人类没有什么值得自夸自荣，我们的一切荣耀都源于基督[①]，我们在他里面生活[②]，我们在他里面受赏，我们在他里面补赎，从而“结出果子来，与悔改的心相称”[③]，果子的功效得自于他，果子由他奉献给圣父，而且是经过他之手才被圣父所接纳。因此，主属下的神父们应理性而谨慎地要求相关之人进行有益且合适的补赎，补赎的方式要与罪行的性质及悔罪者的能力相适合。否则，如果他们纵容犯罪，对悔罪者的处理过于宽松，对非常严重的过错只施以非常轻的处罚，那么，他们就有可能变成他人之罪的参与者。需要注意的是，要让他们牢记以下教导：他们要求（忏悔者所做的）这种补赎行为不只是为了保护新生和治疗疾病，同时它也是为了（让忏悔者）对以往所犯罪愆进行偿还，并为了对其所犯罪愆进行惩罚；这是因为，即便是早期的教父也相信并教导说，神父们被赋予锁钥之权，依据这一权力，他们不仅有权释放，而且有权捆绑。[④] 此外，以下说法也不是早期教父们的观点，即：告解礼是一个天谴法庭，或者说，是一个以惩罚为目的的法庭。同样，从没有任何一位天主教徒持下述看法，即：由于我们的补赎行为，吾主耶稣基督的功德 104
及补赎所具有的功效要么被弄得黯然失色，要么被大大降低。然而，那些创新者却希望按照以上所述来理解补赎行为，为了摧毁补赎的功效并为了废止补赎行为，他们宣扬说，新生才是最好的忏悔。

第9章 关于补赎工作

此外，本圣公会议还要作出以下教言：上帝慷慨大度、恩泽普施，因此，我们可以经由耶稣基督向上帝圣父作出补赎。我们不仅可以采取以下补赎方式，即，由我们自己心甘情愿地进行自罚以偿还我们所犯之罪愆，或者由神父根据我们所犯罪过的大小而对我们施加惩罚；而且，我们还可以通过经受尘世磨难来进行补赎，这种磨难是上帝施加给我们的，而我们则以坚忍不拔的耐心来承受这种磨难，这一补赎方式是上帝之爱的最伟大的证据。

---

① 《圣经》言：“上帝……使一切有血气的，在上帝面前一个也不能自夸。但你们得在基督耶稣里是本乎上帝，上帝又使他成为我们的智慧、公义、圣洁、救赎。如经上所记：‘夸口的，当指着主夸口。’”见《圣经·新约·哥林多前书》1:28—31。

② 《圣经》言：“我们生活、动作、存留，都在乎他。就如你们作诗的，有人说：‘我们也是他所生的。’”见《圣经·新约·使徒行传》17:28。

③ 见《圣经·新约·马太福音》3:8。

④ 《圣经》言：“你是彼得，我要把我的教会建造在这磐石上；阴间的权柄不能胜过他。我要把天国的钥匙给你，凡你在地上捆绑的，在天上也要捆绑；凡你在地上所释放的，在天上也要释放。”见《圣经·新约·马太福音》16:18—19。

关于临终涂油礼之教令

本圣公会议认为，在以上所论的告解礼教义之后，似乎有必要将有关临终涂油礼的教义增列于此。教父们认为，临终涂油礼不仅是告解的完结，而且也是基督徒一生的完结，而这一生本应就是一次连续不断的告解。因此，关于该圣礼的创设，本圣公会议首先就是要宣布并作出以下教言：我们至善至慈的拯救者希望让他的仆人们在任何时候都能获得良药，以抗御来自一切敌人的一切武器①；在其他各种圣礼中，他已为人们提供了最大的帮助，凭借这些帮助，基督徒们在自己的一生当中就能够让自己免受各种邪恶的属灵恶魔的侵袭；同样，他又通过临终涂油礼来为人生的最后阶段设防，为之提供最为强大的防卫力量。这是因为，虽然说在我们的整个一生当中，我们的敌人一直在千方百计地寻找并抓住各种机会以图吞噬我们的灵魂②，但是，我们临终之前的那一段时间却是更为关键，当他察觉到我们的生命行将终结的时候，他会更加疯狂地施展其狡诈心术，动用一切力量以图将我们彻底摧垮，只要有可能，他甚至还想让我们丢失对上帝慈悲之信仰。

105 **第1章 关于临终涂油礼的创设**

对病人施以涂油圣礼，这一做法是由吾主基督创设的，它是新律中的一种正确且合适的圣礼。虽然说马可曾经间接提到过这一圣礼③，但向信徒们推荐并宣布这一圣礼的却是主的兄弟，即使徒雅各。他说："你们中间有病了的呢，他就该请教会的长老④来；他们可以奉主的名用油抹他，为他祷告。出于信心的祈祷要救那病人，主必叫他起来；他若犯了罪，也必蒙赦免。"⑤使徒

---

① 《圣经》言："你们要靠着主，倚赖他的大能大力作刚强的人。要穿戴上帝所赐的全副武装，就能抵挡魔鬼的诡计。""要拿起上帝所赐的全副武装，好在磨难的日子抵挡仇敌，并且成就了一切，还能站立得住。"见《圣经·新约·以弗所书》6：10—11，13。

② 《圣经》言："务要谨守，警醒。因为你们的仇敌魔鬼，如同吼叫的狮子，遍地游行，寻找可吞吃的人。你们要用坚固的信心抵挡他，因为知道你们在世上的众弟兄也是经历这样的苦难。"见《圣经·新约·彼得前书》5：8—9。

③ 《圣经》言："门徒就出去传道，叫人悔改，又赶出许多的鬼，用油抹了许多病人，治好他们。"见《圣经·新约·马可福音》6：12—13。

④ 其英语原文为"the priests of the Church"，即"教会中的神父"。在更古老的圣经文本中，这里的"priests"（神父）应为"Presbyters"（长老）。

⑤ 见《圣经·新约·雅各书》5：14—15。

圣传[1]是一代代传承下来的，根据这一圣传，教会认识到，在上述言辞中，雅各从内容、形式、正确的施行方式以及效果等方面对这一有益的圣礼作出了论述。教会一直认为，这一圣礼的内容就是经过主教祝圣的油，这是因为，涂油行为能够恰如其分地代表圣灵的恩典，通过这一行为，病人的灵魂在无形之中便可得到涂油。另外，该圣礼的形式就是“通过这一涂油礼”等诸如此类的语句。

第2章　关于该圣礼的功效

此外，下述言论对该圣礼的意义及功效进行了解释，即：“出于信心的祈祷要救那病人，主必叫他起来；他若犯了罪，也必蒙赦免。”[2]这是因为，该圣礼所要表明的就是圣灵之恩典；如果（在病人身上）还有某些罪愆需要补偿，
圣灵就会通过涂油而将这些罪愆清除；而且，这种涂油行为还可大大激发病 106
人对上帝宽仁的信心，从而清除残存于病人身上的罪愆，使病人的灵魂复活并增强其灵魂的力量。在涂油礼的帮助下，病人可以更为轻松地忍受其疾病所带来的苦难和痛苦；魔鬼一直埋伏着，在等待时机向他的脚跟发起进攻[3]，因此，有了涂油礼的帮助，病人就可以更为自如地抗御魔鬼的诱惑；有的时候，出于让灵魂得以康乐之考虑，涂油礼还可以（让病人）恢复身体健康。

第3章　关于该圣礼的施行人，并论及该圣礼当于何时举行

现在要描述一下领受该圣礼和施行该圣礼的应该是些什么样的人。关于这一点，在以上所引的（雅各所说的）话中已有表述，而且其表述并非含糊其辞。这是因为在他的话中已经指出，施行该圣礼的应该是“教会的长老”；对于这里使用的这个名称，不能将之理解为年纪大的人，也不能将之理解为民众之中地位最高的人，而是指主教，或者是指经由主教按照正当程序、“以众长老按手”[4]的方式任命的神父。而且，在他的话中亦已宣布，虽然说这种涂油礼可以用于病人，但是，它主要应该用于那些生命已经极度垂危、看起来已将走到生命尽头之人，因此，它又被称为临终圣礼。如果病人在领受这一

---

① 使徒圣传（apostolic tradition），亦称“使徒传承”，拉丁文写作“traditio apostolica”。关于“圣传”，参见该次会议颁布的“关于至圣的告解礼和临终涂油礼之教令”第8章中的注释。

② 见《圣经·新约·雅各书》5:15。

③ 《圣经》言：“我又要叫你和女人彼此为仇；你的后裔和女人的后裔也彼此为仇。女人的后裔要伤你的头，你要伤他的脚跟。”见《圣经·旧约·创世记》3:15。

④ 《圣经》言：“你不要轻忽所得的恩赐，就是从前藉着预言、在众长老按手的时候赐给你的。”见《圣经·新约·提摩太前书》4:14。

圣礼之后又恢复了健康，那么，当他们再次遇有类似的死亡危险之时，他们仍然可以得到这一圣礼的帮助，以便增强自己的力量。因此，在任何情况下，对于以下各色人等，（教会）均不会考虑（对之施以涂油礼）。首先是这样一些人，虽然使徒雅各的说法[①]非常明确、非常清楚，但他们却与之作对，他们宣扬说，这种涂油礼是人类创造出来的把戏，或者说，是从教父们那里继承而来的一种礼仪；它既不是上帝下令要求的，而且也不会真的给人许下什么恩典。其次是这样一些人，他们宣称，这种做法已经消亡，而且对这一做法可以这样来理解，即，它只是指早期教会中的那种治愈疾病之恩典。再次是这样一些人，他们坚持认为，神圣罗马教会在施行这一圣礼过程中所遵循的仪式和惯
107 常做法与使徒雅各的表述是相悖的，因此，必须对之进行改革。最后还有这样一些人，他们声称，信徒们不必看重这一临终涂油礼，而且信徒并不会因此而犯罪。（教会之所以不考虑对这些人施以涂油礼），这是因为，非常明显，他们所持的所有观点与伟大的使徒[②]所说的那些明确的话语是完全背道而驰的。可以肯定地说，就构成该圣礼的那些本质内容而言，作为其他一切教会之母和主人，在施行这一涂油礼过程中，罗马教会并没有遵循圣雅各所没有规定的其他任何规则[③]。而且，对于如此重要的圣礼，如果持藐视的态度，那么，就不可能不犯下严重的罪愆，就不可能不冒犯圣灵。

以上这些内容便是本圣公会议在告解礼和临终涂油礼问题上所作的告白和教言，本圣公会议建议所有基督徒应该信仰并坚持这些教言。另外，本圣公会议还要提出以下这些教规，这些教规必须得到遵守，不得违背，如果有人坚持相反的观点，将永遭绝罚。

关于至圣的告解礼之教规

第 1 条　如果有人持下述观点，那么，此人应受绝罚，即：在天主教会中，告解礼并不是由吾主基督创设的一项真正且合适的圣礼，而且，并不是说上帝的信徒们在受洗之后，堕落多少次，就要使用多少次告解礼，以让他们重新变得洁净。

---

① 即该教令第 1 章“关于临终涂油礼的创设”中所引使徒雅各的言论，详见《圣经 · 新约 · 雅各书》5：14—15。

② 指使徒雅各，其相关言论见《圣经 · 新约 · 雅各书》5：14—15。

③ 意即罗马教会没有“越轨”，它完全是按照使徒雅各所规定的原则在施行涂油礼。

第 2 条 如果有人将各种圣礼混淆并持下述观点，那么，此人应受绝罚，即：洗礼本身就是告解礼，这两种圣礼没有什么不同之处，因此，将告解礼称作为“船难之后的第二块救生板”是不对的。[1]

第 3 条 救世主曾经说过：“你们受圣灵！你们赦免谁的罪，谁的罪就赦免了；你们留下谁的罪，谁的罪就留下了。”[2]对于这些言辞，天主教会从开始到现在一直是这样理解的，即，在告解礼中，（神父）既有赦罪权，亦有留罪权。如果有人认为救世主的上述言辞不能作这样的理解，并且还与该圣礼的创设初衷相悖，对之进行歪曲，认为它是指宣讲福音的权力，那么，此人应受绝罚。

第 4 条 如果有人否认下述教言，那么，此人应受绝罚，即：要想获得完 108
全且完美的赦罪，忏悔者必须要作出三项行动，即痛悔、认罪和补赎，它们构成了告解礼的内容，并被称为告解礼的三个组成部分。或者，如果有人持下述观点，那么，此人应受绝罚，即：告解礼只有两个组成部分，一是恐惧，即，由于确信自己犯了罪、良心受到打击而产生的恐惧；二是信仰，这一信仰来自于福音或来自于宽赦；依据这两个组成部分，人们就可以确信自己的罪愆已通过基督而得到了赦免。

第 5 条 对自己所犯罪愆进行察省、回忆和憎恨，由此可以激起痛悔之心；借助于这种痛悔，悔罪者可以对自己所犯罪愆的严重性、众多性和卑鄙性进行痛定思痛，可以思考那种丧失永福的状况，还可以思考那种由自己招致的永罚之状况，以此来详细追述其灵魂所经历的那些苦难岁月，而这样做的目的就是为了改过自新。如果有人持下述观点，那么，此人应受绝罚，即：痛悔并不是一种真正而有益的懊悔，它并不能够为忏悔者获得恩典提供铺垫，它只能使忏悔者变成伪善者和更大的罪人；最后还有，这种懊悔是强迫的，而不是自觉自愿的。

第 6 条 如果有人否认下述教言，那么，此人应受绝罚，即：以圣礼的方式进行认罪是由上帝的律法所创设的，或者说，它是救赎所必需的。此外，忏悔者只向一位神父进行秘密认罪，这是天主教会从开始就一直遵循的方式，而且现在仍遵循这一方式。如果有人说，这一认罪方式与基督的要求以及基督创设该圣礼的初衷相违背，并认为这种认罪方式是由人类创造出来的一种把戏，那么，此人应受绝罚。

第 7 条 如果有人持以下各种观点，那么，此人应受绝罚，即：在告解礼

---

[1] 关于“第二块救生板”的表述，详见第六次会议“关于称义之教令”中的第 14 章“关于堕落者及其重新称义”。

[2] 见《圣经·新约·约翰福音》20：22—23。

中，上帝的律法并没有提出下述要求，即，为了获得赦罪，首先应该进行必要且勤勉的察省，然后将自己所犯大罪回忆出来，对于所有这些大罪，要一一予以承认并忏悔；对于那些见不得人的罪过、那些违反了“十诫”中最后两条戒律的罪过以及那些改变了罪愆性质的转折性事件，上帝的律法也没有提出要一一予以承认并忏悔；如果说这种认罪有用，其用处也就仅仅在于教育和宽
109 慰忏悔者；而且，在昔时，遵循这种认罪方式的目的也仅仅就是为了让悔罪者进行教规上的补赎；或者说，试图对所犯一切罪愆进行认罪的那些人是不想给慈悲的上帝留下任何东西以让上帝宽宥了；最后，或者还会说，对那些无足轻重的小罪进行认罪，是不合法理的。[1]

第 8 条　如果有人持下述观点，那么，此人应受绝罚，即：教会所遵循的那种对一切罪愆都进行认罪的方式是不可行的，而且它只是一种人造的传统，虔诚的民众应该将之废弃；或者说，每一个基督徒、所有的基督徒，不论男女，都没有必要非得按照伟大的拉特兰圣公会议[2]所定的规矩而在每年都要进行认罪；而且，正是基于这一原因，就应该劝说基督徒在大斋节的时候不用认罪。

第 9 条　如果有人持下述观点，那么，此人应受绝罚，即：神父按照圣礼的方式进行宣赦，这并不是一种司法行为，而仅仅是一种宣布忏悔者罪被赦免的宗教仪式，而且，只要忏悔者坚信自己已被赦罪，那么，即使神父不是以严肃的方式而是以开玩笑的方式对之进行赦罪（忏悔者的罪愆亦可得以赦免）；或者，并不是说忏悔者必须进行认罪，神父才能够宽赦他。

第 10 条　如果有人持下述观点，那么，此人应受绝罚，即：犯有大罪的神父既无捆绑权，亦无释放权；或者说，并不是只有神父才可以充当赦罪施行人，“凡你在地上捆绑的，在天上也要捆绑；凡你在地上所释放的，在天上也要释放”[3]以及“你们赦免谁的罪，谁的罪就赦免了；你们留下谁的罪，谁的罪就留下了”[4]这几句话是说给每一位基督徒听的，是说给所有基督徒听的；根据这些言辞，任何一个人都可以（为他人）赦罪；对于那些可以公开的罪愆，只需用责骂的方式即可，只要被责骂者接受规劝，其罪即可得以赦免；对于那些需要保密的罪愆，通过自觉自愿的认罪，其罪亦得赦免。

---

① 详见本次会议所颁布的“关于至圣的告解礼和临终涂油礼之教令”中的第 5 章“关于认罪”。

② 指 1215 年由教宗英诺森三世（Innocent III，1198—1216 年在位）召开的第四次拉特兰圣公会议。

③ 见《圣经·新约·马太福音》16:19。

④ 见《圣经·新约·约翰福音》20:23。

第11条　如果有人持下述观点，那么，此人应受绝罚，即：除了与圣礼施行仪式相关的案件以外，主教没有权力将其他案件的审理权垄断在自己手中；因此，(高级教职)对案件审理虽拥有保留权，但这并不妨碍(普通)神父对“被保留案件”进行宽赦。

第12条　如果有人持下述观点，那么，此人应受绝罚，即：上帝总是将所 110
有的惩罚连同罪过一起宽赦的；忏悔者的补赎只不过就是一种信仰，依靠这一信仰，他们可以感受到基督已经为他们作出了补赎。

第13条　如果有人持下述观点，那么，此人应受绝罚，即：就他们[1]在尘世所受惩罚这一方面来说，不论这一惩罚是由基督所施加并为(忏悔者所)坚韧忍耐的，还是由神父所施加的，抑或是由那些忏悔者自觉自愿采取的(如斋戒、祈祷、施舍以及其他能够体现虔诚的各种善功)，不论怎么说，(忏悔者)都无法通过基督的功德而向上帝作出补赎；因此，只要过上新生活，就是最好的告解礼。

第14条　忏悔者借由补赎行为并通过基督来为自己所犯罪愆进行补偿。然而，如果有人持下述观点，那么，此人应受绝罚，即：这些补赎不是对上帝的崇拜，而是人类制定的传统，而这些做法使得恩典之教义、真正的上帝崇拜以及基督之死所具有的善行本身变得黯然失色。

第15条　如果有人持下述观点，那么，此人应受绝罚，即：锁钥之权被赋予教会，但此权只限于释放权，而不包括捆绑权[2]；因此，如果神父对那些认罪之人施加惩罚，那么，其行为就违背了创设锁钥之权的目的，也违背了基督创设(告解礼的)初衷；而且，以下说法亦是无稽之词，即，凭借锁钥之权，永罚可被消除，但在此之后，还将经常出现暂罚。

关于临终涂油礼之教规

第1条　如果有人持下述观点，那么，此人应受绝罚，即：临终涂油礼不是一种真正且合适的圣礼，它不是由吾主基督创设的，也不是由神圣的使徒雅各宣布的[3]；它只是从教父们那里领受而来的一种仪式，或者说，它只是人类的一个发明创造。

---

① 指忏悔者。

② 关于“释放权”和“捆绑权”，参见《圣经·新约·马太福音》16:19。

③ 见《圣经·新约·雅各书》5:14—15。

第 2 条　如果有人持下述观点，那么，此人应受绝罚，即：对病人进行涂油，既不能（为之）带来任何的恩典，也不能（为之）赦罪，而且也不能使病人感到慰藉；这一做法已经消亡，只是在古代的时候，它曾作为一种以治愈疾病为特征的恩典而存在过。

111 第 3 条　如果有人持下述观点，那么，此人应受绝罚，即：在临终涂油礼上，神圣罗马教会所遵循的仪式和惯例与神圣的使徒雅各的说法①是矛盾的，因此，这些仪式和惯例应该变革；基督徒可以漠视这些仪式和惯例，而且并不会因此而犯罪。

第 4 条　如果有人持下述观点，那么，此人应受绝罚，即：神圣的使徒雅各曾要求人们请“教会的长老”②来为病人涂油，但这些长老并不是由主教任命的那些神父，而是每个宗教团体中的年长者，因此，只有神父才不是临终涂油礼的合适施行者。

关于改革之教令

前　言　要规劝属下恪尽职守，尤其要规劝那些负有牧灵之责的属下恪尽职守，此乃主教的职责

对于属下，不论何人，只要他们违法犯科，都要对之进行斥责，这是主教的应尽之责。因此，以下之事尤其需要引起主教们的注意，即：必须保证圣职人员（特别是那些负有牧灵之责的圣职人员）不得成为邪恶之人，而且不得在他们的纵容之下过着混乱无序的生活。这是因为，假如主教允许这些人浸身于邪恶且腐败堕落的生活方式之中，那么，当俗民们违法犯科之时，这些人将如何对他们进行斥责？③俗民们一句话就可以将之顶回去：难道可以允许圣职人员比他们更坏吗？如果神父们所干的事情与他们所要责难的事情是一样的，那么，他们对自己就已无言以对，在此情形下，他们怎么能够心地坦然地去劝诫俗民呢？因此，主教们必须对所有圣职人员提出告诫：不论他们的
112 地位有多高，他们在言行和思想方面都必须要成为那些受托于他们的上帝子

---

① 见《圣经·新约·雅各书》5:14—15。

② “教会的长老”(the Presbyters of the Church)。在本次会议颁布的“关于临终涂油礼之教令”的第 1 章和第 3 章中，其英文原文一直是“the priests of the Church”(教会中的神父)。

③ 《圣经》言：“我是攻克己身，叫身服我，恐怕我传福音给别人，自己反被弃绝了。”见《圣经·新约·哥林多前书》9:27。

民的引路人；而且，要牢记《圣经》所言："你们要成为圣洁，因为我是圣洁的"①。要让他们与使徒②的教导③保持一致，不要得罪任何人，不要让自己的圣职工作受到指责；而且，在一切事情上，都要展示自己作为上帝之仆的风貌，以免先知的说法在他们身上应验，即，"上帝的祭司强解我的律法，亵渎我的圣物。"④基督教特兰特圣公会议的主持人仍是神圣罗马教廷的代表和使节⑤，为了让主教们较为自如地做到上述要求，也为了让他们不得以任何借口说自己无法履行这些要求，本圣公会议认为，有必要制定并颁布以下宗教法规。

第1章 不论何人，在受到禁罚⑥或停职罚⑦之后，如已被禁止在圣职上继续升迁，(则必须遵守既定禁令)；如果他们继续晋升圣职，则要受到处罚

作为一名下属圣职人员，值得称颂且比较稳妥的做法应该是对上司表达出应有的忠顺并在低级圣职岗位上勤勉服务，而不是一心想着爬上更高级别的职位，因为后一种做法是很容易让上司产生反感的。对于一名下属来说，如果对他有直接领导权的教长已经禁止他晋升圣职，或者，如果其教长已经暂停了他的圣职或宗教职位及身份，那么，不论这种禁罚或停职罚是基于何种原因(即便是因为当事人犯了某种秘密的罪过)作出的，也不论是基于何种方式(即便是基于司法程序以外的方式)作出的，其他任何人都不得违背上述教长的意志而向当事人颁发任何的圣职晋升许可证，亦不得向之颁发任何的恢复其原有圣职、级别、身份和荣誉的许可证。

---

① 《圣经》言："我是耶和华——你们的上帝；所以你们要成为圣洁，因为我是圣洁的。"见《圣经·旧约·利未记》11:44。另见"利未记"19:2;《圣经·新约·彼得前书》1:16。

② 指使徒保罗。

③ 《圣经》言："我们凡事都不叫人有妨碍，免得这职分被人毁谤；反倒在各样的事上表明自己是上帝的用人，就如在许多的忍耐、患难、穷乏、困苦、鞭打、监禁、扰乱、勤劳、警醒、不食、廉洁、知识、恒忍、恩慈、圣灵的感化、无伪的爱心、真实的道理、上帝的大能；仁义的兵器在左在右；荣耀、羞辱、恶名、美名；似乎是诱惑人的，却是诚实的；似乎不为人所知，却是人所共知的；似乎要死，却是活着的；似乎受责罚，却是不至丧命的；似乎忧愁，却是常常快乐的；似乎贫穷，却是叫许多人富足的；似乎一无所有，却是样样都有的。"见《圣经·新约·哥林多后书》6:3—10。

④ 见《圣经·旧约·以西结书》22:26;《圣经·旧约·西番雅书》3:4。

⑤ 一位代表，两位使节。详见第十二次会议"关于休会之教令"中的相关注释。

⑥ 禁罚(interdict)，天主教会对犯罪或违规的信徒(包括圣职人员和平信徒)的惩罚措施之一，受罚者不得主持或领受圣礼圣事。

⑦ 停职罚(suspension)，天主教会对犯罪或违规的圣职人员采取的惩罚措施之一，根据犯罪或违规的严重程度，可分为完全停职或部分停职。也就是说，根据不同情况，被罚者的圣职权、治理权以及与公职相连的其他各种权利可以全面被禁，亦可部分被禁。

第2章 对于主教而言,如果某人不是自己的属下①,那么,即便此人是该主教的家仆,主教亦不得在没有得到此人所属教长明确同意的情况下而赋予他以任何的教职,否则,主教和受职之人都将受到既定的惩罚

113 有一些地方教会是“位于不信教地区”②的,在这些地区,有些主教既没有圣职人员,也没有基督徒民众,他们几乎就是居无定所的流浪者,他们所要搜寻的并不是基督珍爱的子民,而是去搜寻本属其他人、但又不知自己主人是谁的那些羊群。他们发现,本圣公会议已经对他们这类人作出过如下规定,即:在其他人的教区内,如果没有得到当地教区首长的明确许可,他们便不得行使主教职权;即便得到当地教区首长的许可,他们在行使主教职权时的施及对象也只限于该教区首长的属下。③ 面对这一禁令,他们却胆大妄为,规避并藐视相关法律,其做法是,挑选一个不受任何教区管辖的地方,将之冒充为自己的主教辖地;对于前来投靠他们的那些人,即便是没有自己主教或其他各类教长的推荐信,他们也会不分青红皂白地为之贴上圣职人员的标签,甚至还会将之擢升为神父。于是,下述情形就已变成了司空见惯之事,即:所委任的这些人几乎没有合格的,他们既训练无素又愚昧无知,而且,这些人本来就是因为无能且不配从事圣职工作而被自己的主教们弃之不用的;因此,他们既不能正确履行那些神圣的职务,也不能正确主持教会的各项圣礼。有鉴于此,(本圣公会议规定),对于被称为“名义主教”的那些人而言,即便他们的常住地或暂居地不属于任何教区且享有豁免权,即便他们常住或暂居在某某修会的修道院中且不论该修会有什么样的来头,虽然他们曾被赋予某些特权,即,在一定时期内,对于前来投靠他们的那些人,他们有权予以擢升,但是,在事涉另外一名主教的属下之时,如果没有该主教的明确同意,或者没有该主教颁发的“授职委托书”,那么,即使名义主教声称当事人是他的家仆而且平时都是围着同一张桌子吃饭,名义主教也不得依据那些特权而擢

---

① 这里的“属下”应从教会管辖权角度去理解,因此,一个人从私人关系上说可能是某位主教的仆人,但从教会管辖权来说,此人又有可能从属另外一人。因此,这里的“属下”和下文的“家仆”并不存在必然的对等关系。

② “位于不信教地区”(in partibus infidelium,略作 i. p. i.),亦称“在异教地区”。在这些地区,虽然也会设有主教一职,但这种主教只是一种没有司法管辖权的、名义上的主教,是“没有教区的主教”。这种主教亦称“名义主教”、“领衔主教”或“荣誉主教”(titular bishop)。和这种主教相对应的是掌有实权的“教区主教”(diocesan bishop)。

③ 在 1547 年 1 月 13 日举行的第六次会议上,特兰特圣公会议曾就主教越权问题作出规定,但当时并没有考虑到“名义主教”这一特殊群体,结果导致这类主教以投机取巧的方式规避相关律令。当时的具体条文详见第六次会议“关于改革之教令”第5章。

升他们的教职，也不得委任他们出任大品或小品圣职①，即使是剪发礼②，他们亦无权施行。违反上述规定者，将被依法停职一年，此间不得行使主教职权；与此相似，受到擢升的那些人亦将被停止行使相关圣职，停职时间的长短由其所属教长视具体情况而定。

第3章 主教下属的圣职人员中，有些人的教职是由他人擢升的；主教如果觉得他们不能胜任工作，则可暂停他们的教职 114

对于主教下属的所有圣职人员而言，尤其是对于在事先未经主教本人考察而且主教本人未写推荐信的情况下就被他人擢升担任大品圣职③的那些人而言，不论是什么样的权威人物擢升他们的，也不论委任者当初是如何认定他们是有能力担当相关教职的，只要主教认为他们不合格，亦即认为他们没有能力履行神圣的职务，或者没有能力施行教会的各项圣礼，那么，主教就可以对之作出停职处罚，停职期间不得行使其原先领受的各项圣职，停职时间的长短由主教视情况而定；而且，主教可以禁止他们在祭坛上施行圣事，或者可以禁止他们行使任何的圣职职能。

第4章 （不论在何时），即便是在巡视期④之外，所有圣职人员，（如犯有过失），都必须接受主教的惩治，任何人不得享有豁免权⑤

如果其下属做出出格之事，各地教会的教长必须认真对之进行规劝。根据教会法规的要求，并依据本圣公会议所颁之律令，任何一位圣职人员都不得以享有各种特权为借口而不受教长的司法管辖，不得以享有特权为借口而不接受（教长的）察访、处罚和规劝。所有的教区圣职人员，不论他们享有什

---

① 大品（sacred orders），亦称“圣秩”或“神品”，指级别较高的圣职，从前是指5—8品的圣职，如今五品已被取消，剩下来的高级圣职为执事、神父和主教。小品（minor orders），指五品以下的低级圣职，从低到高依次是一品（司门者）、二品（读经者）、三品（驱魔者）和四品（辅祭者）。目前天主教会的小品圣职中，只保留读经者和辅祭者这两项职务。

② 剪发礼（the first tonsure），该仪式是修士领受神品的第一个步骤，其基本内容就是将初领神品者的头顶剃光，形成光秃的圆顶。这种仪式现已废除。

③ 关于“大品圣职”，参见该教令第2章中的相关注释。

④ 巡视期（the time of visitation），亦称“视察期”。依据教会法的规定，教会的上层领导（如主教等）每年均要在一定时期内察访辖区内的各个堂区、机构，而且要对下属圣职人员的品行进行考核。对于教会上层领导而言，巡视既是权利，也是义务。

⑤ 在1547年1月13日举行的第六次会议上，特兰特圣公会议曾就教区首长（主教）与圣职人员的监督和被监督的关系作出规定，但当时并没有考虑到主教巡视期之内和巡视期之外的衔接问题，结果出现有些圣职人员在主教巡视期之外的时间里不受“管教”之类的问题。当时的具体条文详见第六次会议“关于改革之教令”第3章。

么样的豁免权，只要他们做事出格、犯有罪过、玩忽职守，就将接受（当地）教长司法权的管辖。如果教长是常驻于当地教会的，那么，只要有必要，而且不论在什么时候，即便是在巡视期之外，作为罗马教廷在此类事务上的代表，教长都有权对他们进行规劝和处罚。所有的豁免、声明、习俗、判决、誓约和协
115 议都只对其始创者有约束力；而对于以上所说的这些圣职人员以及他们的亲戚、专任神父[①]、家仆、代理人以及与所谓享有豁免权的圣职人员有关的其他一切人等，上述东西均属无效。

第5章　保护人的司法权限要限定在一定的范围内

此外，有各式各样的人会作出如下表白，即，在自己的财物、财产和权利问题上，他们受到了花样繁多的不公正对待，让他们尝尽了无数的苦恼。他们会以此为借口，依据财产委托保护状[②]而委任一些审判官，从而让这些审判官们为他们提供保护并为他们进行辩护，以使他们免受上述那些苦恼和不公正对待；同时，通过这一方式，还可以维持并保证他们对自己的财物、财产和权利拥有真正的所有权或准所有权，从而使自己在这类问题上不再受到骚扰。然而，他们却会采取多种多样的方式对这些财产委托保护状进行歪曲，从而使其内容具有邪恶的含义，而这一含义已与捐赠者的本意大相径庭。因此，（本圣公会议规定），不论财产委托保护状中有什么样的条款和判令，不论被委任的审判官是何许人物，不论保护状是以其他什么借口或幌子而被赠与当事者的，也不论当事者具有什么样的地位和处于什么样的状况（即便是教区或修会的参议会），任何人都不得凭借这些财产委托保护状而不受以下制约，即：在刑事案件或混合型案件中，所在地区的主教或其他普通上司都可以对之提出指控和传唤，都可以对之进行审查并提起诉讼；而且，即便当事人因特许而拥有某些权力，也不影响由普通审判官对之进行传唤。在民事案件中也是一样，如果当事人是原告，那么，假如他利用对他负有保护义务的审判官对其对手进行审判，那这将是绝对不合法的做法。在他处于被告方的那些案件中，有时会发生下述情况，即：对于由他挑选的保护人（审判官），原告宣称
116 对之表示不信任；或者，审判官之间，即充当保护人的审判官和教区首长之

---

① 专任神父（chaplains），亦称“专职神父”、“专职司铎”，指受教会委任而专门为某一团体（如军队、医院、学校等等）经常从事牧灵工作的神父；另外，某些权贵之家的小教堂（私人教堂）也会拥有专任神父。

② 财产委托保护状（letters conservatory，或 conservatory letters），由捐赠人或委托人立下的有关财产转移的文件证书，作为受赠人或受委托人拥有或代管相关财产之凭证。其性质类似于今天的“遗产管理委任状”（letter of administration），只不过前者所涉及的不一定仅仅是“遗产”。

间，会在司法权限问题上产生争执。遇有这类情形，必须首先以合法的方式挑选仲裁人，让之对以上所说的不信任问题和司法权限问题作出决断，然后，案件的审理才可继续进行。对于当事人的家仆而言，他们往往有利用（主家的）财产委托保护状进行自保的习惯，因此，这类财产委托保护状只对两名家仆有效，余者不得使用这类保护状，而且，这两名家仆必须是自食其力者。另外，不论何人，享受此类保护状之利的年限不得超过五年。对于负有保护之责的审判官来说，不得拥有任何固定的法庭，否则即属违法行为。至于和工资有关的案件以及事涉赤贫之人的案件，本圣公会议颁布的那一教令依然完全有效。[1] 不过，至于综合性大学、医学院、文学院、隶属于修士的那些场所以及那些确实履行职责的医院，还有隶属于这些大学、学院、场所和医院的那些人，（本圣公会议）没有考虑将之包括在目前这份教令之中，也就是说，上述机构及人员享有完全的豁免权。

第6章　根据本教令，作为担当大品圣职[2]或持有有俸圣职的圣职人员，如果其穿着打扮不能与其神品相配，则将受到处罚

虽然说（衣着打扮）这一习惯本身并不能造就出教士僧侣，但是，作为圣职人员，应该总是穿着与其神品相配的服装，这一点还是必需的，这样的话，通过外在衣饰的正派和体面，他们就可以展示出其内在道德的端正和恰当。然而，在目前这些日子里，有些人已经变得非常的胆大妄为，对宗教是极度的轻视，他们几乎从不在意自己的身份，而且几乎从不顾及圣职人员的荣誉。他们甚至在公开场合也是一副俗人的打扮，从而将脚踩在了不同的道路上，一条是上帝之路，另一条是肉身之路。因此，对于下述所有的教会人士，即，担当大品圣职之人，拥有高级身份之人（且不论其是否拥有司法管辖权），持
有职位或其他各种有俸圣职之人，不论他们原先享有什么样的豁免权，在主 117
教已对他们进行过告诫之后，甚至说以张贴布告的方式对之进行过告诫之后，如果他们仍然不穿与其神品和身份相配的教士服装，仍然不按照主教制定的法令和训令而穿上得体的教士服装，那么，对于这些人，可以采取而且必须采取停职、停薪的手段，即暂停其神品、职务和有俸圣职，暂停他们对那些有俸圣职之收成、收入和收益的享有权，以此迫使他们（在服饰打扮上照章行事）。另外，在被训斥之后，如果他们在这件事上再次犯罪，那么，甚至可以采取褫夺其职务和有俸圣职之方式来对他们进行强制。在这里，（本圣公会议）

---

[1] 详见第七次会议“关于改革之教令”第 14 章的有关内容。

[2] 关于“大品圣职”，参见该教令第 2 章中的相关注释。

要重申并进一步强调克勒芒五世[1]在维埃纳圣公会议[2]上颁布的教规[3](其开头语是“Quoniam”,意为“自从”)。

第7章 故意杀人者不得被授予圣职;并论及过失杀人者在何种情况下可被授予圣职

一个人如果以潜伏伺机的方式而蓄意将其邻居杀死,那么,他就将被带离祭坛(并被处死)。[4] 因此,一个人如果是故意杀人,那么,即便其罪行尚未被普通司法程序所证实,即便他不是公开犯罪而是秘密犯罪,那他也永远不能被擢升担任大品圣职[5];而且,也不能为其提供任何的有俸圣职,即便是那些不负有牧灵之责的有俸圣职,也不可提供给他,否则就是违法行为。需要注意的是,这样的人将永远被排除在任何一种神品、有俸圣职和职务之外。但是,如果(当事人)声称,杀人之事不是故意为之的而是意外造成的,或者是出于自卫、出于避免自己被打死而采取武力来对抗武力而结果造成杀人之事的,(如果情况属实),那么,在这种情况下,依据某种权利,(当事人)还是应该可以获任圣职的,甚至可以获任大品圣职,可以主持祭坛上的圣事,可以获得
118 各种有俸圣职和头衔。(当然,在此之前),相关案件必须提交给当地的教区首长进行审查,如有必要,还可提交到总主教或离当地最近的主教那里;在对案件没有进行审理的情况下,以及(当事人的)请求和辩解在没有得到认可之前,主教或总主教们不得向其授予圣职。

第8章 不论何人,都不得以任何特权为借口处罚另外一人属下的圣职人员

人有多种多样,其中有这样一些人,其本身已经是实实在在的本堂神父,而且有着自己的羊群;然而,他们还要试图管辖其他人的羊群,而且时常会出现这样的情形,即,他们过度关注于他人的下属,结果却忽视了对自己属下的照料。有鉴于此,(本圣公会议决定),不论何人,即便他具有主教的身份,即

---

① 克勒芒五世(Clement V,1305—1314 年在位),法国人,第一位“阿维农教宗”。

② 维埃纳圣公会议(the Council of Vienne),指 1311—1313 年由教宗克勒蒙五世在法国南部城市维埃纳组织召开的宗教会议。

③ 指教宗克勒蒙五世于 1312 年 5 月 6 日在维埃纳宣布的教宗谕令中的第 3 节内容。这份谕令是针对“圣殿骑士团”问题而颁的,其中规定,对顽固不化的犯罪之人要采取绝罚措施(开除教籍)。

④ 《圣经》言:“人若任意用诡计杀了他的邻舍,就是逃到我的坛那里,也当捉去把他治死。”见《圣经·旧约·出埃及记》21:14。

⑤ 关于“大品圣职”,参见该教令第 2 章中的相关注释。

便他拥有处罚他人下属之特权，除非有当事圣职人员的主教一同介入，而且该主教必须是常驻于自己的教会，或者除非有该主教委派的代表一同介入，否则，在其他任何情况下，都不得对不受自己管辖的圣职人员展开诉讼；尤其是对于那些担任大品圣职的圣职人员来说，即便他们犯有非常邪恶的罪行，（如果不具备上述前提，他人更是不得对之展开诉讼）。否则，有关诉讼及其一切结果都将完全无效。

第9章　不得以任何借口将一个教区的有俸圣职同另外一个教区的有俸圣职合并

把教区和堂区明确区分开来①，这是有充分理由的。每一群羊都配有自己的本堂神父，所有的次级教堂都配有自己的教堂主管②，每个人都在照料自己的羊群，这样的话，教会的秩序就不会被弄得杂乱无章，否则，如果同一个次级教会（或教堂）以某种方式分别隶属于两个教区，对次级教会（或教堂）所辖之人来说，将会带来严重的不便。有鉴于此，（本圣公会议规定），即便是出于强化对上帝崇拜之目的，即便是出于增加受俸圣职人员人数之目的，或
者是出于其他任何理由，一个教区的有俸圣职也不得与另外一个教区中的有 119
俸圣职、修道院、学院或某个神圣场所永久合并；即便这些有俸圣职的表现形式是堂区教堂③、永久性的代牧区④、普通有俸圣职、助牧基金⑤或助牧基金中的一小部分，（那它们也不得与另外一个教区中的相关职位或机构进行永久合并）。以上所作的规定是对本圣公会议就这类合并问题所颁教令的解释⑥。

---

① 教区(diocese)，亦称主教辖区，通常是指由教廷指派的主教全权管理的教会行政区域。堂区(parish)，亦称本堂区，或称堂口，是天主教教务辖区的最小单位，由堂区神父(或称本堂神父、堂区主任)负责其牧灵事务。若干个堂区组成一个教区，若干个教区组成一个教省。在中国，新教(基督教)往往将堂区称为教区或牧区，而在天主教会看来，这种将主教辖区和堂区相混淆的做法是不合适的。

② 教堂主管(rector)，亦称教堂住持，是管理某一普通教堂(次级教堂)的神父。

③ 堂区教堂(parochial church)，亦写作 parish church，亦称堂区圣堂或本堂区圣堂。

④ 代牧区(vicarage，亦写作 vicariate)，按照天主教的说法，某一地区因环境特殊而未成立教区，于是教宗便委托代牧(vicar apostolic)，代牧以教宗的名义牧养并治理该地区的信众，这一地区便称为代牧区。

⑤ 助牧基金(prestimony)，为某一神父的生计或工作而设立的基金或储备金，这种基金由赞助人负责管理。领取这种基金并不意味着拥有有俸圣职。

⑥ 指第七次会议颁布的有关教令。详见第七次会议“关于改革之教令”第6章和第7章。

第10章 修士的有俸圣职必须转赠给修士

按照已经形成的惯例，修士们的有俸圣职在名义上要转赠与那些发愿修士[1]。因此，如果遇有因名义受益人去世、辞职或其他原因而导致有俸圣职出缺的情形，相关的有俸圣职将只能转赠给同一修会中的修士，或只能转赠给那些能够绝对遵守上述惯例并立誓[2]遵守修会规章之人，除此而外，不得转赠给其他任何人；这样的话，他们就不会“穿羊毛、细麻两样掺杂料做的衣服”[3]。

第11章 转入另外一个修会的那些人必须继续在修院围墙内生活，必须继续恪守服从[4]之誓愿；而且，他们的占有教区有俸职位之资格必须被取消

修士在从一个修会转入另外一个修会之后，经常可以轻而易举地从其(新的)上司那里获得不住修院之许可，这样，就给了他们东游西逛的机会，也给了他们叛教的机会。有鉴于此，(本圣公会议规定)，除非转会修士留在其所转入的修会之中，并且将永久地生活在修院之中并服从其上司的管辖，否则，不论是哪一个修会的教长或上司，也不论其拥有什么样的权威，都不得认可他的(不住修院之)做法，也不得让他立誓许愿而进入修会。一个人转会之后，即便他是律修会修士[5]，其占有教区有俸职位的资格也将被完全取消，即便这种职位负有牧灵之责，(他亦没有资格占有)。

120 第12章 除了教堂创建者或捐赠者而外，其他任何人都不可获得庇护权

此外，对任何人而言，除非他新创建了一座教堂、一个有俸圣职或一座小教堂，或者，除非他用自己的祖传资产充分捐助了以上所说的那些虽已创建但所获捐资不足的项目，否则，不论他有什么样的宗教身份，也不论他有什么样的世俗身份，都不能或者说都不可以任何理由寻求或拥有庇护权。需要注

---

① 发愿修士(professed regular)，指在修会中已经立誓终身遵守“贫穷(神贫)、贞洁和服从”三原则的修士。

② 立誓(make profession)，亦称“发愿”，即某人在加入某一修会团体的时候，必须要在以下几个方面作出保证：终身遵守“贫穷(神贫)、贞洁和服从”三原则，遵守同一会章，共度献身生活。

③ 《圣经》言：“不可把两样种子种在你的葡萄园里，免得你撒种所结的和葡萄园的果子都要充公。不可并用牛、驴耕地。不可穿羊毛、细麻两样搀杂料做的衣服。”见《圣经·旧约·申命记》22:9—11。

④ 服从(obedience)，是男、女会士所立的三个誓愿(贫穷、贞洁和服从)之一。

⑤ 律修会修士(canon regular)，指不受终身誓言约束的修士。

意的是，在这类创建或捐资事宜中，有关的教职任命权将完全归属主教，而不能归于其他低级别神品之人。

第 13 章 只有教区首长可以接受举荐，否则，举荐及任命事项均属无效

另外，对于那些自己拥有庇护权的有俸圣职，庇护人只能向当地享有教区首长地位的主教举荐某人出任这些圣职，而不得以享有某种特权为借口而以任何方式向主教以外的人提出举荐人选，否则就是违法行为；如果庇护权已经终结，那么，对相关有俸圣职的事先委任权或正式委任权则按理归于主教。如果违反上述规定，举荐之事以及随后可能出现的任命事项便属无效，或者将被视为无效。

第 14 章 下次会议将讨论弥撒圣祭、授职礼以及改革问题

本圣公会议早已规定，下次会议将在明年(即 1552 年)1 月 25 日举行①。
此外，本圣公会议还要宣布，在下次会议上，除了讨论弥撒圣祭问题之外，还 121
要致力于探讨授职礼问题，并继续就改革问题进行讨论②。

---

① 指 1551 年 10 月 11 日举行的第十三次会议作出的决定。

② 根据第十三次会议的决定，1552 年 1 月 25 日会议的主要议程是解决遗留的有关圣餐礼四条款问题，同时讨论与圣餐礼联系密切的弥撒圣祭问题；当时并未计划在这次会议上讨论授职礼问题。不过，由于时局动荡以及新教(抗议宗)方面的原因，1552 年 1 月 25 日召开的这次会议(第十五次会议)并没有落实这些问题。

第十五次会议

本次会议于1552年1月25日举行。这是教宗尤里乌斯三世统治时期召开的(特兰特圣公会议)第五次会议。

关于休会之教令①

本圣公会议是在圣灵之中合法召开的,会议主持人依然是神圣罗马教廷的代表和使节②。

遵照前几次会议③所颁教令,这些天以来,围绕至圣的弥撒圣祭以及授职礼问题,本圣公会议作了极为精细且非常认真的思考,为的就是能像圣灵所敦促的那样,在目前这次会议上就这些问题公布相应的教令;另外,对涉及至圣之圣餐礼的四项条文④的决定最终也被推迟到本次会议上来解决,本圣公会议本想也要在这次会议上就这些条文公布相关的教令。

本圣公会议当初之所以推迟公布那些条文⑤,是出于自称为"抗议宗教徒"的那些人之缘故。本圣公会议当初已经给予他们公信担保或者说通行许可,这样,他们就可以自由且及时地来到这里。因此,原本设想他们是能够出席本圣公会议的。然而,他们至今仍没有来。本圣公会议此前已经以他们的名义,代为提请将本应该在今天公布的那些教令推迟到下次会议上再作公

---

① 这份教令原本没有分段。为便于阅读,现根据其行文内容将之分成若干段落。特此说明。

② 一位代表,两位使节。详见第十二次会议"关于休会之教令"中的相关注释。

③ 指1551年10月11日召开的第十三次会议和1551年11月25日召开的第十四次会议。这两次会议均对1552年1月25日这次会议(第十五次会议)的主题作出了规定。

④ 关于这"四项条文",详见第十三次会议颁布的"关于推迟阐论与圣餐礼相关的四项条文以及给予抗议宗教徒通行许可之教令"。

⑤ 指上文所说的与圣餐礼相关的那四项条文。

布。本圣公会议充满信心地希望，在收到阐述更加详尽的通行许可之后，他们毫无疑问可以在下次会议召开之前早早地就能抵达这里。

本圣公会议仅有的愿望就是，将宗教分歧和宗教分裂从杰出的德意志民族中清除出去，为这一民族的安宁、和平与和谐奠定基础。如果他们能来，本
圣公会议将亲切地接待他们，并将倾听他们的意见。本圣公会议也相信，他 122
们来这里的目的不是为了向天主教信仰发起顽固的进攻，而是为了获得真理；而且，他们最终会变得对福音真谛充满热情，并且会默认神圣的母教会[1]所制定和颁布的教令与纪律。

鉴于以上所述的原因，本圣公会议决定，将下次会议推迟至圣约瑟[2]节，即 3 月 19 日[3]，届时再就前述事项公布和颁发有关教令。这样做的目的在于，他们[4]不仅可以有足够的时间和闲暇前来此地，而且，在开会日期到来之前，他们还能有充分的时间和闲暇来提出他们希望提出的一切建议。为了让他们那一方不再有进一步拖延的任何理由，本圣公会议现慷慨地给予他们以公信担保或者说是通行许可，公信担保的内容及要义见下文。需要注意的是，本圣公会议还要宣布并下令，（在下次会议之前的这段时间），还将思考婚姻礼问题；在（3 月 19 日的）这次会议上，除了要公布以上提及的各项教令并继续就改革问题作出决定之外，还要就婚姻礼问题作出决定。

给予抗议宗教徒的通行许可[5]

基督教特兰特圣公会议是在圣灵之中合法召开的，会议主持人依然是罗马教廷的代表和使节[6]。本圣公会议依然坚持在上上次会议[7]上所颁布的

① 指罗马天主教会。

② 圣约瑟（St. Joseph），按照基督教的说法，约瑟是耶稣基督的鞠养之父（foster-father），圣母玛利亚的丈夫。相传约瑟是木匠，大约死于耶稣外出传道之前。1870 年，教宗庇护九世（Pius IX，1846—1878 年在位）宣布，圣约瑟是"普世教会"的保护人（patron，主保）。其传统的纪念日是每年的 3 月 19 日。后为适应新形势，1955 年，教宗庇护十二世（Pius XII，1939—1958 年在位）宣布，圣约瑟是"全球劳工的保护人"，其纪念日定在每年的 5 月 1 日（与国际劳动节的日期重合）。

③ 指 1552 年的 3 月 19 日。不过，由于时局动荡，第十六次会议并未于 1552 年 3 月 19 日如期举行。1552 年 4 月 28 日，整个第二阶段会议以颁布一份"关于暂停本圣公会议之教令"而结束。

④ 指德意志的新教徒（"抗议宗教徒"）。

⑤ 该教令是对第十三次会议所颁"给予抗议宗教徒的通行许可"的进一步阐述。另，该教令除了最后两段是原有的分段之外，其余的原本只有一段，为便于阅读，现根据其行文内容将之分成若干段落。特此说明。

⑥ 一位代表，两位使节。详见第十二次会议"关于休会之教令"中的相关注释。

⑦ 上上次会议（the last Session but one），指 1551 年 10 月 11 日举行的第十三次会议。

“通行许可”，现再以下述方式对之作进一步阐释。本圣公会议面向所有人作出以下证言：

遵循（上次所颁“通行许可”中）那些恩准的基本思想，本圣公会议对以下人等给予全面的公信担保，给予他们最充分、最可靠的安全保障，亦即他们所说的“通行许可”。这当中包括德意志教省、德意志民族、德意志各个城市及其他地方的每一位神父、选帝侯、（普通）诸侯、公爵、侯爵、伯爵、男爵、（普通）贵族、士兵、平民以及其他一切人等，而且不论他们处于什么样的状况和条件，也不论他们具备什么样的资格；包括其他一切将要前来参加特兰特圣公会议的教俗人士以及受委派将要陪同这些人前来参加会议的其他教俗人士，特别是信仰“奥格斯堡信纲”①的那些人士②；还包括那些即将前来此地的以及已经准备前来此地的那些人，而且不用考虑他们是以什么样的名义或有可能以什么样的名义前来的。

123 以上所述之人都可以畅通无阻地前来特兰特这座城市；可以在这里停留、逗留和暂居；可以和本圣公会议一道就任何问题提出建议、发表言论，并进行思索、查考和讨论；可以自由提交他们认为合适的任何方案；可以用书面或口头形式提出任何条款；可以依据《圣经》并可以依据神圣教父们的言论、决定和论点来解释、表明和论证他们自己的观点；如果需要，还可以对本圣公会议提出的异议进行答复；可以互容互敬地与本圣公会议选派的人士进行辩论和交换意见，（本圣公会议）不会对此设置障碍，而且，绝对禁止使用那些责难性的、让人恼怒的、攻击性的语言；特别需要说明的是，在这次特兰特圣公会议上，对于那些存在争执的各种问题，将依照《圣经》、使徒圣传③、获认圣公会议④、天主教会的共识以及神圣教父们的权威观点来进行处理。

---

① 奥格斯堡信纲（the Confession of Augsburg），亦称“奥格斯堡信条”。基督教路德宗（信义宗）的基本信仰纲要。该信纲由梅兰希顿（Melanchton，1497—1560 年）在马丁・路德指导下于 1530 年起草，呈交神圣罗马帝国皇帝查理五世，以供在奥格斯堡召开的帝国会议审查。当时考虑到皇帝希望调和天主教与路德派之间的争论，故该信纲采用的语气比较缓和。除绪论外，“奥格斯堡信纲”共 28 条。前 21 条陈述信仰要义；后 7 条列举天主教的各种弊端，呼吁对之进行改革。后因皇帝支持天主教，该信纲未获批准。但是，“奥格斯堡信纲”却得到当时德意志 7 个选帝侯和 2 个自由城市代表的支持。路德等用德文和拉丁文同时公布该信纲，将之作为路德宗的信仰纲领。1540 年，梅兰希顿对 1530 年版本的“奥格斯堡信纲”略加修改，称“改订本”，但新版信纲有与加尔文主义妥协的倾向，未被路德宗接受。1580 年收入《协和书》（路德宗各种信纲的文献汇编）的“不变本”信纲与 1530 年版本略有不同，嗣后，该“不变本”信纲为各国路德宗教会普遍接受。

② 即路德宗信徒（抗议宗教徒）。

③ 关于“圣传”，参见第十四次会议“关于至圣的告解礼和临终涂油礼之教令”第 8 章“关于补赎的必要性及果实”中的相关注释。

④ 获认圣公会议（approved Councils），指获得基督教会各派别特别是天主教会认可的圣公会议。在特兰特会议之前，获得认可的圣公会议有18次，即：尼西亚会议（Council of Nicaea，325

除此之外，还要加以说明的是，在任何情况下，他们都不会由于宗教原因而受到惩罚，也不会因为他们在宗教方面犯下的那些罪过或可能将要犯下的那些罪过而受到惩罚；而且，不论他们是在（前往特兰特的）路途上还是在旅途中的任何一个地方，不论他们是在外逗留还是在返回途中，包括他们在特兰特城这一段时间，他们的宗教职位在任何情况下都不会由于他们出席（本圣公会议）而被打断；在这些（需要商讨的）事项议定以后，或者在议定之前，如果他们或他们当中的任何一个人在其上司要求或准许下而希望回家，那么，不论在什么时候，他们都可以随意地自由而安全地回去，（本圣公会议）不会对之实施任何的妨碍、阻挠和拖延，而且不会损害他们的财物，也不会在尊严和人身方面对各自的随从施加任何的伤害；不过，他们应该把有关回程的想法告知本圣公会议委派的代表，这样的话，就可以采取适当的措施，以保障他们的安全，对此绝无欺诈和欺骗。本圣公会议还希望，不论是什么样的条款，只要是为了对来程、暂居和返程提供全面、有效且充足安全保障所必须且合适的，则都应该包含在这份公信担保或通行许可之中，（未尽之条款）当被视作包含在这份公信担保或通行许可之中。

为了让他们获得更大的安全保障，也为了祈求和平与和解，本圣公会议
还要宣布：假如发生了以下被上帝所禁止的事情，即，不论是在前往特兰特的 124
路途上，还是在暂居于特兰特期间，抑或是从特兰特返回途中，如果他们当中有人或有些人犯下残暴的罪行，那么，由这份公信担保所给予他们的那些恩惠就有可能被取消，他们享有的那些恩惠就有可能终结；本圣公会议希望并认可以下做法，即，一旦发现他们犯有这类罪行，将由他们自己国家的人对之立即进行处罚，要对他们施以应有的惩戒并作出恰当的补救措施，其他人不得插手；本圣公会议方面则会秉持公正，对这种处罚行动给予认可和赞许，这样的话，“通行许可”的形式、内容和措辞就可以保持原样，不做任何改动。

同样，假如发生了以下被上帝所禁止的事情，即，不论是在路途上，还是在暂居期间，抑或是在返回途中，如果本圣公会议方面有人或有些人犯下残

年）、第一次君士坦丁堡会议（First Council of Constantinople，381 年）、以弗所会议（Council of Ephesus，431 年）、加采东会议（Council of Chalcedon，451 年）、第二次君士坦丁堡会议（Second Council of Constantinople，553 年）、第三次君士坦丁堡会议（Third Council of Constantinople，680—681 年）、第二次尼西亚会议（Second Council of Nicaea，787 年）、第四次君士坦丁堡会议（Fourth Council of Constantinople，869 年）、第一次拉特兰会议（First Lateran Council，1123 年）、第二次拉特兰会议（Second Lateran Council，1139 年）、第三次拉特兰会议（Third Lateran Council，1179 年）、第四次拉特兰会议（Fourth Lateran Council，1215 年）、第一次里昂会议（First Council of Lyons，1245 年）、第二次里昂会议（Council of Lyons，1274 年）、法国维埃纳会议（Council of Vienne in France，1311—1313 年）、康斯坦斯会议（Council of Constance，1414—1418 年）、巴塞尔会议（Council of Basle，1431—1445 年）和第五次拉特兰会议（Fifth Lateran Council，1512—1517 年）。

暴的罪行，结果导致这份公信担保所规定的那些恩惠受到侵犯或以某种方式被取消，那么，本圣公会议也希望采取以下做法，即，一旦发现他们犯有这类罪行，将由圣公会议自身对之立即进行处罚，要对他们施以应有的惩戒并作出恰当的补救措施，其他人不得插手；来此出席会议的信奉“奥格斯堡信纲”的德意志人[1]则可从他们那一方面对这种处罚行动给予认可和赞许，这样的话，“通行许可”目前具有的这种形式、内容和措辞就可以保持原样，不做任何改动。

另外，本圣公会议还希望，对于他们的使节来说，只要条件许可，或只要情况需要，那么，不论在什么时候，都要允许他们到特兰特城外去呼吸新鲜空气，并允许他们返回城内；而且，不论在什么时候，只要他们认为有需要，都要允许他们派遣或紧急派遣自己的信使或信使们前往任何一个地方，以处理他们必须要处理的那些事务，或去收取送来的或紧急送来的那些东西，或者去迎接被派来或被紧急派来的人士；不过，（本圣公会议）将从事先委任的那些人中选派一人或多人陪同之，以给他们提供安全保障。

从他们开始得到本圣公会议及其代理人的保护之时起，一直到他们抵达特兰特城，再加上他们在这里暂居的整个阶段，这一通行许可和安全保障都将一直有效。另外，在对会议进行足够的聆听之后，亦即在听满20天之后，如果他们自己想要回去，或者如果在这类听会时限届满之后，本圣公会议通
125 知他们可以回去的话，那么，他们每个人都可以选择一个安全的去处，本圣公会议将在上帝的帮助之下，带领他们从特兰特城出发并将他们送到那一安全的地方，对此绝无任何欺诈和欺骗。[2]

本圣公会议向每一位和所有的基督教徒、向所有的教俗王公、向所有的教俗人士真诚地许诺并保证，也就是说，不论他们处于什么样的状况、居于什么样的地位，也不论他们拥有什么样的名头，本圣公会议都要向他们真诚地许诺并保证：以上所述的一切内容都将得到遵守，不容侵犯。

此外，本圣公会议还要诚恳而真诚地、绝无欺诈和欺骗地许诺：对于本圣公会议赋予上述人等的这一公信担保、至为全面的安全保障以及他们可以公开而自由地聆听会议的权利，本圣公会议不论在公开场合还是在私下里，都

---

① 信奉“奥格斯堡信纲”的德意志人，即路德宗信徒。关于“奥格斯堡信纲”，详见该“通行许可”的前文注释。

② 这一段所表达的思想与前文所说的那种可以来去自由的许诺存在明显差异。这里所要表达的是，抗议宗教徒（路德宗教徒）来到特兰特城之后，如果倾听“教诲”的时间不达20天就要回去的话，特兰特圣公会议将不保证他们的安全。这种威胁性的语言对于抗议宗教徒来说显然是难以接受的。

不会伺机做出任何有损于之的事情；而且，本圣公会议自身不会利用同时也不允许其他任何人利用任何的权威、权力、权利、法令以及法律或教会法规赋予的特权而做出任何有损于之的事情；另外，不会也不允许以任何形式利用（历史上的）任何圣公会议——特别是康斯坦斯会议[①]和西耶纳会议[②]——而做出任何有损于之的事情；因为在这个问题上以及在这种时刻，（如果做出这类事情），都将是与前述主张相背离的。

不论是本圣公会议自身，还是本圣公会议中的任何一位成员，抑或是这些成员的随从，不论他们有多么高的地位、多么高的身份，也不论他们有多么显赫，均不得做出全能者[③]所禁止的事情，即，对于以上公布的这一安全保障和通行许可，不得在任何一点上或在任何一个条文上侵越其构成及条款；如果做出了这类侵越行为，就必须立即采取补救措施，而且要让他们一方[④]达到满意，一直到他们一方本着公正原则表示认可和赞许为止。否则，他们便有权认为，本圣公会议已经招致一切应有的惩罚，亦即招致根据人类的法律、上帝的法律或按照习俗对这类通行许可的侵越者所施加的一切惩罚；在这个问题上，本圣公会议绝不会找任何的借口，绝不会做任何的狡辩。[⑤]

---

① 康斯坦斯会议（Council of Constance），1414—1418 年在德意志城市康斯坦斯召开的宗教会议，会议的主题之一是解决“异端”问题。捷克宗教改革的领袖约翰·胡斯（Jan Hus，1369？—1415 年）在前往康斯坦斯之前，曾得到人身安全的诺言，但在到达该地之后，却被定罪并被处以火刑。英国宗教改革的先驱人物约翰·威克里夫（John Wycliffe，1324—1384 年）虽然早已作古，但康斯坦斯会议还是下令掘出他的骸骨并加以焚毁。

② 西耶纳会议（Council of Siena），又称“帕维亚-西耶纳会议”（Council of Pavia-Siena），1423—1424 年间在意大利举行的宗教会议，首先在帕维亚城开幕，随后又转移至西耶纳城。这次宗教会议是沿着康斯坦斯会议的思路而对“异端”进行进一步讨伐的，约翰·胡斯和约翰·威克里夫的信徒或追随者均受到严厉谴责。1424 年 2 月 20 日，会议草草解散。会议结束之时，西耶纳城地方官员决定，所有与会者必须把所欠费用交齐，否则任何人不得离开西耶纳城。在西方教会史上，大多数人不承认这次会议的“圣公会议”地位。

③ 全能者（the Almighty），基督教用语，指全知、全能、无处不在的上帝。

④ 指信奉路德宗的德意志人。

⑤ 这份“通行许可”中最为明显的问题之一或许就是：它只赋予路德宗教徒“聆听”权和讨论权，而闭口不谈路德宗教徒在审议有关教规教令时的投票权、表决权。实际上，这也就等于否定了路德宗的合法地位。关于这一问题，双方曾有许多交涉，但天主教会方面最终没有作出让步。这份“通行许可”的号召力由此也就变得微乎其微了。

第十六次会议

本次会议于1552年4月28日举行。这是教宗尤里乌斯三世统治时期召开的(特兰特圣公会议)第六次会议也是最后一次会议。

关于暂停本圣公会议之教令[①]

基督教特兰特圣公会议是在圣灵之中合法召开的,会议主持者是教宗使节、最为值得尊敬的西彭托大主教塞巴斯蒂安和维罗纳主教阿罗伊斯,他们是以其本人的名义并以最为值得尊敬的、杰出的马赛罗·克莱森的名义主持这次会议的;克莱森是教宗代表,是神圣罗马教会的枢机,并拥有圣马赛罗之头衔,由于身患重病,他未能出席今天的会议。[②]

本圣公会议相信,所有基督徒肯定都应该知道,在特兰特举行的这次基督教圣公会议最初是由已故教宗保罗[③]下令召开的。后来,应至威至严的皇帝查理五世[④]之请,我们的教宗尤里乌斯三世[⑤]又重新下令召开这次会议。重开这次圣公会议的主要原因在于:在世界上的许多地方,特别是在德意志,宗教观念已经令人扼腕地变得四分五裂,而重开这样的圣公会议或许能够让宗教恢复原状,而且或许还能够对基督徒们的各种恶习和极其堕落的生活方

---

① 这份教令原本没有分段。为便于阅读,现根据其行文将之分成若干段落。特此说明。

② 关于会议主持人及其头衔,详见第十一次会议中的相关注释。

③ 即教宗保罗三世(1534—1549年在位)。关于保罗三世,详见本书开篇“教宗保罗就召开特兰特圣公会议所颁的训令”中的相关注释。

④ 即神圣罗马帝国皇帝查理五世(1519—1555年在位)。“至威至严的”(the most august)这一表达方式如果换成名词(August),即作为查理五世的尊号,通常译为“奥古斯都”。关于查理五世,详见本书开篇“教宗保罗就召开特兰特圣公会议所颁的训令”中的相关注释。

⑤ 尤里乌斯三世(1550—1555年在位),详见特兰特会议第二阶段开始前那份“教宗尤里乌斯三世就继续召开特兰特圣公会议所颁的训令”中的相关注释。

式进行规劝和纠正。

正是为了这一目的，许许多多的教会父老不顾身心劳苦，不顾人身安危，他们心甘情愿地从各自的国家汇聚此地。在信众们的这一伟大盛会中，会议议程在兢兢业业、其乐融融的氛围中向前推进。人们还满心希望地认为，开启那些宗教变革的那些德意志人将会前来参加本圣公会议，而且他们的意向表现得非常明显，似乎他们肯定会一致认可（天主）教会的真理。① 因此，局面似乎渐有改观，一丝光明终于显现出来，在此之前败落不堪、受尽折磨的基督教世界由此开始扬起头来。

后来，突然之间，人类之敌施展诡计，点燃了骚乱和战争之火。② 本圣公 127
会议受到极大的干扰而被迫停顿下来，会议进程亦被迫中断。因此，继续推进会议进程的一切希望在那一时刻便化为乌有。本圣公会议远远没有能够根治存在于基督徒中的各种邪恶和忧患，因此，出现了事与愿违之事，即，本圣公会议并没有让许多人的心绪平静下来，相反，却是让他们变得烦躁不安。

本圣公会议已经看到，各个地方尤其是德意志地区已是刀光剑影，纷乱迭起；几乎所有的德意志主教特别是那些选帝侯早已离会，因为他们都非常挂念自己的教会。（留下来的）教会父老们如今已经不可能再取得什么进展，因此，本圣公会议当时就已作出决定，不应抗拒如此紧迫之事，而应等待更好的时机；这样的话，教会父老们就可以返回各自的教会以关照自己的羊群，而不必在毫无意义的无所事事中继续荒废时间。

鉴于目前形势的迫切需求，本圣公会议下令，这次基督教特兰特圣公会议将暂停两年，暂停时间从本教令发布之时算起。③ 不过，关于这一规定，还要注意以下要求，即：本圣公会议相信，在至善而伟大的上帝的帮助下，和平与安宁将会很快到来；如果（在不到两年的时间里）和平就已到来，从前的那种安宁又得以恢复，那么，本圣公会议的进程将从那一时刻算起，而且，从那

---

① 实际上，路德宗方面的确派出了一些代表前去参加会议，其中最有名的是布伦兹（Brenz，1499—1570 年），1552 年 3 月，他和其他一些路德宗教徒抵达特兰特，在随后的会议讨论中坚定维护路德宗的信条，结果引发天主教会方面的极大震动。另外，地位仅次于马丁·路德的另外一位代表人物梅兰希顿（Melanchthon）亦曾动身前往特兰特，但因形势变化而中途返回。

② 当时西欧大陆的局势的确动荡不安，法德之间战事不断，德意志内部亦是混乱如麻。在第十六次会议之前的一段时间里，比较严重的问题是：1552 年 1 月，信奉天主教的法国国王亨利二世（Henry II，1547—1559 年在位）与信奉新教路德宗的萨克森选帝侯莫里斯（Maurice，生卒年为 1521—1553 年，其间 1547—1553 年任选帝侯）结盟，共同对付神圣罗马帝国皇帝查理五世；1552 年 4 月，法国国王与帝国皇帝之间爆发战争，法国方面侵入洛林（Lorraine），并攻占土尔（Toul）、梅茨（Metz）和凡尔登（Verdun）。第十六次会议结束后，西欧大陆继续在混战之中煎熬多年。

③ 实际上，特兰特会议间断了近 10 年。后来，在教宗庇护四世（Pius IV，1559—1565 年在位）倡导下，1562 年 1 月 18 日，特兰特会议重新开启。

一时刻算起的会议进程具有完全的合法性、恒定性和权威性。

需要注意的是，如果出现以下情况（当然上帝可能会阻止这种情况的出现），即，如果在规定的两年期限到来之时，前文所述的那些实际障碍还没有被清除，那么，在此之后，一旦这些障碍被清除，本暂停令将立即被视为在事实上已被取消，本圣公会议将恢复而且将被视为恢复其原有的全部权力和权威，而不需要再发布任何新的召开圣公会议之谕令；教宗和教廷已经同意这一规定，同时亦认可本教令具有这一权威效力。

与此同时，本圣公会议还要向所有的基督徒王公和教长发出告诫：在本圣公会议已经制定并颁布的所有的和每一份教规教令中，只要是与他们有关的，他们就要在各自的王国、领地和教会中予以遵守，而且还要促使各自的属民遵守之。

教宗庇护四世[①]就召开特兰特圣公会议所颁的训令

128

教宗庇护四世

① 庇护四世(Pius IV,1559—1565 年在位),其本名是吉奥瓦尼·昂热罗·美第奇(Giovanni Angelo Medici),1499 年出生于米兰的美第奇家族(该家族原本并不显赫,因此,佛罗伦萨的美第奇家族曾长期拒绝承认与之有亲缘关系,但在庇护四世当选教宗之后,佛罗伦萨美第奇家族却一反常态地变得热情起来,认定两个家族肯定是同祖同宗),早年学过哲学和医学,后来获得法律博士学位。1527 年,美第奇开始投身宗教界,先后得到教宗克勒芒七世、保罗三世和尤里乌斯三世的宠信,并于 1549 年被擢升为枢机主教。教宗保罗四世(1555—1559 年在位)时期,美第奇因反对教宗的内外政策而失宠,于是退居米兰。1559 年,保罗四世去世,经过长达三个多月的角逐,美第奇最终获任教宗,并于 1560 年 1 月 6 日正式加冕,称庇护四世。出任教宗之后,庇护四世首先大力整顿前任教宗遗留下来的严重的裙带关系问题;1561 年 3 月 5 日,前任教宗的两个侄子,即枢机主教卡尔罗·卡拉法(Carlo Carafa)和帕里亚洛(Paliano)公爵吉奥瓦尼·卡拉法(Giovanni Carafa),均被处死。庇护四世上任之初,即着手准备继续召开特兰特会议。在其努力下,1562 年,中断近10年的特兰特会议终于重新启动。1563年,断断续续达18年的特兰特会议终于宣布结

上帝的众仆之仆、主教庇护[①]特颁此谕，以备永久纪念。[②]

掌管天主教会实乃一副极为沉重的担子，尽管朕深知难当这一重任，但是，蒙上帝爱怜，朕还是被推上了这一岗位。获此恩召之后，朕便随即放眼观察基督教世界的每一个角落，结果让朕触目惊心。朕看到，异端和分裂有如瘟疫一般，渗透得既深又广；同时，基督徒民众的道德教化亦问题累累，急需改造。在其位就应谋其政。因此，朕从当政之初便开始关注和思考如下问题，即：如何根除前面所述的那些异端，如何消弭极为严重且贻害无穷的分裂状况，如何修缮那些已经极度腐败堕落的道德教化。朕知道，要想根治这些灾难性弊病，最合适的药方就是罗马教廷惯常采用的那一种，即召开基督教圣公会议。因此，朕也决意在上帝的帮助下召开一次这样的会议。

实际上，这次会议早已由朕之先任、已故教宗保罗三世[③]及其继任者尤里乌斯[④]下令召开，但是，由于各种各样的原因，会议频频受阻且一再中断，结果使得这次会议一直无法真正结束。当年，保罗[⑤]下令召开这次会议的时候，会议地点先是定在曼图亚，后又改在维琴察；后来又宣布暂停这次会议，接着又决定将会议地点转移到特兰特；关于这一系列变故的原因，保罗在其信函中均有说明。[⑥]后来，即便在特兰特这个地方，由于某些原因，会议的开幕日期也还是又被推迟了；不过，在撤销暂停令之后，会议最终还是在特兰特城开了头，在这里举行了几次全体会议，也颁布了一些教令。随后，由于某些原因，在罗马教廷的同意下，会议地点又转移到了波伦亚。[⑦]但是，继之而任教宗的尤里乌斯又将会议地点改回到了特兰特城[⑧]，在此期间，又颁布了一些教令。然而，在(和特兰特城)毗邻的德意志一些地区，又出现了新的动荡

束。特兰特会议结束之后，庇护四世显示出安于享乐之倾向，同时亦开始对教宗国臣民征收大量赋税，用以改造罗马城。另外，庇护四世性格相对温和。因此，天主教会中的一些坚定的正统派开始对庇护四世的“正统性”表示怀疑。1565 年 12 月 9 日，庇护四世因发高烧去世。

① 即教宗庇护四世(1559—1565 年在位)。沃特沃斯的这个版本将之写成“保罗”(Paul)，见原文第 128 页。这显然是笔误，现予以更正。

② 庇护四世的这篇谕函原本没有分段。为便于阅读，现根据其行文将之分成若干段落。特此说明。

③ 保罗三世(Paul III，1534—1549 年在位)，在他的推动下，特兰特会议于 1545 年 12 月 13 日正式开幕，但由于形势所迫，会议于 1547 年 6 月 2 日暂停。此为会议的第一阶段。

④ 即尤里乌斯三世(Julius III，1550—1555 年在位)，即位之后，该教宗便下令继续召开特兰特会议，会议于 1551 年 5 月 1 日正式开始，但于 1552 年 4 月 28 日再次暂停。此为会议的第二阶段。

⑤ 即教宗保罗三世。

⑥ 详见本书的开篇“教宗保罗三世就召开特兰特圣公会议所颁的训令”。

⑦ 详见第七次会议“关于授权更换会议地点之教宗谕令”以及第八次会议“关于转移会议地点之教令”。

⑧ 详见第二阶段会议开始前的“教宗尤里乌斯三世就继续召开特兰特圣公会议所颁的训令”。

不安因素；在意大利和法兰西，也点燃了新的战火，而且情势极为严峻；因此， 129
会议只得再次暂停并延期。对于教会而言，这次会议乃是一件功德无量之事，人类的恶敌当然没有力量彻底阻止其召开，但他却使出浑身解数，在道路上设置障碍，制造难题，其目的就是要尽其所能地拖延会议的召开，而且拖延的时间是越长越好。

也就是在此期间，各种异端在肆无忌惮地滋长、繁衍和扩殖，分裂的情形也在漫无边际地扩展，但凡想到这些问题，或者说只要是谈到这些问题，朕总是忧心如焚。不过，善良而慈悲的上帝从来不会因为发怒而忘却施恩[1]，最终他还是垂顾人间，将和平与共识赐给了诸位基督徒王公。有了这一天赐良机，再加有上帝的慈悲作为依靠，朕便产生这样一种至强至烈的愿望，即：通过前面所述的召开圣公会议这种方式，或许可以彻底解决教会中的这些极为严重的邪恶问题。因此，朕认为，为了清除分裂和异端，为了纠正和改造民众道德，同时也为了维护基督徒君王之间的和平，必须尽早召开圣公会议，再也不能拖延下去。

关于这一问题，朕已与那些德勋望重的同仁兄弟们(即神圣罗马教会的枢机主教们)作过充分的商讨，而且亦已将朕的想法知会朕所至爱的基督之子"罗马人的当选皇帝"斐迪南[2]以及其他各位君王。他们都是至虔至诚、充满智慧之人，因此，朕发现，正如朕所期待的那样，他们均非常愿意为这次圣公会议的召开提供支持。在这件事上，给朕提供倚靠和支持的不仅有上帝的权威，而且还有彼得和保罗二位神圣使徒的权威，而朕目前行使的也正是二位使徒当年享有的那种权威。有基于此，为了颂扬、尊崇和荣耀全能的上帝，也为了整个教会的福祉，在听取上述那些德勋望重之同仁兄弟们的建议后并经他们的同意，朕将召开一次基督教圣公会议，地点是在特兰特城，时间就定在明年的复活节[3]这一至圣的日子里。因此，朕决定并颁令：此前所有的暂停令一并撤销，会议将在那里举行。

---

① 《圣经》言："耶和华啊，我听见你的名声就惧怕。耶和华啊，求你在这些年间复兴你的作为，在这些年间显明出来；在发怒的时候以怜悯为念。"见《圣经·旧约·哈巴谷书》3:2。

② 即斐迪南一世(Ferdinand I，生卒年为 1503—1564 年)，神圣罗马帝国皇帝查理五世之弟，1531 年被选为"罗马人的国王"(King of the Romans)，即德意志地区的国王。1555 年，查理五世主动放弃皇权，斐迪南开始行使皇帝职权，不过，查理五世依旧保有皇帝头衔。1558 年，查理五世去世，斐迪南当选为帝国皇帝。但是，当时的罗马教宗保罗四世拒绝承认斐迪南的皇帝身份。因此，尽管斐迪南在其境内早已行使皇帝职权，但罗马教廷方面却只承认他是"当选的皇帝"(Emperor-elect)，而非正式即位的皇帝。庇护四世在当选教宗之后不久，便于 1560 年 1 月 16 日正式承认了斐迪南的皇帝身份；不过，庇护四世在各种谕令中还是习惯于称之为"当选的皇帝"。

③ 指 1561 年的复活节。不过，这一决定并未变为现实。1561 年 4 月中旬，抵达特兰特城的高级教士只有区区 9 人，因此，会议无法按原定日期开幕。1562 年 1 月 18 日，会议方正式开幕。

为此，朕以上帝之名义向下述人等发出真诚的敦劝和告诫，即：朕的那些德勋望重的同仁兄弟（不论他们身处哪个国家）、宗主教、大主教、主教、朕所钟爱之子即修院院长们以及那些依据习惯法、特权或古老习俗而有资格参加圣公会议并有资格在会议上发表意见的人士，都必须在上述所定日期里齐聚到那里，以参加圣公会议。因正当原因受阻而不能成行者除外，不过，即使遇到这类情况，他们也必须要派合法的代理人，由其向圣公会议说明他们不能成行之缘由。朕的上述命令是毫不含糊的，是依据他们所作的服从之圣愿[①]
130 作出的，也是依据他们所发的恪尽职守之誓言而作出的。如果有人不屑于参加圣公会议，就将招致惩罚，他们也知道，这些惩罚措施是神圣的教会法规所规定的。

此外，朕还要向与此次会议确实相关或可能相关的一切人等发出规劝，要求他们不要忘了参加圣公会议这件事。至于朕所至爱的基督之子“罗马人的当选皇帝”[②]以及其他基督徒王公，朕诚挚地希望他们能够出席会议。朕要向他们作出如下敦劝和恳求，即：如果他们不能亲自出席会议，那么，他们至少要派遣一些办事审慎、声誉良好、信仰虔诚之人作为代表，让这些人以其君王的名义出席会议。在虔诚信仰的激励之下，君王们还应保证，在目前这样一种情况危急的时代，在各自所辖的王国和领地之内，教长们必须履行自己对上帝、对教会所负的职责，而且在履行职责之时既不得拒绝，也不得拖延。朕对下述这一点也是毫不置疑的，即，君王们肯定能够做到：如果各地教长及其扈从、随员以及往返于此次圣公会议的其他一切人等取道于君王们的国家和领地，君王们将会保证道路的安全与畅通；在各个地方，与会者都能受到友善且礼貌的接待和安排。不论是什么事情，只要应该是由朕负责的，朕也都将按照上述方式行事。这是因为，既然朕已被推举到了这个位置上，那么，正如上帝所知道的那样，除了完成这一至虔至诚、益处无穷的善事之外，朕是别无他求。为达此目的，朕已下定决心，只要是朕能够做到的，就绝对不会有半点疏漏。而且，召开这次会议，就是为了上帝的荣耀、为了收复和拯救飘零四散的羊群、为了基督教世界获得持久的和平与安宁，除此而外，朕已无任何其他的愿望。

朕的这封信函及其内容将让一切相关之人知晓；对于所有必须知阅此信之人，此信将毫无阻碍地传达到他们手中，因此，任何人都不得以不知此信为

---

① 服从（obedience）是基督教会所说的三圣愿之一，指教会人士必须服从上级，不得违抗。修士、修女在加入修会之时，要许下守贞洁、守贫穷、守服从这三个誓愿。

② 即神圣罗马帝国皇帝斐迪南一世（Ferdinand I），详见前文注释。

借口。所以，朕希望并下令：朕之宫廷信使或某些公证人必须在梵蒂冈的使徒之长大教堂和拉特兰大教堂高声公开宣读此信，时间要选在民众通常聚集到那里聆听宗教圣礼的时候。宣读完毕之后，要把此信张贴在上述大教堂的门上，另外还要张贴在教廷文书院的大门上，在鲜花广场通常张贴此类文件的地方也要张贴此信。在这些地方，此信要公开张贴一段时间，以便让所有人详细阅读并知晓其内容。此信撤下来以后，在同一地点还将张贴信件的抄写本。通过如此这般的宣读、公布和张贴，朕希望，从公布并张贴之日起，经过两个月的时间，朕前述信函所涉及的所有人都能产生强烈的义务感和责任感，就如当着他们的面宣读和公布此信一样。另外，朕命令并颁谕：要毫不动摇且毫不迟疑地保证信函抄写本的准确可靠，其抄写和签署均要通过公证人之手，而且要由有权威的教会人士盖章担保。① 131

因此，不得有任何人胆敢冒犯朕的这封集号召、法规、教令、命令、训诫和恳求于一体的信函，也不得有任何人胆敢莽撞地反对它。如果有人企图如此行事，就要让他知道，他将招致全能的上帝以及神圣的使徒彼得和保罗的愤恨。

吾主道成肉身纪元 1560 年（即本朝第一年）12 月 3 日②于罗马圣彼得大教堂。

安东尼乌斯·弗洛尔贝鲁斯·莱福利努斯

巴伦居斯③

---

① 这一自然段以及下一自然段均和教宗保罗三世在 1542 年所颁谕令中的相关部分在内容和文字表达上是一致的，对相关文字的注释详见本书开篇“教宗保罗三世就召开特兰特圣公会议所颁的谕令”。

② 在施罗德的英译本《特兰特圣公会议教规教令集》中，这一日期为 1560 年 11 月 30 日，见该译本第 123 页。另，根据布克利（Buckley）的说法，这份谕令的公布时间是 1560 年 11 月 29 日；11 月 30 日，该谕令被送往法国各地。详见 Theodore Alois Buckley, *A History of the Council of Trent, Compiled from a Comparison of Various Writers, with a Chronological Summary*, London: George Routledge and Co., 1852, pp. 267—268, 277。

③ 安东尼乌斯·弗洛尔贝鲁斯·莱福利努斯（Antonius Florebellus Lavellinus）和巴伦居斯（Barengus）应为教廷文书院工作人员，负责这份文件的起草及公证。另，按照布克利（Buckley）的说法，教宗庇护四世当时是委托三位枢机主教起草这份谕令的。详见 Theodore Alois Buckley, *A History of the Council of Trent, Compiled from a Comparison of Various Writers, with a Chronological Summary*, p. 267。

第十七次会议

本次会议是教宗庇护四世统治时期召开的基督教特兰特圣公会议第一次会议。本次会议于 1562 年 1 月 18 日举行。

关于召开(特兰特)圣公会议之教令

为了对神圣且不可分割的三位一体即圣父、圣子和圣灵表达赞美与称颂之情,为了增进和强化基督信仰与基督教,从今天开始,亦即从吾主诞生后的 1562 年 1 月 18 日起,也就是说,从圣彼得宝座节①这一天开始,基督教圣公会议将在特兰特召开。本次圣公会议是在圣灵之中合法召开的,也是依据吾等至圣之教宗庇护四世所颁谕函中规定的形式及意旨而召开的。(会议期间),必须遵守应有的秩序。教宗特使②将提出适合本次圣公会议讨论的议题,并在他们的主持下对这些问题进行思考。①思考这些问题的目的就是:缓和这一时代遭遇的各种灾难,调解宗教上的各种纷争,遏制那些欺骗性的言

---

① 全称是圣彼得罗马宝座节(the Feast of the Chair of St. Peter in Rome),为纪念使徒彼得首次在罗马城为信徒举行宗教仪式而设立的节日。据称,彼得第一次在罗马城举行宗教仪式是在 1 月 18 日,当时他坐的是一把便携式座椅。从公元 2 世纪开始,基督教徒就开始纪念这一日子。另,还有圣彼得安条克宝座节(the Feast of the Chair of Saint Peter at Antioch),时间是在每年的 2 月 22 日,该节是为纪念彼得创立安条克主教区而设立的。

② 名义上有 5 位特使,但实际上为 4 位。1561 年 2 月 14 日,庇护四世任命两位枢机主教即埃尔科莱·贡扎加(Ercole Gonzaga,1505—1563 年)和加柯莫·普太奥(Giacomo Puteo,1495—1563 年,由于生病,实际上从未真正履行特使职能)为教宗特使;1561 年 3 月 10 日,又任命基洛拉莫·赛里潘多(Gerolamo Seripando,1493—1563 年)、斯塔尼斯劳·霍希欧(Stanislao Hosio,1504—1579 年)和路德维希·希莫奈塔(Ludovico Simonetta,约 1500—1568 年)为教宗特使。在这 5 位特使中,有 3 位病逝于特兰特会议结束之前。这里简单介绍其中的两位。其一,贡扎加:出身于长期统治曼图亚的贡扎加家族,青少年时期曾学习哲学和神学,22 岁(1527 年)即获得枢机主教头衔。贡扎加与教宗、神圣罗马帝国皇帝以及法国国王均保持密切关系。1561年年初,他被庇

论,改造那些堕落的生活方式。诸位对此是否赞同?

*他们答曰:*我们赞同。②

关于下次会议的通告

下次会议将在大斋节中的第二个星期天之后的那个星期四亦即 2 月 26 日③举行。诸位对此是否赞同?

*他们答曰:*我们赞同。

护四世任命为教宗首席特使,负责特兰特会议的日常工作。1563 年 3 月 2 日,贡扎加因发高烧而在特兰特去世,年仅 58 岁。其二,赛里潘多:出身于意大利南部阿普利亚(Apulia)的一个贵族家庭,14 岁时加入奥古斯丁修会(the Augustinian Order),通晓希腊语、希伯来语、哲学和神学。赛里潘多曾任波伦亚大学神学教授和副校长。他极具辩才,深得神圣罗马帝国皇帝查理五世的赏识。1546 年,赛里潘多中途参加特兰特会议,就《圣经》文本、原罪以及称义等问题发表许多独特的意见。后来,教宗保罗三世任命他为特使,出访德、法等国。此后,赛里潘多一度过着隐居生活。1561 年,庇护四世授予他枢机主教头衔,并任命他为负责特兰特会议的第二特使。1563 年 3 月 17 日,赛里潘多因患肺炎在特兰特去世。

① 这一表述显然有强调教宗以及教宗特使权威之用意。对于这一表述,不少与会代表在后来表示强烈不满。正因如此,第二十四次会议对之作出明确阐释和限定,实质上是废除了这一说法。参见第二十四次会议"关于改革之教令"第 21 章。

② 来自西班牙的 4 位主教没有投赞同票,他们反对教宗特使在议题选择上的特权。

③ 即 1562 年 2 月 26 日。

133

第十八次会议

本次会议是教宗庇护四世统治时期召开的第二次会议。本次会议于 1562 年 2 月 26 日举行。

关于书籍的挑选以及诚邀一切人士出席本圣公会议之教令①

基督教特兰特圣公会议是在圣灵之中合法召开的，会议主持人依然是教廷的诸位特使②。本圣公会议认为，人类自身的力量不可信赖，值得依靠的只有吾主耶稣基督的救援与支持，他曾许诺，他要把口才与智慧赐给他的教会③。在天主教教义问题上，存在着各种相互矛盾的观点，而且持这些观点的人又是相持不让，结果使得天主教教义在许多方面遭到亵渎，其含义也被弄得模糊不清。因此，本圣公会议特别关注的问题就是，要彻底恢复天主教教义原有的纯洁和辉煌。另外，人们的道德水准已经偏离轨道，与古老的习俗已相去甚远，因此，本圣公会议要力争将之带回到更好的生活方式之中。而且，务必要让“为父的心转向儿女”④，也要让做儿女的心转向父亲。

首要的问题是，有些书籍不仅可疑，而且有害，它们当中包含有不纯的教义，而且这些教义已是四处传播。本圣公会议注意到，在过去一段时间以来，

---

① 这份教令原本没有分段。为便于阅读，现根据其行文将之分成若干段落。特此说明。

② 详见第十七次会议“关于召开（特兰特）圣公会议之教令”中的相关注释。

③ 《圣经》言：“我必赐你们口才、智慧，是你们一切敌人所敌不住、驳不倒的。”见《圣经・新约・路加福音》21:15。

④ 《圣经》言：天使对撒迦利亚预言“施洗约翰的出生”，并说，这个约翰“要使许多以色列人回转，归于主——他们的上帝。他必有以利亚的心志能力，行在主的前面，叫为父的心转向儿女，叫悖逆的人转从义人的智慧，又为主预备合用的百姓。”见《圣经・新约・路加福音》1:16—17。

这类书籍的数量急剧增长。正是由于这一原因,各个教省特别是纯洁不染的罗马城都曾怀着满腔虔诚对很多这类问题进行了处罚,这一点是毋庸置疑的,不过,对于这样一种如此严重、如此有害的混乱现象,至今仍没有找到可以根治的良药。本圣公会议认为以下做法是合适的,即:选派一些教会父老来从事这项调查工作,父老们在惩戒问题上以及书籍甄别问题上,应该认真思考,找出适当的应对措施,然后在合适的时候向本圣公会议作出汇报。这样的话,本圣公会议就可以比较容易将那些杂乱纷呈、稀奇古怪的学说作为野草从基督教真理之麦中区分开来①,因而也就更加便于本圣公会议进行思考并作出更好的决策,以消解许多人心中的焦虑之情,同时也能够从源头上消除人们的不满。此外,本圣公会议希望以上所说的这一切应该让所有人都 134
知晓,而本圣公会议颁布这份教令也正是为了做到这一点。因此,不论何人,只要他认为自己与书籍及处罚之事有关,或者说,只要他认为自己与本圣公会议此前宣布的并将在本圣公会议上处理的其他任何事情有关,那么,本圣公会议都将礼貌地倾听其意见,这一点不必怀疑。

本圣公会议诚恳地向上帝发出祈求,衷心希望获得能够让教会平安的那些东西②,让所有人都能承认我们在尘世上的共同之母③,而这位母亲也是不会忘却她所生养的儿女的④;这样的话,我们就可以用同一个心智,异口同声地去荣耀上帝,去荣耀吾主耶稣基督之父。⑤ 正是基于这样的愿望,本圣公会议要借助于吾主上帝的慈悲恻隐之心向所有尚未与我们共享圣餐之人发出邀请和规劝,敦请他们和睦和解,敦请他们前来参加圣公会议,敦请他们心存作为完美之保证的爱心,而且还要敦请他们展示涌动在其心中的基督之平

---

① “野草”(cockles,亦写成 weeds),亦称“稗子”,按照《圣经》所言,指麦田里的那些鱼目混珠的“麦仙翁”,耶稣曾以之比喻那些生活在好人之中的恶人。《圣经》言:“天国好像人撒好种在田里,及至人睡觉的时候,有仇敌来,将稗子撒在麦子里就走了。到长苗吐穗的时候,稗子也显出来了。田主的仆人来告诉他说:‘主啊,你不是撒好种在田里吗?从哪里来的稗子呢?’主人说:‘这是仇敌做的。’仆人说:‘你要我们去薅出来吗?’主人说:‘不必,恐怕薅稗子,连麦子也拔出来。容这两样一起长,等着收割。当收割的时候,我要对收割的人说,先将稗子薅出来,捆成捆,留着烧;惟有麦子要收在仓里。’”见《圣经·新约·马太福音》13:24—30。

② 《圣经》言:“你们要为耶路撒冷求平安。耶路撒冷啊,爱你的人必然兴旺。愿你城中平安,愿你宫内兴旺。因我兄弟和同伴的缘故,我要说:‘愿平安在你中间。’”见《圣经·旧约·诗篇》122:7—8。

③ 指以罗马教廷为首的天主教会。

④ 《圣经》言:“妇人焉能忘记她吃奶的婴孩,不怜恤她所生的儿子?即或有忘记的,我却不忘记你。看哪,我将你铭刻在我掌上,你的墙垣常在我眼前。”见《圣经·旧约·以赛亚书》49:15—16。

⑤ 《圣经》言:“但愿赐忍耐、安慰的上帝,叫你们彼此同心,效法基督耶稣,一心一口荣耀上帝、我们主耶稣基督的父。”见《圣经·新约·罗马书》15:5—6。

安，因为这一平安正是他们蒙召并归为一体之所在。① 以上这一声音并不是由人类发出的，而是由圣灵发出的。因此，在听到这一呼唤之后，望他们不要再硬着心肠②，不要再循着自己的意旨前行③，也不要再追求自身的喜悦④；通过他们自己的母亲作出的这一虔诚而有益的规劝，要让他们深受感动并能皈依过来。本圣公会议是以至慈至善之心向他们发出邀请的，当然也会以同样的态度来接待他们。

此外，本圣公会议宣布，可以在圣公会议日常集会上颁布一份公信担保，它将与在公开的全体大会上颁布的公信担保具有同等的效力、权威和约束力。

关于下次会议的通告

基督教特兰特圣公会议是在圣灵之中合法召开的，会议主持人依然是教
135 廷的诸位特使。⑤ 本圣公会议决定并颁令，下次会议将在至圣的耶稣升天节⑥之后的那个星期四举行，亦即在 5 月 14 日⑦举行。

---

① 《圣经》言："要存着爱心，爱心就是联络全德的。又要叫基督的平安在你们心里做主；你们也为此蒙召，归为一体；且要存感谢的心。"见《圣经・新约・歌罗西书》3:14—15。

② 《圣经》言："你们不可硬着心，像当日在米利巴，就是在旷野的玛撒。那时，你们的祖宗试我探我，并且观看我的作为。"见《圣经・旧约・诗篇》95:8—9。另，《圣经》言："就不可硬着心，像在旷野惹他发怒、试探他的时候一样。在那里，你们的祖宗试我探我，并且观看我的作为有四十年之久。"见《圣经・新约・希伯来书》3:8—9。

③ 《圣经》言："所以我说，且在主里确实地说，你们行事不要再像外邦人存虚妄的心行事。他们心地昏昧，与上帝所赐的生命隔绝了，都因自己无知，心里刚硬；良心既然丧尽，就放纵私欲，贪行种种的污秽。"见《圣经・新约・以弗所书》4:17—19。

④ 《圣经》言："不求自己，只求别人的喜乐"，"我们坚固的人应该担待不坚固的人，不求自己的喜悦。我们各人务要叫邻舍喜悦，使他得益处，建立德行。因为基督也不求自己的喜悦，如经上所记：'辱骂你人的辱骂都落在我身上。'"见《圣经・新约・罗马书》15:1—3。

⑤ 详见第十七次会议"关于召开（特兰特）圣公会议之教令"中的相关注释。

⑥ 耶稣升天节在复活节 40 天之后。

⑦ 即 1562 年 5 月 14 日。

给予德意志民族的通行许可①

该教令是在1562年3月4日圣公会议常规集会上颁布的。

基督教特兰特圣公会议是在圣灵之中合法召开的，会议主持人依然是罗马教廷的诸位特使。本圣公会议面向所有人作出以下证言。根据以前所给各种恩准的基本思想，本圣公会议对以下人等给予全面的公信担保，给予他们最充分、最可靠的安全保障，亦即他们所说的“通行许可”。这当中包括德意志教省、德意志民族、德意志各个城市及其他地方的每一位神父、选帝侯、（普通）诸侯、公爵、侯爵、伯爵、男爵、（普通）贵族、士兵、平民以及其他一切人等，而且不论他们处于什么样的状况和条件，也不论他们具备什么样的资格；包括其他一切将要前来参加特兰特圣公会议的教俗人士以及受委派将要陪同这些人前来参加会议的其他教俗人士，特别是信仰“奥格斯堡信纲”的那些人士；还包括那些即将前来此地的以及已经准备前来此地的那些人，而且不用考虑他们是以什么样的名义或有可能以什么样的名义前来的。

以上所述之人都可以畅通无阻地前来特兰特这座城市；可以在这里停留、逗留和暂居；可以和本圣公会议一道就任何问题提出建议、发表言论，并进行思索、查考和讨论；可以自由提交他们认为合适的任何方案；可以用书面或口头形式提出任何条款；可以依据《圣经》并可以依据神圣教父们的言论、决定和论点来解释、表明和论证他们自己的观点；如果需要，还可以对本圣公会议提出的异议进行答复；可以互容互敬地与本圣公会议选派的人士进行辩论和交换意见，（本圣公会议）不会对此设置障碍，而且，绝对禁止使用那些责难性的、让人恼怒的、攻击性的语言；特别需要说明的是，在这次特兰特圣公会议上，对于那些存在争执的各种问题，将依照《圣经》、圣传、获认圣公会议、 136
天主教会的共识以及神圣教父们的权威观点来进行处理。

除此之外，还要加以说明的是，在任何情况下，他们都不会由于宗教原因

① 这份文件实际上并没有什么新的内容，它只是重复了1552年1月25日第十五次会议颁布的“给予抗议宗教徒的通行许可”那份教令，仅有的不同就是将标题中的“抗议宗教徒”改为“德意志民族”以及教令开篇中有关会议主持者的表述，并删去一句承接性的语句。因此，和该教令相关的问题可详见第十五次会议颁布的“给予抗议宗教徒的通行许可”中的相关注释。

而受到惩罚，也不会因为他们在宗教方面犯下的那些罪过或可能将要犯下的那些罪过而受到惩罚；而且，不论他们是在（前往特兰特的）路途上还是在旅途中的任何一个地方，不论他们是在外逗留还是在返回途中，包括他们在特兰特城这一段时间，他们的宗教职位在任何情况下都不会由于他们出席（本圣公会议）而被打断；在这些（需要商讨的）事项议定以后，或者在议定之前，如果他们或他们当中的任何一个人在其上司要求或准许下而希望回家，那么，不论在什么时候，他们都可以随意地自由而安全地回去，（本圣公会议）不会对之实施任何的妨碍、阻挠和拖延，而且不会损害他们的财物，也不会在尊严和人身方面对各自的随从施加任何的伤害；不过，他们应该把有关回程的想法告知本圣公会议委派的代表，这样的话，就可以采取适当的措施，以保障他们的安全，对此绝无欺诈和欺骗。本圣公会议还希望，不论是什么样的条款，只要是为了对来程、暂居和返程提供全面、有效且充足安全保障所必须且合适的，则都应该包含在这份公信担保或通行许可之中，（未尽之条款）当被视作包含在这份公信担保或通行许可之中。

为了让他们获得更大的安全保障，也为了祈求和平与和解，本圣公会议还要宣布：假如发生了以下被上帝所禁止的事情，即，不论是在前往特兰特的路途上，还是在暂居于特兰特期间，抑或是从特兰特返回途中，如果他们当中有人或有些人犯下残暴的罪行，那么，由这份公信担保所给予他们的那些恩惠就有可能被取消，他们享有的那些恩惠就有可能终结；本圣公会议希望并认可以下做法，即，一旦发现他们犯有这类罪行，将由他们自己国家的人对之立即进行处罚，要对他们施以应有的惩戒并作出恰当的补救措施，其他人不得插手；本圣公会议方面则会秉持公正，对这种处罚行动给予认可和赞许，这样的话，“通行许可”的形式、内容和措辞就可以保持原样，不做任何改动。

同样，假如发生了以下被上帝所禁止的事情，即，不论是在路途上，还是在暂居期间，抑或是在返回途中，如果本圣公会议方面有人或有些人犯下残
137 暴的罪行，结果导致这份公信担保所规定的那些恩惠受到侵犯或以某种方式被取消，那么，本圣公会议也希望采取以下做法，即，一旦发现他们犯有这类罪行，将由圣公会议自身对之立即进行处罚，要对他们施以应有的惩戒并作出恰当的补救措施，其他人不得插手；来此出席会议的信奉“奥格斯堡信纲”的德意志人则可从他们那一方面对这种处罚行动给予认可和赞许，这样的话，“通行许可”目前具有的这种形式、内容和措辞就可以保持原样，不做任何改动。

另外，本圣公会议还希望，对于他们的使节来说，只要条件许可，或只要情况需要，那么，不论在什么时候，都要允许他们到特兰特城外去呼吸新鲜空

气，并允许他们返回城内；而且，不论在什么时候，只要他们认为有需要，都要允许他们派遣或紧急派遣自己的信使或信使们前往任何一个地方，以处理他们必须要处理的那些事务，或去收取送来的或紧急送来的那些东西，或者去迎接被派来或被紧急派来的人士；不过，(本圣公会议)将从事先委任的那些人中选派一人或多人陪同之，以给他们提供安全保障。

从他们开始得到本圣公会议及其代理人的保护之时起，一直到他们抵达特兰特城，再加上他们在这里暂居的整个阶段，这一通行许可和安全保障都将一直有效。另外，在对会议进行足够的聆听之后，亦即在听满 20 天之后，如果他们自己想要回去，或者如果在这类听会时限届满之后，本圣公会议通知他们可以回去的话，那么，他们每个人都可以选择一个安全的去处，本圣公会议将在上帝的帮助之下，带领他们从特兰特城出发并将他们送到那一安全的地方，对此绝无任何欺诈和欺骗。

本圣公会议向每一位和所有的基督教徒、向所有的教俗王公、向所有的教俗人士真诚地许诺并保证，也就是说，不论他们处于什么样的状况、居于什么样的地位，也不论他们拥有什么样的名头，本圣公会议都要向他们真诚地许诺并保证：以上所述的一切内容都将得到遵守，不容侵犯。

此外，本圣公会议还要诚恳而真诚地、绝无欺诈和欺骗地许诺：对于本圣公会议赋予上述人等的这一公信担保、至为全面的安全保障以及他们可以公开而自由地聆听会议的权利，本圣公会议不论在公开场合还是在私下里，都不会伺机做出任何有损于之的事情；而且，本圣公会议自身不会利用同时也不允许其他任何人利用任何的权威、权力、权利、法令以及法律或教会法规赋予的特权而做出任何有损于之的事情；另外，不会也不允许以任何形式利用(历史上的)任何圣公会议——特别是康斯坦斯会议和西耶纳会议——而做 138
出任何有损于之的事情；因为在这个问题上以及在这种时刻，(如果做出这类事情)，都将是与前述主张相背离的。

不论是本圣公会议自身，还是本圣公会议中的任何一位成员，抑或是这些成员的随从，不论他们有多么高的地位、多么高的身份，也不论他们有多么显赫，均不得做出全能者所禁止的事情，即，对于以上公布的这一安全保障和通行许可，不得在任何一点上或在任何一个条文上侵越其构成及条款；如果做出了这类侵越行为，就必须立即采取补救措施，而且要让他们一方达到满意，一直到他们一方本着公正原则表示认可和赞许为止。否则，他们便有权认为，本圣公会议已经招致一切应有的惩罚，亦即招致根据人类的法律、上帝的法律或按照习俗对这类通行许可的侵越者所施加的一切惩罚；在这个问题上，本圣公会议绝不会找任何的借口，绝不会做任何的狡辩。

以上规定同样适用于其他民族

本圣公会议是在圣灵之中合法召开的，会议主持人依然是罗马教廷的诸位特使。[①] 在有些地方，人们可以公开且泰然地宣讲、教导和信仰那些与神圣罗马教会所坚持的观点截然相反的东西。（为改变这一状况），本圣公会议决定，一切在信仰问题上与我们相左之人，不论他们是哪个王国哪个民族的，不论他们是哪个行省哪个城市的，也不论他们是哪个地方的，都将获得公信担保或者说通行许可，通行许可的形式和措辞与颁给德意志人的上述通行许可完全相同。

---

① 详见第十七次会议“关于召开（特兰特）圣公会议之教令”中的相关注释。

第十九次会议

本次会议是教宗庇护四世统治时期召开的第三次会议。本次会议于 1562 年 5 月 14 日举行。

关于本次会议延期之教令

基督教特兰特圣公会议是在圣灵之中合法召开的，会议主持人依然是教廷的诸位特使①。本圣公会议原定要在今天的这次会议上制定并批准相关教令的，但基于各种充分且正当的原因②，本圣公会议认为将之延期到下一个圣体节③之后的那个星期四（即 6 月 4 日④）是合适的。该教令也就是要向所有人明确宣布这一延期决定，即全体会议将在那一天举行。与此同时，本圣公会议还要向和平的创造者上帝和吾主耶稣基督之父发出祈求，恳望他能洗净一切人心中的罪孽；而且还要恳望在他的帮助之下，本圣公会议不仅是现在能够而且是永远能够就那些颂扬和荣耀上帝之事进行协商探讨，并最终完成这些事情。

---

① 详见第十七次会议“关于召开（特兰特）圣公会议之教令”中的相关注释。

② 在此次会议召开之前的一段时间中，与会者已就诸多教义和改革问题进行了长时间讨论并形成了基本决议。但是，尚未与会的法国国王的特使郎萨克（Lanssac）致信特兰特会议，要求将这次全体会议延期举行。但是，西班牙格拉纳达（Granada）大主教坚持会议如期举行。不过，这次全体会议只是依照旧例举行了相关仪式，然后宣布了会议延期之教令。

③ 圣体节（Corpus Christi），英文写作“the Body of Christ”。1264 年，教宗乌尔班四世设立这个节日；1311 年，教宗克勒芒五世规定圣灵降临节后第一周的星期四为基督圣体节。在这一天，教徒和居民要穿上整洁的衣服，到教堂参加巡行祈祷；教徒手执烛火、彩旗、花束列队行进，唱赞美诗或诵念经文，在教堂附近巡行一周。

④ 即 1562 年 6 月 4 日。

第二十次会议

本次会议是教宗庇护四世统治时期召开的第四次会议。本次会议于1562年6月4日举行。

关于本次会议延期之教令

基督教特兰特圣公会议是在圣灵之中合法召开的，会议主持人依然是教廷的诸位特使①。由于各种缘由，本圣公会议遇到了诸多难题。② 由于这一原因，同时也是为了能使一切事宜以更为合适的方式取得进展、为了能对所有问题的处理更为审慎，也就是说，为了能把对教义问题的处理和批准同有关改革问题合在一起来解决，本圣公会议颁令：在有关改革和教义问题上，不论涉及什么内容，只要觉得是应该制定规章的，都将在下次全体会议上作出具体规定。本圣公会议向所有人作出如下通告：下次全体会议将在今年的7月16日举行；不过，还要附加说明的是，为了更好地处理圣公会议的事务，如

---

① 详见第十七次会议"关于召开(特兰特)圣公会议之教令"中的相关注释。

② 由于法国方面的原因(见第十九次会议文件的相关注释)，对教义和改革问题的具体阐述被推迟到第二十次会议上来解决，但是，法王特使郎萨克(Lanssac)于1562年5月18日与会以后，与会者又出现了新的争执，其中最棘手的就是对庇护四世召开的这一阶段特兰特会议的定位问题。罗马教廷以及西班牙等国的代表坚持认为，这一阶段的特兰特会议是前两个阶段的继续，因此，以前制定的所有教规和教令一并有效，第三阶段会议的任务就是要完成尚未解决的其他问题。但是，法国和德意志方面却反对这一观点，神圣罗马帝国皇帝斐迪南一世甚至下令，只要特兰特会议主持者正式宣布这一阶段会议是前两个阶段的继续，那么，已经与会的帝国教职人员将集体撤离。纷争的最后结果就是采取模糊表述的方法，即表面上不明确说现阶段会议是前两阶段会议的延续，但前两阶段已经作出决议的问题则不再进行讨论。就是在这种纷争不已的氛围中，特兰特会议迎来了既定的第二十次会议会期。因此，本次全体会议也只能是举行一些宗教仪式，然后宣布会议延期。

果需要，本圣公会议可以而且能够自由地按照自己的意愿和喜好在常规集会上宣布缩短或延长这一期限。①

① 对于这一教令，与会代表存在不少不同意见，甚至是反对意见。当天参加会议的正式代表共151人(4位教宗特使、1位枢机主教、5位宗主教、2位大主教、128位主教、2位修院院长、5位君主使节以及4位修会会长)，其中有36位主教提出了书面抗议。

第二十一次会议

本次会议是教宗庇护四世统治时期召开的第五次会议。本次会议于 1562 年 7 月 16 日举行。

关于圣餐的两种形象以及儿童领圣餐问题之教令[1]

基督教特兰特圣公会议是在圣灵之中合法召开的，会议主持人依然是神圣罗马教廷的诸位特使[2]。在令人敬畏的至圣之圣餐礼问题上，由于恶魔施展各种阴谋诡计，如今在许多地方都流传着各种各样让人不寒而栗的谬见。由于这一原因，在某些教省，有许多人已经背离了对天主教的信仰，而且已不再服从天主教会的领导。因此，本圣公会议认为以下做法是合适的，即：应该在这里就圣餐礼的两种表现形式以及儿童领圣餐问题作出阐释。本圣公会议决定，从今以后，在这些问题上，所有的基督教信徒均不得相信、讲授或宣扬除本教令阐释和规定以外的其他任何内容。

---

① 圣礼问题是特兰特会议所要解决的核心问题之一。关于圣餐礼，尤里乌斯三世时期的特兰特会议已经作出诸多规定，但还有几个问题在当时没有作出明确阐述。详见 1551 年 10 月 11 日第十三次会议“关于至圣的圣餐礼之教令”以及“关于推迟阐论与圣餐礼相关的四项条文以及给予抗议宗教徒通行许可之教令”。1562 年 7 月 16 日颁布的这份教令就是要完成前一阶段遗留下来的那四个问题。

② 详见第十七次会议“关于召开（特兰特）圣公会议之教令”中的相关注释。

第1章 按照神圣律法,俗人(平信徒)并非一定要同时领受两种形象的圣餐;如果不是在献祭的时候,教士也并非一定要同时领受两种形象的圣餐

圣灵乃智慧与聪明之灵,谋略与圣洁之灵。[①] 正是在圣灵的指引下,同时遵循教会的判断和习俗,本圣公会议宣布并作出以下教导:在上帝的戒律中,没有任何一条规定俗人一定要同时领受两种形象的圣餐,也没有任何一条规定教士即使不在献祭的时候也一定要领受两种形象的圣餐;对于他们来 141
说,两种形象中的任何一种都足以让其获得救赎,而且这种做法并不会对其信仰造成任何损害,这一点是毫无疑问的。虽然说在最后的晚餐上,吾主基督是以饼和酒这两种形象创制了这一令人敬仰的圣礼并将之传交给众使徒的[②],但是,这一创制行动和施行方式并不意味着吾主制定了一条律令并要求所有信徒都要同时以两种形象来领受之。同样,尽管说神圣的教父们和那些圣师[③]们对《约翰福音》第6章中的那段话有着各种各样的解释,但是,如果从这段话中作出以下推理,那也是错误的,即:吾主曾经要求,圣餐必须包含两种形象。这是因为,虽然他说过"吃我肉、喝我血的人就有永生,在末日我要叫他复活"[④],还说过"吃这粮[⑤]的人就永远活着"[⑥],也说过"吃我肉、喝我血的人就有永生"[⑦],也说过"我所要赐的粮就是我的肉,为世人之生命所赐的"[⑧],最后还说过"吃我肉、喝我血的人常在我里面,我也常在他里面"[⑨];但是,他毕竟说过,"吃这粮的人就永远活着。"[⑩]

---

① 《圣经》言:"耶和华的灵必住在他身上,就是使他有智慧和聪明的灵,谋略和能力的灵,知识和敬畏耶和华的灵。"见《圣经·旧约·以赛亚书》11:2。

② 《圣经》言:"他们吃的时候,耶稣拿起饼来,祝福,就擘开,递给门徒,说:'你们拿着吃,这是我的身体';又拿起杯来,祝谢了,递给他们,说:'你们都喝这个;因为这是我立约的血,为多人流出来,使罪得赦。但我告诉你们,从今以后,我不再喝这葡萄汁,直到我在我父的国里同你们喝新的那日子。'"见《圣经·新约·马太福音》26:26—29。另见《圣经·新约·马可福音》14:22—25;《圣经·新约·路加福音》22:17—20;《圣经·新约·哥林多前书》11:23—26。

③ 圣师(Doctor,Doctor of the Church),亦译为"教会博士",是天主教会追赠给有功于教会的圣徒作家的名衔,这一做法始于公元8世纪。

④ 见《圣经·新约·约翰福音》6:54。

⑤ "粮",英文版《圣经》中用的是"bread",即指"面饼"。

⑥ 见《圣经·新约·约翰福音》6:58。

⑦ 见《圣经·新约·约翰福音》6:54。

⑧ 见《圣经·新约·约翰福音》6:51。

⑨ 见《圣经·新约·约翰福音》6:56。

⑩ 见《圣经·新约·约翰福音》6:58。

第2章 教会在施行圣餐礼方面的权力

此外，本圣公会议还要宣布：圣礼的本质内容是不容改变的，但是，在圣礼的施行问题上，不论是在哪个方面，只要教会认为是最有利于让圣礼领受者获益的，或者是最有利于对圣礼表达敬仰的，那么，教会均有权依据实际情形，因时因地地作出决定或作出改变，这是教会一直享有的权力。使徒似乎就曾明确地表明过这一观点，他曾说："人应当以我们为基督的执事，为上帝
142 奥秘事的管家。"①和在其他许多事情上一样，在这项圣礼②上，他本人就曾行使过这一权力。这一点是非常明确的，这是因为，在对该圣礼的使用问题作出一些指示之后，他曾这样说道："其余的事，我来的时候再安排。"③虽然说从基督教诞生以来同时使用两种形象作为圣餐礼的做法一直并不鲜见，但是，随着时间的流逝，这种习俗已在非常广阔的范围内发生了变化。既然神圣的母教会知道自己在圣礼施行方面所拥有的权威，因此，基于各种正当且难以违背的缘由，神圣的母教会已经批准了可以采用两种形象中的一种来领受圣餐这一习俗，而且已经颁令，要求将之视为律法；若无教会亲自授权，便不得对之妄加责难，亦不得对之任意更改，否则便属违法。

第3章 在(饼和酒)这两种形象中，只要领受其中的任何一种，便是领受了整个基督和真正的圣礼

另外，本圣公会议还要宣布：如前文所述，在最后的晚餐上，我们的拯救者是以两种形象创制并向众使徒施行这一圣礼的④；但是，必须承认，在(饼和酒)这两种形象中，只要领受其中的任何一种，便是领受了整个基督和真正的圣礼。所以，从效果上说，只以一种形式领受圣餐者并不会因此而丧失得救所需的任何恩典。

第4章 儿童并不一定要领受圣餐礼

最后，本圣公会议还要作出如下教言：对于尚未达到能够运用理智之年
143 龄的儿童，没有任何必要强制他们非得领受圣餐礼。这是因为，通过洗礼，他

---

① 见《圣经·新约·哥林多前书》4:1。

② 指圣餐礼。

③ 见《圣经·新约·哥林多前书》11:34。

④ 见该教令第1章。

们已经获得再生,并因此而与基督结合在了一起①;因此,在这个年龄阶段,他们不会丧失已经获得的作为上帝之子的恩典。不过,在某些地方,古时的人们或一度遵循过那一习俗②,但是,不能因此而去谴责古人。这是因为,在当时的环境下,那些至圣的教父们的所作所为必定有其让人可以接受的理由;同样,如果他们认为某些东西并非得救所必需,那么,他们的观点毫无疑问也应当得到接受,而且不得有任何异议。

关于两种形象之圣餐礼以及儿童领受圣餐礼之教规

第1条 如果有人持下述观点,那么,此人应受绝罚,即:在领受至圣的圣餐礼之时,按照上帝的戒律,或出于得救的需要,所有的基督徒、每一位基督徒都必须同时领受(饼和酒)这两种形象。

第2条 如果有人持下述观点,那么,此人应受绝罚,即:神圣天主教会所持的下述说法并无正当的原因和理由,即,俗人以及不在主持献祭仪式时的教士在领受圣餐时,可以只领面饼这一种形象;或者说,神圣天主教会在这个问题上有错。

第3条 如果有人否认下述教言,那么,此人应受绝罚,即:通过领受面饼这一形象,就可以领受作为一切恩典之源泉和创造者的整个基督;(之所以制定这一教规),是因为有些人持有下述错误言论,即:(在上述做法中),对基督的领受并没有遵循基督本人当年创制的方式进行,即没有以两种形象来领受之。

第4条 如果有人持下述观点,那么,此人应受绝罚,即:在没有达到可以运用理智之年龄之前,儿童也必须领受圣餐。

---

① 《圣经》言:"到了上帝——我们救主的恩慈和他向人所施的慈爱显明的时候,他便救了我们;并不是因我们自己所行的义,乃是照他的怜悯,藉着重生的洗和圣灵的更新。"见《圣经·新约·提多书》3:4—5。

② 指让儿童领受圣餐礼之习俗。

[关于圣餐杯的使用问题][①]

在另外一个场合,人们还提出了另外两个问题,但目前尚未对之进行讨论。这两个问题是:(其一),既然神圣的天主教会已经以教令的形式规定,俗
144 人以及没有正在主持祭礼的教士只需领受以面饼形象呈现的圣餐即可,那么,促使神圣的天主教会作出这一规定的理由是否已经令人信服到了可以再进一步作出下述规定,即,不论在什么情况下,任何人都不得再使用圣餐杯。(其二),假如说赋予某个民族或某个国家使用圣餐杯之权是可以考虑的而且也是与基督之爱相符的,那么,是否应该在具备某些条件下才可赋之以这样的权利,(如果是的话),这些条件又是什么。关于这两个条款,本圣公会议决定将之留待其他时间再作审察和规定,而且,只要有机会,(便着手处理之)。[②]

关于改革之教令

前　言

基督教特兰特圣公会议是在圣灵之中合法召开的,会议主持人依然是神圣罗马教廷的诸位特使[③]。为了颂扬全能的上帝,为了荣耀神圣的教会,本圣公会议认为在这里批准以下有关改革之事是合适的。

---

① 以下这段文字本来没有标题,现有标题为译者所加,特此说明。圣餐杯(chalice,亦写作 Communion Cup),亦称"圣爵",举行祭礼时使用的杯子,按照基督教的说法,杯子里的葡萄酒经过祝圣之后便成为耶稣基督的鲜血。由于罗马教廷强调"面饼"("圣体")在圣餐礼中的功用并强调只用领受面饼便可领受整个基督,于是,在特兰特会议的参加者中,围绕着圣餐杯问题,就出现了巨大分歧,有的主张禁用圣餐杯,有的主张可用圣餐杯,有的则主张可以有条件地使用圣餐杯。由于在这一问题上无法取得一致意见,故在相关教令之后附赘了这段文字。实际上,在此之后的几个月中,与会者还将围绕这一问题发生激烈的论战。

② 关于圣餐杯的使用问题,特兰特会议最终还是未能作出任何明确的结论。因此,第二十二次会议就此问题发表一份简短的教令,将这一棘手的问题交给罗马教宗去处理。详见第二十二次会议"关于(有关人士)提请使用圣餐杯问题之教令"。

③ 详见第十七次会议"关于召开(特兰特)圣公会议之教令"中的相关注释。

第1章　主教在授予圣职、颁发领受圣职许可证[①]和出具品行能力证明书时都必须是无偿的；主教的下属圣职人员亦绝对不可从中收取任何东西；关于对公证员的要求，本教令将作出规定

基督教会的圣职是不容沾有任何贪婪之嫌疑的。在向他人授予圣职过程中，甚至说在为他人施行剪发礼、颁发领受圣职许可证、出具品行能力证明书、为他人盖印以及在为他人办理其他任何事情的时候，不论是主教，还是其他有权授予圣职之人，抑或是他们属下的圣职人员，均不得以任何借口收取 145
任何钱物，即便那些钱物是(当事人)心甘情愿送来的，(亦不得收受)。对公证人的要求也是如此，只有下述情形可以例外，即：在有些地方，分文不取这一值得颂扬的风尚尚未流行，在这些地方，如果担任这一职务是没有任何俸禄的，那么，每公证一份领受圣职许可证或品行能力证明书，则可收取十分之一个金克朗[②]，但不得超出此限。而且，在授予圣职过程中，主教绝对不得以直接或间接的方式从公证人的收入中提取一部分作为自己的收益。这是因为，本圣公会议规定，他们的这些劳动都应该是完全无偿的；不论是在什么地方，与这一规定相左的赋税、条例和习惯做法，即便其历史已极为久远，也都应被称作是恶习和腐败，因为它们都可能会使人陷入犯有买卖圣职罪之类的堕落境地，因此必须要绝对废除和禁止。对于那些逆此规定而行事之人，不论是受贿者，还是行贿者，除了要招致天谴之外，还要依据事实本身接受教会律法的惩处。

第2章　无法维持生计、没有生活来源之人不得担任圣职

对于那些已经蒙召从事圣职之人来说，如果靠乞讨维生，或者靠从事某些肮脏的行当来维持生计，那是不合适的，而且是使圣职蒙羞之举。而且，众所周知，在很多地方，有许多人几乎未经任何甄选就获准出任各种圣职，他们通过五花八门的欺骗手法，谎称自己已经拥有一份有俸圣职，或谎称自己拥有足够的生活来源。鉴于以上现象，本圣公会议下令：从今以后，对于教区圣职人员来说，首先必须要以合乎法律程序的方式证明自己在平时已经的确拥有一份有俸圣职，而且其收入已足以让自己过着体面的生活，否则，任何人均不得晋升到各级圣职之中；如果他要放弃那一有俸圣职，就必须事先弄清以

---

① 领受圣职许可证(letter dimissory，亦写成 dimissory letter 或 dimissorial letter)，亦译为“领受圣职委托书”，通常来说，这是由本教区主教委托其他教区主教授予相关人员以圣职的文件。

② 金克朗(golden crown)，克朗为欧洲一些国家曾经或仍在使用的货币单位，施罗德译本中用的是“弗罗林”(florin)这一货币单位，见施罗德译本第136页。

下事实，即，他之所以得到晋升，正是凭借着和原有有俸圣职相连的那一职
146 衔；另外，除非能够确证他可以依靠其他收入来源而过着与自己的身份相配的生活，否则，（主教）将不得接受其放弃原有有俸圣职之请求；以其他方式放弃原有有俸圣职的做法一概无效。从今以后，对于拥有祖传家产或拥有收捐权之人来说，只有主教认为从教会需要或教会利益考虑应该予以接纳的那些人才可被委任圣职，即便如此，他们也必须要在事前知会主教本人：他们的确拥有祖传家产或收捐权，有足够的资源以维持自己的生计。而且，在没有获得薪酬足够的有俸圣职之前，或者说，在没有获得其他可以维持生计的办法之前，如果没有主教的批准，在任何情况下，这些家产和收捐权都不得被转让、取消或废止。在这一问题上，古代教会法中曾制定过对违规者的处罚条例，在这里重申其有效。

第3章　关于增加日常分配额的方法以及这些钱物的归属问题；那些不履行圣职之人，如果拒不服从本规定，则要遭到处罚

之所以要为圣职配以薪俸，是为了（更好地）崇拜上帝、（更好地）履行教会职务，其最终目的是使对上帝的崇拜在任何方面都不被削弱，在一切事宜上都能受到应有的关注。然而，在有些教堂中，包括主教座堂和协同教堂，根本就没有任何的日常分配，其中有的是因为过于贫穷，因而可能导致对这一善事的忽略。有鉴于此，本圣公会议下令：在各种收入中，包括因担任各类圣职所得的薪俸、因拥有各类职衔而所得的一切收益、教区参议会成员的收入、各种获赠或继承而来的财产以及因担任其他各种职务所得的收益，必须拿出三分之一用于日常分配；这些钱财要按照适当的比例在拥有职衔者以及出席神圣宗教仪式的其他人中间进行分配，各人所得的比例应在进行第一次收益分配时由主教确定，在这个问题上，主教同时也是罗马教廷的代表；不过，某些地方教会的相关习俗还将予以保留，即，这些教会规定，那些没有常驻在教区的人以及那些没有履行圣职之人在这种日常分配中将一无所获，或者规
147 定，其所得必须低于三分之一；各种豁免、各种其他习俗（即便这些习俗已经非常古老）以及其他任何形式的诉求均不予考虑。假如那些不事神务之人胆敢抗拒本规定，将依据法律规章以及教会法规对之进行惩处。

第4章　在牧灵事务中，在何种情况下应配备助手？另论及设立新堂区之方式问题

在有些堂区教堂和领洗教堂中，来此领受圣礼的教民人数非常之多，

单靠教堂主持自己一个人，根本无法悉心施行教会的诸种圣礼，也无法悉心带领人们对上帝进行崇拜。因此，作为罗马教廷的代表，当地主教有权作出以下强制性规定，即，在所有这类教堂中，只要是为施行圣礼所必需，只要是为贯彻神圣崇拜所需要，那么，不论需要多少位神父，都应悉数配备，不论是教堂主持，还是教堂主持的下属，都应和他们通力合作来主持宗教仪式。另外，由于路途遥远以及其他困难，堂区居民要历尽辛苦才能赶到教堂，以领受各种圣礼和聆听神圣的祷告。在这种情况下，他们便可以按照亚历山大三世[①]所制定的教规（其开头语是“Ad audientiam”，意为“给听众”）来设立新的堂区，即使那些教堂主持们持反对意见，（亦不能影响这一决策）。对于那些被初次委任进入这些新建教堂中工作的神父，母教堂必须从自己的各种收入中拿出一部分作为他们的薪俸，其具体数量由当地主教决定。如有需要，主教可以强制性要求当地民众贡献钱物，其额度以足以维持那些神父之生计为准。对于上面所说的那些（母）教堂，不论它们在此之前是否拥有一般性的或特殊性的保留特权或附加特权，（均需遵此规定行事）。而且，对于这类命令以及那些新建教堂之举措，不得以任何条款或隶属关系为由来宣布其无效或对之设置障碍，亦不得对之采取其他任何的限制措施或妨碍行动。

第5章　主教可在法律许可的范围内（对有关教堂或有俸圣职）进行永久合并 148

教堂是向上帝敬献神圣仪式的场所，因此，为了能使教堂维持在与其庄严地位相吻合的状态，对于任何一个堂区教堂、领洗教堂以及其他各种有俸圣职（且不论这些圣职是否负有牧灵之责）来说，如果它们处于贫困状态，或者基于法律许可的其他各种情形，即便它们拥有一般性的或特殊性的保留特权或各种形式的附加特权，作为罗马教廷的代表，当地主教仍然可以根据法律的规定而将之与那些负有牧灵之责的单位进行永久性合并，当然，这一做法要以不损害圣职持有人的利益为前提。而且，对于这类合并，不得以任何条款或隶属关系为由而将之废止或取缔，亦不得对之采取其他任何的限制措施或妨碍行动。

---

① 亚历山大三世（Alexander III），罗马教宗，1159—1181 年在位。

第6章 对于那些无知的教堂主持，将暂时为之配备副手，而且要从教堂收入中拿出一部分作为副手的薪俸；对于那些继续制造丑闻之人，其有俸圣职将被剥夺

有些堂区教堂的主持不学无术，毫无工作能力，这些人基本上是不适合担任那些神圣职务的；还有另外一些教堂主持，他们过着堕落的生活，这些人只能把人带向腐败，而不能给人以真正的教诲。因此，对于那些既无知又无能的教堂主持，如果他们在其他方面无可指责的话，作为罗马教廷的代表，当地主教要为他们暂时配备一些助理或副手，并且要从教堂收入中拿出一部分作为这些助理或副手的薪俸，使其足以维持生计，或者以其他某种方式为之提供经济补偿；（在这个问题上），不得有任何的抗议诉求，亦不得有任何的豁免。但是，对于那些过着声色犬马、丢尽颜面的生活之人，当地主教首先要对
149 之进行规劝，再进行约束和处罚；如果他们在邪恶的道路上继续死不改悔，那么，根据神圣教会法规的规定，主教有权剥夺他们的有俸圣职，所有豁免和诉求一概不予接受。

第7章 对于那些已经无法修复的教堂，主教有权将之连同其所负职责一起转让给其他教堂；对于另外一些教堂，主教将责成他人对之进行修缮

还有就是，由于岁月的侵蚀，那些专门用来举行神圣宗教仪式的东西很有可能已经变得不常使用，进而会从人们的记忆中消失。因此，必须要倍加留意，以避免出现这种情形。如今，由于年久失修或其他一些原因，有些教堂已经残败不堪，而这些教堂又处于贫困状态，根本无力对之进行修复。因此，对于那些普通有俸圣职（即使有人对该有俸圣职还拥有庇护权），在把相关之人召集起来并知会情况以后，作为罗马教廷的代表，当地主教便可以将这些有俸圣职从上述教堂中剥离出来，然后视具体情况，将之转交给其母教堂，或转交给母教堂的其他下属教堂，或转交给临近的一些教堂。在这些教堂中，主教将（按照原教堂的模式）设立祭坛和祈祷处，而且使用和原先一样的祈祷文；或者将这些有俸圣职连同原有教堂的一切收益以及原有教堂必须承担的一切职责一同转交给那些现成的祭坛或祈祷处。但是，对于堂区教堂而言，即便它们也像上述那些教堂一样变得残败不堪，即便他人对之享有庇护权，当地主教亦应负责对之进行修缮和修复，所需费用从这些教堂的各种收益和收入中支出。如果费用不够，主教可以采取一切合适的手段，迫使教堂庇护人以及从这些教堂中获得收入的其他人提供修缮费用；如果这些人不能履行

此项任务，则可强制性要求堂区居民提供修缮费用。（在这个问题上），不得有任何的诉求、豁免和反对意见。但是，如果上述人等都是贫困不堪的话，那
么，这些教堂就将被转交给其母教堂或其他临近的教堂，而且，母教堂或临近 150
教堂有权将上述这些堂区教堂以及其他已经残败的教堂转作非宗教用途，当然，不得用它们从事肮脏之事。不过，在这些地方，还是要树起一个十字架。

第8章　对于那些日常宗教规范没有得到遵守的处于代管①状态的修道院以及所有有俸圣职，主教每年都要对之进行巡察②

在主教区之内，对于和崇拜上帝相关的一切事情，教长都应该勤勤恳恳地加以监管；如有需要，教长有责任使之恢复井然的秩序。在有些代管修道院中，还有在那些隐修院、小修院以及那些被称作为大教堂（provostries）的修道院中，人们并不遵循固定的宗教规范。因此，作为罗马教廷的代表，当地主教每年都应对之进行巡察。还有各种有俸圣职，不论是隶属于教区的，还是隶属于修院的，也不论它们是以何种方式被代管的，即便它们享有豁免权，主教每年也都应对之进行巡察。主教们还要采取各种合适的措施，甚至通过扣押其收入的方式，以达到下述目的，即：不论是什么事情，只要是需要恢复和纠正的，就一定要恢复和纠正；如果上述那些修院或附属于它们的那些地方负有牧灵职责以及其他宗教义务，主教必须保证这些工作能够得到恰当的履行。（在这些问题上），一切诉求、特权、习惯（即便是极为古老的习惯）、保护人、法官委员会及其所作的各种禁令等等因素均不予考虑。需要注意的是，如果上述那些修院中保留着日常宗教规范，那么，主教就应该对之进行慈父般的劝诫，确保那些修士的上司们不但自己遵守而且要让其下属修士们都要遵守其修会会规所要求的生活方式，而且这些上司们还要管理好自己的下属，让其恪尽其职。不过，假如主教已经对他们进行过劝诫，但他们在六个月
之内却没有对自己的下属进行察访或纠偏，那么，作为罗马教廷的代表，主教 151
就可以像那些修院里的上司本人应该做的那样，根据其修会会规，对那些下属修士进行察访和纠偏；（在这个问题上），一切诉求、特权和豁免均绝对不予考虑。

---

① 处于代管状态的修道院（commendatory monasteries）。代管（拉丁文写作 in commendam）：按照中世纪及近代前期的教会法，如果某一有俸圣职出缺，那么，在委任新的持有人之前，该圣职由某一圣职人员（通常为主教）代为管理，而且代管人享有与该圣职相关的各种收益。1836年，天主教会取消了这一做法。

② 该章中的有关规定后来遭到某些修会的质疑和抵制，因此，第二十五次会议对其中的某些规定进行了修正。详见第二十五次会议“关于修士和修女”第20章。

第9章 劝募官这一称谓以及该官职本身将一并废止[①]。大赦[②]和圣宠的颁布将由教长负责。由教区参议会中选派的两名成员负责接受施舍,但他们个人不得为此领取报酬

针对劝募官当中存在的各种贻害无穷的流弊,诸如拉特兰圣公会议、里昂圣公会议以及维埃纳圣公会议[③]等多次圣公会议都曾采取过许多救治措施,但在过去一段时期,这些救治措施已经变得没有实际效果。而且,让信徒们极度反感和怨恨的是,劝募官们的腐败堕落日甚一日,恐怕已经没有任何希望能够让他们变好。有鉴于此,兹下令:从今以后,在基督教世界的任何一个地方,他们的称谓和职业都将被绝对废除,在任何情况下,都不准他们再行使此类职务。(以前)给予教堂、修道院、医院以及其他某些宗教机构的那些相关的特权均一概废止;(以前)给予某些个人的那些相关特权,不论持有者拥有什么样的地位、身份和职位,均一概废止;(和这个问题相关的)那些习俗,即便已经非常古老,亦应全部废止。然而,对基督信徒的大赦以及其他各种圣宠又不能由于上述原因而被剥夺,为此,兹下令:在今后,将由当地教长在合适的时间向人们宣布给予大赦和圣宠,并从当地教区参议会中选派两名成员协助教长进行这一工作。同时还要赋予他们以下述权力,即,虔诚地收取奉献给他们的那些施舍物和慈善捐赠,但他们自己不得从中收取报酬;这样的话,所有人就都可以明白,对教会的这些神圣财富进行管理,不是为了获

---

① 劝募官的存在及其敛财行为在中世纪就曾遭到社会许多阶层的诟病,而且它也是马丁·路德发起宗教改革的一个导火索。1546年6月17日的第五次全体会议已经就劝募官问题作出一个初步决议,但当时仅仅限于不让劝募官擅自从事宣教活动。详见第五次会议“关于改革之教令”第2章“关于宣教师和劝募官”中的相关内容。

② 大赦(indulgences),在传统上,人们往往将“indulgences”译为“赎罪券”,但是,按照天主教教理来说,这种译法不准确,甚至说是一种误译。按照天主教的说法,所谓的“大赦”(indulgences),是指赦免那些犯有小罪之人本应遭受的“暂罚”,是免罚而非免罪;作为救赎的分施者,教会有权把基督以及圣徒们“多出来的”善行和功德分施给信徒,也可以用之帮助亡者灵魂的超脱,使他们免除在炼狱中遭受的部分或全部处罚;大赦分为完全大赦和有限大赦,完全大赦免除罪过应受的全部暂罚,而有限大赦只免除部分暂罚;获得大赦的条件是,必须没有犯下大罪,必须按照规定进行某些祈祷或从事某些善工,必须具有获得大赦的意愿。人们之所以习惯上将之理解为“赎罪券”,与罗马教廷当年借大赦之名进行敛财这一行为有密切关系。另外,关于“大赦”问题,特兰特圣公会议第二十五次全体会议(1563年12月3—4日)还将有具体阐述。不过,关于“indulgences”这种“大赦”究竟是“赦罪”还是“赦罚”,还是有争议的,因为《圣经》中毕竟有这样的表述:“你们受圣灵!你们赦免谁的罪,谁的罪就赦免了;你们留下谁的罪,谁的罪就留下了。”见《圣经·新约·约翰福音》20:22—23。另见《圣经·新约·约翰福音》20:23。

③ 分别指1215年由教宗英诺森三世主持召开的第四次拉特兰圣公会议、1274年由教宗格里高利十世召开的第二次里昂圣公会议以及1311—1313年由教宗克勒芒五世召开的维埃纳圣公会议。

利，而是为了虔诚。

关于下次会议的通告 152

基督教特兰特圣公会议是在圣灵之中合法召开的，会议主持人依然是神圣罗马教廷的诸位特使[①]。本圣公会议决定并颁令，下次会议将在圣母玛利亚诞辰节八日庆期[②]之后的那个星期四举行，亦即在今年的 9 月 17 日[③]举行。不过，还要附加说明的是，为了更好地处理圣公会议的事务，如果需要，本圣公会议可以而且能够自由地按照自己的意愿和喜好宣布甚至在常规集会上宣布缩短或延长这一期限；而且，这一规定将适用于以后每次全体会议。

---

① 详见第十七次会议"关于召开（特兰特）圣公会议之教令"中的相关注释。

② 圣母玛利亚诞辰纪念日是 9 月 8 日。八日庆期（octave）：在圣诞节、复活节、圣灵降临节、圣母玛利亚诞辰节之后，要一连庆贺八天；如今，保留八日庆期的宗教节日只有复活节和圣诞节。

③ 即 1562 年 9 月 17 日。

第二十二次会议

本次会议是教宗庇护四世统治时期召开的第六次会议。本次会议于1562年9月17日举行。

关于弥撒圣祭之教义①

基督教特兰特圣公会议是在圣灵之中合法召开的，会议主持人依然是神圣罗马教廷的诸位特使②。在圣灵之光的启示和指引下，本圣公会议将就圣餐礼问题作出如下教导、宣言和规定，并要将圣餐视为真正且惟一的圣祭向信徒们进行宣讲。此举的最终目的在于：在圣餐礼这一伟大奥义问题上，要把那一古老、完整且尽善尽美的信仰和教义保存在神圣的天主教会之中；要把一切谬误和一切异端邪说全部清除出去，从而让这一信仰和教义能够保持在其自身的纯洁状态之中。

---

① 弥撒圣祭（the Sacrifice of the Mass），实际上也就是人们平常所说的圣餐礼，教会初期称作“分饼礼”，公元604年以后始称“弥撒”（Mass）。“Mass”源于拉丁文“Missa”，采自圣餐之礼结束时遣散会众时的那句话“Ite Missa est”，意即“弥撒礼成”。作为天主教会的最高圣礼，圣餐礼（弥撒）一直受到教会的高度重视，同时，有关这一圣礼的内涵和具体操作也一直存在诸多争议。特兰特圣公会议在1551年10月11日的第十三次会议和第二十一次会议上已经对之作出过许多具体规定，在第二十二次会议上又作了进一步规定。

② 详见第十七次会议“关于召开（特兰特）圣公会议之教令”中的相关注释。

第1章 关于弥撒圣祭这一至圣之礼的创设 153

根据使徒保罗的说法，在旧约①时期，由于利未人②的祭司职位存在虚弱之缺点，因此当时没有任何完美③可言，所以，也就有必要按照麦基洗德④的等次让另外一位祭司兴起，慈悲的天父也正是这样下令的⑤，这位新兴起的祭司就是吾主耶稣基督，不管有多少人需要洗清自己的罪孽并进而变得圣洁，他都可以悉数使之变得完美并带领他们进入完美状态。吾神吾主将自己置身于由十字架做成的祭坛上，通过自己的死亡，一次性地将自己奉献给了天父，正是在这里，他完成了永久的救赎之事。然而，他的祭司职分并不会随着他的死亡而终结。正因如此，在最后的晚餐上，也就是在他被人出卖的那个晚上，他为自己所钟爱的配偶亦即教会留下了一种可感可知的圣祭。之所以要让这一圣祭可感可知，实乃人之本性所需。借助于这一神圣祭礼，曾经在十字架上完成的那一血淋淋的圣祭就有了其象征形式；对这一圣祭的记忆就可以保持下去，甚至可以保持到世界的末日；而且，这一圣祭具有有益的功效，因为我们天天都在犯罪，而这些功效恰恰可以用来赦免我们的那些罪过。(在创设这一圣祭的时候，他)宣布自己“是照着麦基洗德的等次永远为祭司”⑥，将自己的躯体和鲜血以饼和酒的形式奉献给了天父，又以同样的形式将之赐给了使徒，然后又将他们立为新约的祭司，这样他们便可参与其中。

---

① 旧约(the former Testament)，指上帝与以色列人所订立的盟约。与之相对的是新约，即耶稣基督以圣父的名义与人类所订立的盟约。

② 利未人(Levites)，按照旧约圣经所言，利未人是古代以色列12支派之一，其祖先是雅各的第三子利未(Levi)。摩西律法规定，利未人专司圣职，供奉上帝；圣所、圣殿的一切要职均由他们充任，一切圣物均由他们看管。

③ 完美(perfection)，亦译“全德”、“完全”、“成全”或“十全十美”。按照基督教的说法，完美原本是上帝的属性，只有上帝是完美无缺的；但是，人也应该追求这一美德。《圣经》言：“你们要完全，像你们的天父完全一样。”见《圣经·新约·马太福音》5:48。

④ 麦基洗德(Melchisedech，亦写作 Melchizedek)，旧约圣经中的人物。按照“创世纪”所言：麦基洗德是耶路撒冷之王，是“至高上帝的祭司”。四王和五王交战，东方四王打败五王，并掠夺大量财物而去，亚伯拉罕于是带人追讨，结果夺回被劫财物。麦基洗德带着酒和饼来迎接亚伯拉罕，亚伯拉罕则将所得财物的1/10送给了麦基洗德。

⑤ 《圣经》言：“从前百姓在利未人祭司职任以下受律法，倘若藉这职任能得完全，又何用另外兴起一位祭司，照麦基洗德的等次，不照亚伦的等次呢？……他成为祭司，并不是照属肉体的条例，乃是照无穷之生命的大能。因为有给他作见证的说：你是照着麦基洗德的等次永远为祭司。先前的条例，因软弱无益，所以废掉了，(律法原来一无所成)就引进了更美的指望；靠这指望，我们便可以进到上帝面前。……那些成为祭司的，数目本来多，是因为有死阻隔，不能长久。这位既是永远长存的，他祭司的职任就长久不更换。凡靠着他进到上帝面前的人，他都能拯救到底；……他不像那些大祭司，每日必须先为自己的罪，后为百姓的罪献祭；因为他只一次将自己献上，就把这事成全了。”见《圣经·新约·希伯来书》7:11—27。

⑥ 见《圣经·旧约·诗篇》110:4。

他还要求这些使徒祭司以及他们的继任者以同样方式行事，并说“你们也应当如此行，为的是纪念我”①；而天主教会也一直就是这样理解的，也是这样
154 教导信徒的。这是因为，以色列人为了纪念他们从埃及出逃之事，将众多的以色列儿童作为逾越节的祭品②；在庆祝过这一古老的逾越节之后，耶稣基督创设了一个新的逾越节，也就是以他自己为核心的逾越节，即，由教会负责，通过祭司之手，以可感可知的象征形式将之献祭出去，以纪念基督本人从此世逾越到圣父那里这一事件，正是在这一逾越之时，通过其鲜血的流淌，“他救了我们脱离黑暗的权势，把我们迁到他爱子的国里”③。毫无疑问，这一可感可知的象征形式就是(基督本人)那一洁净的献祭，行此祭礼的那些人不得以任何形式的卑劣和邪念去亵渎它。玛拉基④亦有这样的记载，即，上帝曾经预言，每个地方都将施行这一祭礼，这种祭礼都是完全献给他的，而且，这一祭礼还将在外邦人当中发展壮大起来⑤。在写给哥林多人的信中，使徒保罗也明确地提到过这一祭礼，他说：吃了魔鬼筵席的那些人已经受到玷污，他们不可再去吃主的筵席⑥；这句话中有两个地方说到了筵席，其含义均是指祭坛。最后，在这一圣祭出现之前，即，在原始状态时期和律法时期，已有各种各样的献祭形式⑦，它们都是这一圣祭的初始形态；这一圣祭囊括了那些献祭中所拥有的一切好的东西，它是以往一切献祭的极致体现和完美形式。

---

① 见《圣经·新约·路加福音》22:19；《圣经·新约·哥林多前书》11:24—26。

② 关于逾越节(Passover)以及以色列人逃出埃及的经过，详见《圣经·旧约·出埃及记》12—14。

③ 见《圣经·新约·歌罗西书》1:13。

④ 玛拉基(Malachias，亦写作 Malachi)，《圣经·旧约·玛拉基书》在其开篇有“耶和华藉玛拉基传给以色列的默示”这样一句话，因此，有人认为玛拉基是人名。但是，也有人认为，“玛拉基”在希伯来语中的意思是“传达上帝意志的人”或“我的使者”，“玛拉基”只是其音译。因此，“玛拉基”具体何指，目前尚无定论。

⑤ 《圣经》言：“万军之耶和华说：从日出之地到日落之处，我的名在外邦中必尊为大。在各处，人必奉我的名烧香，献洁净的供物，因为我的名在外邦中必尊为大。”见《圣经·旧约·玛拉基书》1:11。

⑥ 《圣经》言：“外邦人所献的祭是祭鬼，不是祭上帝。我不愿意你们与鬼相交。你们不能喝主的杯又喝鬼的杯，不能吃主的筵席又吃鬼的筵席。我们可惹主的愤恨吗？我们比他还有能力吗？”见《圣经·新约·哥林多前书》10:20—22。

⑦ 旧约圣经中有不少此类记载，如“创世纪”中写道：“有一日，该隐拿地里的出产为供物献给耶和华；亚伯也将他羊群中头生的和羊的脂油献上”；“亚伯兰就在那里为向他显现的耶和华筑了一座坛……他在那里又为耶和华筑了一座坛，求告耶和华的名。”见《圣经·旧约·创世纪》4:3—4；12:7—8。

第2章 不论是对活人还是对死人，弥撒圣祭均有赎罪功效

在由十字架做成的祭坛上，基督曾以流血的方式将自己献祭出去；包含在弥撒圣祭中的同样还是这位基督，只不过在这一圣祭中他是以不流血的方式被献祭出去的。因此，本圣公会议作出以下教言：这一圣祭确确实实是具有抚慰和赎罪功效的；通过这一圣祭，就可以产生抚慰和赎罪之效果；如果我们怀着痛改前非且立志忏悔之意、抱着一颗真诚之心、带着诚挚之信仰并以敬畏与尊崇之情努力接近上帝的话，那么，我们就可在那随时而来的帮助中获得怜悯，找到恩典。① 这是因为，上帝因受到这一圣祭而感到欣慰，于是他 155
不仅给人以恩典，而且给人以补赎之礼，甚至还会宽恕那些极为严重的罪行和罪愆。而且还因为，充当牺牲的祭品是完全相同的，当年（基督）是在十字架上将自己奉献出去的，而现在由祭司们奉献出去的同样是那位（基督），惟一不同的只是献祭的方式。毫无疑问，通过这一不流血的献祭，那一献祭（亦即那一流血的献祭）所产生的果实已经被极为充分地领受下来，而且前者所得的果实在任何方面都不会少于后者。因此，这一圣祭一方面是为那些活着的人设立的，是为了解决他们的罪愆、惩罚、补赎等问题以及为了满足他们的其他一些需要；另一方面，它也是为那些虽在基督里死去但尚未获得完全洁净之人设立的。这与众使徒确立的传统是相符的。

第3章 关于那些为尊崇圣徒而举行的弥撒

为了尊崇并纪念那些圣徒，教会一直有一个习惯做法，即，时常为之举行弥撒。但是，不能因此就认为教会是主张把圣祭献给他们的。（实际上），圣祭只能献给上帝，只能献给赋予他们以荣誉的上帝。正因如此，神父一般不会说出“彼得（或保罗）啊，我向您献祭”这样的话来。但是，上帝成就了那些圣徒，神父要为此向上帝表示感谢，与此同时，神父也会恳求圣徒们的庇护，这样的话，我们在尘世纪念他们，就可以求得他们俯允在天国为我们代为求情。

第4章 关于弥撒常典②

凡是圣洁之事，就应以圣洁方式施行；在所有圣洁之事中，当数这一圣祭

---

① 《圣经》言：“我们只管坦然无惧地来到施恩的宝座前，为要得怜恤，蒙恩惠，作随时的帮助。”见《圣经·新约·希伯来书》4:16。

② 弥撒常典（Canon of the Mass，其意等同于 Eucharistic Prayer），亦译“常典弥撒”、“弥撒正则”或“弥撒经”，如今通常称为“感恩经”。弥撒常典是弥撒过程中的不变部分，包括颂谢词和感恩经，感恩经则包括祷词、成圣体、成圣血、圣三颂等等。

156 最为圣洁。因此，为了能让人们恰如其分并毕恭毕敬地奉献和领受这一圣祭，教会在很久以前便创设了这一圣洁的弥撒常典。该常典纯洁无误，其所有内容无不带有一种至高的圣洁与虔敬意味，而且，它能够将献祭者的思绪提升到上帝那里。这是因为，构成这一常典的，要么是来自吾主自己的言论，要么是来自众使徒的圣传，要么是来自圣洁的教宗所制定的那些虔诚的法规。

第5章　关于弥撒圣祭中的庄严礼仪

由于人性本身之缘故，如果不借助于外在手段，人很难被激发起来去默默思考那些神圣之事。因此，神圣的母教会创设了一些仪式，也就是说，在举行弥撒时，有些内容应低声吟诵，有些内容则要高声吟诵。与此相似，根据使徒创立的规矩和传统，神圣的母教会还会使用一些仪式，如进行神秘的祝福，使用光线、烧香、穿礼服以及其他许许多多诸如此类的仪式。借助于这些仪式，这一伟大圣祭的庄严性就可以得到充分的强调；借助于这些可感可知的宗教符号和虔敬标志，信徒们的思想就可以受到激励，因而也就可以默默思念隐藏在这一圣祭之后的那些崇高卓绝之事。

第6章　关于只有神父一人领受圣餐的弥撒

本圣公会议当然希望，在每一次弥撒上，在场的所有信徒都能够领受圣餐，不仅是心灵上的领受，而且是实实在在的领受，这样的话，他们便可以从这一至圣之圣祭中获得更为丰富的果实。不过，弥撒并不总是按照这样的方式进行，在有些弥撒上，只有神父自己按照圣礼实领圣餐；如果出现这种情
157 况，本圣公会议并不会因此把那些弥撒谴责为私人弥撒和非法弥撒，相反，本圣公会议认可并批准之。应当认为，这些弥撒具有真正的公共性质。之所以这么说，一方面是因为，在这些弥撒上，在场信众都已在心灵上领受了圣餐；另一方面是因为，这些弥撒是由教会中的从事公共圣事的神父主持的，神父主持这些弥撒并不只是为了他自己，而且也是为了所有信徒，而所有信徒又都是基督躯体的组成部分。

第7章　关于与圣餐杯中的酒混合在一起的水

接下来，本圣公会议还注意到，教会对神父一直有这样一种教导，即，在准备献祭的时候，要将水和圣餐杯中的酒进行混合。这一方面是因为，教会相信吾主基督当年就是这么做的；另一方面则是因为，（在基督受难之时），有

血和水从他的肋旁流出来[①];因此,通过这种混合,可以唤起人们对这一奥义的纪念。而且,在圣约翰的"启示录"中,"民众"就被称作为"众水"[②];因此,(把水和酒混合在一起),这也正是代表了信众与其头颅——基督——的合一。

第8章 在举行弥撒的时候,不应处处使用方言;对于弥撒中所包含的奥义,要向民众作出解释

虽然说弥撒之中含有许多对信众进行教诲的内容,但是,教会一直认为,教会父老们似乎不宜在任何场合下都用方言来举行弥撒。因此,不论在什么地方,也不论是哪一个教会,那一古老的做法都应保留下来,因为那一做法是由神圣罗马教会批准的,而神圣罗马教会既是所有教会之母,又是所有教会的主妇。不过,为了保证基督手下的羊群不至于忍饥挨饿,或者说,为了保证 158
不至于出现"孩童求饼,无人擘给他们"[③]之现象,本圣公会议对神父以及所有负有牧灵职责之人提出以下要求:在举行弥撒的时候,要由他们自己或由他人时常对所念弥撒经文中的某些内容作出解释;对于弥撒中的其他内容,他们还应对这一至圣祭礼中的某些奥义进行阐释,尤其是在主日和节日期间(举行的弥撒上,更应如此行事)。

第9章 对下述诸项教规所作的前言

(弥撒圣祭)这一古老信仰是建立在神圣福音书、使徒圣传以及圣洁教父们的教导之基础上的,然而,在目前这一时期,有许多谬误在四处传播,各式各样的人所宣扬和坚持的许多东西都是与这一古老信仰相对立的。有鉴于此,对于这些问题,在经过反反复复的深思熟虑之后,并在全体与会人员一致同意的情况下,本圣公会议下定决心,不论是什么样的观点,只要是与这一最纯洁的信仰和最神圣的教义相对立的,都要通过以下附属的各项教规对之进行谴责,并将之从神圣教会中彻底清除出去。

---

① 《圣经》言:"惟有一个兵拿枪扎他的肋旁,随即有血和水流出来。看见这事的那人就作见证——他的见证也是真的,并且他知道自己所说的是真的——叫你们也可以信。"见《圣经·新约·约翰福音》19:34—35。

② 关于"民众"(people,或"多民",peoples)和"众水"(waters),《圣经》中有这样的表述:"你到这里来,我将坐在众水上的大淫妇所要受的刑罚指给你看";"你所看见那淫妇坐的众水,就是多民、多人、多国、多方"。见《圣经·新约·启示录》17:1,15。

③ 见《圣经·旧约·耶利米哀歌》4:4。

关于弥撒圣祭

第 1 条　如果有人持下述观点，那么，此人应受绝罚，即：在弥撒中，并没有向上帝献出真正且恰当的祭品；或者说，准备献给上帝的那个祭品没有什么其他内涵，只不过就是把基督分给我们来吃。

第 2 条　如果有人持下述观点，那么，此人应受绝罚，即：基督虽然说过“你们也应当如此行，为的是纪念我”[1]这样的话，但是，他说此话的目的并不是要立众使徒为祭司；或者说，他并没有要求他们以及其他祭司必须要把他自己的体血作为祭品献给上帝。

第 3 条　如果有人持下述观点，那么，此人应受绝罚，即：弥撒圣祭只不
159 过是一种颂扬祭、一种感恩祭；或者说，它只是对在十字架上完成的那一圣祭的纪念，其本身并不是一种具有赎罪功效的圣祭；或者说，它只对亲自领受者有益，而且，不应该为生者和死人的罪愆、痛苦、补赎以及其他各种需要而奉献这种圣祭。

第 4 条　如果有人持下述观点，那么，此人应受绝罚，即：弥撒圣祭是对基督在十字架上完成的那一至圣圣祭的一种亵渎；或者说，前者的功效要低于后者。

第 5 条　如果有人持下述观点，那么，此人应受绝罚，即：有些弥撒是为纪念圣徒而举行的，而且教会的想法是要通过这些弥撒而让圣徒在上帝面前代为求情，举行这类弥撒实则是一种欺诈。

第 6 条　如果有人持下述观点，那么，此人应受绝罚，即：弥撒常典有错，因此应该予以废除。

第 7 条　如果有人持下述观点，那么，此人应受绝罚，即：在举行弥撒时，天主教会使用的那些仪式、服装以及各种外在的标志并不会激励人们走向虔诚；相反，却会怂恿人们走向不虔不敬。

第 8 条　如果有人持下述观点，那么，此人应受绝罚，即：在有些弥撒中，只有神父自己领受了有形的圣餐，这类弥撒是非法的，因此应当予以废除。

第 9 条　如果有人持下述观点，那么，此人应受绝罚，即：罗马教会的弥撒仪式，即用低音诵读弥撒常典中的部分内容以及那些祝圣词，应当受到谴责；或者说，举行弥撒的时候，只应该使用方言；或者说，对于圣餐杯中准备用

---

① 见《圣经・新约・路加福音》22:19;《圣经・新约・哥林多前书》11:24—26。

来献祭的那些酒来说，不应该用水来和它进行混合，因为这一做法和基督制定的圣礼规章相违背。

关于举行弥撒时应遵守之事和应避免之事的教令

《圣经》有言，如果以漫不经心的态度去为上帝做事，必将遭到诅咒。① 不论何人，只要他认真思考过上面这句话，便不难想见，只有倍加谨慎、万分细心，在举行神圣且圣洁的弥撒祭礼之时才能有着全身心的宗教投入和宗教 160 虔敬。在这一令人敬畏的奥义中，神父每天都要把那一以生命相送的祭品② 供奉在祭坛上，而正是通过这一祭品，我们才得以同圣父和解融通。我们必须承认，信徒们所作的其他一切工作在圣洁性和神圣性上都无法同这一圣祭相提并论。因此，这也就充分表明，在举行弥撒时，必须竭尽全力，全神贯注，尽最大可能求得内在的洁净和心灵的纯洁，同时亦要尽最大可能在外在表现上显示出执著与虔诚。然而，由于时代的堕落退化，也由于人们的漠不关心和腐败，许多东西似乎已经悄悄地渗透进来，而这些东西却是和这一伟大圣祭的尊严格格不入的。为了上帝的光荣，也为了对信徒进行教化，对这一圣祭应有的尊敬与崇拜必须予以恢复。为了达到这一目的，本圣公会议下令：各地主教必须认真关注，坚决阻止并废除因贪婪、不敬或迷信而引致的一切东西；（这是因为），贪婪与崇拜偶像没有什么两样③，不敬与不信神几乎无法区分，而迷信则是对真正虔敬行为的一种错误的模仿。

首先，贪婪这个问题牵涉到很多事情，关于这个问题，现以简要的言词对之作出如下规定，即，他们④必须要全面确保，如果遇有举行弥撒之事，（相关圣职人员）绝对不可在报酬问题上讨价还价，在任何情况下都不得讲条件，不得要求（对方）奉献任何东西；另外，必须要以请求的方式来获得他人的施舍或获得其他诸如此类的物品，而绝对不可强行索要，绝对不可厚颜强取；这是因为，上述这些行为几乎都难以逃脱买卖圣职罪之嫌，退一步讲，其所得的也

① 《圣经》言："懒惰为耶和华行事的，必受诅咒；禁止刀剑不经血的，必受诅咒。"见《圣经·旧约·耶利米书》48:10。

② 以生命相送的祭品(life-giving victim)，指受难后的耶稣基督的体血。

③ 《圣经》言："无论是淫乱的，是污秽的，是有贪心的，在基督和上帝的国里都是无分的。有贪心的，就与拜偶像的一样。"见《圣经·新约·以弗所书》5:5。

④ 指主教或其他教长。

终究是肮脏的钱财。①

其次，为了避免出现对神不敬之现象，每一位主教在自己的教区之内都要禁止流浪教士或身份不明的教士举行弥撒。另外，不论何人，如果人人都知道他犯过罪并且恶名昭彰的话，那么，主教就必须禁止他在神圣的祭坛上
161 施行圣事，亦不得让他参与宗教仪式。有些教区圣职人员和修会圣职人员在私人住处举行圣祭，有的干脆在教堂之外举行圣祭；还有的则在小圣堂②举行圣祭，而小圣堂只是用来敬拜上帝的，或者是留给以上所述那些教长们专用的。对于这类圣祭活动，主教必须予以禁止。还有，对于那些参加圣祭之人而言，首先必须要有合乎礼仪的外表，以此展示其并非是心猿意马之人，并以此表明其心灵上的虔敬之情；否则，主教将禁止他们参加圣祭仪式。而且，在有些教堂音乐中，混杂着各种各样的淫荡或不洁成分，有的是用乐器演奏的，有的则是包含在歌咏之中，主教必须要将诸如此类的音乐全部从教堂中清除出去。在教堂中，还存在各种各样的世俗行为，人们还会在那里用虚妄而亵渎的语言进行交谈，而且还会在教堂里东走西逛，大声喧哗，吵闹起哄；所有这一切现象，主教都必须要将之从教堂中清理出去。只有如此，上帝之殿③才能被真正视为祷告之殿，才能被真正称作祷告之殿。④

最后，为了不给迷信行为留有任何空间，主教们可以通过颁布律令并伴以明确的惩罚措施来达到以下目的，即：教士必须要在合适的时间举行弥撒，在其他时间则不得举行；而且，在举行弥撒的时候，只能使用那些经过教会批准的并且已经约定俗成的值得嘉许的仪式、礼仪和祈祷文，除此而外的所有仪式、礼仪和祈祷文均不得使用。教会中如今存在一种做法，即，（在举行弥撒的时候），弥撒有着固定的次数，蜡烛的数量亦有明确的规定；这种做法源于迷信，而不是源于真正的宗教，因此，主教们必须将之从教会中彻底清除出去。主教们还要告诉信众，这一至圣之祭礼所具有的最珍贵、最神圣的果实究竟是什么，尤其是要告诉信众这一珍贵且神圣的果实究竟是从何而来的。

---

① 该段落的原文是与上一段合并在一起的。从行文格局考虑，现将之单独分段。特此说明。

② 小圣堂（oratory），亦称小教堂。小圣堂有多种形式，如：私用小圣堂（private oratory），指为私人或某一家庭专门设立的小教堂；公开小圣堂（public oratory），指某一修会或社团公用的教堂，一般信徒亦可入内参加宗教仪式；半公开小圣堂（semipublic oratory），指某一修会或社团专用的教堂。按照教会法，不论哪种小圣堂，都需经过当地教长的批准方可设立。

③ 上帝之殿（the house of God），指教堂。

④ 《圣经》言："我必领他们到我的圣山，使他们在祷告我的殿中喜乐。他们的燔祭和平安祭，在我坛上必蒙悦纳，因我的殿必称为万民祷告的殿。"见《圣经·旧约·以赛亚书》56：7。另，《圣经》言："经上记着说：我的殿必称为祷告的殿，你们倒使它成为贼窝了。"见《圣经·新约·马太福音》21：13。

主教们还应告诫信众，要让他们经常前往本地堂区教堂，或者至少在主日以及重大节日的时候要去本地堂区教堂(参加弥撒圣祭)。

以上只是简要列举了(与弥撒有关的)各种事宜。对于所有这些问题，之所以要以这样一种方式向所有地方教长进行阐明，其目的就是在于：根据本圣公会议以及教廷代表赋予的权威，地方教长可以行使禁止、命令、改革和制定规章等权力的范围不只限于以上所述的这些事情，在其他任何事情上，只要他们认为与上述这些事情是相关的，那么，他们就同样可以行使这些权力。而且，他们有权强制信众遵守相关规定，如果信众不服管教，教长可依据自己的判断对之作出宗教惩戒，或对之施以其他惩罚；(在这些问题上)，与以上规定相左的任何特权、豁免权、诉求权以及风俗习惯均不予考虑。[①]

关于改革之教令 162

基督教特兰特圣公会议是在圣灵之中合法召开的，会议主持人依然是神圣罗马教廷的诸位特使[②]。为了能让改革工作继续进行下去，本圣公会议认为有必要在本次全体会议上就相关事宜作出如下规定。

第1章 关于教士的生活及行为规范，已有诸多教规，现重申这些教规

在引导他人走向虔诚之路并让他人能够尽心为上帝服务方面，最有成效的方式就是让那些献身圣职之人展现出良好的生活风范，发挥出榜样的力量。这是因为，在他人眼中，他们是超脱于尘世之事的，是居于一个更加高尚的位置的；正因如此，别人就会像照镜子一样，将目光盯在他们身上，而且还会仿效他们的一言一行。教士是已经接受召唤之人，已经将吾主化为自己的一个组成部分。因此，他们必须要采取一切方式来规范自己的生活和行为，只有这样，在服饰打扮、行为方式、走路姿势、言谈举止以及其他一切方面，才能够显得庄重严肃、中规中矩，才能够显得充满虔诚之意。(对于教士而言)，即便是小错小罪，也要予以避免，这是因为，小错小罪如果发生在他们身上，那就是严重的罪过；只有做到这一点，他们的行为才能激发他人的尊敬。以上这些事情对于上帝的教会来说是非常有用的，它们能够让上帝的教会展示

---

① 该段落的原文是与上一段合并在一起的。从行文格局考虑，现将之单独分段。特此说明。

② 详见第十七次会议“关于召开(特兰特)圣公会议之教令”中的相关注释。

其正派体面之色彩；因此，越是这样，有关这些事情的规章就越应该得到悉心的遵守。在过去的岁月中，教宗们以及历届圣公会议曾不断制定并颁布各种有益的典章制度，要求教士在生活作风、言行举止、服饰打扮以及知识学问方面严守规范，而且还要求他们必须杜绝奢华、享乐，不得跳舞、赌博，不得娱乐、消遣，不得犯有任何罪行，不得追逐世俗名利。鉴于以上因素，本圣公会议规定：从今以后，教宗们以及历届圣公会议制定的那些典章制度必须得到遵守，如有违反者，教长有权根据自己的判断对之进行惩罚，既可以援引原有典章的规定对之惩罚，亦可对之施以更为严厉的惩罚。有些处罚是和道德教
163 化相关的，在这类问题上，不得因为（当事人）有诉求而中止执行处罚决定。如果发现这些典章制度中有些内容已经弛废的话，那么，作为其本职工作，教长必须要尽快将之恢复，而且要让所有人都能悉心遵守，与之相左的一切习俗均不予考虑。如果教长们自己在规劝属民方面漫不经心，那么，他们也将受到应有的惩罚，而惩罚者将是上帝。

第 2 章　关于什么样的人可被擢升进入主教座堂任职

从今以后，不论何人，要想被擢升进入主教座堂任职，那么，他不仅要在出身、年龄、道德修养、生活作风方面以及教会法规所要求的其他方面完全符合规定，而且，在此之前必须已经出任某一圣职，且任此圣职的时间至少要达到六个月。对于当事人来说，如果（罗马）教廷只是在近期才知道有这么个人，或者说，如果教廷对之尚一无所知的话，那么，有关当事人在上述各个方面的资料信息可以从教廷使节那里获取，或者可以从派驻各个教省的教廷大使那里获取，或者可以从当事人所在地的教长那里获取，如果从当地教长那里得不到相关资料，则可从相距最近的教长那里索取。另外，除了以上所述的要求之外，当事人还必须要具有相应的学识，只有这样，在被授予职位之后，才能担当起该职位应尽的职责。因此，在此之前，他必须在某所大学读过书，必须拥有神学或教会法方面的开业资格、硕士学位或博士学位，而且这些资格或学位必须是靠真才实学取得的；或者要由某一研究机构出具公开证明，宣布当事人具备教授他人之资格。此外，如果当事人是修会圣职人员，那么，他也必须要拥有由其所属修会领导出具的类似的证明材料。以上所说的这些人，即出具相关信息资料或证明材料的这些人，都必须如实地就以上所述事项作出陈述，而且不得收取任何费用；要让他们明白，如果他们违反这一规定，其良心将遭受严峻重压，而且，上帝以及他们的上司将会惩罚他们。

第3章 要从所有收入中拿出三分之一用于日常分配；失职者那一份额的归属问题；另论及某些例外情况 164

在主教座堂和协同教堂中，所有头衔（不论这种头衔是否连带享有管辖权）和职位所得的收入和收益中，都应拿出三分之一用于日常分配。作为罗马教廷的代表，主教有权对这些财物进行分配，具体分配方案由主教根据情况来作出合适的判断。也就是说，如果财物接受者在某一天未能按照主教规定的方式亲自履行其应尽职责的话，那么，主教就将没收他在那一天的应得份额，而且当事者不得以任何方式再去谋求对之享有所有权。如有需要，没收来的这些财物可以用于教堂管理，或者根据教长的意见而将之用于某些其他神圣之事。但是，如果当事者拒不服从，主教则可根据神圣的教会法规对之进行惩处。在上面所说的那些拥有头衔之人中，有这样一些人，即，不论从权利上说还是从习俗上讲，他们在主教座堂和协同教堂中都不享有任何的管辖权、管理权和职位；但另一方面，在所属教区的城外还有牧灵职位，而这些人又愿意前去担当这一职务。那么，在他们常驻于所述教堂并以这一牧灵职位担当者的身份对该教堂进行管理期间，他们就将被视作是在那些主教座堂和协同教堂中工作的，而且将被视作在这些教堂中已经拥有宗教职位。需要说明的是，这些规定只适用于下述教堂，即：在这些教堂中，没有任何的习俗或规章规定，以上所说的那些虽拥有头衔但却没有做具体服务工作之人将失去一些财物，其总量为其收入和收益的三分之一。不论是什么样的习俗（即便是极为古老的习俗），也不论是什么样的豁免权、什么样的条规（即便它们是通过宣誓而确认的，或者是某某权威所确立的），只要是与上述规定相左的，则均属无效。

第4章 不论何人，只要尚未领有圣职，那么，不论是在主教座堂参议会中，还是在协同教堂参议会中，均不得享有发言权。另论及，在上述这些教堂中领有有俸圣职者应具备的资格以及应承担的职责 165

对于在主教座堂或协同教堂中从事宗教工作之人而言，不论他是属于在俗的还是属于修会的，如果他尚未获得副助祭[①]或副助祭以上圣职，那么，在这些教堂的参议会中，他就不得享有发言权；即便（参议会中的）其他人已经慷慨地给予他以这种发言权，（那也应该予以废止）。在上述这些教堂中，有

---

① 副助祭（subdeacon），天主教旧制中的第五品圣职，现已取消。

些头衔(不论是否附带有管理权)、职位、俸禄、薪给以及其他各种各样的有俸圣职都是和各式各样的义务联系在一起的,即,有些人负责吟咏弥撒,有些人负责吟咏福音,还有些人负责吟咏书信。对于这些人而言,而且不论是现有人员还是那些在以后将要从事此类工作之人,只要没有遇到理由充分的障碍,那么,不论他们享有什么样的特免权、豁免权或其他各种特权,也不论他们的出身是多么高贵,都必须要在一年之内接受按规定应该拥有的圣职;否则,将依据维埃纳圣公会议①制定的教规②(其开头语是"Ut ii, qui",意为"即使那些人")对之进行惩罚;对于维埃纳会议的这一教规,本教令在此予以重申。主教有权强令他们在规定的日子里亲自履行前述圣职,而且,在宗教仪式上,要承担起他们应该承担的其他一切职责;如有违反者,主教有权根据自己的判断对之进行惩罚,即,既可以按照原有规定对之惩罚,亦可对之施以更为严厉的惩罚。从今以后,这类职位只能授予那些已经达到规定年龄且符合其他各种条件之人;否则,此类任命事项均属无效。

第 5 章　如果宽免是由(罗马教廷的)法庭作出的,那么,必须将这类宽免状呈送给当地主教,并由他对之进行核查

就宽免状而言,不论它们是由什么样的权威颁发的,而且,即便是由罗马
166 教廷所属法庭颁发的,宽免状也必须要呈送到相关教长的手里。不过,有些宽免是作为恩典而施给某些人的。对于这类宽免,作为罗马教廷的代表,当地教长必须对之进行核查,以确证宽免请求书的内容不存在欺诈和欺骗现象。当然,这种核查只是一种概览性的审查,而且是一种不涉及司法程序的一般性审查。在作出这一认定之前,宽免不得生效。

第 6 章　对遗嘱进行变更时,必须谨慎行事

除非具有正当且必要的缘由,否则,遗嘱是不得更改的。如需变更遗嘱,作为罗马教廷的代表,主教必须要在变更实施之前及时地对变更申请书进行核查,以确保申请书中的内容既没有隐瞒真相也没有造假行为,核查时不必采取那种正规的司法程序。

---

① 维埃纳圣公会议(the Council of Vienne),指 1311—1313 年在法国南部城市维埃纳召开的宗教会议,会议由第一位"阿维农教宗"克勒芒五世(Clement V)组织召开。详见第七次会议"关于改革之教令"第 15 章中的相关注释。

② 指维埃纳宗教会议"38 条教规教令"中的第 6 条。

第7章 《教令集》第六部分中,有一章是以"罗马的"(Romana)作为开头语的,现对该章内容予以重申

对于教廷使节、教廷大使、宗主教、首席主教以及总主教来说,在处理呈请到他们那里的上诉案件时,在任何情况下,即,不论是在接受上诉案的时候,还是在处理完某一上诉案之后禁止(当事人)再次上诉的时候,在形式和内容上都要严格遵循神圣教规,尤其是要严格遵循英诺森四世制定的那一教规(其开头语是"Romana",意为"罗马的")①;与此相左的任何习俗(即便是非常古老的习俗)、惯例或特权均属无效。否则,在此问题上所作出的禁止令、诉讼程序以及由此产生的一切结果依据法律规定均属无效。

第8章 不论何人,只要其财产处置与宗教相关,其处置工作都将由主教负责;对于和宗教相关的那些场所,只要不是受君王直接保护的,那么,主教则有权对之进行察访 167

在宗教财产的处置问题上,且不论对这些财产的处置是通过遗嘱作出的,还是由在世之人相互之间作出的,只要是在法律许可的范围内,作为罗马教廷的代表,主教就将是所有这些处置工作的执行人。对于医院以及由俗人创办的所有社团和善会,甚至那些被称为学校的或者被叫着其他什么名称的机构,主教也都有权察访;不过,对于那些受君王直接保护的机构,除非得到君王们的许可,否则,主教则无权察访。对于那些被称为借贷基金会或赈济基金会的慈善机构,以及其他一切不论以什么名称出现的与宗教相关的机构,即便这些机构的管理权掌握在俗人之手,即便这些宗教场所享受豁免权保护,主教也都有权对之进行察访。而且,不论是何种事物,只要其创设目的是为了崇敬上帝、拯救灵魂或资助穷人,那么,凭借其担当的职务,主教在上述一切事情上均享有审理权,而且有权依据教会法规中的有关律令对之进行处置;与之相左的任何习俗(即便是非常古老的习俗)、特权或法规均属无效。

第9章 对于宗教场所而言,除非在其建立之时即另有规定,否则,所有宗教场所的管理者(每年)都要向当地教长提交一份总结汇报

对于包括主教座堂在内的所有教堂、医院、善会、被称作为借贷基金会的

---

① 英诺森四世(Innocent IV),罗马教宗,1243—1254年在位。1245年,英诺森四世发起召开里昂圣公会议(即第一次里昂圣公会议,First Council of Lyons)。会议结束后,英诺森四世于1245年8月25日公布22条教规,其中第16条和第17条是有关上诉案问题的。

168 各种慈善机构以及其他一切与宗教相关的场所或机构而言，除非遇有一些偶然情况，即，这类教堂或基金会的规章条例另有明确规定，否则，其收益管理者不论是教会人士还是世俗人士，每年都必须要向当地教长提交一份有关其管理工作的汇报；不论是什么习俗和特权，只要是与此规定相左的，均应搁置一旁。需要注意的是，如果是出于习俗、特权或某些地方规章等方面的原因而让他们不得不将总结汇报呈交给其他负责此事之人的话，那么，也必须要让当地主教与之共同负责此事。对于上述管理者而言，以其他方式处理收益管理报告的均属无效。

第 10 章　公证人必须要接受主教的考核与裁决

如果公证人不能胜任自己的工作，那将为害甚大；而在许多诉讼案中，这种情况又确是司空见惯。因此，作为罗马教廷的代表，主教可以通过考核的方式对所有公证人进行调查，以确认其是否胜任工作；即便有些公证人是由教廷、皇帝或国王任命的，（主教亦有权对之进行考核调查）。如果发现他们不能胜任自己的工作，或者不论在什么时候发现他们有玩忽职守之行为，那么，主教则可以完全禁止或暂停其在宗教和属灵案件、诉讼案件以及其他各种案件中行使其职务。不论他们提出什么样的上诉，教长的禁止令都不得因此而暂停。

第 11 章　僭取教堂或其他宗教场所财物者将遭到惩罚

有些特许权、财产权、经济收益权（甚至包括那些以租赁形式得来的经济收益权）、税入、利润以及其他多种多样的收入是属于某一教堂所有的，或是属于某些有俸圣职（不论是教区中的有俸圣职还是修会中的有俸圣职）所附带的，或是属于某些慈善机构的，或是属于其他各种与宗教相关之机构的。所有这些东西都应用于满足圣职人员和穷人的需要。贪婪乃万恶之根。① 不论是教士还是俗人，也不论他居于何种地位，即便他是皇帝或国王，只要他胆敢利欲熏心地将上述事物转归己用，只要他胆敢僭取这些东西，或者说，在那些依据权利而享有所有权之人接受上述东西的过程中，只要他胆敢从中作
169 梗，那么，不论是他本人亲自所为还是唆使他人所为，不论他采用的是强制方

---

① 《圣经》言：“敬虔加上知足的心便是大利了；因为我们没有带什么到世上来，也不能带什么去。只要有衣有食，就当知足。但那些想要发财的人，就陷在迷惑、落在罗网和许多无知有害的私欲里，叫人沉在败坏和灭亡中。贪财是万恶之根。有人贪恋钱财，就被引诱离了真道，用许多愁苦把自己刺透了。”见《圣经·新约·提摩太前书》6：6—10。

式还是恫吓手段,不论他是否还会进一步编造出僧界或俗界的假冒之人来达到目的,不论他采取什么样的欺骗手段,也不论他持何种貌似有理的借口,他都将被处以绝罚。对于那些特许权、财产权、财物、权益、收益和税入,(其僭取方式各式各样),有的是强行夺取来的,有的是以其他各种方式巧取豪夺的,有的甚至会编造出一位子虚乌有的人物并称是这个人将之作为礼物送给他的;只有在把以上所述的各种权益和收入完完整整地归还给教堂、归还给其管理者或受益人之后,而且,只有在获得罗马教宗的宽赦之后,对其绝罚方可解除。如果他是那一教堂的庇护人,那么,除去以上所述的处罚之外,其庇护权亦将被自动剥夺。对于圣职人员而言,如果他怂恿这种可恶至极的欺诈和僭夺行为,或对之持默许态度,那么,他将遭受同样的惩罚;他将被剥夺一切有俸圣职,而且也没有资格再去获得其他有俸圣职;即便在他完成全部的补赎并获得宽赦之后,他也将被暂停行使其圣职,(具体时限)由其所属的教长根据情况而定。

关于(有关人士)提请使用圣餐杯问题之教令

此外,在另一个场合,人们还提出了另外两个问题,但当时尚未对之进行讨论。这两个问题是:(其一),既然神圣的天主教会已经以教令的形式规定,俗人以及没有正在主持祭礼的教士只需领受以面饼形象呈现的圣餐即可,那 170
么,促使神圣的天主教会作出这一规定的理由是否已经令人信服到了可以再进一步作出下述规定,即,不论在什么情况下,任何人都不得再使用圣餐杯。(其二),假如说赋予某个民族或某个国家使用圣餐杯之权是可以考虑的而且也是与基督之爱相符的,那么,是否应该在具备某些条件下才可赋之以这样的权利,(如果是的话),这些条件又是什么。在上一次全体会议上,本圣公会议曾作出决定,将之留待其他更合适的时间再作审察和规定。① 本圣公会议从请求方的利益考虑,希望能以最好的方式为他们提供救赎途径。因此,本圣公会议兹颁令:整个这件事应该呈交给我们的至圣之主②去处理,根据本教令,这件事就算已经明确呈交上去;依据其独有的审慎,至圣之主将会作出判断,如何处理才会有助于整个基督教世界,才会有益于请求准许使用圣餐杯的那些人。

---

① 详见第二十一次会议“关于圣餐杯的使用问题”。

② 至圣之主(most holy Lord),这里指罗马教宗。

关于下次会议的通告

此外，本圣公会议还要宣布，下次会议的时间定在万圣节八日庆期之后的那个星期四，亦即11月12日[①]；在下次会议上，将就授职礼和婚姻礼等问题发布教令。

（预定于1562年11月12日举行的第二十三次）会议一直延期至1563年7月15日。[②]

---

① 即1562年11月12日。

② 第二十二次会议结束之后，与会者在一系列问题上展开争论，尤其是在教宗应该享有哪些特权、主教是否应该常驻教区等问题上，争执尤为激烈；不同派别之人包括各自的随从甚至挑起械斗，大打出手。原定于1562年11月12日的会议被迫延期。在此期间，两位教宗特使贡扎加和赛里潘多又相继病逝于特兰特，会议进程被进一步打乱。在僵持了8个多月之后，第二十三次会议方才正式召开。另，在第二十三次会议上，婚姻礼问题并未予以讨论，与之相关的教令延至第二十四次会议上方才公布。

第二十三次会议

本次会议是教宗庇护四世统治时期召开的第七次会议。本次会议于 1563 年 7 月 15 日举行。

在授职礼问题上，特兰特圣公会议第七次会议[①]对目前存在的各种谬误予以谴责，同时制定真正可靠、放之四海而皆准的教义并予以公布

第 1 章　关于新律[②]之中祭司职位的设立

按照上帝制定的律例，圣祭礼与祭司职位是紧密相连的，正因如此，在每一种律法之中，二者都是一直存在的。在“新约”当中，基督创设了圣餐礼，而
天主教会已经从中领受了这一圣洁且可感可知的献祭礼。既然如此，也就必须要承认：在教会之中，存在着一种崭新的、可感可知的、客观实在的祭司职位，它是由旧的祭司职位转变而来的。[③] 祭司职位同样也是我们这位救世主所创设的，他已把对其体血的祝圣、奉献和分派之权赋予了使徒以及继承使徒担任祭司职位的那些人，而且他还赋予他们以赦罪权和留罪权。关于这些

---

① 指教宗庇护四世统治时期召开的特兰特会议第七次会议，从整个特兰特会议进程来算，则为第二十三次会议。

② “新律”（New Law），亦即“新律法”、“新约”、“新经”，它是和“旧律”（Old Law，旧约、旧经）相对而言的。参见第七次会议“圣礼总论”及相关注释。

③ 《圣经》言：“从前百姓在利未人祭司职任以下受律法，倘若藉这职任能得完全，又何用另外兴起一位祭司，照麦基洗德的等次，不照亚伦的等次呢？……他成为祭司，并不是照属肉体的条例，乃是照无穷之生命的大能。因为有给他作见证的说：你是照着麦基洗德的等次永远为祭司。先前的条例，因软弱无益，所以废掉了，（律法原来一无所成）就引进了更美的指望；靠这指望，我们便可以进到上帝面前。……那些成为祭司的，数目本来多，是因为有死阻隔，不能长久。这位既是

内容,圣经中已有明确交代,而且,这也是天主教会一直以来的传统教言。

第2章 关于圣职的七个品级

需要注意的是,祭司职位是非常圣洁的,担当这一圣职是一件神圣的事情。因此,要想能以更高尚的方式、更虔敬的态度去履行这一圣职,教会内部的秩序就应该做到井井有条,在这样一种秩序当中,根据所任职务的不同,教士就应该被分为几个鲜明的等级。在做了这样的等级区分之后,那些已经行过剃发礼①的圣职人员就必须依循从初级到高级的路径按级晋升教职。这种做法是合适的,因为《圣经》明确提到的不仅有神父(祭司),而且有助祭(执事)②;对于授职过程中应该特别注意的事项,《圣经》亦以毫不含糊的语言作出了教导。而且,众所周知,自教会创始以来,诸如副助祭、襄礼员、驱魔员、诵经员和司门员等各种圣职便一直存在着,各种圣职也一直承担着相应的职责;不过,这些圣职的等级并不是同等的,这是因为,教父们以及诸次圣公会议都将副助祭职位列在高级圣职之中,而且,在教父们的著作中以及圣公会议文件中,我们也经常读到有关其他各种初级圣职问题的论述。③

172 ## 第3章 圣职礼确确实实是一种恰当且合适的圣礼

从《圣经》、使徒传统以及教父们的共识中可以明白无误地看出,(上帝)

永远长存的,他祭司的职任就长久不更换。凡靠着他进到上帝面前的人,他都能拯救到底;……他不像那些大祭司,每日必须先为自己的罪,后为百姓的罪献祭;因为他只一次将自己献上,就把这事成全了。”见《圣经·新约·希伯来书》7:11—27。

① 剃发礼(tonsure),亦称“剪发礼”,是神职人员在领受神品(圣职)之前的第一个步骤,即把头顶剃光,露出光秃圆顶,此圆顶称为“发圈”。20世纪70年代,这种与世俗社会反差过于悬殊的且时常招致俗人嘲弄的奇特发型才被天主教会正式舍弃。

② 《圣经》言:“我们撇下上帝的道去管理饭食,原是不合宜的。所以弟兄们,当从你们中间选出七个有好名声、被圣灵充满、智慧充足的人,我们就派他们管理这事。但我们要专心以祈祷、传道为事。……上帝的道兴旺起来;在耶路撒冷门徒数目加增的甚多,也有许多祭司信从了这道。”见《圣经·新约·使徒行传》6:2—7。又,《圣经》言:“第二天,我们离开那里,来到凯撒利亚,就进了传福音的腓利家里,和他同住。他是那七个执事里的一个。”见《圣经·新约·使徒行传》21:8。另,《圣经》言:“作执事的,也是如此:必须端庄,不一口两舌,不好喝酒,不贪不义之财;要存清洁的良心,固守真道的奥秘。这等人也要先受试验,若没有可责之处,然后叫他们做执事。女执事也是如此:必须端庄,不说谗言,有节制,凡事忠心。执事只要作一个妇人的丈夫,好好管理儿女和自己的家。因为善作执事的,自己就得到美好的地步,并且在基督耶稣里的真道上大有胆量。”见《圣经·新约·提摩太前书》3:8—13。

③ 副助祭职位(subdeavonship,或subdiaconate),亦称副执事职位。关于圣职品级的构成,不同时期有不同的规定。从传统上来说,天主教会的神品分为七个等级,从低到高依次是:司门员(porter,一品)、诵经员(lector,二品)、驱魔员(exorcist,三品)、襄礼员(acolyte,辅祭,四品)、副助祭(subdeacon,五品)、助祭(deacon,执事,六品)和祭司(priest,神父、主教,七品)。前四品为初级神

是通过神圣的授职礼而将恩典赋予(接受圣职之人的),而且,这一授职礼是通过语言和外在符号来完成的。因此,圣职礼确确实实是神圣教会中的七项圣礼之一,而且将之列为七圣礼之一也是非常恰当的,任何人对此均不得有任何的怀疑。这是因为使徒① 有言:“我提醒你,使你将上帝藉我按手所给你的恩赐再如火挑旺起来。因为上帝赐给我们,不是胆怯的心,乃是刚强、仁爱、谨守的心。”②

第4章 关于教阶制与授职礼

需要注意的是,与洗礼和坚振礼一样,在授职礼当中,(接受这种圣礼之人)也会被打上特有之印记,而且这种印记既不会被抹去,也不会被夺走。③因此,本圣公会议有充分的理由对那些持有下述观点之人进行谴责,即:新约里的祭司拥有的权力仅仅是暂时的;或者说,对于那些已被合法授予圣职之人而言,如果他们不再传播上帝之道,那么,他们可以重返俗人身份。另外,如果有人声言,所有基督徒都是新约里的祭司,他们之间没有任何差异;或者如果有人声言,所有基督徒都可以相互赋予对方以平等的属灵权力;那么,很显然,这种人的所作所为完完全全就是在骚扰基督教的教阶体制,而这一教阶体制本是“展开旌旗的军队”④ 。(按照这种人的说法),似乎所有人都是使徒,都是先知,都是布道师,都是司牧,都是圣师;而这些说法都与圣保罗的教导背道而驰。⑤因此,本圣公会议宣布,(按照不同的划分方法),主教在基督 173
教会中会居于各种不同的层级;但是,除此之外,从首要层面而言,主教是属

品,后三品为高级神品。罗马教廷的教阶制进一步发展起来以后,祭司品位又从高到低细分为教宗、枢机(分别有主教级、司铎级和执事级)、宗主教(东方礼主教,但接受罗马教宗为惟一领袖,东方礼使用希腊语;罗马礼用拉丁语)、教省总主教、教区主教(即人们平常所说的主教)、神父(司铎)、执事(预备司铎)。如今,一、三、五品已被取消,保留下来的还有四个品级,从低到高依次为诵经员(从前的二品)、襄礼员(从前的四品)、助祭(从前的六品)和祭司(从前的七品)。

① 指使徒保罗。

② 见《圣经·新约·提摩太后书》1:6—7。

③ 参见第七次会议“圣礼总论”第9条。

④ 《圣经》言:“我的佳偶啊,你美丽如得撒,秀美如耶路撒冷,威武如展开旌旗的军队”;“那向外观看、如晨光发现、美丽如月亮、皎洁如日头、威武如展开旌旗军队的是谁呢?”见《圣经·旧约·雅歌》6:4,10。

⑤ 《圣经》言:“上帝在教会所设立的:第一是使徒,第二是先知,第三是教师,其次是行异能的,再次是得恩赐医病的,帮助人的,治理事的,说方言的。岂都是使徒吗?岂都是先知吗?岂都是教师吗?岂都是行异能的吗?岂都是得恩赐医病的吗?岂都是说方言的吗?岂都是翻方言的吗?你们要切切地求那更大的恩赐。我现今把最妙的道指示你们。”见《圣经·新约·哥林多前书》12:28—31。另,《圣经》言:“他所赐的,有使徒,有先知,有传福音的,有牧师和教师,为要成全圣徒,各尽其职,建立基督的身体,直等到我们众人在真道上同归于一……”见《圣经·新约·以弗所书》4:11—13。

于这一教阶体制中的一级，他们是使徒的继承人；正如前面所说的那位使徒[①]所言，（主教）是由圣灵所立，其职责是治理上帝的教会[②]；他们的地位在神父之上，他们有权施行坚振礼，有权委任教会的圣职人员，有权做许许多多其他的事情，而对于这些职能，那些只拥有初级圣职之人是无权行使的。此外，本圣公会议还要提出以下教言，即：在委任主教、神父以及其他圣职之时，并不需要获得民众、世俗政权或世俗官员的同意、召命或授权，委任之事并不会因为没有诸如此类的程序而变得无效；相反，本圣公会议却要宣布，不论是谁，如果仅仅是靠民众、世俗政权或世俗官员的召命和安排而升任此类教职的，或者是凭借自身的鲁莽而擅取此类教职的，那么，所有这些人都不得算是教会的圣职人员，而只能被视为不从门进去的窃贼和强盗。[③] 以上就是有关授职礼的一些总体规定，本圣公会议认为，有必要将之宣讲给全体基督教徒。尽管如此，本圣公会议还要通过下述方式，以明确且恰当的教规对那些相反的观点进行谴责；这样做的目的在于，在基督的帮助之下，遵循信仰之圭臬，在谬误重重的黑暗之中，所有人都能够比较容易地知晓天主教真理并能够坚守这一真理。

关于授职礼之教规

第 1 条　如果有人持下述主张，那么，此人应受绝罚，即：在新约当中并不存在一种可感可知的、客观实在的祭司职位；或者说，（祭司）没有任何权力对吾主的真体血进行祝圣和奉献，也没有任何权力（对他人）进行赦罪和留罪，祭司只不过是从事福音宣讲的一种教职；或者说，不从事布道之人就不是神父。

174 第 2 条　在天主教会中，存在着高级神品和初级神品，经过一定的步骤，（圣职人员）可晋升至祭司职。因此，如果有人持下述主张，那么，此人应受绝罚，即：在天主教会中，除了祭司职之外，并不存在其他神品。

---

① 指使徒保罗。

② 《圣经》言："圣灵立你们作全群的监督，你们就当为自己谨慎，也为全群谨慎，牧养上帝的教会，就是他用自己血所买来的。"见《圣经·新约·使徒行传》20:28。

③ 《圣经》言："我实实在在地告诉你们，人进羊圈，不从门进去，倒从别处爬进去，那人就是贼，就是强盗。从门进去的，才是羊的牧人。看门的就给他开门；羊也听他的声音。……我实实在在地告诉你们，我就是羊的门。凡在我以先来的都是贼，是强盗；羊却不听他们。我就是门；凡从我进来的，必然得救，并且出入得草吃。盗贼来，无非要偷窃，杀害，毁坏；我来了，是要叫羊得生命，并且得的更丰盛。"见《圣经·新约·约翰福音》10:1—10。

第 3 条 如果有人持下述主张，那么，此人应受绝罚，即：从实际情况来说，或者恰如其分地说，圣职礼或者说神圣的授职礼并不是由吾主基督创设的一种圣礼；或者说，它只是那些对基督教之事并不精通之人人为创造出来的一种东西；或者说，它只是一种仪式，用于挑选一些从事布道和施行圣礼的圣职人员。

第 4 条 如果有人持下述主张，那么，此人应受绝罚，即：圣灵并不会经由授职礼而被传递（给领受圣职之人），因此，主教们所说的“你们受圣灵”①之类的话是虚妄的；或者说，（领受圣职者）并不会通过授职礼而被打上特有之印记；或者说，一个人虽然已经成为教士，但他仍然可以重新成为俗人。

第 5 条 如果有人持下述主张，那么，此人应受绝罚，即：和授职礼中的其他各种仪式一样，教会在授职礼中使用的涂油仪式不仅是没有必要的，而且是让人憎恶的，也是有害的。

第 6 条 在天主教会中，根据上帝的律令而设有一套教阶制度，它是由主教、神父和其他圣职人员组成的，如果有人说并不存在这样一种教阶制度，那么，此人应受绝罚。

第 7 条 如果有人持下述主张，那么，此人应受绝罚，即：主教的地位并不高于神父；或者说，主教无权施行坚振礼和授职礼；或者说，主教拥有的权力和神父所拥有的权力是一样的；或者说，如果没有获得民众或世俗政权的同意或召命，那么，由主教授予的那些圣职便是无效的；或者说，对于有些人而言，其圣职虽然不是由教会法定的权威部门或权威人物按照正当程序委任的，而且这些人也不是由教会法定的权威部门或权威人物派出的，但他们依然是合法的圣职人员，可以从事布道工作，可以施行圣礼。

第 8 条 如果有人持下述主张，那么，此人应受绝罚，即：凭借罗马教宗之权威而被遴选出来的那些主教并不是真正且合法的主教，这种遴选工作只不过是一种人为的臆造虚妄之事。

关于改革之教令 175

本着继续推进改革之思路，特兰特圣公会议决定并下令，在这里就以下事项作出如下规定。

---

① 详见《圣经·新约·约翰福音》20:20—23。参见第六次会议“关于称义之教令”中的第14章。

第1章 教会司牧[1]必须常驻任所，如果在此问题上玩忽职守，将招致各种各样的处罚；另就牧灵问题作出相关规定

上帝通过箴言的形式对于一切负有牧灵职责之人提出告诫，要求他们必须熟知自己的羊群[2]，必须要为自己的羊群奉献圣祭，必须要通过宣讲上帝之道、施行圣礼以及在一切善工方面以身作则等方式来哺育自己的羊群，必须要对穷人以及其他受苦受难之人施以慈父般的关爱，必须勤勤恳恳地履行作为牧者应该履行的其他一切职责。但是，如果牧者不去守候着自己的羊群、不和自己的羊群在一起，而是像雇工那样（在见到狼来之后）将羊群弃置不管（然后自己却逃之夭夭）[3]，那么，对于以上所说的所有这些事情，他们便无法做到，也无法完成。有鉴于此，本圣公会议要对他们发出劝诫与敦告，即，一定要时刻牢记上帝的那些箴言，一定要"作群羊的榜样"[4]，要堂堂正正、实实在在地担当起牧羊人和领头人之角色。关于常驻任所问题，在已故教宗保罗三世时期已经虔诚地制定了相关教令[5]，而且已经取得良好成效；但是，对于这一教令，有些人的理解却与本圣公会议的思想迥然有别，（在他们看来），根据那一教令，即便有连续五个月时间不在任所，那也是合法的。[6]为避免出现这类误解，本圣公会议在坚持那一教令的前提下，现作如下规定：不论何人，不论他们拥有什么样的名声或头衔，哪怕他们是神圣罗马教会的枢机，只要他们是受职管理宗主教教堂、首席主教教堂、总主教教堂或主教教
176 堂的，那么，其本人就必须要常驻在自己所辖的教堂或教区；在其所辖之地，

---

① 司牧（或称牧者，pastor），通常是指主持某一堂区的圣职人员，天主教称之为主任司铎、堂区主任、堂区神父或本堂神父。但是，在特兰特会议的这一教令中，"司牧"一词所涵盖的范围却是比较广泛的，它不仅指堂区神父，而且也指主教等更高级别的圣职人员。

② 关于圣职人员与普通信徒之间的关系，《圣经》中有不少描述，详见《圣经·新约·约翰福音》10:1—16，21:15—17；《圣经·新约·使徒行传》20:28—29。

③ 《圣经》言："若是雇工，不是牧人，羊也不是他自己的，他看见狼来，就撇下羊逃走；狼抓住羊，赶散了羊群。雇工逃走，因他是雇工，并不顾念羊。"见《圣经·新约·约翰福音》10:12—13。

④ 《圣经》言："务要牧养在你们中间上帝的群羊，按着上帝旨意照管他们；不是出于勉强，乃是出于甘心；也不是因为贪财，乃是出于乐意；也不是辖制所托付你们的，乃是作群羊的榜样。"见《圣经·新约·彼得前书》5:2—3。

⑤ 指第六次会议制定并颁布的"关于改革之教令"，其中第1章和第2章专门论述教长常驻任所问题。

⑥ 在第六次会议颁布的"关于改革之教令"第1章中有这样的规定："假如他擅离自己的教区且持续时间长达六个月，那么，不论他享有什么名头，不论他举出什么原因，不论他以什么名义，也不论他拥有何种特权，（教会）都将依法褫夺其年收入的四分之一，教会上级首脑将把这些收入转存于教会府库并将之用于救济当地贫民。如果在随后的六个月中他继续擅离职守，那么，仅凭这一事实，他的年收入就将再被褫夺四分之一，对这些收入的处理办法与上述相同。如果他继续目无法纪，那他将有可能招致神圣教规的严厉惩罚。"

必须要履行(上帝)赋予他们的职责,这是他们应尽的义务;除非遇有以下所述的原因,或者除非遵循以下所述的方式,否则,其本人均不得擅离任所。在有的时候,或是出于基督徒的博爱精神,或是遇有特殊的紧急情况,或是出于(对上级)必要的服从,或是在对教会或对基督教世界明显有益的情况之下,有些人将不得不或必须要暂离任所。基于这一原因,本圣公会议规定:如属于以上这些缘由,那么,暂离任所则是合法的,但是,这些缘由必须得到神圣罗马教宗或教省总主教的书面认可和批准;如果教省总主教本人不在任所,则由(该教省)年纪最长的隶属主教①代为批准;而且,教省总主教如要暂离任所,亦必须由这位年纪最长的隶属主教批准。不过,亦有例外情况,即,主教职位会附带有世俗国家赋予的某些职能或职权,为履行之,(主教)有时也不得不暂离任所,在这种情况下,(主教)暂离任所则是公众都会知晓的事情,而且,有的时候还是无法预料的;因此,在遇有此类情形之时,(主教)则没有必要将暂离任所的缘由告知教省总主教。但是,对于由他本人或由其隶属主教作出的允许自己暂离任所的那些事项,他应该会同教省教务会议一起作出决定。他还应确保做到,不论何人,均不得滥用那一权利;对于违反规定者,将依据教会法规对之作出惩处。另外,要让那些准备暂离任所之人牢记,(在其出发之前)必须要为所属羊群的生计提供保证,尽可能地不要因为自己暂离任所而让羊群遭受任何的伤害。② 需要注意的是,按照古老的教会法规的说法,那些外出时间很短之人应该不被算入暂离任所之列,因为他们会很快返回驻地。因此,本圣公会议希望,除了以上所述的那些例外情况之外,在其他任何情形下,在一年之中,不论是连续的,还是时断时续的,暂离任所的时间总计不应超过两个月,或者最多不得超过三个月;另外还要考虑到自己外出必须要有正当的理由,而且不得(因自己的外出行动而)对所属羊群造成任何的损害。至于说那些准备外出之人能否做到这一点,本圣公会议只能听任其良心自律;不过,本圣公会议还是希望,(在暂离任所问题上他们)应该具有虔敬精神,应该怀有敬畏心理,这是因为心灵是对上帝敞开的③,他们不应采

---

① 隶属主教(suffragan bishop),亦称教省隶属主教。在一个教省之中,总主教为主席,其他主教均为教省隶属主教,亦即教区主教。总主教有权从教义和纪律等方面对隶属主教进行监督,但对隶属主教并无治理权。

② 在第六次会议颁布的“关于改革之教令”第 2 章的结尾部分有这样的规定:“要任命那些能够胜任工作之人来代理相关圣职,而且要从该圣职的收益中适当提取一部分作为代理人之薪俸,以此确保牧灵之事在任何情况下也不被忽略。在这件事上,任何人都不得享有任何的特权和任何的豁免权。”

③ 《圣经》言:“上帝是我的盾牌,他拯救心里正直的人。”见《圣经·旧约·诗篇》7:10。另,《圣经》言:“主啊,你知道万人的心……”见《圣经·新约·使徒行传》1:24。

取欺骗的方式行事，否则，由此产生的危险结果只能自行负责①。同时，本圣公会议还要以主的名义对他们提出规劝和告诫：在耶稣将临节、大斋节、圣诞节、复活节、五旬节以及耶稣圣体节②期间，除非出于履行主教职责的需要，主教可以前往主管教区内的其他地方，否则，在其他任何情况下，他们均不得擅离其主教座堂，因为在这些日子里，牧羊人尤其应该在场，以让所属群羊能够在主的怀抱中振作精神、欣喜欢呼。

177

需要注意的是，不论是谁，如果他违反了本教令之规章而擅离任所（当然希望这样的事永远也不要发生），那么，本圣公会议则要作出如下规定：保罗三世时期制定和重申的针对不驻任所者的那些惩罚措施③继续有效，而且要认定这样的人是犯有大罪的。除此而外，对于其擅离职守期间（在自己任所）获得的那些收益，他将不得拥有任何的所有权；即便在本教令之后再没有颁布其他任何规定（以重申本教令），他也不得心安理得地持有那些收益，而必须将之充归教会财库，或将之用于救济当地穷人；如果其本人未能做到这一点，则由其上司代为执行。为了获取不义之财，有些人或许会提出上诉以图达成某种协定或调解，（其目的在于），通过这种方式来使前面所说的那些收益全部或部分重归己有；对于此类做法，一律予以禁止。任何特权，不论它是什么样的，也不论拥有该特权的是什么样的团体、什么样的教会财库，只要是与本规定相左的，均属无效。

本圣公会议还要宣布并规定：关于初级司牧人员以及其他拥有有俸圣职并负有牧灵之责的一切人等，（如果他们出现以上情形），那么，在对其罪愆的认定、收益的降夺以及其他各种处罚方面，（所遵循的原则与上述有关高级教职的规定）绝对相同。不过，如果他们是出于某种缘由而暂离任所的，而且如果他们事先已将这一缘由知会当地主教并得到主教批准的话，那么，就要安排一位有能力之人代理其工作，代理人的资格必须得到教区首长的批准，而且，（当事人）必须从自己的薪俸中拿出一定的份额作为代理人的薪酬。对于其暂离任所之事，必须得到书面批准，批准者不得收取任何费用；而且，除非遇有重要情形，否则，（当事人）获得的暂离任所时间不得超过两个月。教区首长有时会通过命令的形式向上述人等发出传讯，但他们却会拒不服从；而

① 《圣经》言："懒惰为耶和华行事的，必受诅咒；禁止刀剑不经血的，必受诅咒。"见《圣经·旧约·耶利米书》10。

② 耶稣将临节（the Advent of the Lord）、大斋节（Lent，Quadragesima）、圣诞节（the Nativity）、复活节（the Lord's Resurrection，Easter）、五旬节（Pentecost）以及耶稣圣体节（Corpus Christi）均属天主教会的重要节日或节期。

③ 详见第六次会议"关于改革之教令"第1章。

且,有的时候这种传讯并不是针对其本人的,(但他们也同样会拒不服从)。178
本圣公会议认为,如果遇有此类情形,教区首长有权通过宗教惩戒、扣押或减少其收益或者以其他各种法律手段对之采取强制措施,甚至可以通过褫夺其教职的方式对之进行强制。不论是什么样的特权、特许、家庭特惠权和豁免权(即便这些权利是以占有某一有俸圣职为基础而获得的),也不论是什么样的契约或条例(即便它们是通过宣誓的方式而被确认的或者是由某某权威认定的),也不论是什么样的习俗(即便是那些非常古老的习俗,而且这些习俗将被视为腐败现象),也不论是什么样的诉求或禁令(即便它们是在罗马教廷中作出的或者是依据尤金制定的教规①作出的),都不得妨碍或中止以上规定的执行。②

最后,本圣公会议下令:保罗三世时期的那份教令③和目前这份教令都要在教省教务会议以及教区教务会议上予以公布;这样做的目的在于,本圣公会议希望,对于和司牧职责以及灵魂救赎密切相关的这些规定,应该让一切人等能够经常耳听心想,这样的话,在上帝的帮助之下,从今以后,这些规定就不会因时光的流逝、人们的淡忘或人为的废弃而遭到式微衰败之命运。

第2章 受任主持教堂者,必须要在(自受任之日起的)三个月之内接受祝圣礼④;并论及祝圣礼的举行地点

不论何人,也不论他们拥有什么样的名声或头衔(即便他们是神圣罗马教会的枢机),如果他们已经受任主持主教座堂或其他高级教堂,然而在三个月之内却没有接受祝圣礼的话,那么,他们就必须退还已经获得的收益。如果在随后的另外三个月中他们仍旧没有接受祝圣礼,那么,根据法律规定,他们在这些教堂中的主持职位将被剥夺。祝圣礼如果是在罗马教廷之外的地方举行的,那么,他们被擢升担任哪个教堂的主持,祝圣地点就应该定在哪个教堂;当然,祝圣礼亦可在教省中(的其他场所)举行,但前提是这些地方必须要适合举行祝圣礼。

---

① 指教宗尤金四世(Eugenius IV,1431—1447年在位)在巴塞尔圣公会议(Council of Basle,1431—1445年)上制定并颁布的教规。

② 本段文字与下一段原本没有分段,根据行文内容,现将之分为两个自然段。特此说明。

③ 指第六次会议"关于改革之教令"第1章。

④ 祝圣礼(consecration),亦称圣化、奉献,是天主教会的一种隆重礼仪,通过该礼仪,相关的人或物便被奉献给了上帝,如祝圣主教、祝圣教堂、成圣体,等等。

179 **第3章 除非因为生病，否则，主教必须亲自主持圣职授予仪式**

主教必须亲自主持圣职授予仪式；但是，如果因为主教生病而无法履行这一职责的话，那么，除非事先对（准备领受圣职的）相关属下已经做过考察并已认可（其资质），否则，当地主教便不得将之送往另外一个主教那里让其为之举行授职仪式。

第4章 什么样的人可以领受初次剃发礼①

以下人等一律不得领受初次剃发礼，即：没有领受坚振礼者，没有受过信德基础教育者，不会读书写字者。另外，（当事者）既已选择这种生活方式②，就应该忠心耿耿地为上帝服务，而且不得心存欺骗，也就是说，不是为了逃避世俗社会的司法裁决；如果从其行为举止中看不出这一点，那么，这样的人也不得领受剃发礼。

第5章 对于那些将要接受圣职委任之人来说，（相关人员）要为之提供相关证明材料

对于那些将被擢任初级圣职之人来说，必须拥有堂区神父以及就读学校的校长出具的证明书，以表明其品行端正、学业优良。而对于那些将被擢任高级圣职者而言，不论将被委任的是哪一品级的圣职，都要在圣职委任仪式之前一个月前往当地主教那里（接受考察）。而且，主教还要委托当地的堂区神父或其他合适之人负责下述事宜，即：要在教堂中公开宣布那些希望获得
180 擢升之人的姓名以及他们的心愿；要通过可信之人提供的材料，认认真真地获取有关那些将获圣职委任之人的出身、年龄、道德及生活作风等方面的信息；要将实际调查结果写进鉴定书之中，并要尽快将鉴定书送到主教本人手中。

第6章 一个人要想获得教会有俸圣职，其年龄必须达到14岁；另论及什么样的人可以享有（教会）法庭之特权③

不论是谁，即便他已经领受过初次剃发礼，或者即便他已经担任初级教

① 关于剃发礼，参见第二十三次会议第2章中的相关注释。

② 指从事教士职业。

③ （教会）法庭之特权（privilegium fori），指教士遇有诉讼案时，由教会法庭对之进行审理，世俗法庭无权干涉。

职，但是，如果他尚未达到 14 岁，那么，他便不得拥有有俸圣职。而且，除了具备以下条件者，否则，任何人都不得享有（教会）法庭之特权；这些条件包括：已经拥有教会有俸圣职者；或者是根据主教的命令而在某一教堂中工作之人，而且必须是身穿教士服装且头有发圈之人；或者是在教会神学院[1]学习之人；或者是经主教批准而在某一学校或大学学习之人，可以认为，这种人是在为将来领受高级圣职做准备的。至于那些已婚教士，如果当地主教指派他们到某一教堂中从事服务工作或担任圣职，而且他们也的确是在那一教堂中从事服务工作或担任圣职，并且他们已经身穿教士服装且头有发圈的话，那么，就应该遵守卜尼法斯八世[2]制定的那一教规（其开头语是"Clerici，qui cum unicis"，意为"圣职人员，只有惟一"）；在这个问题上，任何特权或习俗（即便是非常古老的习俗）对于任何人都是无效的。

第 7 章　对于那些将被授予圣职之人，将由既熟稔神圣律法又精通人类法律之人对之进行考察

本圣公会议遵循古代教会法规之足迹，兹作如下规定：当主教准备举行圣职授予仪式并已作好相关安排之后，在圣职授予仪式之前的那个星期四[3]，或者在主教认为合适的其他任何时间，所有希望献身圣职之人都要被
召至（主教所在）城市。主教必须邀请一些神父以及其他既熟稔神圣律法又 181
精通教会法律之人作为助手，细致调查并核实那些将被授予圣职之人的出身、年龄、受教育程度、道德水准、学识水平以及信仰状况。

第 8 章　对于每一位将被委以圣职之人来说，应该以何种方式进行委任，应该由何人主持委任仪式

圣职授予仪式必须要在法律规定的时间内在主教座堂中公开举行，而且，要专门召集教堂参议会成员，让他们亲临圣职授予仪式。如果授职仪式是在主教区内的其他地方举行的，那么，当地的圣职人员要亲临现场，而且，不论在什么时候，都要尽可能地选取当地级别最高的教堂作为举行仪式的场

---

① 关于神学院方面的规定，详见本教令第 18 章。

② 卜尼法斯八世（Boniface VIII，1294—1303 年在位），罗马教宗，曾颁布教令，严禁教士结婚；对于已经结婚的教士，则要求他们在接受圣职委任时宣誓"守贞"，在宣誓之后，其原有的婚姻则宣告无效。该教令之所以作此规定，是有其特定背景的，即：东仪天主教会（亦称东方礼天主教会）主张教士可以结婚，在 1439 年的佛罗伦萨会议上，为了迎合东仪天主教会，拉丁天主教会长期坚持的教士独身制度曾被废弃。

③ 施罗德的英译本《特兰特圣公会议教规教令集》中为"星期三"，见该译本第 169 页。

所。每一位当事人都要由当地主教为之授职。需要注意的是，如果有人要求由其他主教为自己擢升圣职的话，那么，除非此人在诚实笃信和道德修养方面得到其教区首长的认可并持有教区首长的举荐信，否则，在其他任何情况下，即便有某某一般性的法令、特权或某某特别的法令、特权为托辞，或者即便是在某某特定的时间，他也不得由其他主教为自己擢升圣职。否则，授职者将被暂停行使授职权，暂停时限为一年；受职者则将被暂停行使其所受圣职，暂停时限由教区首长根据情况而定。

第 9 章　如果主教为自己的家居成员[1]举行授职仪式，那么，就必须立即为之提供一份有俸圣职，而且不得作假

对于主教的家居成员而言，如果其本人并不是主教的下属，那么，除非主
182 教与他在一起生活已达三年之久，而且除非主教能够确确实实地立即为他提供一份有俸圣职，否则，主教便不得为之举行授职仪式；与此规定相左的任何习俗（即便是非常古老的习俗）均属无效。

第 10 章　对于级别位于主教之下的其他高级教士而言，除非当事人是其本人下属的修士，否则，他们无权为其他任何人施行剃发礼或授予初级圣职；不论是他们，还是教区或修会的参议会，都无权颁发圣职领受许可证[2]；现制定更为严厉的惩罚措施，以处置那些违反本教令之人

从今以后，不论是修院院长还是其他任何人，也不论他们享有什么样的豁免权，即便人们认为他们是不受任何一个教区管辖的，或者说即便人们认为他们是享有豁免权的，但是，只要他们是居住在某一主教管区境内的，如果他们为他人施行剃发礼或向他人授予初级圣职，而这些人又不是其下属的修士，那么，其上述行为都将是非法的。持有圣职领受许可证，便意味着可由他者为许可证持有者举行授职仪式，但是，不论是修院院长本人还是其他任何享有豁免权之人，也不论是什么样的团体或参议会（即便是属于主教座堂的

---

① 这里所说的“家居成员”(one of his own household)并不一定指与主教本人有血缘关系或姻亲关系的“家庭”(family)成员，而是指一般意义上的与主教“同住在一起”(household)的那些人。

② 圣职领受许可证(dimissory letter，现代英语中通常写作 dimissorial letter)，亦称“圣职领受委托书”。按照天主教会的规定，颁发此类证书是主教的专有权利，即，只有本教区的主教有权颁发此类证书以委托其他主教向证书持有者授予圣职。

团体或参议会),都无权向在俗圣职人员①颁发此类许可证。需要注意的是,所有这些人②属于哪个教区,就应该由哪个教区的主教负责为其举行圣职授予仪式,而且,本圣公会议所颁诸项教令中的一切规定都要得到遵守③;(与本规定相左的)任何特权、惯例或习俗(即便是非常古老的习俗)均属无效。有这样一些人,他们并没有遵循本圣公会议在保罗三世时期颁布的那份教令,而是在主教职位出缺期间通过各种途径从教区参议会那里弄到圣职领受许可证,那份教令已对此类人等作出了处罚规定。④ 在主教职位出缺期间,有些人会替代教区参议会而代行(原任)主教的管辖权。因此,也就会出现这样一些人,他们并不是从教区参议会那里获得上述那些许可证,而是从那些代行主教管辖权之人手中获得许可证。(有鉴于此),本圣公会议还要下令,扩展(保罗三世时期那份教令中)处罚条例的适用范围,那些从代行主教管辖权之人手中获得许可证之人亦将遭到同样的处罚。有人如果违反本教令之规定而擅自颁发圣职领受许可证,那么,其职务和俸禄将被依法暂停一年。

第11章 一个人在领受(不同品级的)初级圣职时,必须要有一定的时间间隔,而且还要遵守其他一些规定 183

在初级圣职的授予方面,除非主教认为以其他方式进行更为合适,否则,都应遵循以下规定,即,领受初级圣职者至少要懂拉丁语,而且,(在授予一个人以不同品级的初级圣职时),必须要有一定的时间间隔,(本圣公会议对此已另有)规定。⑤ 这样的话,(教会)才能更为准确地对他们进行教导,他们也才能更为准确地理解自己承担的这一使命是多么的伟大;也只有这样,他们才能够按照主教的指引,在每一品级的职位上历练自己的能力。他们将被分派到哪个教堂,初级圣职的授予仪式就应该在哪个教堂中举行,因学业问题而不能出席者除外。因此,他们必须逐级晋升,这样的话,随着年龄的增长,他们的生活品行就将越来越得到别人的尊敬,他们的学识也将与时俱增;而若要证明这一点,他们就尤其要在以下各个方面作出表率,即,必须要有良好的行为举止,在教会中要勤勉工作,对教士和高级圣职要更为尊敬,与基督圣

---

① 在俗圣职人员(secular clerics,今多称 diocesan clergy),亦称“教区圣职人员”,指直属于教区主教的圣职人员,以区别于修会圣职人员(regular clerics)。该教令旨在限制修会的权力范围以加强主教的权力。

② 指在俗圣职人员。

③ 参见本次会议(第二十三次会议)“关于改革之教令”第5章、第6章、第11章、第12章。

④ 详见第七次会议“关于改革之教令”第10章。

⑤ 详见本次会议“关于改革之教令”第13章。

体的交流沟通要比以前更为频繁。这里[1]是一个入口，它能够通往更高品级的圣职，能够通往至圣之奥迹；因此，不论是谁，如果其在学识素养上的表现不足以展示其有资格担任高级圣职的话，任何人都不得获准担任高级圣职。除非主教认为有紧急需要，或者根据主教的判断符合教会的需求，否则，对于那些领受了初级圣职中最后一个品级[2]之人来说，在随后的一年之中，不得被擢升进入(高级)圣职。

第 12 章　对出任高级圣职者的年龄要求；只有那些诸方面条件具备者方能获准出任高级圣职

从今以后，不论何人，在 22 岁之前均不得被擢升至副助祭职位，在 23 岁
184 之前均不得被擢升至助祭职位，在 25 岁之前均不得被擢升至祭司职位。[3]不过，主教应该知晓，并不是所有达到上述年龄要求之人都可获准晋升前述各级圣职，而只有那些在诸方面表现俱佳、其生活品行有如长者那样正派可嘉之人方可获准晋升。同样，对于修会圣职人员来说，如果未达到上述规定的年龄，或者在没有经过当地主教细致考察的情况下，都不得被委任为高级神品；在这个问题上，不论是什么特权，一概完全无效。

第 13 章　关于在委任副助祭和助祭时(被委任者)应该具备的条件；在同一天之内，不得向任何一个人授予两个品级的圣职

被委任为副助祭和助祭者必须具备以下条件，即：必须拥有能够证明其能力和品行均属优良的鉴定书；必须已在初级圣职中经历过磨炼；必须具有(较高的)文化修养，而且还要接受与行使(上述两种)圣职相关之事的专门训导。他们应该心存这样的渴望，即，在上帝的帮助之下，能够过着节制有度的生活；在被分派到相关的教堂之后，他们应该为这些教堂尽心尽职地进行服务；他们是服务于祭坛的，因此，他们应该明白以下做法是极为合适的，即，至少要在主日以及各种隆重的节日里领受圣餐。对于那些已被擢升担任副助祭这一圣职之人而言，除非主教另有主见，否则，至少要在担任现有圣职一年以后，方可获准晋升更高品级的圣职。在同一天之内，不得(向同一个人)授予两个品级的圣职，即便是修会圣职人员(亦应遵守这一规定)；不论是什么

---

① 指逐级担任初级圣职。

② 指襄礼员(acolyte，辅祭，四品)。

③ 按照旧的划分标准，副助祭(subdeacon，五品)、助祭(deacon，执事，六品)和祭司(priest，神父、主教，七品)为高级神品。在如今的天主教会高级神品中，副助祭品级已被取消。

样的特权,不论是什么样的教宗特恩①,也不论这些教宗特恩是颁给谁的,凡是与本规定相左者,均属无效。

第14章 什么样的人可被擢升担任祭司:他们的职责

有些人在先前的职位②上已有虔敬、忠诚的表现,而如今又获准晋升祭司品级。对于这些人而言,必须要拥有能够证明其能力和品行均属优良的鉴 185
定书;除非主教从教会的利益和需要这一缘由出发而另有考虑,否则,获准晋升祭司品级者还必须是这样一些人,即,担任助祭职务(至少)要满一整年。不仅如此,事先还要对他们进行细致的考察,只有符合以下条件者(方可获准晋升祭司品级),即:有些事情是一个人获得救赎所必须做的,这些事情应该让一切人等都能知晓,(获准晋升祭司者)必须有能力将这些事情教授给民众;还要有能力主持圣礼;而且,在信仰虔诚和道德纯洁方面必须彰显卓著,这样的话,在善功方面他们便可望成为光炫夺目的楷模,在生活方式上他们也可望成为(民众的)指南。主教还要确保这些人必须做到以下之事,即:他们至少要在主日以及各种重大节日期间举行弥撒;但是,如果他们负有牧灵之责,那么,他们就应该根据其职责之要求而随时举行弥撒。有些人是被破格③擢升的,对于这些人而言,如果他们此前没有从事过那一品级的圣职,那么,主教可根据法律规定而给予他们以宽免④。

第15章 不论何人,除非经过教区首长的批准,否则,均没有资格听忏悔

虽然说通过授职礼神父已经获得赦罪之权,但是,本圣公会议还是要规定:不论何人,除非他在堂区中拥有有俸圣职,或者除非经过主教以某种方式认定(如果主教认为有必要,可以对之进行考察)其有合适的能力并得到主教的批准(这种批准必须是无偿给予的),否则,任何人(即便是修会圣职人员)都无权听取平信徒的忏悔,甚至也无权听取神父的忏悔。不论是什么样的特权和习俗,即便是非常古老的习俗,(只要是与本规定相左者),均属无效。

---

① 教宗特恩(indult),亦称"教宗特许"或"教宗特典",指由教宗赐予某些个人或机构的恩典或特权。

② 指担任初级圣职。

③ 原文是"*per saltum*",意为"一跃",在这里是指一个人没有经过逐级晋升的程序而直接获得高级别圣职。

④ 宽免(dispensation),亦称"豁免",指在特殊情况下,可以免除当事者遵守教会法之义务。

186 第16章　那些已经接受圣职委任之人必须被分派到某一特定的教堂①

不论何人，如果其主教认为他对主教所属的教堂没有什么用处，或者认为他并非教堂所需之人，那么，就不得被授予圣职。因此，本圣公会议追寻加采东圣公会议第六条教规②之足迹，兹作如下规定：一个人之所以被擢升圣职，是因为某一教堂或某一宗教场所有此需要，或者说对这一教堂或宗教场所有用；一个人在接受圣职委任之后，就必须被分派到这一教堂或宗教场所工作，在这里，他应该承担起自己的职责，而不能居无定所地东游西逛；因此，从今以后，不论何人，如果他不会被分派到某一既定的教堂或宗教场所的话，将不得接受圣职委任。需要注意的是，如果他在没有征询主教意见的情况下便擅离自己所在之地的话，他将被禁止行使圣职。另外，对于外来的圣职人员而言，假如他没有由自己教长出具的举荐信，那么，任何一位主教都不得允许他举行神圣的奥迹仪式，也不得允许他主持圣礼。

第17章　应以何种方式恢复初级圣职的行使

在教会中，自使徒时代以来，从助祭到司门员这类圣职的职能就一直令人称颂地传承下来，但是，一段时间以来，在许多地方，这些职能的行使却出现了中断。本圣公会议对此忧心如焚，并急切希望能够恢复那一古老的传统。为了重新恢复这些圣职之职能并使之符合教会法规的要求，同时也为了不让那些异端分子将之讥讽为无用之物，本圣公会议兹作如下规定：从今以后，除了那些身居这类圣职之人而外，其他任何人都不得行使这些职能；本圣公会议还要以主的名义向各教堂中的每一位教长和所有教长发出规劝，而且也是向他们发出命令，即，如果人手许可，且教堂的收入也能承受得起的话，

---

① 施罗德的英译本《特兰特圣公会议教规教令集》中，该章的标题为："流浪者以及对教堂来说没有用处的那些人不得被授予圣职"，见该译本第173页。

② 加采东会议（Council of Chalcedon，451年），是西方教会认可的第4次圣公会议，由东罗马帝国皇帝马西安（Marcian）下令召集，教宗利奥一世（Leo I）派遣特使与会。会议先是在尼西亚宣布开幕，后来会议地点又转移到加采东城（Chalcedon，位于君士坦丁堡对岸、博斯普鲁斯海峡东边）。会议的主要议题是驳斥"基督一性论"。会议认为，基督既是真上帝又是真人，与圣父同一性体，因而是两个性体结合在一个位格之中，毫不分离；这种结合并没有损害两性的分别，相反，这两种性体仍保持不变，并得以在一个位格中完好地结合起来。另外，加采东会议还颁布了27条教会法规，其中规定：司祭受主教的管辖，隐修士必须住在隐修院内并受主教的管辖，二者都必须严守贞洁，否则将受绝罚等。在这27条教规中，第6条是这样规定的："不论是司祭，还是助祭，抑或是基督教圣秩中的其他任何人，除非在接受圣职委任之后是被专门分派到某一城市教堂、某一乡村教堂、某一殉教者朝圣地或某一修道院的，否则，（教区首长）在为其举行授职仪式时，都必须要赋之以明确的职衔，不得举行不带职衔的授职仪式。……"

他们就必须要恪尽职责，要尽其可能在其主教管区内的主教座堂、协同教堂 187
以及堂区教堂中恢复这些职能。对于行使这些职能之人，主教可以从某些普通有俸圣职的收入中拿出一部分作为他们的薪俸；如果教堂的收入充足，也可从教堂财库中拿出一部分作为他们的薪俸；或者通过以上这两种渠道共同支付其薪俸。如果他们玩忽职守，那么，根据主教的裁决，其薪俸可被全部剥夺，亦可被部分剥夺。如果临时找不到未婚圣职人员来行使四个初级圣职的职能，其职位可由其生活作风已经得到人们认可的已婚圣职人员来顶替，但前提条件是：他们必须没有结过第二次婚，必须能够胜任所要担当的职责，而且头上要有发圈标志，并且要身着在教堂中应该穿的那种教士服装。

第18章 要建立神学院①，以培养（未来的）圣职人员；建立神学院以及对神学院学生施行教育之办法②

对于青少年而言，除非受过恰当的训练，否则就容易走上追逐俗世享乐之路；如果不从青少年时代亦即在恶习已经占据周身之前就开始养成虔诚信教之风尚，那么，他就永远不可能完美地坚守教会纪律，也永远不可能得到万能的上帝那一最伟大且几近非凡的帮助。有鉴于此，本圣公会议兹作如下规定：对于每一个主教座堂、总主教教堂以及比上述教堂规模更大的那些教堂来说，都必须根据各自的财力以及所在教区的大小，从所在城市和所在教区定期招收一定数量的青少年，对之进行宗教教育，并对之进行教会纪律方面的培训；如果在教堂所在城市和所在教区招收的人数不足，招收范围则可扩展至教省；学院的地址由当地主教负责选择，既可以设在上述各类教堂的附近，亦可设在其他某一合适的地方。符合以下条件者方能获准进入这一学院
学习，即：年龄至少达到12岁，必须是婚生子，必须已经熟练地掌握读写知 188
识，而且其性格和禀赋必须能够表明自己可以永远献身于教会事业。不过，本圣公会议希望，在挑选学生时，应优先考虑贫家子弟，当然这并不是说要将

---

① 神学院（seminary）：天主教会用以训练未来圣职人员之机构。根据受培训者的年龄和教育程度，神学院可分为小神学院和大神学院。按照中国天主教会的习惯，“seminary”也通常被译为“修道院”、“修院”或“神哲学院”；但是，将之译为“修道院”或“修院”，容易与“monastery”（修道院、隐修院）产生混淆；另，这种机构注重的是神学教育，而非哲学教育，因此，将之译为“神哲学院”亦欠妥。此外，这份教令在标题中虽然把这类教育机构称为“seminary”（神学院），但在具体行文中基本上都是称之为“college”（学院）或“school”（学校）。

② 施罗德的英译本《特兰特圣公会议教规教令集》中，该章的标题为：“要为（未来的）圣职人员特别是年轻的圣职人员建立神学院；关于建立神学院的指示；在创建神学院过程中，有诸多事项必须得到遵守；对于那些将被擢升进入主教座堂和其他大教堂之人，应如何进行教育。”见该译本第175页。

富家子弟排除在外,但前提是,这些人必须自行负担学习费用,而且要能够展示出愿意为上帝服务、为教会服务的热忱。根据这些青少年的人数、年龄以及他们在教会纪律学习方面的进展情况,主教认为应该将之分为多少个班合适,那就应该分为多少个班。当主教认为合适的时候,便可以将其中的一部分人分派到各个教堂,让他们从事圣工;其余的学生则要留在学院,继续接受教育;主教还要招收另外一些人入校,以递补已经离校者留下的空位,这样的话,这所学院就可以成为永久性的以培养为上帝服务的圣职人员为己任的神学院了。为了能让他们更好地接受前面所说的教会纪律方面的训练,他们必须立即行剃发礼并着教士服装,而且要一直保持这样的发型和服饰;其学业内容包括文法、歌咏、教会历算以及其他有用之技艺[①];(学院)要给他们讲授《圣经》以及其他各种教会书籍,要教给他们如何进行圣徒崇拜,如何主持圣礼、仪式及庆典,尤其重要的是,要教会他们应该如何听忏悔并让他们掌握相关知识。主教对下述之事负有监督之责,即:他们[②]每天都应参加弥撒圣祭;至少每个月要忏悔一次自己的罪愆;要按照其忏悔神父的指示,领受耶稣基督之圣体;在节日期间,要去当地的主教座堂及其他教堂从事服务工作。

对于以上所述事项以及对本目的[③]有益且有用的其他一切事项,每一位主教都必须对之作出明确规定;在此过程中,主教本人还要按照圣灵的指示,从年长且声誉较好的教区参议会成员中挑选出两位,以听取他们的建议。以下之事乃是他们(三人)的应尽职责,即,必须经常(对神学院进行)察访,以保证上述一切事项都能够一直得到遵守。对于那些桀骜不驯者、不可改造者以及散布邪恶道德者,他们要对之进行严厉惩罚,如有必要,甚至可以驱逐之。(神学院)是一个非常虔敬、非常神圣的机构,他们(三人)应排除一切障碍,不论是什么事情,只要是有助于促进这一机构发展的,或者只要是有助于维持
189 这一机构的,都要予以精心的鼓励与推动。校舍的建设、教师与辅助人员薪俸的支付、学生的生活费以及其他各种费用等等,都要求(神学院)必须拥有一定的收入。在有些教堂和某些地方,通常会有一些专门款项,用于培训青少年修生并为之提供生活费用,这些款项自然要算作是神学院的资金来源,因而必须要用于神学院;这些款项将由主教负责监管,同时要从教区参议会和所在城市圣职人员中分别选出两人来协助主教进行监管工作;在出自教区

---

① 参见第五次会议"关于改革之教令"第1章"关于讲经师和博雅师职位的设立"及相关注释。

② 指神学院的学生。

③ 指设立神学院以及对神学院学生进行培养之事。

参议会的两个人选中，一位由主教选任，另一位由教区参议会推选；与此相似，在出自所在城市圣职人员的两个人选中，一位也是由主教选任，另一位则是由所在城市圣职人员集体推选。除了以上所说的这些专用款项之外，主教还要从（下述人员、职位、机构或产业）的全部收入中划出一定数目或一定比例（以充作神学院之经费），其中包括：主教本人；教区参议会；一切教会职衔（不论该职衔是否附有管辖权）、教会职位、教会俸禄以及教会日常分配所得份额；一切独立隐修院和普通隐修院（不论以上这些隐修院是属于哪个宗教团体的，即便是属于修会的，也应遵守本规定；也不论这些隐修院具有什么样的身份和级别）；某些医院，即根据维埃纳圣公会议①所定教规（其开头语是"Quia contingit"，意为"因为恰巧遇上"）而被赋予宗教资格或被赋予宗教管理权的那些医院；一切有俸圣职（包括修会圣职人员的有俸圣职，即便这些有俸圣职享有受他人庇护之权利，而且即便这种庇护之权利享有豁免地位；或者即便这些有俸圣职不属于任何一个主教管区，或者即便它们是附属于其他教堂、修院、医院或其他任何一个宗教场所，而且即便以上这些机构都享有豁免权，也都必须遵守本规定）；教堂以及其他场所的财库；其他一切宗教收益或收入，甚至包括其他各种学院（不过，由学生和教师构成的神学院是为了促进教会共同福祉的，神学院实际上并不包括在这类学院中，这是因为本圣公会议希望，除非其所得收入在完全满足自身开销之外还有盈余，否则，这些神学院便应该享有豁免权）、社团或善会②（在有些地方，善会被称作为学校）的收益或收入；除托钵僧③修院以外的其他一切修院；那些完完全全是由世俗

---

① 维埃纳圣公会议（the Council of Vienne），指 1311—1313 年在法国南部城市维埃纳召开的宗教会议，会议由第一位"阿维农教宗"克勒芒五世（Clement V）组织召开。关于维埃纳会议，详见第七次会议"关于改革之教令"第 15 章中的相关注释。

② 善会（confraternity 或 sodality，在拉丁文中称为 *confraternitas* 或 *confratria*），亦称"兄弟会"，是基督信徒自愿组成的以慈善或信仰为主要目的的社会团体，通常要接受教会的指导。罗马帝国晚期亦即罗马皇帝君士坦丁时代，即已出现善会的初期形态；但据考证，具有现代意义的善会则是始于 12 世纪末至 13 世纪初，其发源地在法国巴黎。

③ 托钵僧（mendicant，源于拉丁文 mendicans，意为"乞讨"，因此，"托钵僧"亦称为"乞食会士"，begging friars），托钵僧修会成员入会时要宣誓守贫，弃绝财产，平时依靠自己工作所得或信徒捐赠生活。最重要的托钵僧修会有四个，即多明我修会（即道明会、宣道会，the Order of Preachers）、方济各修会（即圣方济修会，或方济小兄弟会，the Friars Minor）、加尔默罗修会（即圣衣会，the Carmelites）和圣奥古斯丁修会（即思定会、奥斯丁会，the Hermits of St. Augustine）。1274 年的第二次里昂圣公会议对上述托钵僧修会的地位予以确认。不过，托钵僧修会的存在也遭致社会各阶层的很多反对。1563 年 12 月 3—4 日，特兰特会议第二十五次会议作出规定，除了方济各修会中的严修派修会（the Order of Friars Minor Observants）和嘉布遣修会（the Order of Friars Minor Capuchin）之外，其他所有修道院都可以拥有不动产，"乞食"之风俗逐渐被废弃。详见第二十五次会议"关于修士与修女"第 3 章。

民众上交的所有什一捐（从传统上来说，教会的日常开销就是从这些什一捐
190 当中支出的）；由兵士们上交的什一捐（不论这些兵士是属于哪一个军事团体的，也不论他们是属于哪一个骑士团的，都应遵守本规定；不过，惟一的例外是耶路撒冷圣约翰骑士团[1]成员）。他们[2]必须要把划拨出来的这一部分资金用于而且要并入上述的那一（神）学院；此外，还应将一定数目的普通有俸圣职（不论这些有俸圣职是什么性质的，也不论它们是什么级别的）以及助牧基金（这类基金有时被称为教士专有份额）[3]并入神学院，甚至在这些有俸圣职或助牧基金出缺之前，亦可将之并入神学院；不过，这类并入行为的前提是，不能因此对神圣的宗教服务工作造成损害，亦不能对这些有俸圣职和助牧基金持有人造成损害。即便这些有俸圣职是预留给他人或被留作他用的，以上之规定也必须要付诸实施。不论何人，都不得通过放弃或辞去相关有俸圣职之手段而使以上所述这些有俸圣职的合并和指定事宜悬而不决，也不得以任何其他方式使这种合并和指定事宜受到妨碍。需要注意的是，不论这些有俸圣职是以什么方式出缺的（即便其出缺的地点是在罗马教廷），以上所言的合并及指定事宜无论如何都要付诸实施；不论是什么样的教规，只要是与本规定相左的，一律属于无效。

对于有俸圣职的占有者、各类宗教职衔（不论其职衔是否附带有管辖权）的占有者以及上文提到的每个项目和所有项目的占有者而言，当地主教可以

---

① 天主教会认为，该骑士团为天主教会作出过巨大贡献，也付出过巨大牺牲。关于这一点，1311—1313 年的维埃纳圣公会议（the Council of Vienne）作过详细说明。“耶路撒冷圣约翰骑士团”全称是“耶路撒冷圣约翰医院骑士团”（the Order of the Hospital of Saint John of Jerusalem），简称“医院骑士团”或“圣约翰骑士团”，成立于 1099 年，最初是由法国贵族在耶路撒冷的施洗者圣约翰教堂附近的医院里成立，主要目的是照料伤患和朝圣者。1113 年，教廷承认其是独立的修会，并赐之以一系列特权，如无需缴纳什一捐、只受教宗节制，等等。圣约翰骑士团从 1120 年开始作为一个军事修会进行活动。1291 年，骑士团离开巴勒斯坦，前往塞浦路斯；1309 年又撤到罗德岛。在罗德岛，骑士团阻止穆斯林向东地中海地区的扩张，其抵抗活动一直持续到 1522 年。最后，骑士团与土耳其人达成协议，骑士团撤出罗德岛，前往欧洲。1530 年，骑士团建立马耳他骑士团国（Sovereign Military Order of Malta）。骑士团在马耳他岛的统治一直持续到 18 世纪。1798 年，拿破仑占领马耳他岛，骑士团的大部分成员前往俄罗斯。骑士团失去了领土，但作为一个组织仍然存在。1834 年，骑士团在罗马重建总部，此后主要从事慈善事业。如今，马耳他骑士团国仍然是联合国会员国，它设在罗马的总部马耳他大厦是其惟一的“不动产”。

② 指前文提到的主教以及从教区参议会和所在城市圣职人员中选出的另外四个人；按照这一教令，神学院的经费筹措和监管由这五人负责，其中主教负总责。

③ 助牧基金（prestimony，亦称“教士专供基金”）和“教士专有份额”（prestimonial portion）：根据教会法，僧俗社会可以设立基金，专门为某一教士提供生活所需之费用；这类基金由基金创设者拥有，而且不得将这类基金转变为有教会职衔的有俸圣职。

对他们采取教会制裁①的手段或其他法律手段以迫使他们缴纳这部分资金；如果主教认为有必要，甚至可以借助于世俗权力（以完成这一任务）。（需要按比例缴纳资金的）不仅是上述各个项目占有者本人的那些收入；如果他们从上述那些收入中拿出一部分作为薪酬支付给他人的话，那么，这部分薪酬（也需要按比例上交资金）；不过，他们还是应该留下一笔钱，其数目应相当于他们应付薪酬之额度；不论是什么样的特权、豁免权（有些豁免权可能需要一份特别的声明方可被取消，即便如此，亦须遵照本规定执行）和习俗（即便是非常古老的习俗），只要是与本规定相左者，均属无效；不论是什么样的上诉和辩解，只要是对以上所述的任何事项和所有事项的施行造成妨碍的，均属无效。需要注意的是，假如出现下述情形，即，作为上述合并行为或其他行为的结果，如果神学院获得全额资助或部分资助的话，那么，对于前文所述的从每个有俸圣职中扣除出来的，并由主教集中掌握的那一部分资金而言，要根据具体情况，或全额停收，或部分停收。如果主教座堂以及其他大教堂的教长在建立神学院问题上敷衍塞责、在神学院的维持方面漫不经心，或者在资金问题上如果他们拒绝缴纳自己应缴之份额，那么，大主教则有责任对当地主教严加斥责，并有责任迫使他履行以上所述之一切事项；与此相似，（在这
个问题上），教省教务会议亦有责任对大主教和各类会长进行严厉斥责并迫 191
使之履行职责；大主教和教省教务会议必须勤勉工作，尽快推进这一神圣且虔敬之事，不得有任何拖延。神学院每年都需将自己的收入账目呈交给主教，主教在接收账目清单时，必须有教区参议会委派的两名成员和所在城市圣职人员委派的两名成员在场。

另外，为了能以较少的花费建立这类学校，本圣公会议规定：对于那些拥有教师职位之人以及其职位附有讲教职能的其他人来说，如果他们能够胜任讲教工作，那么，主教、大主教、首席主教以及地方上的其他教长就要敦促并强制他们亲自为那些学校的学生授课，（如有必要），甚至可以通过削减其收入这一威慑之法（来达到该目的）；如果他们不能胜任这一工作，则由有此能力者代行这一职责，具体人选由他们自己负责挑选，然后由教区首长批准认可。需要注意的是，如果主教认为这些人不合格，那么，他们还要另挑合适人选，而且他们不得对主教的这一决定提出任何异议；如果他们因行事疏忽而未能做到这一点，那么，将由主教本人负责任命一位合适之人。对于以上所述的这些教员而言，只有经主教认定为合适的那些内

① 教会制裁（ecclesiastical censures），亦称“惩戒罚”，指天主教会对犯了罪的受洗者所加的制裁或惩罚，其主要方式是绝罚（excommunication）、禁罚（interdict）和停职罚（suspension）。

容,他们方可将之传授给学生。不过,从今以后,被称为教授的这一类职位或职衔只能授予那些拥有圣经学或教会法博士学位或硕士学位之人,以及其他一些有能力亲自担当那一职位之人;以其他方式作出的任何任命事项均属无效,不论是什么样的特权和习俗(即便是非常古老的习俗),如与本规定相左,一律不予考虑。

需要注意的是,在有的教省,有些地方教会深受贫困之困扰,因此,某些教会无力(单独)建立学院。如果遇有这种情况,则由教省教务会议或总主教(总主教可从年纪最长的隶属主教中挑选两位协助自己的工作)负责,在总主
192 教座堂或在教省中其他比较合适的教堂建立一所或多所学院,具体数目由总主教根据情况而定;建立学院所需经费从两个或多个教会(即没有财力单独建立神学院的那些教会)的收入中支出,这些教会中的青少年学生将在这一学院中接受教育。

不过,有些地方教会所辖教区范围很大,如果遇有这种情况,主教可依据具体情况在所辖教区设立一所或多所神学院;但是,(新设的)神学院在一切事务上必须完全附属于在(主教所在的)①城市设立的那所神学院。

最后,如果在(有俸圣职与神学院的)合并、税额评定征收、(合并项目的)指定、上交份额的集中管理以及其他任何方面出现任何困难,而且,如果由于这一原因而使神学院的建立或维持受到阻碍或干扰的话,那么,在一切事务上,只要是为神学院之健康发展所必需,或者只要是有利于神学院的健康发展,不论是主教以及前文所述的那些代表,还是教省教务会议,都有权根据所在国家的习俗并根据相关教堂和有俸圣职的性质,对相关事宜作出决定和协调;如有必要,甚至可以对本规定中的内容进行修订或扩充。

关于下次会议的通告

此外,本圣公会议宣布,下次会议将在 9 月 16 日②举行,届时将讨论婚姻礼问题;在有关信仰之教义问题上,如果能在某些方面达成一致意见,届时亦将予以论及;另外,届时还将处理主教职位、各类职衔以及教会其他有俸圣

① "主教所在的"(episcopal)这一由英译者附加的单词在施罗德的英译本《特兰特圣公会议教规教令集》中为"总主教所在的"(metropolitan),见该译本第 179 页。根据该教令的行文,沃特沃斯的理解似乎更为确切。

② 即 1563 年 9 月 16 日。

职的委任问题，还要处理诸多有关改革之条款。

*（预定于 1563 年 9 月 16 日举行的第二十四次）会议延期至 1563 年 11 月 11 日。*①

① 第二十三次会议结束之后，与会者便开始讨论婚姻礼问题，但是，与会者在一些具体问题（特别是有关秘密婚姻问题）上存在严重分歧，神圣罗马帝国和法国方面对有关初步决议亦表示严重不满，罗马教宗庇护四世甚至对法国的一些主教作出了处罚。在经过多番争执和妥协之后，第二十四次会议于 1563 年 11 月 11 日举行。

193

第二十四次会议

本次会议是教宗庇护四世统治时期召开的第八次会议。本次会议于1563年11月11日举行。

关于婚姻礼之教义[1]

在上帝之灵的感动下，人类始祖[2]曾经宣称，婚姻之契约是永恒且牢不可破的；他是这样说的，“这是我骨中的骨，肉中的肉。因此，人要离开父母，与妻子连合，二人成为一体。”[3]需要注意的是，在论及上帝所说的最后话语之时，吾主基督作出更加明确的教导，即，通过这一契约，连接在一块、结合在一起的只能是(特定的)两个人；他说：“既然如此，夫妻不再是两个人，乃是一体的了。”[4]而且，他随即又以下述言词认可亚当在很久以前所言的婚姻契约牢不可破那一说法，即：“所以，上帝配合的，人不可分开。”[5]

需要注意的是，作为诸项值得敬仰之圣礼的创设者和完善者，基督本人通过其自身的受难而为我们争取到了这一恩典，正是这一恩典使得天赋之爱情变得完美无缺，使得牢不可破之结合变得更加坚固，使得结婚之人变得圣洁清白；使徒保罗就曾明确地说到这一点，他是这样说的：“你们做丈夫的，要爱你们的妻子，正如基督爱教会，为教会舍己”[6]；而且，他随即又补充说：“这

---

① 在沃特沃斯的这个译本中，该教令没有分段。现根据施罗德的译本，将之分为3个自然段。

② 指亚当(Adam)。

③ 《圣经·旧约·创世记》2:23—24。另见《圣经·新约·马太福音》19:5—6；《圣经·新约·马可福音》10:6—9；《圣经·新约·以弗所书》5:31。

④ 《圣经·新约·马太福音》19:6。另见《圣经·新约·马可福音》10:8。

⑤ 《圣经·新约·马太福音》19:6。另见《圣经·新约·马可福音》10:9。

⑥ 《圣经·新约·以弗所书》5:25。

是一项伟大的圣礼，但我是指着基督和教会说的。”①

因此，通过基督这一中介，福音律法中的婚姻在所得恩典方面就超越了那些古代婚姻。正因如此，我们那些圣洁的教父、历次（圣公）会议以及普世教会的传统一直主张婚姻礼应当被列入新律圣礼之中，而且这一主张是有着充分的理由的。然而，在当今这个时代，却有这样一些邪恶之人，他们针对这一教义而胡言乱语，他们不仅围绕这一值得敬仰之圣礼而构建各种错误观念，而且，他们还根据自身的喜好，以福音书（中的某些表述）②为借口而提倡 194
性色自由，他们不仅是在口头上而且还通过撰写著作来宣扬各式各样的说教，而这些说教与天主教会的教义是相悖的，与使徒时代以来一直被认可的习惯做法也是相悖的，而且，他们的这些说教对基督信徒们所带来的危害不能不说是非常严重的。因此，为了遏制他们的胆大妄为，同时也为了不让他们的那些害人流毒吸引更多的基督信徒，本圣公会议认为，必须要对那些异端分子及其谬误发出如下强烈的诅咒，以此来摧毁那些主要异端以及前文所述那些分裂分子所持的各种谬误。

关于婚姻礼之教规

第1条　如果有人持以下说法，那么，此人应受绝罚，即：婚姻礼实际上并不是福音律法中七项圣礼之一，它并不是由吾主基督创设的，而是由教会中的某些人编造出来的，而且它并不能传递恩典。

第2条　如果有人持以下说法，那么，此人应受绝罚，即：对于基督徒来说，同时拥有多位妻子是合法的；上帝的任何一项律法也没有对多妻现象作

---

① 在中文版以及中英文对照版《圣经》中，这句话的表述和该教令中引用的圣经文字有一点出入，和“伟大的圣礼”(great sacrament)相对应的是“极大的奥秘”(great mystery)。

② 《圣经》中相关言论比较多。《马太福音》写道，耶稣基督虽然其本人坚守独身，但他并没有要求自己的门徒以及其他追随者都要遵循这一做法；在“有关休妻的教导”一节中，耶稣对其门徒说过：婚姻是由“上帝结合的，人不可分开”；至于独身，耶稣强调，那是某些人“为了天国的缘故”而采取的生活方式，但“这话不是所有人都能领悟的，只有那些得了恩赐的人才能领悟。……能领悟的就领悟吧。”参见《圣经・新约・马太福音》19:6,11。使徒保罗在《哥林多前书》中亦写道：“倘若自己禁止不住，就可以嫁娶。与其欲火攻心，倒不如嫁娶为妙”；保罗甚至还说道：“其他使徒、主的诸兄弟以及矶法都拥有信教的妻子，难道我们就没有权利像他们那样也拥有一位信教的妻子陪伴左右吗？”参见《圣经・新约・哥林多前书》7:9;9:5。在《提摩太前书》中，保罗对教职的任职条件有这样的表述：作为主教（亦称“监督”），“必须无可指责，只作一个妇人的丈夫”；作为执事，必须只作“一个妇人的丈夫，好好管理儿女和自己的家”。参见《圣经・新约・提摩太前书》3:2,12。另外，在《提多书》中，保罗也做了同样的表述，见《圣经・新约・提多书》1:6。

出禁止。

第 3 条　如果有人持以下说法，那么，此人应受绝罚，即：只是在《利未记》规定的那些血缘亲等和姻缘亲等①之内，才不可缔结婚约；如果已经缔结了婚约，但其血缘亲等和姻缘亲等又违背了《利未记》的规定，在这种情况下，才可解除婚约；教会无权宽免其中的某些亲等，无权增添某些其他亲等来阻止人们缔结婚约，亦无权通过这些新增添的亲等来要求人们解除婚约。

第 4 条　如果有人持以下说法，那么，此人应受绝罚，即：教会无权设置各种规定以阻止他人解除婚约，或者说，教会设置这类障碍，其做法本身就是错误的。

第 5 条　如果有人持以下说法，那么，此人应受绝罚，即：如果夫妻中的一方信奉异端，或者对生活在一起感到很厌烦，或者其中一方故意或自愿离弃另一方，那么，这样的婚姻可被解除。

195 第 6 条　如果有人持以下说法，那么，此人应受绝罚，即：如果男女双方已经订婚，那么，即使尚未完婚，双方中的任何一方都不能因虔诚的宗教信仰之缘故而解除婚约。

第 7 条　教会过去坚持现在仍然坚持以下之教言，即：根据福音教义和使徒教义，婚姻之契约不能因为夫妻双方中的一方出现通奸行为而被解除；夫妻双方，或者说甚至包括没有通奸行为的清白一方，在对方在世期间，均不得与他人另订婚约；犯有通奸罪之男子在和奸妇分手之后，可以娶另一女子为妻；同样，（犯有通奸罪之）女子在和奸夫分手之后，可以嫁给另外一位男子。如果有人认为教会的上述教言是错误的，那么，此人应受绝罚。

第 8 条　教会认为，由于各种各样的原因，夫妻可以分床，亦可以分居，

---

①　《圣经》言："耶和华对摩西说，你晓谕以色列人说，我是耶和华你们的神。你们从前住的埃及地，那里人的行为，你们不可效法，我要领你们到的迦南地，那里人的行为也不可效法，也不可照他们的恶俗行。你们要遵我的典章，守我的律例，按此而行。我是耶和华你们的神。所以，你们要守我的律例典章，人若遵行，就必因此活着。我是耶和华。你们都不可露骨肉之亲的下体，亲近他们。我是耶和华。不可露你母亲的下体，羞辱了你父亲。她是你的母亲，不可露她的下体。不可露你继母的下体，这本是你父亲的下体。你的姊妹，不拘是异母同父的，是异父同母的，无论是生在家生在外的，都不可露她们的下体。不可露你孙女或是外孙女的下体，露了她们的下体就是露了自己的下体。你继母从你父亲生的女儿本是你的妹妹，不可露她的下体。不可露你姑母的下体，她是你父亲的骨肉之亲。不可露你姨母的下体，她是你母亲的骨肉之亲。不可亲近你伯叔之妻，羞辱了你伯叔，她是你的伯叔母。不可露你儿妇的下体，她是你儿子的妻，不可露她的下体。不可露你弟兄妻子的下体，这本是你弟兄的下体。不可露了妇人的下体，又露她女儿的下体，也不可娶她孙女或是外孙女，露她们的下体，她们是骨肉之亲，这本是大恶。你妻还在的时候，不可另娶她的姊妹作对头，露她的下体。"见《圣经 · 旧约 · 利未记》18：1—18。在《利未记》第 18 章"性的伦理"中，对性行为（如同性恋问题、变态性交问题等）做了规定；还有其他一些规定。详见《圣经 · 旧约 · 利未记》18：19—30。

其时限可以是暂时的,亦可以是永久的。如果有人认为教会的上述教言是错误的,那么,此人应受绝罚。

第9条 如果有人持以下说法,那么,此人应受绝罚,即:不论是教区圣职人员,还是那些已经立誓守贞的修会圣职人员,都可以订立婚约;(对于教会人士而言),尽管有教会法(的限制),或者说尽管已经发誓守贞,已经订下的婚约仍然有效;对违规者的惩戒也就仅仅是对其婚姻进行谴责,除此而外,没有其他惩罚;不论是谁,如果他们觉得自己并不拥有(上帝赋予的)守贞之恩礼,那么,即便他们已经立过守贞之誓,他们仍旧可以订立婚约。(之所以要对持上述观点之人作出绝罚),是因为,不论是谁,只要以恰当的方式去祈求,上帝都不会拒绝给予他以守贞之恩礼的;而且,上帝虽然要对我们进行考验,但这种考验并不会超出我们能够承受的限度。①

第10条 如果有人持以下说法,那么,此人应受绝罚,即:结婚之后所处的境界要高于童贞,也高于独身;与坚守童贞或坚守独身相比,结婚是更好的选择,而且也会更加幸福。

第11条 如果有人持以下说法,那么,此人应受绝罚,即:在一年当中的某些时段禁止举行婚礼②,实则是一种专横的迷信做法,而且是从异教徒那 196
里舶来的迷信做法。或者,如果有人对教会在婚礼上所作的那些祝福以及其他仪式进行谴责,那么,此人应受绝罚。

第12条 如果有人认为教会法官无权处理婚姻方面的案件,那么,此人应受绝罚。

① 《圣经》言:"你们所遇见的试探,无非是人所能受的。上帝是信实的,必不叫你们受试探过于所能受的;在受试探的时候,总要给你们开一条出路,叫你们能忍受得住。"见《圣经·新约·哥林多前书》10:13。

② 参见本次会议"关于婚姻改革之教令"中的第10章"在某些时段,不得举行隆重的婚礼"。

关于婚姻改革之教令

第1章 拉特兰圣公会议[①]曾就缔结神圣婚约之形式问题作过具体规定,(本教令)现予重申;对于结婚预告[②],主教有权予以免却;不论是谁,如要缔结婚约,都必须要有堂区神父和两到三个证婚人在场,否则,所缔结的婚约一律无效[③]

对于在没有任何外在压力情况下经男女双方同意而缔结的秘密婚姻[④]而言,只要教会没有宣布它们是无效的,那么,这种婚姻毫无疑问就应该是有效且合法的婚姻。与此相应,如果有人否认这些婚姻是合法且有效的,或者如果有人错误地认为子女所订婚约如未征得父母同意则是无效的,那么,对这些观念持有者进行谴责也就毫无疑问是正当合理的;而本圣公会议在此就要对之进行谴责,而且要对之处以绝罚。尽管如此,神圣的上帝之教会对秘密婚姻却一直持厌恶态度并一直禁止这种婚姻,教会这种一贯的态度和做法是有着非常充分之理由的。

然而,本圣公会议认识到,由于人类不服管教之缘故,以上所说的那些禁令已经完全失效。另外,有些人在与某位女子秘密结婚之后却又抛弃之,然
197 后又公开迎娶另一女子为妻,与她生活在一起,也就是说,与之保持永久的通奸状态,因而这些人也就一直处在遭受谴责之状态;因此,本圣公会议也在思

① 指1215年由教宗英诺森三世(Innocent III,1198—1216在位)下令召开的第四次拉特兰圣公会议(Fourth Lateran Council)。

② 结婚预告(banns):根据天主教会的传统,男女双方在订婚之前,要在教堂中将自己的姓名及相关信息公布出来,以听取意见。

③ 本章教令中的最后4个自然段是原书中的分段,其余的分段是中译者根据教令内容进行划分的,特此说明。另外,在施罗德的英译本中,该章教令没有分段,见施罗德译本第183—185页。

④ 秘密婚姻(clandestine marriage,亦写作secret marriage),又称“良心婚姻”。根据天主教会的某些习惯做法,在某些特殊情况下,经主教允许,男女双方可以秘密结婚,而不需要征得父母的同意和公众的承认,但必须要有证婚神父及两位证人在场,有关人员对这一婚事应予以保密。新教改革家们认为,这种婚姻流弊甚多。由于这种婚姻具有很大的隐秘性,重婚、多婚的现象时常发生。因此,新教方面对此予以严厉谴责。马丁·路德曾写有《父母不应包办压制儿女婚姻,儿女不应背着父母自结姻缘》一文,提倡长辈与晚辈之间应该协商谅解。不过,在具体实践上,情况并不理想,没有家长的同意签字,由新教掌握的婚姻登记处往往不给当事人办理婚姻登记,这就使得家长在实际上控制了儿女的婚姻。而且,新教视婚礼为大事,强调必须公开举行婚礼并有人证婚,才算完成婚姻。

考由秘密婚姻而引发的那些严重的罪愆问题，尤其是上述那些人所犯的严重罪愆问题。对于那些藏而不见的事情，教会是无法进行裁决的；除非采用更为灵验的药方，否则，教会便无法对这一(由秘密婚姻引发的)弊病进行根治。有鉴于此，本圣公会议遵循英诺森三世统治时期召开的拉特兰圣公会议之足迹[①]，现作如下规定：从今以后，男女双方在缔结婚约之前，要由合适的证婚神父在教堂中把二人将要缔结婚约之事公开宣布三次，时间应选在那些连续三天的节日期间，在这三天之中，每天举行弥撒的时候都要宣布一次。在公布结婚预告之后，如果没有发现法律所规定的限制结婚之因素，那么，婚礼就可以在教堂中公开举行。在对男女双方进行询问并在听到他们二人互表同意之后，堂区神父便可以说："奉圣父、圣子和圣灵之名，我要让你们结合成婚。"或者他也可以使用其他语句，具体做法视各个教省的通行仪式而定。

需要注意的是，有的时候，在订婚之前公布这么多次数的结婚预告，则有可能使得某一婚姻受到恶意阻挠。如果觉得会遇有此类隐患，那么，结婚预告可以只公布一次；或者直接举行婚礼，举行婚礼之时要有堂区神父和两到三位证婚人在场。然后，除非教区首长认为免除结婚预告这一环节更为可取(本圣公会议决定，是否免除结婚预告，由教区首长依据具体情形斟酌决定)，否则，在完婚之前，应在教堂中公布结婚预告，这样的话，如果这一婚姻中存在某些法律上的制约，也就能够比较容易发现之。

缔结婚约的时候，必须要有堂区神父在场，或者必须要有由这位堂区神父或当地教区首长授权的另外一位神父在场，此外还必须要有两到三位证婚人在场；本圣公会议规定，任何人都绝对不可以其他任何方式缔结婚约，以其他方式缔结的婚约均属无效、一律作废；根据目前这份教令，本圣公会议现在就宣布，此类(违规)婚约均属无效、一律作废。此外，本圣公会议规定：如果堂区神父或另外一位(受委托之)神父出席这类订婚仪式但是证婚人的人数 198
却少于规定标准的话，或者如果证婚人出席订婚仪式而堂区神父或另外一位(受委托之)神父却没有在场的话，那么，当地教区首长要根据具体情况对以上这些神父、证婚人以及订婚者本人进行严厉处罚。

另外，本圣公会议还要告诫那些已经订婚之男女，只有在教堂中领受了

---

① 第四次拉特兰会议(1215年)共制定了71条教规，其中第51条的标题便是"禁止秘密婚姻"，该条文中有这样的规定："遵循朕之诸位先任的足迹，朕完全禁止秘密婚姻，禁止任何一位神父出席这类婚礼。朕规定，要将在某些地区实行的下述特殊习俗推广至其他地区，即：在缔结婚约之前，要由神父在教堂中公开宣布这些婚约；而且，事先还要确定一个合适的时间以检测该项婚姻是否存在法律规定中的禁止因素，在这个时间内，不论是谁，只要他想提出异议，或者说只要他能够提出异议，均可以畅所欲言。"

神父的祝福之后,他们才能住在同一处房子里;本圣公会议规定,必须要由他们所在堂区的神父为他们进行祝福,除非由堂区神父本人或当地教区首长授权,否则,其他任何神父都无权对订婚者发表上述祝福;不论是什么样的习俗(即便是非常古老的习俗,而且那些习俗实际上都可被称之为腐败),也不论是什么样的特权,(只要是与本规定相左者),均属无效。

需要注意的是,不论是堂区神父还是其他什么神父,也不论他是修会圣职人员还是教区圣职人员,如果他试图为其他堂区中的男女撮合婚事,或为其他堂区中的已经订婚之男女进行祝福,但又未经当事人所在堂区神父许可的话,那么,即使他辩称说自己的行为是以某一特权或某一古老习俗为基础的,那他也将被依法暂停行使其圣职,等到本应出席婚礼或本应行使祝福权的那位堂区神父所在地区的教区首长宽赦之,(此人之圣职方可得到恢复)。

堂区神父要备有一本簿册,将结婚者和证婚人的名字以及订婚的日期和地点记录下来,而且堂区神父要将这本簿册精心地保管好。

最后,本圣公会议还要告诫那些准备结婚之人:在订婚之前,或者至少要在完婚之前的三天里,他们必须要悉心忏悔自己的罪愆,而且必须要虔诚地去领受至圣的圣餐礼。

在这个问题上,除了以上所述内容之外,如果各个教省还拥有其他各种值得颂扬之习俗和礼仪的话,那么,本圣公会议则热忱地希望尽一切办法将之保留下来。

199 为了让每一个人都能知晓以上这些有益的规定,本圣公会议向所有教区首长提出要求,必须要在各自的教区内尽快完成以下工作,即:要在所有堂区教堂中公布本教令并向民众作出解释;在(实施本教令的)第一年,必须要反反复复地宣讲本教令;在此之后,对本教令进行宣讲的频率则由教区首长视情况需要而定。此外,本圣公会议规定,在每一个堂区,本教令都将在三十天之后立即生效,三十天的时间从本教令在当地堂区教堂中第一次公布之日算起。

第2章 灵修关系①应该在哪些人之间订立

经验表明,由于(对婚姻所作的)各种限制在数目上非常庞大,因此,有些

① 灵修关系(spiritual relationship),亦称"神修关系"、"精神关系"。按照天主教会的说法,一个人除了与自己的父母或子女存在血缘关系之外,还要与其他特定之人保持灵修关系,在这些人的协助之下,可以使自己的身心得到修持,进而达到终极圆满之境界。就单个人而言,能够帮助自己善度宗教生活的有灵修关系之人主要就是代父(godfather)、代母(godmother)以及为自己施洗之人(主教或神父)和为自己施行坚振礼之人(主教、神父或代父母)。

婚约虽然按规定应该是被禁止的，但这样的婚约却经常还是会在不知不觉之中得以缔结。在这类情况下，如果男女双方继续生活在一起，就不能不说他们犯有严重的罪愆；即使婚姻被解除，也不能不说它是一件严重的丑事。本圣公会议希望能够预防这种情形，并准备从制约灵修关系方面着手以解决这一问题。因此，本圣公会议决定：根据神圣教会法规的规定，一个人在受洗之时，只能有一个人（一个男人或一个女人）或最多只能有两个人（一个男人和一个女人）充当受洗之人的代父或代母；以代父代母以及受洗者为一方，以受洗者的生身父母为另一方，两者之间将建立灵修关系；另外，以施洗者和受洗者为一方，以受洗者的生身父母为另一方，二者之间也将建立灵修关系。

堂区神父在为他人施洗之前，必须要对和本次洗礼相关之人进行仔细的征询，了解他们所选担当受洗者代父或代母的是哪一个人或哪两个人，然后，堂区神父将只允许这一个人或这两个人作为受洗者的代父或代母而出现在领洗池旁，堂区神父要将他们的姓名登记在簿册之中，而且还要把他们业已订立的那种灵修关系讲给他们听，这样的话，他们以后就没有任何借口说不知道自己（和受洗者以及受洗者的生身父母）有这种灵修关系了。除了已经 200
指定的那些人之外，其他任何人即便是触摸了正在受洗之人，他也绝对不可因此（而与受洗者之间）建立一种灵修关系；不论是什么样的教规，只要是与本规定相左者，均属无效。如果堂区神父在此问题上出错或玩忽职守，从而造成以上工作未按规定进行的话，那么，教区首长将视具体情况对之进行惩罚。与此相似，在施行坚振礼的时候，能够建立灵修关系的也不能超出以下之人，即：施行坚振礼者、领受坚振礼者、领受坚振礼者的生身父母以及代父代母；因此，对其他人之间建立这种灵修关系所做的一切制约也就应予彻底废除。①

第 3 章　良风②问题对婚姻的制约必须要限定在一定的范围之内

按照（旧有的）良风传统，有诸多婚约都会因其合法性存在问题而受到限制，亦即，根据这种良风传统，对于诸多婚约而言，不论它们是基于什么原因

① 在天主教传统上，人与人之间所订立的灵修关系比较混乱，对是否能够订立灵修关系也存在各种各样的规定。这份教令把可以建立灵修关系的人员范围做了严格限制，除教令中所规定的情形之外，其他人之间都不存在灵修关系。既然如此，过去就其他人之间建立灵修关系所作的各种规定自然也就没有存在下去的理由，实际上，这是一种“皮”与“毛”的关系。

② 良风（public honesty，亦称 public decency 或 good morals），是天主教会在婚姻问题上的一个专门术语，指由姻亲关系或准姻亲关系引起的对缔结婚姻方面的限制，如姻亲关系或准姻亲关系的亲等（degrees）在其所定范围之内，则不许缔结婚姻。

缔结的，都将属于无效婚约。[1] 对于这种限制，本圣公会议决定予以彻底废除。需要注意的是，（对由姻亲关系或准姻亲关系引起的）对婚姻的限制不得超过第一亲等，在此亲等之外而缔结的婚约均属有效；这是因为，如果将禁婚的亲等定得更远的话，这类禁令就将无法得到遵守，即便得到遵守，也会产生诸多危害。

第4章　由私通[2]而造成的姻亲关系应以第二亲等为限

另外，有些姻亲关系是由私通问题而带来的，这种姻亲关系也会对相关之人缔结婚姻之事造成制约，而且，在当事人之后，（相关家族之间）所缔结的婚约也会由于此类禁婚规定的存在而遭到解除。基于和上述相同的原因[3]以及其他一些非常严重的原因，本圣公会议规定：（由私通问题造成的姻亲之间的）禁婚规定的适用范围仅限于（当事人的）第一和第二亲等，亦即身处这
201 两个亲等之人相互之间不得结婚。本圣公会议规定，对于其他更远的亲等而言，在当事人之后（相关家族之间）缔结的婚姻不会因为这类姻亲关系的存在而被解除。

第5章　如果男女双方的亲等是在禁婚之列，那么，不论他们是什么人，都不得结为夫妻；另论及在何种情况下可以给予（违规者）以宽免

不论何人，如果他明知故犯，胆敢在禁婚的亲等之内缔结婚约，那么，他

---

① “良风”传统虽然具有教会色彩，但其渊源却在于古代罗马法。根据罗马法的规定，只要一桩婚姻被确定为有效婚姻（不论当事人是否完婚），双方家族就构成了姻亲关系；那么，对于双方当事人的直系亲属而言，不论他们与当事人的亲等有多远（即不论向上或向下延伸多少代），他们之间都不得缔结婚姻；如果是当事人的旁系亲属，禁婚的范围则限定在两个亲等之内。另外，根据罗马法，还存在一种“准姻亲关系”，在这种关系下，为了维护道德教化，相关之人在婚姻方面也要受到限制，如：1.一个男人与其继女之间不得结婚，一个女人与其继子之间亦不得结婚。2.一个女人与其丈夫的父亲不得结婚，如果其丈夫此前结过婚并已有儿子，此女人亦不得与丈夫的这个儿子结婚；反之亦然，即，一个男人与其妻子的母亲不得结婚，如果其妻子此前结过婚并已有女儿，此男人亦不得与妻子的这个女儿结婚。3.纳妾或蓄养情妇亦会造成事实上的姻亲关系，有这种关系者，双方在缔结婚姻时亦应遵守前述有关姻亲方面的规定。在特兰特会议之前的数百年中，罗马教会基本上就是遵循罗马法的有关规定来处理这一问题的，只不过教会用了“良风”这样一个新的名词而已。关于“良风”传统在天主教会内部确立的时间问题，学术界有不同意见。有人认为，是教宗卜尼法斯八世（Boniface VIII，1294—1303在位）将之确立为教会规范的。但更多的人认为，这一规范并不是通过某一具体教令而确立的，而是由12世纪即已存在的习俗渐渐演变来的。特兰特会议认为这种规范不仅极为烦琐，而且会带来很多问题，因此决定予以废除。

② 私通（fornication），主要是指未婚男女之间的私通，或其中一方为未婚者、一方为已婚者之间的私通。

③ 指第3章中所说的：“如果将禁婚的亲等定得更远的话，这类禁令就将无法得到遵守，即便得到遵守，也会产生诸多危害。”

(与另一位当事人)将被分开,而且他将没有任何获得宽免之希望;如果他不仅仅是胆敢缔结此类婚约,而且还胆敢完婚,那么,就更要对之施以以上处罚。如果他是在不知情的情况下缔结这类婚姻的,而在结婚的时候却又没有按照教会的要求举行庄严的婚礼,那么,他将受到和以上所述相同的处罚;这是因为,一个人如果以鲁莽的态度去藐视教会的那些有益箴言,那么,这样的人就不配轻而易举地享有教会所赐之恩惠。需要注意的是,如果一个人在结婚时按照规定举行了庄严的婚礼,但后来却又发现其婚姻违反了某种禁婚规定,而当事人在此之前又可能真是一点也不知情,那么,他仍可以比较容易获得宽免,而且这种宽免是无偿的。在缔结婚约过程中,(如果出现此类问题),可以不给当事人以任何的宽免;或者,只有在极个别的情况下才能给予宽免,不过,对于这种宽免要有合适的理由,而且宽免也必须是无偿的。处在第二亲等之中的男女不得结婚,(对于违规者),除非他是地位重要的王公,或者除非是出于公益方面的原因,否则,永远也不得对之作出宽免。

第6章 对于诱拐者的惩罚

本圣公会议规定:只要被拐者仍然处在诱拐者的掌控之中,那么,在诱拐者和被拐者之间就不存在任何的婚姻。但是,如果被拐者已经和诱拐者分 202
开,而且已经处于自由且安全之境地,那么,如果她同意让那位诱拐者做自己的丈夫,那位诱拐者便可以娶她为妻。尽管如此,诱拐者以及为之出谋划策、提供帮助和同意其拐骗行动的所有人都将被依法开除教籍,而且他们将永失公权,永远没有资格获得任何类型的官职;如果他们是教会圣职人员,他们就将丧失一切职衔。另外,对于诱拐者而言,不论他是否娶被拐者为妻,他都必须要向被拐者支付一笔数额适当的赔偿金,具体数额由法官作出裁定。

第7章 对于流浪者结婚之事,须谨慎对待

有很多这样的人,他们到处流浪,居无定所,放荡不羁。他们将结发妻子抛弃,在结发妻子尚在人世期间,又与另外一位女子结婚,而且常常会在不同的地方结好几次婚。本圣公会议希望能够革除这一邪恶现象,为此向一切相关之人作出以下慈父般的劝诫,即:不要轻易允许这类流浪者结婚。本圣公会议还要敦促世俗官员,要他们对这类人等严加管制。需要注意的是,本圣公会议规定:如果这类人准备结婚,而堂区神父又要出席婚礼的话,那么,堂区神父就必须要在事先对相关情况进行悉心的调查,必须要在事先向教区首长作出汇报,而且必须得到教区首长的批准,否则,堂区神父便不得出席这类婚礼。

第 8 章　蓄养情妇者将受严惩

如果说未婚男子蓄养情妇已是一种严重罪愆的话，那么，已婚男子的
下述行为则更是一种极为严重的罪愆，即：他们生活在（蓄养情妇）这种当
遭诅咒的状态之中，而且他们还时常胆大妄为地将情妇养在他们自己的家
203 里，甚至让情妇和妻子生活在一起。这种罪愆是对（结婚礼）这一伟大圣礼
无以复加的藐视。因此，为了提供合适的药方以整治这一恶疾，本圣公会
议规定：对于那些蓄养情妇者而言，不论他们是未婚的还是已婚的，也不论
他们居于什么地位、担任什么官职或从事什么职业，在教区首长依据职权
就此事向他们作过三次规劝之后，如果他们还是没有将其情妇打发走，而且
还继续与之有房事行为，那么，将对他们施以开除教籍之惩罚，只有在他们真
正服从规劝之后，对其的惩罚方可得到宽赦。需要注意的是，如果他们对教
会的斥责置若罔闻，继续蓄养情妇并达一年之久的话，教区首长将依据其所
犯罪行的性质，对之进行严厉处置。对于那些和奸夫或情夫公然生活在一起
的女人而言，不论她们是已婚的还是未婚的，在对她们作过三次规劝之后，如
果她们依然故我，那么，当地教区首长将根据她们所犯罪过的程度施以严厉
惩处；即便没有任何人请求教区首长出面处理此事，教区首长也应当如此行
事，这是他们的分内职责；如果教区首长认为恰当，可以将她们驱逐出所在城
市或所在教区，如果需要，甚至可以动用世俗的力量来协助这一行动；（即便
在把奸妇或情妇驱逐出去之后），对奸夫和蓄养情妇者的其他一切惩罚措施
将依然有效。①

第 9 章　世俗领主或世俗官员不得采取任何手段去干涉婚姻自由

尘世中的喜好和欲望常常会蒙蔽住世俗领主及世俗官员的心灵视野，因
此，对于处在其管辖之下的那些男女而言，特别是对于那些富有之人或那些
有望获得大笔遗产之人而言，这些世俗领主和官员往往会违背他们的意愿，
采取各种威胁手段和邪恶手法，强迫他们与这些领主官员中意的人选缔结婚
约。侵犯婚姻自由，是一种极该诅咒的万恶行为；本该秉持正义之人却做出
204 不正不义之事，这同样也是极该诅咒的万恶行为。因此，本圣公会议规定：不
论何人，不论他们拥有什么样的职衔、官位和职业，（在婚姻问题上）一律不得
以任何直接或间接的方式强迫自己的属民或其他任何人，一律不得妨碍他们

① 第二十五次会议还将对蓄养情妇问题作进一步规定。详见第二十五次会议“关于改革之教令”第 14 章。

自由缔结婚约；如有违反，则将依据这一事实而对之处以绝罚。

第10章 在某些时段，不得举行隆重的婚礼

本圣公会议规定：从吾主耶稣基督将临节①一直到主显节②期间，还有从圣灰日③一直到复活节八日庆期④之间，所有人都要认真遵守那些古老的规定，即，禁止举行隆重盛大的婚礼；在其他时候，可以举办隆重庄严的婚礼；主教必须要确保婚礼能够以庄重且合适的方式举行，这是因为婚姻礼是一件圣事，因而必须要以圣洁的方式对待之。

关于改革之教令

在本次会议上，还要继续处理改革问题，为此本圣公会议现就以下事项作出规定。

第1章 主教与枢机的选举程序准则

对于教会中所有级别的圣职，当然都应给予关注，而且这种关注必须是有远虑、有见地的；只有这样，在主的殿堂⑤里，才不至于让任何事情变得杂乱无章，才不至于让任何事情变得不合体统。然而，在推举那一居于各级别

---

① “吾主耶稣基督将临节”(the Advent of our Lord Jesus Christ)，指耶稣诞生之前的四个星期，按照教会传统，在此期间，要做好各种准备，以迎接耶稣的来临。

② 主显节(the Epiphany)，亦称“三王来朝礼”。《圣经》有言：耶稣降生时，曾借异星显现给东方贤士(三博士、三王)。天主教会于每年的1月6日举行主显节，以纪念耶稣首次与非犹太人接触。

③ 圣灰日(Ash Wednesday)，亦译为“圣灰礼仪星期三”，复活节前的第四十天(周三)，这一天也就是四旬期(Lent，亦称“封斋期”、“预苦期”或“大斋节”)的开始。“圣灰日”原是古代以色列人的传统，他们在头上撒香灰(通常是棕树枝烧成的灰)以象征忏悔的决心。天主教在教徒额上以“圣灰”画十字，其意在于鼓励信徒们相信福音，同时是为了提醒信徒：人“本是尘土，仍要归于尘土”(见《圣经·旧约·创世记》3:19)。圣灰日之后就是为期四十天的封斋期。在这期间，教会鼓励信徒借助于祈祷、斋戒与慈善活动，从个人欲念中解脱，转而关怀他人，并准备迎接复活节及庆祝耶稣复活纪念日。

④ 复活节八日庆期(the octave of Easter)，指复活节之后的八天。“八日庆期”(octave)，即连续8天的节期。按照天主教传统，在复活节之后，还要继续庆贺8天。

⑤ “主的殿堂”(the house of the Lord，亦称为“神的家”、“主的家”、“神的殿”或“主的殿”)，狭义上指教堂，广义上指天主教会。这里当指天主教会。《圣经》言：“我必领他们到我的圣山，使他们在祷告我的殿中喜乐。他们的燔祭和平安祭，在我坛上必蒙悦纳，因我的殿必称为万民祷告的殿。”见《圣经·旧约·以赛亚书》56:7。另，《圣经》言：“经上记着说：我的殿必称为祷告的殿，你们倒使它成为贼窝了。”见《圣经·新约·马太福音》21:13。

之顶的人选①过程中，我们必须要更有远虑、更有见地，力求不出任何差错。
205 这是因为，假如在头颅所在的位置找不到躯体所需要的那个器官，那么，主的整个家族在生存状态上就将磕磕绊绊，其秩序就将出现紊乱。为了让教会变得更好，在擢升某些人让其主管主教座堂以及其他大教堂问题上，本圣公会议已在其他一些场合作出过许多规定②；但是，本圣公会议认为，这一职位在性质上是非同寻常的，因此，如果从其重要程度来看，不论对之给予多么大的关注，也永远不会过分。正因如此，本圣公会议规定：一旦某一（主教）座堂出缺，教区参议会就必须立即发布命令，要求在全城及整个教区都要举行公开和私下的恳求及祈祷活动，这样的话，圣职人员和普通民众就都可以向上帝进行哀告，求其为他们派来一位优秀的牧者。

在对相关之人进行擢升并将之委任为教堂主管这样的事情中，有这么一些人，他们从罗马教廷那里获得某些权利，从而可以在上述擢升之事中发挥某种决定作用；还有一些人则是通过其他方式参与到擢升之事中。考虑到目前的形势，本圣公会议对这种状况无法作任何的改变。但是，对于所有这些人以及他们当中的每一个人，本圣公会议还是要进行敦促和告诫，即，他们首先必须牢记于心的是，对于荣光上帝、拯救民众而言，他们所能做的最有益的事情，莫过于尽心竭力地把有能力管理教会的优秀人物擢升到牧者职位上来。他们必须要精心而勤勉地做到以下一点，即，要根据自己的判断把最为合适的、对教会最有用的人擢升上来，擢升的凭据只能是看相关个人具备哪些优点，而不要被他人的托请所左右，不要被人类的情感所操纵，也不要被觊觎者的诱惑所支配；他们必须要确保，这些人一定要是合法婚姻所生，其生活作风、学识素养以及其他各个方面的资格都必须要符合神圣教会法规以及本特兰特圣公会议所颁教令的要求。除非他们做到上述要求，否则，他们就是犯了不可饶恕之大罪，同时也就成了参与他人犯罪的同犯。

206 如果某些人选被认定是优秀且富有学识的，那么，对此应有严肃且具有法定权效的证据，以证明他们符合以上所述的各种资格要求。但是，由于国家众多、民族多样、风俗各异，在获取这类证据问题上，各地不可能遵循一套整齐划一的制度。因此，本圣公会议规定：各地总主教要召开教省教务会议，

① 这里指的是主教。按照圣职的划分，主教即为最高级别的圣职。特兰特会议基本上是由各地主教参加的会议，因此，主教们特别注重对自身权威的界定，而且强调主教在各自教区内拥有至高无上的权威。

② 在此前举行的特兰特历次会议上，有很多次论及主教任职资格问题，其中比较重要的如第六次会议"关于改革之教令"第1章；第七次会议"关于改革之教令"第1章和第3章；第二十二次会议"关于改革之教令"第2章。

为每个地方和每个教省制定一套因地制宜的考察、调查或指导规范，要尽可能做到所制定出来的规范对相关地方来说是最有用、最合适的；而且，必须将这一规范呈送给至圣的罗马教宗，以请求他的批准。然而，仅仅做到这一点还不够。在对拟擢升之人的考察或调查工作完成以后，(负责遴选之人)如果认为他们是合适的人选，就应将相关材料汇总成公文形式，然后连同所有的证明材料以及拟被擢升之人所作的信仰宣誓[①]书，尽快呈送到至圣的罗马教宗那里；这样的话，罗马教宗本人对整个事情以及相关人选就可以有一全面的了解，也就能够为各个教堂提供更为有益的帮助以维护主的羊群之利益。所有的考察材料、调查材料、证词证言以及各种证据，只要是与拟被擢升者的资格相关，(只要是与相关教会的状况有关)[②]，那么，不论这些材料是什么类型的，也不论这些材料是谁做的，即便是罗马教廷中的人士做的，都必须要由一位枢机进行细致的审查，然后由他向教廷御前会议[③]就相关问题作出汇报，另外还要有三位枢机协助其审查工作。起草报告的那位枢机以及其他三位枢机均要在报告上签署自己的姓名，以保证报告的真实性。在报告中，四位枢机中的每一位都要作出以下保证，即：在对所有材料作过精心核查之后，他认为拟被擢升者的条件符合法律以及本圣公会议的要求，而且他坚信他们适合被委任为教堂主管，(如果他言不由衷)，将有失去永恒救赎之危险。这一报告要在御前会议上予以宣读，但是，除非至圣的教宗认为采取其他处理方式更合适，否则，最终的决定要延至另一次御前会议才能作出，这样的话，在两次御前会议之间，人们可以对调查结果进行更为成熟的思考。

本圣公会议在其他一些场合还制定过其他各种各样的条款，对拟被擢升为主教者的生活作风、年龄、学识以及其他各方面的条件作了规定。本圣公会议规定，在选举神圣罗马教会枢机(即便所选出的枢机在圣职级别上仅是助祭)[④]过程中，同样必须要遵循以上所述的所有条款；如果至圣的罗马教宗能够在基督教世界各国中发现合适的枢机人选，那么，他就应该尽其所能地从基督教世界中的所有国家中遴选枢机。 207

---

① 信仰宣誓(the profession of faith)，亦称“信德宣言”或“信仰宣言”。在一些特殊情况下(如圣职晋升)，教会会要求当事人公开宣布自己承认教会的信仰或训诲。

② 沃特沃斯版本中没有这句话，但施罗德版本中却有这一表述。见施罗德《特兰特圣公会议教规教令集》，第191页。

③ 教廷御前会议(consistory)，亦称“教议会上院”，由教宗主持，参加者应为枢机。

④ 枢机(cardinal)，包括主教级枢机、神父级枢机和助祭级枢机三种。现在通常都以主教充任枢机，因而一般会将“cardinal”翻译为“枢机主教”(因其着红衣、戴红帽，又有“红衣主教”这一俗称)。枢机主教共同组成枢机团(college of cardinals)，负责选举教宗。枢机只是一种荣衔，不是教会圣职的一个等级，也不是一个独立的主教职衔。

最后需要说明的是，教会面临着许许多多非常严重的痛苦不堪之事，在这些苦恼之事的震动之下，本圣公会议不由自主地想起，对于上帝的教会而言，没有什么比下述这件事更加必需了，即：神圣的罗马教宗应该心系普世教会，这是其应尽之职责；他应该以一种非常特别的方式施展其挂念之情，只挑选那些最为杰出之人出任枢机并与之密切合作；还应该把那些最为正直、最有能力的牧者委派到每一个（地方）教会；这一点尤为必需，这是因为，基督的群羊如果是在那些三心二意、玩忽职守之牧者的邪恶统治下死去的话，吾主耶稣基督将会索取死者之血的。①

第2章　教省教务会议应每三年召开一次，教区教务会议应每年召开一次；另论及这些会议应由谁负责召集，应有哪些人参加

不论是哪个教省，如果其教务会议此前已经弛废，则必须予以恢复；召开教省教务会议的目的是规范道德教化、纠正各种流弊、平息分歧争执，还可在神圣教会法规允许的范围内解决其他问题。因此，在本圣公会议结束之后，至迟在一年之内，总主教必须要在各自的教省亲自召集一次教务会议；在这
208 次会议之后，教省教务会议最长每三年应召开一次。会议应该在复活节八日庆期之后举行，或者可以根据各个教省的习俗而将会议安排在其他比较合适的时间举行；如果总主教无法履行这一职责并且其理由又符合法律规定的话，那么，则由该教省中年纪最长的隶属主教代行这一职责。（整个教省中的）所有主教以及依据权利或习俗应该与会的其他所有人绝对必须参加会议，当然，那些需要冒着生命危险去漂洋过海（才能到达会议地点）之人可以例外。从今以后，在各个教省中，（总主教）不得以任何习俗为借口、不得违背主教们的意愿而强迫他们前往总主教座堂。② 与此相似，有一些主教是不隶属于任何大主教③的，对于这些主教而言，必须一次性地选择某一邻近的总

---

① 《圣经》言："圣灵立你们作全群的监督，你们就当为自己谨慎，也为全群谨慎，牧养上帝的教会，就是他用自己血买来的。"见《圣经·新约·使徒行传》20:28。

② 这一规定在于明确总主教（metropolitan）和其他主教（bishop）之间的关系。在一个教省之中，总主教为主席，其他主教均为教省隶属主教（suffragan bishop），亦即教区主教。虽然说总主教有权从教义和纪律等方面对隶属主教进行监督，但对隶属主教并无治理权。

③ 从权限上说，大主教（archbishop）和总主教（metropolitan）没有什么原则性的差别，因此，"archbishop"有时也被译为"总主教"。一般认为，这两个名称有着不同的历史渊源，"archbishop"源于希腊传统，"metropolitan"源于俄罗斯传统。有的时候，"metropolitan"和"archbishop"还会合在一起，称"metropolitan archbishop"（大主教、大都市主教）。在教职权限问题上，拉丁天主教会和希腊东正教会有着比较明显的差异。天主教徒认为，教会里看得见的最高首领是教宗，教宗是"天主教会的主教"，是基督教传统的阐释者，是主教统一的象征。其他的主教是他的副手。但是，东

主教(作为行政依托),他们必须要和其他主教一起,参加由这位总主教召集的教省教务会议;不论教务会议作出什么样的决定,他们都必须遵守之,并负责在其辖区推广执行。在其他所有方面,他们所享有的豁免权和各种特权将保持完整,不受侵犯。

教区教务会议每年都要召开一次;同样,相关之人可以获得豁免,但是,如果豁免期限已过,他们则必须要参加会议,那些即便不是隶属于教区参议会之人也必须要参加会议;而且,不论是谁,只要他主管着堂区教堂或其他各种在俗教堂(即便这些教堂是附属于别的机构的),也都必须参加会议。需要注意的是,不论是总主教,还是主教,抑或是以上所提及的其他任何人,如果他们在这些事情上玩忽懈怠,则要依据神圣教会法规的规定对之进行惩罚。

第3章　教长们应以何种方式进行巡访

宗主教、首席主教、总主教以及主教必须要亲自对自己所管辖的教区进行巡访,如果他们无法履行这一职责并且其理由又符合法律规定的话,那么,则可委托其属下的副主教或视察员进行巡访。如果因辖区范围太大而无法做到每年都能访遍整个教区的话,那么,他们或由他们下派的视察员至少也 209
要完成对教区内大部分地区的巡访,这样的话,在两年之内就可以完成对整个教区的巡访。对于总主教来说,即便他们已经完成了对自己所辖教区的巡访,除非因审理某一案件之需并得到教省教务会议的批准,否则,他们便无权巡访所辖教省内的其他主教座堂或主教管区。

需要注意的是,按照法律规定,总执事①、总堂区神父②以及其他一些初级圣职人员在传统上对某些教堂一直享有巡访权。今后,他们依然可以对那些地方进行巡访,但是必须要得到当地主教的同意,必须要由其本人亲自出巡,而且要有一位公证人协助其巡访工作。有些地方的教区参议会拥有巡访权,而且,参议会可以委任视察员;同样,这些视察员也必须首先要得到当地主教的批准。尽管如此,除了以上这些人之外,主教仍有权对上述那些教堂

正教教会则认为所有的主教都是平等的,主教头衔上的区分(patriarch,archbishop,metropolitan,bishop)只适用于教会或不同教会间的行政管理,并不针对主教的本质。

① 总执事(archdeacon),亦称"总六品"。在教会初期,主教便开始任命这类教职人员,其主要职责在于协助主教处理教区事务。到了中世纪,总执事的权力逐渐增大,因此经常发生总执事滥用职权之事。这份教令以及后面的几份教令(第12章、第13章以及第二十五次会议"关于改革之教令"第14章)对总执事的职权以及资格等问题作出了明确规定。

② 总堂区神父(dean),亦称"总本堂神父"或"总铎"。一个教区可划分为若干总堂区,总堂区之下又可分为若干(本)堂区。

进行巡访，如果主教本人因故不能亲巡，亦可委托自己属下的视察员履行这一职责，主教及其视察员的上述权利不可被剥夺。而且，总执事以及其他初级圣职人员在完成巡访工作之后的一个月之内，必须要向主教呈交一份巡访报告，还要把证人的作证书以及所有的巡访记录交给主教过目；不论是什么样的习俗（即便是非常古老的习俗），也不论是什么样的豁免权或其他各种特权，（只要是与本规定相左的），均属无效。

需要注意的是，对于所有这些巡访工作而言，其基本目的就是要通过铲除异端从而让人们信仰正确且正统的教义，就是要保持良好的道德教化、纠正那些邪恶有害之事，就是要通过告诫与规劝的方式激励人们信奉宗教、热爱和平、崇尚清白；另外，巡访者还可根据自己的判断，因时制宜、因地制宜地利用合适的时机，做一些对信众有益的其他事情。为了能够比较轻松愉快地完成这一切，（本圣公会议）要对以上提到的拥有巡访权的所有人和每一个人提出告诫，即：要以慈父般的爱怜和基督徒的热情去对待所有人；要以这一态度为指针，仆从和车马的数量要以轻装简行为原则，在恪尽职守、细致工作的前提下，要尽力以最快的速度完成既定的巡访工作。在巡访期间，必须努力做到不要弄出任何没有必要的开支，以免给任何人带来麻烦或增加负担。不论是他们自己，还是他们的随从，都不得以收取巡访补偿费的方式、不得以（当地某些人所立的）遗嘱规定将自己的财产用于宗教用途为由（在这些以宗
210 教信诫为宗旨的遗赠中，依据权利而应当归于他们的那一部分除外）、不得以任何其他的名义收取任何东西；不论是金钱，还是任何种类的礼品，也不论这些金钱或礼品是以何种方式送来的，一律不得收受；不论是什么样的习俗（即便是非常古老的习俗），只要是与本规定相左的，均属无效。不过，伙食问题是个例外。（当地民众）应该为他们以及他们的随从提供简单而适中的饭食，当然，只是在完成巡访工作所必需的这段时间内提供饭食，超出这一时限则不再提供。尽管如此，对于被巡访地区之人而言，是否（向巡访者）支付金钱、是否（为巡访者）提供以上所说的伙食，都由他们自己决定；如果他们在此之前一直有下述传统，即，按照固定的数额（向巡访者）支付金钱，那么，如果他们愿意，则仍可照此传统行事。至于修道院、某些宗教场所或者不属于堂区管辖的那些教堂，如果它们享有那一古老的“（外人）不得随意进入”之特权，那么，这一特权将依旧不可侵犯。需要注意的是，有些地方或某些教省的传统做法是，既不向巡访者提供伙食、支付金钱，也不向他们提供任何其他的东西，所有巡访工作都是无偿进行的；对于这些地方而言，这一传统将继续保留。

需要注意的是，不论是谁，如果他胆敢做出以下这样为上帝所禁止的事

情，即，在以上所述的各种情况中，如果他多收了钱财，那么，在事发一个月之内，他必须要（向受害者）作出双倍的赔偿；除此之外，还要按照里昂圣公会议①制定的那项教规（其开始语是“Exigit”）对之施以其他惩罚，对此绝对不得宽免；而且，教省教务会议还要依据实际情况对之进行惩罚。

关于庇护人问题，（现作如下规定）：他们不得以任何方式干涉那些与施行圣礼相关的事情；在（巡访者）对教堂的礼拜用品、地产收益或房产收益进行查访过程中，除非相关机构或基金会认定这些庇护人可以参与其中的活动，否则，他们便不得涉入。需要注意的是，主教本人必须要参加此类巡访工作，以保证那些房产收益能以主教认为最恰当的方式进行开销，即，要把那些收益用在对相关教堂来说既必需又有用的那些方面。

第4章 应该由谁承担布道的任务，应该在什么时候进行布道；（信众）应该经常前往堂区教堂听讲圣道；任何人都不得在违背主教意愿的情况下进行布道 211

布道之责主要应由主教来承担。为了信众的幸福，本圣公会议急切希望布道活动能够尽可能地经常举行。在已故教宗保罗三世时期，本圣公会议在其他场合曾就这一问题制定过一些教规②，为了使之能够更加符合目前的需要，现将对之作一些调整。为此，本圣公会议规定：在自己所在的教堂，主教本人必须亲自宣讲《圣经》以及神圣律法；如果因故不能履行这一职责且理由合法的话，他们就必须任命布道员来履行这一工作。在其他教堂，则由堂区神父（宣讲《圣经》以及神圣律法）；如果他们因故无法履行职责，则由主教委托其他人代行这一职责，代行职责者可以在城市里进行布道，或者根据他们自己的判断，可以选在教区内其他任何合适的地方进行布道；其费用应该由谁支付就由谁支付，或者传统上由谁支付就由谁支付。在所有的主日以及各种隆重的节日，必须举行布道活动，这是最低要求；不过，在斋戒期，即四旬期和吾主将临期③，应该每天都要举行布道，如果主教认为有必要进行调整，那么，每个星期当中至少也要有三天举行布道活动。在其他时间，只要他们认为时机合适，就应该尽可能地经常安排布道活动。主教必须要对民众进行认真的劝诫，即，只要条件许可，每个人就都必须前往自己所在堂区的教堂以听

---

① 这里是指由教宗英诺森四世（Innocent IV，1243—1254年在位）发起召开的第一次里昂会议（First Council of Lyons，1245年），会议上制定出27条教规，其中第3条是关于削减司法诉讼案开支问题的。

② 详见第五次会议“关于改革之教令”第2章。

③ 参见本次会议“关于婚姻改革之教令”第10章中的相关注释。

圣道。需要注意的是，不论何人，不论他是教区圣职人员还是修会圣职人员，如果未经主教的许可，均不得擅自进行布道活动，即便是在自己所在修会的教堂中，亦不得进行布道活动。

以上所述的这些主教还要保证做到以下之事，即：在每个堂区，至少在主日以及其他隆重的节日里要对儿童进行精心的教育，要将信仰的基本常识教
212 给他们，而且要教会他们服从上帝、听从父母；讲授工作是谁的职责，就应由谁负责讲授，主教有权强制他们履行这一职责，如有需要，甚至可以采取宗教惩罚手段(以强制他们履行职责)。在其他方面，保罗三世时期规定的与布道工作相关的其他事项则完全有效。

第5章　在事涉主教的刑事案件中，案情严重的只能由教宗审理，案情不太严重的则由教省教务会议审理

如果主教事涉比较严重的刑事案件，或者如果主教涉及异端罪(上帝是禁止异端的，犯有此罪者，其职位可被黜免或褫夺)，那么，这类案件的审理权只能归教宗本人，也只能由教宗本人对之作出裁决。[①] 但是，如果因为案件的性质非常特殊而不得不将案件移交给罗马教廷以外的地方进行处理的话，那么，只能把案件交托给总主教或主教，而不能交托给其他任何人，而且负责处理此类案件的总主教或主教只能由至圣的教宗选定。这类委任是非常特殊的，委任状必须要由至圣的教宗亲自签署方可生效。而且，教宗赋予那些专员们的权力绝对不能超出以下限度，即，他们只是根据事实收集相关信息材料，草拟诉讼程序，然后迅速将之呈交给罗马教宗；终审裁决权归以上所说的那位至圣的教宗所有。

关于这一问题，已故教宗尤里乌斯三世时期在另外的场合曾作过其他一些规定[②]；在英诺森三世时期召开的那次圣公会议[③]上，也曾公布过一项教规(其开始语是“Qualiter et quando”，意为“如何与多少”)，对于这一教规，本圣公会议在目前这份教令中予以重申确认。对于以上这些规定，所有人均应遵守。

需要注意的是，对于事涉主教的那些不太严重的刑事案件，只能由教省

---

① 参见第十三次会议“关于改革之教令”第8章“牵涉到主教的那些重大案件将由教宗审理”。当时的这一规定简单而笼统，因此第二十四次会议对之予以细化。

② 详见第十三次会议“关于改革之教令”第6章和第7章。

③ 指由教宗英诺森三世(Innocent III，1198—1216年在位)主持召开的第四次拉特兰圣公会议(the Fourth Lateran Council，1215年)。会议通过了由教宗事先组织拟定的70项教规教令，其中第35—49条涉及案件审判问题。

教务会议负责审理并作出裁决；或者由教省教务会议委任相关之人履行这一职责。

第6章 对于犯罪之人，主教在何种情况下、以何种方式可以对之进行赦免；对于行为不端以及被暂停圣职之类的案件，主教在何种情况下、以何种方式可以对当事人进行豁免 213

有些人被处以行为不端罪，或被暂停行使圣职，如果当事人是由于私密犯罪而导致遭到这类处罚的，那么，对于以上所有这些处罚，主教均可对之作出豁免，此乃合法行为；但是，因故意杀人罪而遭到的处罚以及已被移交给法庭处理的那些罪案不在豁免之列。另外，在主教自己的教区之内，只要当事人是其属民，只要所犯的是私密过失，那么，不论是谁犯有过失，也不论所犯的是什么过失（即便是那些本该专归罗马教廷处理的私密过失案件），只要案件是在良心法庭经管的范围之内，主教便有权让当事人作出有益的补赎，然后无偿对之作出赦免；主教可以亲自履行这一职责，亦可委托专人负责此事。对于异端罪，主教可以在以上所述的良心法庭中采取同样的方式对之进行处理；但是，行使这一职权的只能是主教本人，其副手无此职权。

第7章 在为信众施行圣礼之前，主教以及堂区神父必须要向信众阐释圣礼的功效；在举行弥撒期间，必须要对圣言作出阐释

为了让信众能以更敬仰、更虔诚的态度去领受圣礼，本圣公会议对所有主教提出如下要求，即：在为信众施行圣礼的时候，他们首先必须要就圣礼的功效和用途问题向信众作出阐释，阐释的方式要适合圣礼领受者的接受能力；不仅是主教本人应该这样做，而且主教还应敦促每一位堂区神父都要以 214
虔诚而慎重的态度按照同样的方式行事；如果实际情况有需要并且能够使得阐释工作更加顺利的话，甚至可以使用方言来完成这一工作；本圣公会议将制定一本《教义问答手册》①，届时各地主教必须让人将之准确地翻译为方言

---

① 《教义问答手册》(*catechism*)，亦称“教理问答”、“要理问答”或“教理书”，以问答形式对基本教义以及伦理规范进行讲解的手册。特兰特会议第十八次会议（1562年2月26日）决定编写一本天主教会“教义问答手册”。第二十四次会议（1563年11月11日）的这份教令仍将之列在会议的工作计划之中，但一直没有实质性进展。在特兰特会议闭幕当日（1563年12月4日），会议颁布文件，决定将制定“教义问答手册”之事留给罗马教宗去处理。会后，庇护四世委派四位神学家着手编撰工作，并任命三位枢机负责监督工作。《教义问答手册》的原始版本用意大利方言写成（1564年）；随后，由人文主义学者尤里乌斯·鲍吉亚努斯（Julius Pojianus）和保罗·马努蒂乌斯（Paulus Manutius）将之译为古典拉丁文；1566年，《教义问答手册》以意大利文和拉丁文同时出

文字，而且要让所有的堂区神父就手册的内容向民众进行解释；这一问答手册将对每一项圣礼的施行方式都作出明确规定，（主教和堂区神父对圣礼进行的阐释）必须和手册中的规定相一致。同样，在所有的节日或隆重的宗教仪式期间，在举行弥撒的时候，或在举行每日祈祷的时候，主教或堂区神父也要对圣言和救赎箴言进行阐释，阐释的时候可以使用方言；他们（在进行此类阐释的时候）要把那些无用无益的问题全部搁在一旁，要尽力把那些圣言和救赎箴言铭刻在所有人的心中，而且要按照上帝的律法对信众进行教诲。①

第8章　除非主教决定采取其他的补赎方式，否则，公开犯罪之人②必须进行公开补赎③；在主教座堂里必须设置一名听悔师④

使徒⑤有言，对于那些公开犯罪之人，应该进行公开谴责。⑥因此，不论是谁，如果他在众目睽睽之下公开犯罪，而且如果他的犯罪行为已经确确实实冒犯了他人并招致他人愤慨的话，那么，合适的做法就是，按其罪行的大小，让他在公开场合进行恰如其分的补赎；（这是因为），他以前的那种做法会被一些人效法，从而也就会引领那些人走向道德败坏，（而在这种公开补赎中），通过展示对他的规劝过程，他或许还可以带领那些人浪子回头，重新过上正直信诚的生活。不过，如果主教认为有必要，也可以将这种公开补赎改成秘密补赎。在所有的主教座堂中，只要条件许可，主教都要任命一位听悔师，一旦有某一俸禄出缺，该份俸禄就应归于听悔师。听悔师必须是神学或

版。这本手册由四部分组成，即"使徒信经"（The Apostles' Creed）、"圣礼"（The Sacraments）、"十诫"（The Decalogue）和"祈祷文，以主祷文为主"（Prayer, especially The Lord's Prayer）。在随后四个多世纪中，《教义问答手册》在天主教会中享有重要地位。1992年，天主教会制定出新的教义问答手册（*Catechism of the Catholic Church*，汉译为《天主教教理》），原有的《教义问答手册》才退出历史舞台。

① 参见第二十二次会议"关于弥撒圣祭之教义"第8章。

② 公开犯罪之人（public sinner）："public sinner"可以包含两层意思，一种是指当着别人的面或其行为被别人知晓的犯罪之人，另一种是指对公共秩序或对他人造成损害的犯罪之人（亦即"公众的罪人"）。从这份教令的内容来看，"public sinner"应该包含以上两个方面的含义。

③ 公开补赎（public penance），亦称"明补赎"，指当众做补赎。与之相对的是"secret penance"（秘密补赎）。

④ 听悔师（penitentiary），亦称"听悔僧"或"教诲师"。

⑤ 指使徒保罗。

⑥ 这份教令所说的使徒保罗之言与《圣经》中的表述有一定的差异。《圣经》中的原文是："控告长老的呈子，非有两三个见证就不要收。犯罪的人，当在众人面前责备他，叫其余的人也可以惧怕。"见《圣经·新约·提摩太前书》5：19—20。《圣经》没有对犯罪的特征（公开的或是私密的）作出区分，亦即，对于所有的犯罪之人都可在"公开场合"进行"责备"。但是，这份教令强调只有"公开"犯罪者，才适用这一惩罚手段。

教会法方面的硕士或博士，年龄必须达到40岁；或者，根据该职位的性质，如 215
果发现有其他更为合适的人选，则亦可让其出任听悔师之职。如果（唱经班举行唱经活动）而听悔师当时正在教堂里听忏悔，那么，听悔师则被视为已经出席唱经班的活动。

第9章　对于那些不隶属于任何教区的在俗教堂，应该由谁对之进行巡访

在对有俸圣职（包括那些享有豁免权的有俸圣职）进行查访方面，教区首长应当给予高度关注。关于这一点，在已故教宗保罗三世时期，本圣公会议在其他场合已经作过某些规定①；在吾等至圣之主庇护四世时期，亦即不久之前，本圣公会议在其他场合也作出过某些规定②。所有这些规定同样适用于那些所谓不在任何教区之内的在俗教堂，也就是说，它们离哪一个主教座堂最近，作为罗马教廷的代表，哪一个地方的主教就有巡访权，如果这位主教力所能及，就由他对之进行巡访；如果这位主教无法行使这一职权，那么，在教省教务会议上，这个地方的教长就应该挑出一位永久性的人选，由其（负责对那些在俗教堂进行巡访）；不论是什么样的特权和风俗（即便是非常古老的习俗），只要是与本规定相左的，均属无效。

第10章　在事涉对道德教化进行惩戒和规劝的问题上，（任何人）均不得妨碍相关律令的实施

为了使主教能够更好地对自己的属民进行统治，让属民们能够恪尽职责、忠顺服从，（兹规定），在对属民的道德教化进行惩戒和规劝的一切事务上，遵照教会法规的规定，并根据主教自己的理解和判断，只要是为增进其属民道德风尚所必需的，或者只要是对各自教区有益的，那么，作为罗马教廷的代表，主教便有权发布命令、有权进行监管、有权进行惩处、有权贯彻实施，这是主教的权利，也是主教的权力。在这些事情上，如果事涉对道德教化进行惩戒和规劝问题，只要是主教已经下令、决定或裁定了的事情，那么，不论是什么样的豁免或禁令，也不论是什么样的上诉或投诉（即便投诉到了罗马教廷那里），都一律不得以任何方式妨碍或拖延其贯彻实施。

---

① 详见第六次会议"关于改革之教令"第4章；第七次会议"关于改革之教令"第8章。

② 详见第二十一次会议"关于改革之教令"第8章。

216 **第11章 （不论是什么人还是什么机构），即便其拥有某些荣衔或某些专门的特权，也绝对不得因此而贬损主教（原有的）权利**

在名目繁多的头衔之下，有许许多多的人获得了各种各样的特权和豁免权。当然，在有的时候，基于某些正当、重大且迫不得已的缘由，以下做法应该说还是合适之举，即，在罗马教廷之内或在罗马教廷之外，授予某些人以某种荣誉性头衔，如总书记官、辅祭官、巴拉丁伯爵、王家专职神父①以及其他诸如此类的荣誉称号；还有一些人以“献身人士”②的名义而获准加入修道院，或者以其他某种方式依附于这些修道院；或者，还有一些人以仆从的名义加入某些军事修会（骑士团）、修道院、医院或学院；或者，有些人还会以其他各种头衔（而获得某些豁免权）。然而，众所周知的是，这种状况如今已在主教管辖权方面造成了混乱，而且也使得那些享有豁免权之人有机会过着一种更加放纵无碍的生活。有基于此，本圣公会议规定：不论什么人在什么时候获得荣衔，不论他们是否已经获得了那些特权，也不论他们是否是在将来可以获得那些特权，都不得认为自己凭借这些特权而可以从教区首长手中剥取某些权利，亦即，不要以为有了这些特权就可以在一切事情上完全不受上述教区首长——罗马教廷的代表——的节制了；至于王家专职神父，要让他们按照英诺森三世制定的那项教规③（其开头语是“Cum capella”，意为“带有小圣堂”）的有关规定服从（主教的领导）；不过，以下这些人则属例外，即，真正在上述那些地方或骑士团中服务之人，居住在修院之内、在修院内生活并服从修院规章之人，已经按照法律程序立誓并遵循那些骑士团会规生活之人，但是，对于这类情况，（当事人）必须要向教区首长提供确凿的保证书或证明材料；不论是什么样的特权，即便是耶路撒冷圣约翰骑士团④以及其他骑士团所享有的那些特权，（只要是与本规定相左的），均属无效。需要注意的是，从传统上来说，居住在罗马教廷之中的或居住在枢机家中的那些人依据尤

---

① 总书记官（Protonotary），亦称“高级书记”，此职位可以是实职，亦可是虚职（荣衔），这里指的是荣衔；辅祭官（Acolyte），初级圣职中的第四品，其本职是协助神父举行弥撒圣祭，该圣职如今已被取消；巴拉丁伯爵（Count Palatine），“palatine”意为“宫廷官吏的”、“享有王室特权的”，“Count Palatine”意即“在领地内享有王权的伯爵”；王家专职神父（Royal Chaplain），专门负责管理王室私用小教堂的神父。

② 献身人士（oblate），指住在修道院之中、遵守修会规则但没有正式加入修会的信徒。

③ 在教宗英诺森三世（Innocent III，1198—1216年在位）主持召开的第四次拉特兰圣公会议（the Fourth Lateran Council，1215年）上，通过了70项教规教令，其中第57条涉及特权问题。

④ 关于圣约翰骑士团，参见第二十三次会议“关于改革之教令”第18章中的相关注释。

金[①]制定的那份教规而享有某些特权，但是，这绝不意味着这些特权可以适用于那些拥有教会有俸圣职之人，亦即，并不是拥有有俸圣职就可以享有那 217
些特权，他们将继续受教区首长的管辖；不论是什么样的禁令，（只要是与本规定相左的），均属无效。

第12章 如果将某些人擢升进入主教座堂让其担任高级职务或成为参议会成员，那么，这些人应该具备什么样的条件；这些被擢升之人应该履行什么样的职责

（教会）设立那些高级教职，尤其是在主教座堂中设立高级教职，其目的就是为了维护并增进教会纪律，最终使得担任这些教职的那些人能够在宗教虔诚方面卓著超群，从而成为他人的楷模，同时还能以其劳动和服务来协助主教工作。正因如此，被征召到主教之处的那些人必须都是能够履行其职责之人，这是完全正确的要求。因此，从今以后，不论何人，如果他想被擢升担任任何一种负有牧灵之责的高级教职，就必须要按照亚历山大三世在拉特兰会议[②]上颁布的那项教规（其开始语是"Cum in cunctis"，意为"当在所有之中"）所要求的那样，即，至少要达到25岁，必须要有担任圣职的经历，必须要有值得称道的能够满足其职位需要的学识，必须具有正直诚实的道德风范；否则，任何人都不得被擢升担任以上所说之教职。

同样，在所有教堂中，对于人称是"主教之眼"的总执事[③]，只要条件许可，都必须选用拥有神学硕士学位之人，或者选用拥有教会法博士或硕士学位之人。对于那些不负有牧灵之责的其他高级教职或职务来说，有关圣职人员即便在其他方面都符合条件，但年龄却没有达到21岁的话，那么，他们仍不得被擢升担任此类教职。对于那些被擢升担任有俸圣职者而言，不论其有俸圣职是什么类型，只要是负有牧灵之责的，那么，从拥有该圣职之日算起，至迟在两个月之内，当事者必须要在主教面前公开承认自己信奉正统信仰， 218
而且要庄重承诺并发誓忠于罗马教会；如果主教因故不能出席，则要在主教下属的副主教或其他官员面前履行上述程序。需要注意的是，对于那些被擢升为参议会成员或被擢升担任各种高级教职并在主教座堂中任职之人而言，

---

① 指教宗尤金四世（Eugenius IV，1431—1447年在位）。关于其制定的教规，参见第二十三次会议"关于改革之教令"第1章中的相关注释。

② 指1179年3月召开的第三次拉特兰会议（the Third Lateran Council）。这次会议由教宗亚历山大三世（Alexander III，1159—1181年在位）召集并亲自主持，会议的主要成果是制定并颁布了27条教规。参见第七次会议"关于改革之教令"第一章中的相关注释。

③ 关于总执事（archdeacon），参见第二十四次会议"关于改革之教令"第3章中的相关注释。

他们不仅要在主教或其代理官员面前而且要在教区参议会中履行上述程序；否则，所有被擢升担任以上所述职务之人均不得将所得收入据为己有，而且，他们对相关职务的占有也属无效。另外，从今以后，不论何人，除非他已经担任某一圣职且这一圣职符合（将被授予的）那一高级教职、教会俸禄或收入份额的要求，或者除非他已经达到了可以领受那一圣职的年龄并且任此圣职的时间已经达到了法律以及本圣公会议的规定[1]，否则，任何人都不得获准占有高级教职、参议会成员资格或收入份额。在所有的主教座堂中，所有的参议会成员资格和所有的收入份额都要附属于神父、助祭或副助祭等各级圣职；对于每一品级的圣职今后将占有多少比例的参议会成员资格和收入份额，则由主教根据自己的判断进行适当的指定和分配，在此过程中，主教还应征询参议会的意见；不过，（在这些资格和份额中），至少要有一半归于神父，另外一半则归助祭和副助祭。需要注意的是，有些地方的传统做法更加值得称颂，即，（这些资格和份额中的）绝大部分乃至全部都归神父；对于这些地方的这一传统做法，无论如何都要继续保留下去。本圣公会议还要作出以下劝告，即：在各个教省的主教座堂以及那些声名卓著的协同教堂[2]中，只要条件许可，所有的高级教职以及至少一半的参议会成员资格只能授予拥有硕士或博士学位之人，或者只能授予拥有神学或教会法硕士学位之人。另外，不论何人，只要他们在以上所说的主教座堂和那些声名卓著的协同教堂中拥有任何一种高级教职、参议会成员资格、教会俸禄或收入份额，那么，不论他们依据的是什么样的条例或习俗，如果他们在一年之中擅离所属教堂的时间超过三个月，就将是非法行为；有些教堂另有规定，要求在教堂中的服务时间还要更长，这些规定亦属有效。对于每一个违反规定之人，在第一年中，其所得的各种收入（甚至包括其教会俸禄以及住在任所期间所得的收入）将有一半被剥夺。如果他再次犯下这类玩忽职守之罪，那么，他在当年所得的所有收入将被全部剥夺。如果他继续胆大妄为，就将按照神圣教会法规的规定对之提
219 起诉讼。关于（教堂内部的日常）分配问题：在规定的时间里参加教堂工作之人将获得之；对于其他所有人的处理办法，卜尼法斯八世[3]曾颁布过一份教令（其开始语是“Consuetudinem”，意为“习惯做法”），本圣公会议决定重新启用之，根据这一教令，所有其他人都将失去日常分配额，（在此过程中），不得

① 担任某一圣职的时间至少要达到六个月。关于各种任职资格，详见第七次会议“关于改革之教令”第 1 章；第二十二次会议“关于改革之教令”第 2 章。

② 协同教堂（collegiate church），亦称联合教堂或大圣堂，指由数位神父共同管理的教堂。

③ 卜尼法斯八世（Boniface VIII），罗马教宗，1294—1303 在位。

有任何的串通密谋，也不得有任何的宽恕；不论是什么样的条例或习俗，只要是与本规定相左的，均属无效。而且，所有人都必须亲自参加每日祈祷，而不能由他人代替；当主教主持弥撒的时候，或者当他履行主教其他任何职能的时候，所有人都要参加，并且要为主教提供服务；在为圣咏之事而设立的唱经班中，在吟唱圣歌和颂歌之时，所有人都要充满敬仰、清楚无误、虔心虔意地赞美上帝之名。

此外，不论是在教堂之内还是在教堂之外，他们都要一直穿着合适的服装；他们不得进行非法的狩猎、鹰猎，不得随意去跳舞、下酒馆，不得从事非法获利活动；在伦理道德上，要充分做到正直诚实，这样的话，他们方可名正言顺地被称为教会的参谋。在进行每日祈祷的时候，要遵循恰当的方式；在歌咏的时候以及在歌咏过程中转调变调的时候，要遵循合适的方法；在唱经班集合和工作过程中，要有明确的规章；对于在教堂中从事圣职工作之人而言，必须要注意各种各样的事项。对于以上所述的各方面以及其他诸如此类的问题，教省教务会议必须要按照各自教省的习惯做法，为各自的教省制定出一套固定而有益的程式。与此同时，主教要根据自己的判断对以上这些事情作出合适的规定；在制定规章过程中，至少要有两位参议会成员协助其工作，一位由主教本人挑选，另一位由参议会负责挑选。

第13章　对于那些比较贫困的主教座堂以及堂区教堂，应该以何种方式进行援助；每个堂区应有明确的边界

有许许多多的主教座堂在收入上非常有限，教堂的规模也很小，它们与主教的显要地位根本不相称，而且其收入也无法满足教堂的日常需要。因此，教省教务会议应该召集那些利益相关之人进行商议，仔细考察，认真权 220
衡，根据相关教堂的狭小程度和贫困程度，采取合适的解决办法，要么将某些教堂和邻近的其他一些教堂合并起来，要么（为那些贫困的教堂）增加新的收入来源。[1] 教省教务会议要将与此相关的材料做成文件，然后将之呈送给罗马教宗。这样的话，教宗就可以对相关情况有所了解，在此基础上可以根据自己的判断而采取适当的措施，要么把那些收入较低的教堂合并在一起，要么从其他收入中拿出一部分以增加它们的收入、改善它们的状况。需要注意的是，由于所辖教区的贫困，有些主教急需得到援助、急需得到一些收入；因此，在此期间，亦即在上述决策付诸实施之前的这一段时间里，教宗可以从某

---

① 参见第七次会议“关于改革之教令”第6章、第7章；第十四次会议“关于改革之教令”第9章；并参见下文中的有关内容（如第二十四次会议“关于改革之教令”第15章）。

些有俸圣职的收入中提取一部分用来资助那些主教。不过，被抽取收入的有俸圣职不得是神父职位，不得是高级教职、参议会成员职位、教会俸禄；对于修道院而言，如果它们仍然履行着定期举行宗教仪式之职能，或者如果它们是隶属于某些修会全体代表大会的，或者如果它们是隶属于某些（教廷）视察员的，那么，对于这样的修道院，亦不得从中抽取收入。

与以上情形相似，有些堂区教堂的收入也非常有限，无法满足教堂的必要开支。对此，当地主教可以通过把某些有俸圣职（不过，不包括修会圣职人员的有俸圣职）合并在一起以解决其困境。如果主教对此无能为力，那么，他就必须要做到以下之事，即：可以把最先获取的那些收入或什一捐分配给相关教堂，或者由堂区居民进行捐助和募捐，或者采取在主教看来更为合适的其他某种方式，以筹集足够的资金来满足教堂主持以及堂区的日常开支，使之能够体面地维持下去。

不过，不论其合并是基于以上所说的原因，还是基于其他什么原因，在所有的合并事宜中，堂区教堂均不得与任何种类的修道院进行合并，不得与隐修院或高级教职进行合并，不得与主教座堂或协同教堂中的教会俸禄进行合并，也不得与其他各种普通有俸圣职、医院或骑士团进行合并；对于那些已经按照这些方式合并了的，要根据本圣公会议在已故教宗保罗三世时期制定并颁布的那份教令①，由教区首长对之重新进行调查；对于自制定那份教令以来所进行的各种合并，也都要以类似的方式遵守该教令中的有关规定；不论那份教令中的言词是如何表述的，在这里都将被视作是明确而清楚的。

221 另外，对于实际年收入不超过 1000 杜卡特②的所有主教座堂以及实际年收入不超过 100 杜卡特的所有堂区教堂而言，从今以后，不须再负担任何形式的税捐，也不用将其部分收入保留起来用于上交。还有，在有些城市和某些地方，堂区教堂根本没有任何明确的辖区界限，教堂主持也没有直接归自己管辖的民众，他们只能不加区分地对所有渴望圣礼之人施行圣礼。有鉴于此，本圣公会议现对主教作出以下要求：对于被托付给主教的那些民众来说，为了在更大程度上确保他们的灵魂得到救赎，主教必须要对上述那些地方的民众进行划分，将其纳入固定且明确的堂区之中，而且要为每个堂区指派一位永久的堂区神父，这样的话，堂区神父就可以熟知自己管辖下的民众，

---

① 参见第七次会议“关于改革之教令”第 6 章。

② 杜卡特(ducat)，威尼斯货币名称，中世纪及近代欧洲许多国家通用的硬通货，多为金币。关于杜卡特这种货币在当时的使用情况，参见第四次会议“关于圣经版本及使用之教令”中的相关注释。

民众也可以正当合法地仅从他那里领受圣礼；或者，主教亦可根据当地情况所需，为之提供更为有益的其他解决办法。另外，在有些城市和某些地方，根本就没有堂区教堂，对于这种情况，主教也要遵循以上所述的原则尽快完成相关工作；不论是什么样的特权，也不论是什么样的习俗（即便是非常古老的习俗），只要是与本规定相左的，均属无效。

第14章　在擢升他人担任有俸圣职时，或在批准他人占有有俸圣职时，存在着对有俸圣职的收入进行扣减的现象；除非扣减得来的钱财是用于宗教之目的，否则，任何扣减行为都在被禁之列

在包括诸多协同教堂、堂区教堂乃至主教座堂在内的许多教堂中，据称已经形成一种惯例，即：对于选举、引荐、任命、批准、委任或其他各种预先委任之事，或者对于批准他人拥有主教座堂、有俸圣职、参议会成员资格、教会俸禄之事，或者在准许他人可以分享教堂收入或分享教堂日常分配之事上，都要对当事人设置某些前提条件，或者说，要对当事人的收入进行扣减，让其支付一定数额的钱财，让其作出某些承诺，让其给予非法补偿，而且还要让其献上好处费（在某些教堂中，这种好处费被称作“互利”，Turnorum lucra）。本 222
圣公会议对这些做法深恶痛绝，因此要责成主教们做到以下之事，即：除非所得钱财是用于宗教之目的，否则，主教就必须要禁绝一切此类做法；而且，要禁止采取诸如此类的方式去获得（有俸圣职），因为这类做法具有买卖圣职罪之嫌疑，或者具有利欲熏心、贪得无厌之嫌疑；对于在这些教堂中实行的与上述之事相关的那些规章条例和传统习俗，主教必须要细致核查，只有那些经事实证明是值得称颂的部分方可保留，剩下的那些腐朽败落和让人厌恶至极的部分则必须予以抛弃和废除。对于买卖圣职者，神圣的教会法规以及历任教宗制定的各种各样的教规都对之作出过明确的处罚规定，对于这些处罚规定，本圣公会议全部予以确认。本圣公会议下令，不论是谁，不论他是以何种方式违反本教令所规定之事项的，都将被视为买卖圣职者而招致以上所述的那些处罚；不论是什么样的条例、规章或习俗，即便是非常古老的，甚至即便是经教宗批准认可的，只要是与本教令相左的，均属无效；在这个问题上，作为罗马教廷的代表，主教有权对任何偷偷摸摸、鬼鬼祟祟、心怀不轨之行为进行查处。

第15章 在有些主教座堂以及某些声名卓著的协同教堂中，教会俸禄非常微薄，应采取何种方式提高之

在有些主教座堂以及某些声名卓著的协同教堂，教会俸禄的份数多如牛毛，但每一份俸禄的实际金额却又非常之少，因此，从这类教堂的地位以及在这类教堂中任职的个人之声望角度而言，这些俸禄，即便再加上教堂的日常分配，也不足以让参议会成员维持与其职衔相称的体面生活。因此，在征得教区参议会同意的情况下，主教可以将那些教会俸禄和某些普通有俸圣职结合在一起，不过，不能和修会圣职人员的有俸圣职进行结合；如果无法做到这一点，那么，假如那些教会俸禄的赞助者及庇护权属于俗民，在征得赞助人同意的情况下，主教可以取消其中的某些教会俸禄，从而削减教会俸禄的份数，然后将得来的那些收入和收益用于对保留下来的教会俸禄（持有者）进行日常分配；尽管如此，还是要保留足够份数的教会俸禄，以保证宗教仪式能够正
223 常举行，同时也能与教堂的地位保持相称；不论是什么样的规章和特权，不论是什么样的保留权（不论是一般的还是特别的），也不论是什么样的请求，只要是与本规定相左的，均属无效。对于以上所述的合并事宜或取消事宜，不得以任何规章条例为由进行阻挠或妨碍，更不得通过辞职或废除合约、暂停办理等其他手段进行阻挠或妨碍。

第16章 在主教职位出缺期间，哪些职责应被转交给教区参议会

在有些地方，当主教职位出缺之时，收取各种收入之职责将被转移给教区参议会。因此，当遇有此类情况时，教区参议会必须要委任一位或多位既可靠又勤勉的账务总管，由他们负责管理教会财产和收入，而且他们必须要向相关负责者提供一份账目明细。教区参议会还要严格执行以下规定，即：必须要在主教去世后的八天之内委任一位官员或代理牧职，或在此期限内确认并批准代行教职者；被委任或被确认者至少应该是教会法的博士或硕士，如果不是的话，那也应该尽其可能寻找一位能够胜任工作之人。如果（教区参议会）未能完成这一工作，以上所说的任命事宜就将转由总主教负责。但是，如果（出缺的）教堂是总主教教堂或是享有豁免权的教堂，而其参议会又如以上所说的那样玩忽职守，那么，总主教教堂中年纪最长的那位隶属主教和距离享有豁免权之教堂最近的那位主教则有权（为出缺的教堂）任命一位能够胜任工作的财务总管和代理牧职。对于和自己相关的那些事务，被擢升担任出缺职位的（新任）主教要向主教职位出缺期间由教区参议会或其他人等委任代行职务的财务总管、代理牧职以及所有其他官员和管理者（即便这

些人本身就是参议会成员）提出要求，要他们就自己承担的那些职责、管辖权、管理权以及其他任何职能作出说明；对于在履行职务或管理方面犯有懈怠失职之罪的那些人，（新任）主教有权进行惩处；对于前面所说的那些（代行 224
职权的）官员，即便他们已经上交了自己的工作汇报，即便他们已经从教区参议会那里或从参议会委托人那里获得了一份免责书或卸任书，（如果他们于在任期间懈怠失职，新任主教仍有权对之进行惩处）。另外，如果（在主教职位出缺期间）教区参议会掌管了某些属于教会的文件，那么，参议会也必须要向上述这位主教提交一份细目。

第17章　在何种情况下向一个人授予多个有俸圣职才算合法，在何种情况下一个人保有多个有俸圣职才算合法

如果一个圣职人员占有多个职位，那么，教会的秩序就会被打乱。因此，神圣的教会法规已经作出虔诚的规定，即：任何人都不得同时在两个教堂中任职。① 然而，许多人受邪恶的贪欲之心驱使，他们在欺骗自己（当然骗不了上帝）。对于那些一直以来（为教会）带来诸多益处的规章制度，他们通过各种各样的欺骗手法，毫不知耻地想方设法进行规避，从而同时占有多个有俸圣职。因此，本圣公会议急切希望通过目前这份教令来恢复教会管理方面的纪律，而且，本圣公会议要求，不论何人，也不论他拥有什么样显要的头衔（即便他拥有枢机职位），一切人等都要遵守本教令。本圣公会议规定：从今以后，对于一个个体之人，只能授予一个教会有俸圣职。对于领受这一圣职之人而言，如果这一有俸圣职不足以让其过上体面的生活，那么，则可以向他授予另外一个能够为之提供足够保障的普通有俸圣职，但其前提条件是这两个有俸圣职都不要求当事者常驻任所。这些规定不仅仅是适用于主教座堂；对于其他一切有俸圣职，不论是在俗的还是修会的，也不论它们拥有什么样的名头或地位，即便它们是属于代管②的有俸圣职，这些规定也都同样适用。对于那些目前仍拥有多个堂区教堂之人或同时既拥有主教座堂又拥有堂区教堂之人而言，必须严格执行以下规定，即，只能保留一座堂区教堂，或者只能保留一座主教座堂，必须要在六个月之内放弃其他的堂区教堂，所有的特 225
许以及终生合并一律无效；否则的话，根据法律规定，那些堂区教堂以及他们手中的所有有俸圣职都将被视为已经出缺，而且将被自由地授予其他能够胜

① 参见第七次会议“关于改革之教令”第2章。

② 关于“代管”(in commendam)问题，参见第六次会议“关于改革之教令”第2章中的相关注释。

任其职务之人[1]；对于先前占有这些教堂之人而言，在规定的时限到期之后，不得再明知故犯地将（这些教堂）的收入归于已有。不过，本圣公会议也急切地希望，应以某种恰当的方式，亦即按照教宗可能认为合适的方式，采取某种预防措施，以应对那些人在放弃（堂区教堂）之后面临的生活困境。

第 18 章　当堂区教堂出缺时，主教必须为之任命一名代理，（代理者行使代理权限的时间）一直到（新任）堂区神父到任为止；对于那些被提名到堂区教堂任职者，应以何种方式进行考察，应由谁进行考察

人的灵魂应该由有资格且有能力的堂区神父进行管理和引领，对于灵魂的救赎而言，这是上上之策。或许有人会认为，当堂区教堂出缺的时候，对该教堂的看管任务应由该教堂自己负责，或者应将托管任务移交给当地主教；或者说，出缺之教堂可以由一位或多位神父负责照料。话虽如此，为了能让灵魂救赎之事以更精心、更有效的方式得以完成，本圣公会议还是要作出以下规定：如果堂区教堂出缺，而且即便出缺的堂区教堂是在罗马教廷辖地，那么，且不论这一出缺是由于（神父）去世造成的，还是由（神父）辞职造成的，抑
226 或是其他什么原因造成的，一旦获得该教堂出缺之消息以后，如果有需要，当地主教就有责任立即为该教堂委任一名能够胜任工作的代理，让其帮助该教堂行使自己的职责，代理的时限一直到（新任）教堂主持到任为止；而且，主教要根据自己的判断，从该教堂的收入之中划出一定的份额，以此为这位代理提供一份额度适当的薪酬。还有一些（堂区）教堂，要么被称为教会世有教堂[2]，要么被称为受赠教堂[3]，从传统上来说，对于这些教堂，主教一直有权将牧灵之职责指派给一位或多位（神父），本圣公会议规定，所有这些（神父）都要接受考查，考察内容下文将有具体规定[4]；即便是这类教堂，（当其出缺之时），对之的处理方式也不例外（主教也可以视情况需要立即为之委任一名代理）。另外，对于出缺的堂区教堂而言，有的是被单独保留给他人的，有的是被他人占用的，这类情形有的是根据一般规则而形成的，有的是根据特别规定而出现的，有的甚至是凭借教宗赋予神圣罗马教廷枢机、某些隐修院院长或某些教区参议会的某些特权而出现的；即便是这类教堂（在其出缺时），其

---

① 参见第七次会议“关于改革之教令”第 4 章。

② 教会世有教堂（patrimonial church），指自古以来就是属于教会财产的那种教堂。

③ 受赠教堂（receptive church），指由平信徒捐赠给教会的那种教堂。

④ 此前已有相关规定，只是比较笼统而已。参见第七次会议“关于改革之教令”第 13 章。

处理方式同样也不能例外。此外，在(堂区教堂出缺后的)10天之内，或者在主教规定的其他时限之内，主教以及对该教堂享有庇护权之人必须提名一些有能力管理该教堂的圣职人员作为神父人选；(主教)还要任命一些主考人，提名的时候要有这些主考人在场。不过，别的人也有可能知道还有其他人适合这一职位，因此，也要准许他们把那些人的名字报上来，这样的话，稍后就可以对其中每个人的年龄、道德作风以及能力进行细致的调查。另外，根据所在国家的习俗，如果主教或教省教务会议认为比较合适的话，甚至可以发布通告，公开召集所有愿意接受考查之人前去应试。在规定的时限到期之后，将由主教以及另外几位(不得少于三位)主考人对所有进入候选名单之人进行考查①；如果主教因故无法履行这一职责，则可由副主教代替他进行考查；如果几位被考查者的得票相同，或者投票程序是要求把赞成票投给优秀候选人的话，那么，主教或其代理可以将自己的那一票加在他认为最合适的那位候选人身上。②

关于主考人问题：主教或其代理每年都要在教区教务会议上提出至少六名主考人人选，这些人选必须是能让教区教务会议感到满意之人，而且必须得到该会议的批准方可任职。当某一教堂出缺之时，主教就要从这几个人中挑选三位，由他们和主教一起负责考查工作；随后再遇教堂出缺之事时，主教可以从以上所说的那六名主考人中挑选三人，根据主教的意愿，既可以挑选上次的那三个人，也可以挑选余下的另外三个人。这些主考人应该是神学或教会法方面的硕士或博士，或者应该是给人感觉是最为适合从事主考工作的其他圣职人员，这些人员既可以是修会圣职人员(包括属于托钵僧修会的那些圣职人员)，也可以是教区圣职人员；而且，所有这些人都要在神圣的上帝福音书面前作出以下宣誓，即，他们将把所有属于凡人的那些思想感情抛在一边，而忠心耿耿地履行自己的职责。不过，还要提醒他们注意的是，不论是在考查之前还是在考查之后，他们都不得因这一考查之事而收受任何钱财；否则，他们自己以及那些送礼者都将犯下买卖圣职之罪；不论他们是以什么方式获得有俸圣职的，即便是在犯有此罪之前获得的有俸圣职，都必须予以放弃，否则，在此之前，他们的罪过都不会得到宽赦；而且，以后他们也将没有 227
资格再获得其他的有俸圣职。对于所有这些事情，他们不仅要在上帝面前作出汇报，而且，如果需要的话，他们还要向教省教务会议作出汇报，假如教省

① 第二十五次会议还将有进一步的规定。参见第二十五次会议“关于改革之教令”第9章。

② 也就是说，主教或其代理(副主教)虽然是整个考查工作的主持，但在正常情况下并不参加投票，但如果出现文中所述的情况，则可参加投票。

教务会议发现他们的所作所为有违自己的职责，那么，教务会议就将根据自己的判断对之作出严厉处罚。

考查工作完成以后，主考人要就他们认定的在年龄、道德、学识、办事严谨程度以及其他条件方面均达到要求、均有能力管理出缺教堂的所有候选人作出一份报告；主教则从这些候选人中挑选出他认为最为合适之人；出缺教堂（的神父职位）将被授予此人，而不能授予其他任何人；这类授予仪式属于谁的职权范畴，就将由谁负责授予事宜。需要注意的是，如果教会本身对该教堂拥有庇护权，而且对该教堂的任命权只属于主教而不属于任何其他人的话，那么，庇护人必须从经主考人认可的那些人当中挑选出他认为最为合适之人，然后将之引荐给主教，从而让此人从主教那里接受任命。但是，如果任命权属于主教以外的其他人的话，那么，将由主教独自从那些合格人选中选出最为合适的人选，然后由庇护人将之引荐给拥有任命权的那个人。

不过，如果对（出缺）教堂拥有庇护权的是世俗之人，那么，庇护人推荐的那个人选也必须要像以上所说的那样，接受专人对之进行的考查；除非考查结果认定他是合适人选，否则，便不得获准（出任出缺教堂之神父）。而且，在以上所述的所有情况中，都要遵循以上所定之规则，即，只能从那些经过如上所述的考查并得到主考人认可的人选当中挑选一人并将（出缺之）教堂托付给他，而不能将之托付给其他任何人；而且，不论对相关的权利归属进行什么样的改变，也不论（对相关的决定）提起什么样的上诉，即便是将上诉案呈交到罗马教廷那里，或呈交到教宗特使或教宗副特使那里，或呈交到教廷使节那里，或呈交到主教、总主教、首席主教或宗主教那里，对于前述主考人（就考查结果）所作的那一汇报而言，也都一律不得妨碍或中止其付诸实施。否则，就相关出缺教堂而言，由主教根据自己的决断而已经委任的目前这位代理人以及主教在以后还有可能委任的其他代理人就将继续掌管这一教堂并对之
228 进行管理，在为该教堂提供的（合适）人选到任之前，代理人的上述职权不得被解除；（合适的）人选就是指按照以上所定规则而被认可和遴选出来之人，对新到任者的任命事宜可由代理人自己负责，亦可由其他某个人负责。除了按照以上所定方式行事之外，其他一切形式的委任和任命都将被视为诡秘行为。不论是什么样的豁免权、教宗所赐特权、特别恩惠、预先保留权、占有权、新规定、教宗赋予任何一所大学的特权（即便是为了获得对方一定数额的款项而颁予的特权）以及其他任何形式的妨碍因素，只要是与本教令相左的，均属无效。

不过，在以上所说的那些堂区教堂中，有的教堂在收入上或许非常有限，它们无力承受因这种考查事宜而造成的（经济）负担；而且，（在有些地方），或

许根本没有人愿意参加并忍受这种考查；还有，在某些地方，的的确确存在着公开的派别与纷争，因此，(公开的考查选拔活动)可能很容易会引发更为严重的争执和骚乱。假如遇有以上情形，教区首长可以本着自己的良心作出判断，同时也要征询被委任为主考人的那些人的意见，如果教区首长认为可行的话，则可以省去这一(公开考查之)程式，而采取私下考查之方式；不过，在其他事项上，仍将遵循以上所定之规则。对于以上所述的有关考查方式的各种规定，如果教省教务会议认为其中的某些地方需要增加或需要删减，可自行损益。

第19章 (由教宗颁发的)那些应急擢升委任状、预先委任状以及其他诸如此类的委任状均被废止

本圣公会议规定：对于那些应急擢升委任状以及被称为预先委任状的那些恩惠而言，均不得再被授予任何人，即便是以教宗所赐特权之名义作出的 229
(即便此举是为了获得对方一定数额的款项)，或者即便是以其他任何具有欺骗性的名头作出的，甚至也不得被授予学院、大学、评议院以及任何个人；不论何人，如继续使用此前颁与的这类委任状，都将是非法行为。因此，不论是那些真意保留书①，还是与有俸圣职在未来出缺之事相关的那些恩惠，抑或是与他人之教堂有关或与修道院相关的那些教宗所赐特权，均不得授予任何人，甚至不得被授予神圣罗马教会的枢机；在此之前所授予的那些真意保留、恩惠或特权将被视为已被废止。

第20章 对于属于教会法庭权限之内的案件，应以何种方式进行处理

不论是什么样的案件，而且即便是与有俸圣职有关的那些案件，只要是属于教会法庭权限范围之内的，那么，初审权必须属于而且只能属于当地主教，从立案之日算起，至迟要在两年之内完全结案。在过了(两年)期限之后，如果仍未结案，案件当事人双方或双方中的任何一方都可以自由地将案件上诉到更高级的且有办案能力的法官那里；法官将接手在当时尚未结案的案件审理工作，而且要保证尽快予以结案。在(两年)期限到期之前，不得将案件转托给其他人进行审理，也不得将案件撤回；对于案件当事人双方提起的任

① 真意保留(mental reservation)，亦称“意中保留”或“心中保留”，指说话者或写作者的原意与其表面意思不尽相同；在这里是指教宗通过委婉的方式将某某有俸圣职或其他职位指派给某某人的那种隐讳做法。

何上诉案，不论什么样的高级法官均不得受理；对于终审判决或者对于具有终审判决效力的判决，高级法官可以发布授权书或制约书，除此之外，高级法官不得发布任何其他的授权书或制约书；对于由终审判决而产生的冤情，不得通过对终审判决提起上诉之方式来进行翻案。下述这些案件不受以上规
230 定之约束，即，按照教会法典之规定必须由罗马教廷审理的那些案件；或者，出于某种紧急且合理的原因，至高无上的罗马教宗认为应该将之指派给特别之人进行审理或应该予以撤回的那些案件，对于这种情况，必须要有专门的命令书，而且命令书上必须要有教宗的亲笔签名。

另外，与婚姻问题有关的案件以及刑事案件不能由总堂区神父、总执事[①]以及其他仅拥有初级圣职之人来审理，即便他们在巡访过程中遇有此类案件，亦不能由他们进行审理。这类案件只能由主教进行核查和审理；即便当时主教与总堂区神父或总执事之间就这类案件的审理权问题还存在着某种悬而未决的讼案，且不论对这一讼案的处理已经进展到了哪一个阶段，(遇有上述案件之时，也必须由主教进行审理)。在上面所述的与婚姻问题有关的案件中，如果当事人中的某一方能够在主教面前证实自己实在太过贫困的话，那么，除非另外一方愿意为之提供生活费并愿意承担案件审理过程中的各种费用，否则，不论对案件进行再审还是进行三审，都不得强迫贫困一方到所在教省以外的地方去打官司。

同样，在以上所述的案件中，教宗使节(即便他们是教宗特使、教廷大使、教会主管或其他什么特殊角色)不得凭借任何权力来妨碍主教的办案工作，而且，不得以任何方式剥夺或干扰主教的审判权；对于那些(与某些案件有牵连的)圣职人员或教会中的其他人员，首先必须交由当地主教进行处理，除非事实证明主教本人在事情的处理上确有玩忽职守之过，否则，在此之前，教宗使节无权对上述人等进行起诉；即便他们不守此规，他们所作的诉讼和决定亦没有任何效力，而且，对于给当事人造成的损失，他们还必须要予以赔偿。

此外，不论是谁，如果他要对法律许可上诉的那些案件提出上诉，或因某些冤情而欲提出控告，或者因前文所述的两年期限已过之原因而将案件诉之于另外一位法官那里的话，他就必须要在主教在场的情况下将所有诉讼材料移交给上诉法官，移交过程所需费用由当事人自己承担；而且，当事人应该在事先将上诉之事通知主教，这样的话，如果主教认为有些事情对案件的处理
231 会有所帮助的话，他就可以(有一个准备的时间)并将相关事情告知上诉法

① 关于总堂区神父(dean)和总执事(archdeacon)，参见第二十四次会议“关于改革之教令”第3章正文及相关注释。

官。需要注意的是，如果被上诉人出庭应诉的话，假如他希望使用（此前的）诉讼材料，亦可将之转移给上诉法官；除非当地的习俗另有规定，亦即，除非当地习俗规定所有费用均由上诉人承担，否则，移交诉讼材料所需费用必须由被上诉人承担。

另外，公证人在收取适当的费用之后，必须尽快地为上诉人提供一份诉讼材料副本，而且至迟要在一个月之内完成这一工作。如果他在提供这类副本时拖延耽搁，他便是犯有欺诈之罪；教区首长将根据具体情况暂停其职务，而且将强令他双倍支付该讼案所需费用，其中一部分将付给上诉人，另一部分则分给当地的穷人。需要注意的是，如果法官本人知道（公证人在故意）拖延，或者其本人还参与其中，或者以其他任何方式阻挠相关之人在上述规定时限内将所有诉讼材料送达上诉人手中，那么，他将招致同样的处罚，即如以上所言，要双倍支付讼案所需费用；不论是什么样的特别恩惠、教宗所赐特权，还是那些仅对立约者有约束力的协议，抑或是其他各种形式的风俗习惯，只要是与以上所定一切规章相悖的，均属无效。

第21章 （本圣公会议）宣布，对于在各次圣公会议上惯常采用的处理事务之方式，不会因为（本次圣公会议）早前使用的某些言词而改变

本圣公会议希望，在未来的任何时候，对于本圣公会议制定的那些教令，都不要出现对之进行质疑的情况。在吾等至圣之主庇护四世时期召开的第一次会议①上，曾颁布一项教令，其中有这样一些语句，即："教宗特使将提出适合本次圣公会议讨论的议题，并在他们的主持下对这些问题进行思考。思考这些问题的目的就是：缓和这一时代遭遇的各种灾难，调解宗教上的各种纷争，遏制那些欺骗性的言论，改造那些堕落的生活方式。"②关于对这些语句的解释问题，本圣公会议宣布：本圣公会议并没有想通过前面所说的这些 232
语句来对各次圣公会议上惯常采用的处理事务之方式作出任何方面的改变；或者说，除了那些已经由神圣教会法规确立的传统以及那些依据历次圣公会议之模式而确立的内容之外，本圣公会议并没有想在任何人身上增加什么新东西，也没有想从任何人身上剥取什么既有的东西。

---

① 即1562年1月18日召开的那次会议，是庇护四世重启特兰特会议之后的第一次会议，从整个特兰特会议行程而言，则是第十七次会议。

② 见第十七次会议"关于召开（特兰特）圣公会议之教令"。

关于下次会议的通告

此外,本圣公会议规定并宣布:下次会议将在圣母始孕瞻礼①之后的那个星期四举行,亦即本年度的12月9日②举行,但本圣公会议有权提前举行该次会议。关于改革之事,现已决定将第6章问题延展到下次会议上解决,其余各章亦早已着手准备。③ 在下次会议上,将商讨第6章以及其余各章问题,并解决与之相关的其他一些事项。在全员集中进行的讨论会上,如果有人能够及时地就某些教义问题提出建议,那么,假如建议可行且时间许可的话,(下次会议)也可以处理一些教义问题。

原先规定的下次会议召开时间后被提前。 ④

---

① "圣母始孕瞻礼"(the Conception of the Blessed Virgin Mary),时间是每年的12月8日。该瞻礼早在公元7世纪就已产生,但在初始的时候,该瞻礼本身并没有涉及圣母玛利亚与原罪之间的关系问题。1477年,教宗西克斯特四世(Sixtus IV,1477—1484年在位)颁布谕令,决定设立圣母无原罪始孕瞻礼,但天主教世界对此存有诸多异议。到了1854年,教宗庇护九世(Pius IX,1846—1878年在位)再次正式宣布圣母玛利亚受孕之时未受原罪玷污;也只是在此之后,"Conception of the Blessed Virgin Mary"之前才出现"Immaculate"一词,成为所谓的"无原罪瞻礼"、"无染原罪瞻礼"或"无原罪始胎瞻礼"。另外,天主教在一年中有很多节日,根据节日的重要性,天主教会把这些节日分为庆节(solemnity)、瞻礼(Feast)和纪念日(Memorial)。不过,在俗界,人们经常将之通称为"某某节"。

② 即1563年12月9日。

③ 指将在下次会议(第二十五次会议)上公布的有关教会改革的那些教令,其中第6章仍然是有关主教巡访权问题的,因与会者存在分歧,故被纳入下一次会议"关于改革之教令"当中。

④ 在特兰特会议的最后阶段,与会者中的绝大多数都希望尽早结束会议,其中法国方面的代表表现尤为激烈。在第二十四次会议结束后的第二天(即1563年11月12日),法国方面就强烈要求立即结束特兰特会议。1563年12月2日,会议组织者宣布,将第二十五次会议的召开日期提前,即:12月3日开始,12月4日结束;不过,在对这一决定进行表决时,仍有14位代表投了反对票(其中主要是西班牙方面的代表)。

第二十五次会议

本次会议是教宗庇护四世统治时期召开的第九次也是最后一次会议。本次会议于 1563 年 12 月 3 日开始,12 月 4 日结束。

关于炼狱之教令

在圣灵的教诲之下,同时根据《圣经》以及众教父们创立的那一古老的传统,在诸次圣公会议上,天主教会都一直在教导说:炼狱是真实存在的,通过信徒们的代祷,尤其是通过祭坛上那一可蒙(上帝)悦纳的献祭,被拘留在炼 233
狱里的灵魂因此而得到帮助;就是在本次圣公会议上,不久以前,教会也曾作过这样的论断。[①] 正因如此,本圣公会议向众主教提出以下要求:对于由圣洁的教父以及诸次圣公会议传承下来的与炼狱有关的那些纯正教义,主教们要竭力让基督信徒们信奉、坚守和宣教,而且要让信徒们在各地公开宣扬那些纯正教义。需要注意的是,对于那些较难理解的和比较微妙的问题、那些不能起到教化作用的问题以及那些就其主要成分而言不能起到增进虔诚作用的问题,一律不得在那些没有文化的民众面前进行宣讲。[②] 同样,对于那些悬而未决的问题以及那些具有谬误形迹的问题,主教们也要予以禁止,既不准向民众传播,亦不准加以讨论。主教们还要注意做到以下之事,即:要让

---

① 参见第六次会议“关于称义之教规”第 30 条;第二十二次会议“关于弥撒圣祭之教义”第 2 章,“关于弥撒圣祭(之教规)”第 3 条。

② 《圣经》言:“我(指使徒保罗)往马其顿去的时候,曾劝你仍住在以弗所,好嘱咐那几个人不可传异教,也不可听从荒谬无凭的话语和无穷的家谱;这等事只生辩论,并不发明上帝在信上所立的章程。”见《圣经·新约·提摩太前书》1:3—4。另,《圣经》言:“惟有那愚拙无学问的辩论,总要弃绝,因为知道这等事是起争竞的。”见《圣经·新约·提摩太后书》2:23。另,《圣经》言:“要远避无知的辩论和家谱的空谈,以及纷争,并因律法而起的争竞,因为这都是虚妄无益的。”见《圣经·新约·提多书》3:9。

仍然活在这个世上的那些人必须遵照教会法的规定，虔敬而诚心地履行代祷之责，其中包括弥撒圣祭、祈祷、施舍以及他们惯常为已经离世之信徒所做的其他善功；而且，对于神父、执事以及其他相关之人而言，在有关已经离世之信徒的所有事情上，只要是他们分内应该做的，他们就可以利用离世信徒通过遗嘱而遗赠下来的财物或以其他方式来加以完成，而且，在履行这些职责之时，必须要做到勤勉准确，不得敷衍塞责。

关于对圣徒的祈求与崇敬，并论及圣骨、圣物和圣像

本圣公会议对所有主教以及其他掌有宣教职位和职责之人提出以下要求，即：在有关圣徒代祷、代求问题上，在圣骨、圣物敬拜问题上以及在圣像的
234 合法使用问题上，他们必须要勤勉地对信徒们进行教导，在教导过程中，必须要遵循使徒天主教会自基督宗教初创时代便承接而来的那一传统做法，必须要遵循圣洁的教父们已经达成的那些共识，必须要遵循诸次圣公会议颁布的那些教令。要让信徒们知道，圣徒是与基督一同行使统治之权的，而且，为了俗世之人，圣徒们自己会向上帝进行祈祷。上帝之子亦即吾主耶稣基督，他是我们惟一的救赎者、惟一的救世主，通过他，信徒们可以从上帝那里获得各种恩惠；不过，如果信徒们对圣徒发出哀恳与请求，恳求圣徒为他们进行祈祷，恳求圣徒给他们以支持与帮助，那么，对于信徒获取上帝恩惠之事，必将是恰当且有益的。需要注意的是，圣徒在天国里是享有永福的，信徒可以向之发出祈求，如果有人否认这一点，那么，其想法就是不虔敬的。如果有人持下述主张，那也是不虔敬的，即：圣徒并没有为俗世之人进行祈祷；或者说，即便是恳求圣徒为我们一个一个地进行祈祷，这也是一种偶像崇拜行为；或者说，这种做法与上帝之道是相矛盾的，与敬拜基督耶稣这一在上帝与人类之间惟一之中保①也是相背离的；或者说，向那些天国统治者哀恳，不论是出声恳求，还是在心中恳求，都是愚蠢之举。另外，圣洁的殉教者们那些圣洁的躯体以及如今与基督生活在一起的其他人的那些圣洁的躯体都是基督身躯中

① 《圣经》言："因为只有一位上帝，在上帝和人中间，只有一位中保，乃是降世为人的基督耶稣。"见《圣经·新约·提摩太前书》2:5。

的具有活力的肢体，都是圣灵之殿①，信徒应该崇拜这些圣洁的躯体；通过这些(躯体)，上帝便可以将许多恩惠赐予世人。但是，有人却持这样一些观点，即：不应该对圣徒的圣骨圣物进行尊崇和敬拜；或者说，信徒们对这些圣骨圣物以及其他各种神圣的遗迹进行崇拜，是没有什么用处的；或者说，对于那些用来追忆圣徒之场所而言，如果信徒是抱着获得圣徒帮助之目的而前去拜访的，那将是徒劳无功之举。对于持以上观点之人，必须一律予以谴责，教会很久以来就一直对之进行谴责，而且现在也还要对之进行谴责。

此外，基督的圣像、上帝之母童贞女玛利亚的圣像以及其他圣徒的圣像是必须要有的，尤其是在圣堂之中更是必须要安放着他们的圣像；而且，必须要给予它们以应有的敬重与景仰。之所以要这样做，并不是因为我们相信在圣像之中包含着什么神性或功效，当然也就不会是因为这一原因而去崇拜它们了；而且，也不是要从它们那里祈求到什么东西；古时候，外邦人曾将自己的希望寄托于偶像身上②，但是，(我们之所以有上述做法)，却并不是要将希 235
望寄托在圣像上。(我们之所以要这样做)，其原因在于：我们的敬仰之情虽然是显示给圣像的，但(实质上)却是献给那些圣像所代表的原型③；我们亲吻那些圣像，在圣像面前脱帽、跪拜，这是因为它们代表的是基督和圣徒，因此，通过那些圣像，我们就将崇敬献给了基督，就将敬仰献给了圣徒。为谴责那些反对圣像崇拜之人，诸次圣公会议特别是第二次尼西亚会议④曾颁布过诸多教令，以上所言就是这些教令当中予以明确规定的。

---

① 《圣经》言："岂不知你们是上帝的殿，上帝的灵住在你们里头吗？若有人毁坏上帝的殿，上帝必要毁坏那人；因为上帝的殿是圣的，这殿就是你们"；"岂不知你们的身子就是圣灵的殿吗？这圣灵是从上帝而来，住在你们里头的；并且你们不是自己的人，因为你们是重价买来的。所以，要在你们的身子上荣耀上帝。"见《圣经·新约·哥林多前书》3：16—17；6：19—20。另，《圣经》言："上帝的殿和偶像有什么相同呢？因为我们是永生上帝的殿，就如上帝曾说：我要在他们中间居住，在他们中间来往；我要作他们的上帝，他们要作我的子民。"见《圣经·新约·哥林多后书》6：16。

② 《圣经》言："外邦的偶像是金的，银的，是人手所造的；有口却不能言，有眼却不能看，有耳却不能听，口中也没有气息。造他的要和他一样，凡靠他的也要如此。"见《圣经·旧约·诗篇》135：15—18。

③ 原型(the prototypes)，指耶稣、玛利亚以及其他圣徒。

④ 第二次尼西亚会议(the Second Council of Nicaea，787年)，是教会举行的第七次大公会议，其目的是解决圣像崇拜问题。公元7世纪时，教会权势日益提高且享有各种特权和免税权，因而与世俗政权发生矛盾。726年，东罗马皇帝利奥三世颁令禁止供奉圣像，把供奉圣像称为偶像崇拜，以此打击正统教会的权势，同时利用各种借口没收教会财产以削弱教会的权力。教宗格里高利二世则痛斥此诏令为异端，且号召教会和信徒加以抵制。利奥三世的儿子君士坦丁五世继续打击正统教会。利奥四世继位后，虽口头上反对圣像崇拜，但实际上已停止对正统教会的迫害。利奥四世于780年10月意外逝世后，其母以其儿子的名义掌握政权，并决定恢复圣像崇拜。东罗马女皇于是和当时的教宗哈德良一世进行联系，告之拜占庭政府准备召开大公会议。在获得教宗

而且，主教还应悉心地就以下内容对信徒进行教导，即：关于我们获得救赎之奥义，有诸多典故，对于这些典故，可以通过绘画或其他表现形式加以描绘；通过这些典故，民众便可以得到教诲，便可以把那些与信仰相关的条文记得更加牢固，而且还可以进一步养成在心中不断回想这些条文之习惯。另外，所有圣像都可以给信徒带来巨大的好处，这是因为：通过这些圣像，信徒们可以得到提醒，这样就可以记得基督给他们送来的各种恩惠与赠礼；而且，上帝借助于圣徒而行的神迹以及圣徒们作出的那些有益的榜样都可以陈列于信徒的眼前，这样的话，信徒们就可以为这些事情而感谢上帝，就可以效法圣徒的样子而修身律己，而且还可以受到鼓舞，从而（可以进一步）敬爱上帝，培养虔诚。需要注意的是，不论何人，只要他宣扬或持有与这些教令相左的观点，就要对之处以绝罚。

假如有任何的流弊陋习潜入这些圣洁且有益的既定习俗之中，那么，本圣公会议则急切地希望，要将之彻底铲除；因此，不论是什么圣像，只要它会暗示某种错误的教义，只要它有可能给那些没有文化之人提供危险的谬见，就一律不得设立。有的时候，人们会通过绘画或其他某些具象形式把《圣经》中讲述的那些事情描绘出来，而通常来说，这一做法对于那些没有文化的民众而言又是有所帮助的。如果遇有这种情况，就必须要告诉民众，这些绘画或具象并不代表神性，而且，并不是说通过肉眼就可以看到神性，也不是说通过色彩或人物就可以把神性描绘出来。

另外，在向圣徒祈求的时候，在对圣骨圣物表达敬仰的时候以及在庄严地使用圣像的时候，必须摒弃一切迷信行为，必须根除一切贪财欲念，最后，
236 还必须要避免一切淫荡猥亵之事。因此，不得将圣像人物绘制成或装饰成艳美的样子，以免激发他人之淫欲；对于对圣徒的纪念活动以及对圣骨圣物的朝拜活动，任何人也不得将之转化成喧嚣狂放、一醉方休的宴饮，不要以为只有通过大操大办、挥霍钱财才能庆祝节期、才能让圣徒获得荣耀。

最后，在以上所述的这些事情上，主教们必须要尽心竭力，以保证做到以下要求，即：在所看见的一切事情上，不得让任何事情不合规矩、不合时宜、纷杂凌乱，不得让任何事情有渎圣之嫌，不得让任何事情不合礼节，这是因为，只有圣洁才符合上帝之殿的要求。①

批准之后，此届会议于787年9月24日到10月23日在尼西亚召开。这次会议对圣像崇拜作出了定断，例如，可以崇拜十字架圣像，而且那些可敬的圣像也都应该予以尊敬；应恢复圣像崇拜，但不应把圣像当成神来供奉；同时，这次会议谴责圣像破坏运动为异端。

① 《圣经》言："耶和华啊，你的法度最的确；你的殿永称为圣，是合宜的。"见《圣经·旧约·诗篇》93：5。

为了让以上所述的这些事项能够得到更为信实的遵守，本圣公会议规定：对于任何一幅不同于常规的圣像，如果事先未经当地主教的批准，那么，任何人都不得将之安放或让人将之安放在任何一个地方，也不得将之安放在任何一个教堂之中，且不论该教堂拥有什么样的豁免权。另外，如果未经当地主教的调查与批准，任何新出现的神迹都不得被承认，任何新发现的圣骨圣物也不得被认可；对于这些事情，主教一旦获知某些信息，就必须马上征询神学家以及其他虔诚之人的意见，然后遵照真理和虔敬之原则对之采取行动。需要注意的是，如果遇有可疑而严重的流弊陋习且必须要将之铲除的话，或者，在这些事情上将会产生更为严重问题的话，那么，首先要召开教省教务会议，由总主教以及该教省中的众主教对之作出裁决；在等到这一裁决之后，主教方可着手解决相关争端。不过，对于那些前所未有的新事或者那些在教会中并不常见的事情，如果事先没有征求过至圣之罗马教宗的意见，那么，（任何人）都不得对之作出决定。

关于修士与修女

本着继续推进改革之思路，本圣公会议一直认为，就以下事项作出决定是合适的。

第1章　所有修会圣职人员都必须按照其已经宣誓服从的会规来规范自己的生活；修会上司必须要努力确保这一规定能够得到执行 237

那些规范虔敬、管理恰当的修道院不仅给上帝之教会带来了巨大的辉煌，而且对教会而言是大有助益的，本圣公会议对此并非一无所知。但是，对于那些古老的修会纪律而言，有的已经弛废，对此必须要立即予以恢复，而且（要采取相关措施）使之更加容易地得以恢复；有的则依然保存下来，对此必须予以坚定的维护。正因如此，为了达到上述目的，本圣公会议一直认为制定相关规定是必要的，而目前这份教令也正是要完成这一任务。本圣公会议规定：对于所有的修会圣职人员而言，不论是男是女，都必须按照其已经宣誓服从的会规之要求来调整并规范自己的生活方式；尤其重要的是，不论是在哪一方面，只要是属于完善其誓愿之范畴的，就都必须要信诚地予以遵守，例如，服从、神贫、守贞三誓愿；还有，某些会规或修会会按照各自的本质特征，分别制定一些特有的誓愿和规范，而且还会要求（其会众）在生活、饮食和服饰等方面遵循共同的模式，对此也必须一律予以遵守。修会上司要选取合适的时间对其下属进行巡访，这一工作不能省却。不论是在修会全体代表大会上，还是在教省修会代表大会上，抑或是在巡访过程之中，修会上司都要尽心竭力地确保其会众不得违背以上这些规定；这些规定乃是修会生活的本质要求，毫无疑问，教会上司不得放松这些要求。这是因为，这些事情是一切修会纪律的基石和基础，如果不能严加遵守，整个大厦也就必将垮塌。

第 2 章　修会圣职人员一概不得拥有私人财产

因此，对于修会圣职人员而言，不论其是男是女，一律不得拥有任何的动产或不动产，一律不得将之视为己有，而且不得以会院的名义拥有或占有之；
238 不论这些财产是什么性质的，也不论是以何种方式获得的，只要拥有或占有之，均属违法行为。需要注意的是，必须要把这些财产立即上交给修会上司，然后将之归入相关会院。所以，从今以后，修会上司不得将任何的不动产送与任何一位修会圣职人员，即便是以提供用益权、使用权、管理权或代管权的方式将之赋予某一圣职人员的，也都属于违法行为。需要注意的是，修道院财产或会院财产的管理权只能属于这些修院或会院中的官员，而对于这些官员，其修会上司是有权予以撤换的。

修会上司必须要让其会众以合适的方式使用不动产，即，生活必需品的配备必须要和他们已经宣誓过的神贫原则相适应，既不要让其有任何的剩余，同时，对于其生活所必需的，又不能让其有任何的短缺。需要注意的是，不论何人，一旦有人发现或证实他以其他任何方式占有任何财产，在随后两年之内，他将被剥夺选举权和被选举权，而且要按照其所在修会的会规，对之进行处罚。

第 3 章　除了本教令中所列的几个例外情况而外，其他所有的修道院均可拥有不动产；修道院中的人员数量要依其收入多寡或依其所接受的施舍多寡而定；未经当地主教的许可，不得兴建任何的修道院

本圣公会议规定，所有的修道院和宗教团体，不论是属于男子的还是属于女子的，而且包括托钵僧修会在内，都可以拥有不动产；即使其会规禁止其本身拥有不动产的那些修院和宗教团体，或者，按照教宗所赐特权，其中不包含可以拥有不动产之规定的那些修院和宗教团体，也都可以拥有不动产；不

过，圣方济修会中的被称作为嘉布遣修会和严修派修会①的这两个宗教团体属于例外。对于以上所述的那些修院和宗教团体而言，如果教宗曾经恩准其 239
拥有这类财产但后来又被剥夺，那么，本圣公会议规定，那些财产必须要悉数归还给它们。需要注意的是，对于以上所述的修院和宗教团体而言，不论它们是属于男性的还是属于女性的，也不论它们是否拥有不动产，其成员数目都要依据修院收入的多寡或者依据通常所得施舍的多寡来确定，以保证其财力能够承担得起，而且其人员数目在今后要保持在这一水准上。另外，从今以后，如欲兴建此类宗教场所，必须首先获得所在教区的主教的批准，否则，任何此类场所均不得兴建。

第4章 如未经其上司批准，修会圣职人员便不得在他人名下效力，也不得从其所在的修道院中退出；如果圣职人员被派往大学学习，则需住在修道院之中

本圣公会议规定，如未经其上司的批准，任何一位修会圣职人员都不得以宣道、讲学或其他任何宗教工作为借口而为任何教长、君王、大学、社团以及其他任何人或任何地方效力；在这个问题上，不论他从其他人那里获得什么样的特权或权利，一律属于无效。需要注意的是，不论是谁，如果他违反了这一规定，其上司就要以拒不服从罪并视具体情况对之作出处罚。如果修会圣职人员擅离自己所在的会院，那也是违法行为；而且，除非受到其上司的派遣或召唤，否则，他也不得以前往其上司那里为借口而擅离所在会院，不然，也属违法行为。不论是哪一位修会圣职人员，如果他没有获得上面所述的（由其上司签发的）书面命令状（而离开所在会院），那么，一经发现，当地教区首长就要将之当作偷离其会院的叛逃者而进行处罚。被派往大学从事学习研究的那些人只能住在会院之中，否则，教区首长就将对之采取惩罚措施。

---

① 圣方济修会成立于13世纪初，随后几百年中逐渐分化，形成三个主要派别，即“住院派”（或称“院规派”，the Order of Friars Minor Conventual，简称O. F. M. Conv.）、“严修派”（the Order of Friars Minor Observants，简称O. F. M.）和“嘉布遣派”（the Order of Friars Minor Capuchin，简称O. F. M. Cap.）。“嘉布遣”（Capuchin）一词源于意大利语“capuccio”（意为“帽子”），其起源大致如下：从1520年开始，严修派会士玛窦·巴西（Matteo da Bascio 约1495—1552年）认为其所在派别已经严重背离了圣方济当年创会时所订立的会规，因此他以及少数追随者开始脱离严修派而于1525年创立自己的派别。他们遭到严修派上层的敌视并被追捕，后来，卡马尔多利会（Camaldolese，天主教本笃会的独立分支，约1012年成立）的僧侣救助他们，使之摆脱了危险。为了表示感激，玛窦·巴西所创的派别（该派别于1528年得到教宗克勒芒七世的批准）接受了卡马尔多利会的一些生活方式（如戴尖顶帽、蓄胡须等）。

240 第5章 关于女修院的围墙以及修女们的安全问题，现作出规定

对于教宗卜尼法斯八世制定的那份教规[①]（其开头语是“Periculoso”，意为“危险的”），本圣公会议现予以重申并确认；同时，本圣公会议还要对所有主教提出以下要求，而且，本圣公会议要吁请上帝（对主教们在执行这些规定时的表现）作出裁决，（如果他们违背这些规定），则有永遭诅咒之危险。本圣公会议规定，所有主教必须要以特别认真的态度做好以下之事，即：在所有的修院中，对于修女们所住之地的围墙而言，不论是哪个部位，如果已经遭到毁坏，就必须予以修复；如果没有遭到毁坏，则要继续加以维护。（在此过程中），如果那些修道院是隶属于当地主教的，则当地主教就运用自己的权力推进这一工作；对于不是隶属于自己的那些修道院，当地主教则以罗马教廷的名义进行这一工作。对于那些拒不服从者和反抗者，可以采取宗教责罚和其他惩罚措施对之进行镇压，而且，当事人不得提起任何的上诉；为了这一目的，如果情况需要，甚至可以敦请世俗权力予以协助。本圣公会议要求，所有的基督徒君王都应该提供这种协助；而且，这一规定对所有世俗官员均有约束力，如果他们违反这一规定，仅凭这一事实本身，他们就将招致绝罚。修女在发愿之后，除非有合法的理由且除非得到当地主教的批准，否则，一律不准走出修院；而且，不论她持有什么样的借口，哪怕是短暂外出也是不许可的；不论是什么样的教宗特恩，还是什么样的其他特权，只要是与本规定相左的，一律无效。不论何人，不论其出身或地位如何，不论其是男是女，也不论其年龄大小，如果没有得到当地主教或修会上司的书面批准，任何人都不得进入女修院的围墙之内；如果违反这一规定，仅凭这一事实本身，当事者便将遭到绝罚。需要注意的是，只有在遇有迫不得已之事时，主教或修会上司才可批准他人进入女修院；其他任何人不得以任何方式给予这样的批准，即便他曾被赋予这样的权力，即便他曾经获得教宗颁发的特权，那他也不得凭借这些权力和特权而批准他人进入女修院；今后，即使他获得这些权力和特权，也同样不得凭借之而批准他人进入女修院。有些女修院位于城墙之外，通常没有

---

① 1298年，教宗卜尼法斯八世（Boniface VIII，1294—1303年在位）颁布教令，其中规定，对于修女而言，不论她们拥有什么地位，不论她们是属于哪一个修会的，也不论其所在的女修院位于什么地方，她们都必须永久地深居高墙之内；除非修女患有传染病，否则便不得离开女修院；而且，修女不得邀请“未经授权之人”进入女修院。根据西方学者的说法，作此规定的主要原因在于“规避风险”，即，“男子有强暴女子之欲望，而且可能无法抑制自己的这种欲望；女子有诱惑男子的本能，而且女子天生就无法抑制自己的这种本能。”参见 Jo Ann Kay McNamara, *Sisters in Arms: Catholic Nuns through Two Millennia*, Cambridge: Harvard University Press, 1996, p. 317。

任何的保障设施，因此，那些邪恶之人很容易对之实施抢劫或进行其他犯罪
行为。有鉴于此，当地主教以及其他各类高级圣职人员必须负起责任，如有
必要的话，就要将修女从那些地方转移到城里，或转移到人烟比较稠密的小 241
镇当中，可以为之兴建新的修道院，亦可将之安置在旧有的修道院之中；如果
情况需要，可以敦请世俗权力予以协助。对于那些阻碍其工作或拒不服从安
排之人，他们可以采取教会责罚手段来强迫其俯首听命。

第6章 挑选修会上司的方式

在选举修会上司、隐修院临时院长以及其他各种官员和会长过程中，还有，在选举女隐修院院长以及其他各种女修道院院长的过程中，一切事情都应做得中规中矩，不得有任何的弄虚作假行为。为了达到这一目的，本圣公会议现作出如下严格的规定，而且本圣公会议认为这些规定的重要性要高于其他一切事情，即：对于以上所说的所有职位，在选举的时候都应采取秘密投票的方式，这样的话，每个投票人的名字就永远也不会被他人知晓。从今以后，在任命省会长①、隐修院院长、修会上司②以及其他任何修会官员的时候，都不得以操控即将进行的选举为目的；而且，不得把缺席者的票数及其所投的赞成票计算在内。需要注意的是，不论是谁，如果违反本教令之规定，那么，即便他当选了，这类选举亦属无效；对于那些以上面所述之（非法）方式而使自己当选省会长、隐修院院长或修会上司之人而言，从事发之日起，将永远没有资格在其所在修会中担任任何官职；在此过程中，已被赋予当事人的任何职权都将被视为自动撤销；从今以后，如果有人还被赋予那些职权，那么，这些人将被当作阳奉阴违之人（而遭到处罚）。

第7章 在选举女隐修院院长或选举以其他任何名头出现的女修道院院长的时候，应遵循何种方式？不论何人，均不得获任为两个以上女修院的主管

不论何人，除非她已年满40岁以上，而且除非她发愿已达8年且在此期间过着令人称道的生活，否则，便不得被推选为女隐修院院长或修会女会

① 省会长（provincial），指修会会省之首长。

② 修会上司（prior），亦称“会长”，指管理数个会院的修会领袖，其中又有许多具体的差异，如：独立隐修院的上司（conventual prior）、修会的省会长（provincial prior）以及某些修会的总会长（general prior）等。

242 长①,也不得被推选担任以其他任何名头出现的职位。但是,如果某一女修院中实在找不到符合上述资格之人,那么,便可从同一修会中的另外一个女修院中挑选一位。需要注意的是,如果主持选举工作的修会上司认为即便是这一点也是难以办到的话,那么,在征得当地主教或修会其他上司的同意之后,可以从原女修院中的下述人群中挑选一位,即,年龄在30岁以上、从其发愿之日算起至少达到5年且在此期间过着令人称道之生活的那些人。需要注意的是,任何人都不得受任主管两个以上的女修院。不论是谁,不论她是以何种方式占有两个或两个以上女修院的,都必须只能保留一个,其余的女修院则要在六个月之内予以放弃;如果她在这一期限内没有放弃之,那么,依据法律规定,她所占有的所有女修院都将被视为处于出缺状态。对于主持(女修院)选举工作的男子而言,不论他是主教还是修会的其他上司,一律不得进入女修院的围墙之内,而只能通过女修院大门上的小窗口聆听选举情况,并通过这个小窗口接受每位修女递出来的选票。在其他事项上,则继续按照每个修会或女修院各自的规章进行处理。

第8章 对于有些修道院而言,没有由修会圣职人员担任的巡访员对之进行常规巡访;对于这类修道院,应该如何进行管理

有这样一些修道院,它们既不隶属于修会全体大会,也不隶属于主教,而且其所在修会也没有安排由修会圣职人员出任的巡访员(对之进行常规巡访),从传统上说,它们是直接受罗马教廷的保护和节制的。对于所有这类修道院而言,都必须要按照英诺森三世在其召开的那次圣公会议②上制定的那
243 项教规(其开始语是"In singulis",意为"单独")及其所规定的形式,在本圣公会议闭幕之日起的一年之内,集中起来召开修会大会;在此之后,每三年都要召开一次这样的大会。在此大会上,这些修道院必须向某些修会圣职人员授权,让他们就如何建立以上所说的那些修会以及在建立那些修会时应遵循何种制度等问题进行斟酌并作出决策,而且还要让他们制定出今后应该遵守的会规。需要注意的是,如果这些修道院在这些问题上懈怠失职,那么,为了达到上述目的,作为罗马教廷的代表,以上所述那些修道院所在教省的总主教便有权把他们召集起来开会。不过,在一个教省范围之内,如果这类修道院

① 修会女会长(prioress),亦称"修会女上司",主要是指由女性担任的属于修会系统的总会长、省会长和院长等职。

② 指罗马教宗英诺森三世(Innocent III,1198—1216年在位)于1215年组织召开的第四次拉特兰宗教会议(the Fourth Lateran Council)。

的数量不多，难以组建起一个修会的话，那么，可以由两个或三个教省中的此类修道院组建成一个修会。这类修会建立起来之后，对于其修会代表大会以及由大会选举出来的会长和巡访员而言，就应该和其他修会中的那些会长及巡访员一样，对本修会中的修道院以及住在这些修道院中的那些修会圣职人员享有同样的权威；他们必须要经常对本修会管辖下的修道院进行巡访，致力于这些修道院的改革工作，同时要遵守神圣的教会法典以及本圣公会议制定的一切规章。另外，如果总主教已经敦促过上述那些修道院，而它们却没有采取行动来实施以上所述之事，那么，上述那些修道院位于哪个教区，就将归属于哪个教区的主教——罗马教廷的代表——管辖。

第9章　直接隶属于罗马教廷的那些女修院由当地主教监管；其他女修院则由修会全体代表大会委派之人监管，或者由其他的修会圣职人员监管

直接隶属于罗马教廷的那些女修院以及被冠以“圣彼得修团”或“圣约翰修团”或其他诸如此类名称的那些女修院都将由主教——罗马教廷的代表——负责监管，至于其他一切规定，只要是与本教令相左的，一律无效。不过，对于由修会全体代表大会委派之人监管的或由其他修会圣职人员监管的那些女修院而言，则继续由这些人负责管理和保护。

第10章　修女每个月都要进行一次忏悔并领一次圣餐；当地主教 244
还要为她们指定一名特殊的听忏悔神父；不得将圣餐保存在女修院的围墙之内

主教和女修院的其他上司要特别认真地做好以下之事，即：必须要劝告修女，让她们按照其女修院规章的要求，每个月至少要对自己的罪愆忏悔一次，而且至少要领一次至圣的圣餐礼；这样的话，通过那一有益的防卫手段，她们就可以使自己变得坚牢，就可以不屈不挠地去击溃恶魔的袭击。需要注意的是，除了平常那位听忏悔神父之外，主教以及其他的修会上司还要为她们指派一位特殊的听忏悔神父，其频率为每年两到三次，这位特殊的听忏悔神父的职责就是要听取所有修女的忏悔。还要注意的是，（有些女修院）把至圣的基督圣体保存在女修院的唱经高坛上或保存在女修院之内，而不把它保存在公共教堂之中；本圣公会议是禁止这一做法的；不论是什么样的特别恩惠，还是由教宗颁发的什么特权，（只要是与本规定相左的），均属无效。

第11章 有些修道院承担着对平信徒进行牧灵的职责，负责履行这一职责之人将隶属于当地主教；对于这类人，除去某些情况而外，（在出任相关圣职）之前，必须要由主教进行考察

有这样一些男修院、女修院、男性宗教机构或女性宗教机构，它们不仅对本修院或本宗教机构中的平信徒负有牧灵之责，而且还对其他的俗世之人负有牧灵之责。对于在这类修院或宗教机构中履行这一职责之人而言，不论他们是修会圣职人员还是教区圣职人员，在与这一牧灵职责相关的以及与主持
245 圣礼相关的一切事务上，都必须要受所在教区主教的直接管辖，主教对之享有司法裁判权，可以对之进行巡访，有权对其错误行为进行规劝和纠正。如果未经主教或其副手的同意，而且如果事先未经主教或其副手的考察，那么，任何人都不得获任以上所说的牧灵职位，即便是那种可以随时被撤换的牧灵职位，亦不可让其获得之。克吕尼修道院[①]及其所属地区不受以上规定的限制。对于某些修道院或宗教机构而言，其院长、会长或修会首脑已将其常住的府邸安置在那里，这类修道院或宗教机构亦不受以上规定的限制。还有这样一些修道院或宗教机构，其院长、上司或其他修会圣职人员已对所在地区的堂区神父以及堂区居民行使着教俗裁判权，这类修道院或宗教机构同样也不受以上规定的限制。不过，当地主教对以上所列的这些地方或人员依然有着更大的司法裁判权。

第12章 对于主教在其教区内作出的惩戒规定以及节庆安排，即便是修会圣职人员也必须遵守

对于那些惩戒和禁罚——不仅是指由罗马教廷作出的那些惩戒和禁罚，而且包括由当地教区首长颁布的那些惩戒和禁罚——修会圣职人员必须按照主教的训令，在他们的教堂中将之予以公布并遵照执行。主教还会确定一些节庆，并要求自己的教区遵守之；对于这些节庆，所有享有豁免权之人，甚至包括修会圣职人员，一律都应遵守。

---

① 克吕尼修道院（the monastery of Cluny），公元910年由法国阿奎丹公爵（Duke of Aquitaine）虔诚者威廉（William the Pious）在法国东部的勃艮第创建的天主教修道院。在该修道院的带领下，10—11世纪，天主教世界发起一次改革运动（即克吕尼运动），其基本主张是：加强修道院管理，修士须过集体生活，教士不得婚娶，以防止教会被世俗社会腐蚀和侵犯。该运动一度得到天主教世界2000多所隐修院的响应。运动后期宣扬教宗权力至上，主张教宗有权独揽主教叙任权，甚至有权废黜世俗君主，从而引起了教宗与世俗君主的长期斗争。

第13章 主教将负责处理那些由优先权问题而引发的各种争执；对于那些享有豁免权之人而言，如果他们不是必须严格生活在围墙之内的，那么，他们就必须要参加集体游行

在教会人士之间，而且不论是教区圣职人员，还是修会圣职人员，每每都会出现下述让人极度反感厌恶之事，即，在集体游行、参加葬礼、执持圣体伞[①]以及在做其他诸如此类事情的时候，往往会就“谁应走在前面”之类的问 246
题产生争执。所有这类争执，一律由主教负责处理，而且任何人不得为此事提起上诉；不论有什么其他的规定，只要是与本教令相左的，均属无效。另外，对于所有享有豁免权之人而言，不论他们是教区圣职人员，还是修会圣职人员，抑或是僧侣，只要（主教）号召他们参加集体游行，他们就必须要参加；只有那些一直严格生活在围墙之内的人可以例外。

第14章 如果修会圣职人员公开犯罪，应该由谁对之进行处罚

对于不受主教管辖且生活在修道院围墙之内的修会圣职人员而言，如果他在修院围墙之外犯下恶劣的罪行并引起公愤的话，那么，当地主教可以提议并定出处理时限，由犯罪之人的上司在规定时限内对之进行严惩，然后该上司要将惩处情况向主教作出汇报。如若不然，其更高一级的上司将褫夺该上司的职务，那位犯罪之人则由主教进行惩处。

第15章 除非经过了一年考验期且年满16周岁，否则不得发愿

不论在什么样的修会里，也不论是男修会还是女修会，（当事人）在年满16周岁之前，均不得发愿；而且，不论何人，在其开始穿着会衣之后，如果对其考验期尚未满一年，则不得获准发愿。提前所发之愿一律无效；不论是对于宗教团体的规章，还是对于某某修会的会规，提前发愿者都没有任何义务一定要去遵守；而且，提前发愿也不会产生其他任何效果。

---

① 圣体伞（canopy，意大利语写作 baldachino），指圣体游行的时候由四个人共同执持的绣花天盖。

247 **第16章 不论是弃绝俗物俗念行为，还是决意承担修会职责，如果是在距发愿之日两个月以前作出的，均属无效。对于那些初学修士或初学修女①来说，在考验期结束之后，要么让其发愿入院，要么将之打发出门。对于耶稣会②旗下的那一由圣职人员组成的宗教修会，(本圣公会议)不对之作任何的变革更新。对于初学修士或初学修女而言，在发愿之前，不得将其财产中的任何部分送给所在修院**

另外，不论是弃绝俗物俗念行为，还是决意承担修会职责，除非是在发愿之前两个月之内作出的，而且除非是经主教或其副手批准后作出的，否则，即便是以宣誓形式出现的，或者即便是为了达到某一虔诚的目标，也都一律属于无效；而且，(在两个月之内)必须要发愿，否则，其所作的弃绝行为或担责举动将被视为无效。需要注意的是，如果(当事人)是以任何其他方式作出上述举动的，那么，即便他明确放弃这一(发愿)特权，或者即便他以宣誓的方式明确放弃这一(发愿)特权，他所作的弃绝或担责行为仍属无效，而且不会产生任何实际效果。见习期满之后，对于合格者，修会上司将准许其发愿；(对于不合格者)，修会上司将把他们从修道院中遣散出去。

不过，对于耶稣会旗下的由圣职人员组成的那一宗教修会，本圣公会议不想在上述这些事情上对之作任何的革新，也不想对之作任何的限制；这样的话，就不会妨碍它按照其自身那一虔诚的且得到神圣罗马教廷批准的行事准则去为上帝服务、去为上帝的教会服务。

此外，不论是对初学修士来说，还是对初学修女而言，在其发愿之前，
248 除了在考验期当中所需的食品和衣服之外，不论是其父母、亲戚抑或是其监护人，都不得将初学者财产中的任何部分送给相关修道院，以免相关初学者因下述原因而无法(及时)离开修道院，即：他的生活必需品全部或绝大部分都是由修道院保管的，如果他一旦要离开修道院，他就不会那么容易地(在短时期内)找齐他的物品。因此，本圣公会议规定，上述之事绝不可为，否则，送财

① 初学修士或初学修女(novice)，亦称“初学生”，或称“见习修士(修女)”。按照天主教会法典的规定，不论男女，信徒如欲加入修会，都必须经过一年或多年的适应和学习阶段，在这一阶段结束之后，再由修会决定其是否适合加入修会。

② 耶稣会(the Society of Jesus，拉丁原名为 Societas Jesus，简称 S. J.)，是天主教的主要修会之一，1535年8月15日由西班牙人依纳爵·德·罗耀拉(Ignace de Loyola)组建成立，其目的主要是协助罗马教廷应对新教问题；1540年，教宗保罗三世认可耶稣会，耶稣会由此成为天主教的一个正式修会。正是由于耶稣会具有坚定的反新教色彩，特兰特圣公会议才没有对其运行体制提出任何异议。

物者和收财物者都将遭到绝罚之惩处；而且，对于在发愿之前离开修院之人而言，原属他们的一切东西一律都要归还给他们。主教必须要确保上述规定能以合适的方式得到贯彻，如有必要，主教甚至可以动用宗教惩戒的手段来推行之。

第 17 章　如果女孩子年龄已经超过 12 岁，而她又希望穿上会服，那么，教区首长必须对之进行查问；在她发愿之前，教区首长还要对之再作查问

本圣公会议认为，那些希望献身于上帝的童贞女拥有发愿之自由，因此，本圣公会议下令并规定：如果女孩子已经超过 12 岁，而她又渴望穿上会服，那么，首先要由主教对该名童贞女的意愿进行细致考查，即：她之所以作此抉择，是否是被迫的，是否受到了他人的怂恿；她是否知道自己正在做的是什么事。如果主教不在，或者因故不能履行这一职责，那么，可由其副手代理之；或者由他们委托的另外一人来负责此事，受委托者的费用由主教及其副手承担。在这一考查工作完成之前，该名童贞女不得身着会服；在后面另外一个时段中，（要求也是同样如此，即，在主教对之考查完成之前），不论是对该名童贞女来说，还是对其他任何人而言，都不得发愿。如果修会认为她的意愿是虔诚且自由的，其条件又符合该女修院及该修会会规之要求，而且，如果该女修院适合于她的话，那么，她便可自由地进行发愿。对于举行发愿仪式的时间，主教不应该一无知晓；因此，相关女修院院长必须要提前一个月把举行发愿仪式的时间知会于主教；如果她没有让主教知晓相关事宜，其职务就将被暂停，主教认为停职多长时间合适就让她停职多长时间。

第 18 章　除了法律明确规定的某些情形之外，任何人都不得强迫女子进入修道院；如果她渴望进入修道院，那么，任何人也不得对她进行阻止。和悔罪者或从良改过者相关的那些教规，应继续遵守 249

除去法律明确规定的某些情形而外，如果有人以任何方式违背任何童贞女、寡妇以及其他任何女子的意愿而强迫她们进入女修院，或强迫她们穿着任何修会的会服，或强迫她们发愿，或者如果有人对这类事情进行出谋划策、提供支持或鼓动怂恿，或者如果有人明明知道女当事人并不是自愿入修院、着会服或发誓愿的，但他却还是以某种方式（如亲自参加、表示同意或凭借权力令他人执行等方式）参与那种强迫行动，那么，对于以上所列举的所有人和

每一个人而言，不论他们拥有什么样的名声或地位，不论他们是教士还是俗民，也不论他们是教区圣职人员还是修会圣职人员，而且也不论他们被赋予了什么样的高官显位，本圣公会议都要将之处以绝罚。

同样，在没有正当理由的情况下，如果有人以任何方式妨碍童贞女或其他女子实现其圣洁之心愿，亦即妨碍她们罩面纱当修女、妨碍她们立誓发愿，那么，这些人也要招致绝罚。对于在发愿之前以及发愿之时应该做的所有事情和每一件事情，不仅是那些隶属于主教的女修院应该遵守，而且，其他所有的女修院都应该遵守。不过，被称之为悔罪者或从良改过者的那些女子则不在上述规定范畴之内；对于这些人，将继续遵循与她们相关的那些教规。

第19章 如果有人声称自己所发之愿是无效的，那么，对于这类情况，应该如何处理

对于修会圣职人员而言，不论他是谁，如果他声称自己是被迫并在他人
250 恐吓之下才加入某一修会的，或者如果他声言自己是在没有达到合适的年龄或其他诸如此类的情况下发愿立誓的，或者如果他基于某种理由而希望卸去修会会服，或者如果他在没有征得其上司同意的情况下便抛却其修会会服，那么，除非他的上述行为发生在其发愿以来的五年之内，而且除非他事先已经向其上司以及教区首长说明其脱会理由，否则，其请求将不会被倾听和受理。需要注意的是，如果在履行上述程序之前他便擅自卸去其修会会服，那么，在任何情况下他都不得再（为自己的行为）寻找任何理由；对于这样的人，必须采取强制措施迫使他返回自己的修院，并将之作为叛教者而进行惩罚；与此同时，他将不得享有其修会的任何特权。

此外，不论是什么样的修会圣职人员，都不得凭借任何权力而转会到对纪律要求不太苛严的修会之中；而且，不得允许任何修会圣职人员以隐藏不露的方式穿着其修会会服。

第20章 对于那些和主教没有隶属关系的修会上司而言，他们必须要对其下属的修道院（包括代管的修道院）进行巡访和规劝

隐修院院长是修会的首脑人物，对于这些人而言，以及对于这些修会的其他上司而言，他们和主教之间并不存在隶属关系，但是，按照法律规定，他们却对其他一些下级修道院或隐修院拥有司法管辖权。因此，在各自所辖范围之内以及在各自修会之中，他们必须要对隶属于他们的那些修道院和隐修院进行正规的巡访；即便某些修道院和隐修院是由他们代管的，他们也同样

要对之进行正式巡访。关于对代管修道院的巡访问题，本圣公会议曾在其他场合制定过相关教令①；但是，考虑到以上这些（处于代管状态的）修道院和隐修院是隶属于各自修会之首脑的，因此本圣公会议宣布，它们不包括在那一教令所述范畴之内，但是，对于前面所说这些修会所属的修道院而言，其上司必须要接纳前文所说的那些巡访员，而且必须执行巡访员的命令。

另外，有些修道院本身就是其修会的首脑机构，对于这些修道院，必须按照罗马教廷所定教规以及各个修会自己的规章进行巡访。而且，只要前面所说的那些修道院继续处于代管状态，那么，修会全体代表大会或者相关修会 251
的巡访员就要向之委派会长，如果处于代管状态的是女修院，则要向之委派副会长，这些会长或副会长将在那些地方行使属灵方面的权力，同时还要担当规劝之责。对于前面所说的那些修会而言，在其他一切事项上，其享有的涉及人身、场地以及权利等方面的特权和权力将依旧有效，不得侵犯。

第21章 只有与相关修道院同属于一个修会的圣职人员才能被任命为这些修道院的主管

对于许许多多的修道院而言，甚至包括本笃会及熙笃会下属的那些隐修院②在内，也包括各式各样的男、女小修院以及那些被称为普雷沃修院的隐修院③在内，由于被委任为这些机构主事的那些人管理无方、胡乱施政，结果使得它们不仅在属灵事务方面而且在世俗事务方面都遭到损害，而且这一损害绝非轻微。有鉴于此，本圣公会议急切希望通过一切手段让这些修院恢复纪律，使之遵循与修道生活相配的规章法度。本圣公会议当然非常希望找到一种能够为所有修院共用的救治良方，而且非常希望能将这一救治良方立即施用于所有修院，但是，在目前这个时代，障碍丛生，困难重重，因此，本圣公会议的这一愿望尚难以变为现实。尽管如此，对于那些最终有可能被派上用场、对克服上述弊端能够提供有益帮助的任何事项，本圣公会议都不愿有任

① 详见第二十一次会议“关于改革之教令”第8章。

② 本笃会和熙笃会下属的隐修院称为“abbey”。本笃会（the Benedictine Order，或称 Order of St. Benedict）是圣本笃（St. Benedict，480—543年）于529年在意大利喀西诺山上创立的男、女隐修会；会士以祈祷和工作为两大支柱，每日都要隆重举行弥撒，并隆重歌唱日课；在中世纪西欧，本笃会在农业生产、文化教育等方面用力甚勤。熙笃会（亦称“西多会”或“苦修会”，the Cistercian order，或称 Order of Cistercians of the strict observance）是圣罗贝尔（St. Robert，约1028—1111年）于1098年在法国东部勃艮第的西多（Cîteaux）创立的一个修会；该修会主张生活严肃，平时禁止交谈，故俗称“哑巴会”；而且，该修会注重个人清贫，终身吃素，每天凌晨就要起身祈祷。

③ 被称为普雷沃修院的隐修院（provostry），这类隐修院的名称源于法文“prévôt”（原是中世纪某些行政官吏或司法官员的头衔，后被引用指修会会长或修院院长）。

何的遗漏和忽略。为了达此目的,本圣公会议首先要向至圣至洁的罗马教宗提出希望,即,出于自身的虔诚与审慎,罗马教宗必须将下述之事作为自己应该履行的职责,即,对于那些在目前处于代管状态的修道院以及那些女修院而言,在向之委派主管问题上,一旦教宗认为时局许可,就应该挑选具备下述资格的圣职人员作为那些修院的主管,即:必须(与上述修院)同属一个修会,必须已在该修会中公开发愿,而且要具备带领并管理属下羊群之能力。从今以后,修院如果出缺,那么,这些修院将只能授予在德行和圣洁方面均被他人认可的那些圣职人员。[①] 需要注意的是,有些修道院是其所属修会的首脑级修院,或者是其所属修会的主要修院;对于这些修道院而言,不论它们的分支机构是被称为隐修院(abbey)还是被称为小修院(priory),如果这些分支机构处于代管状态,也就是说,如果尚未任命圣职人员作为继任者来管理它们的话,那么,以代管方式而占有这些分支机构之人必须在以下两种做法之中任
252 选其一,即,要么在(从代管之日起的)六个月之内按照相应修会之规章进行庄重的发愿立誓,要么就放弃代管权;否则,根据法律规定,前面所述的那些处于代管状态的机构就将被视为已经出缺。需要注意的是,在以上所述的所有事项和每一事项上,都不得采取任何的欺诈手段。为做到这一点,本圣公会议规定:在向以上提及的那些修道院委派主管的时候,必须要对每位被委任者的资质作出公开声明;以其他方式进行的任何委任行为都将被视为偷偷摸摸之举,而且,并不会因为(当事人)随后占有相关职位而使这种诡秘的委任方式变得有效,即便其占有相关职位已经超过三年,(这种委任依旧无效)。

第 22 章 对于对修会圣职人员进行改革的上述教令,所有(相关之)人都必须立即予以执行

本圣公会议规定:对于前述各章教令中包含的所有事项和每一个事项,所有的会院、修院、修会团体、修会机构都必须遵照执行;亦即,不论它们是属于什么样的僧侣和修会圣职人员的,不论它们的成员是什么样的修会童贞女和寡妇,(即便这些僧侣、修会圣职人员、童贞女和寡妇是在军事修会的管理之下过着修道生活的,而且即便是在耶路撒冷圣约翰骑士团[②]的管理下过着修道生活的),不论它们被冠以什么样的名称,不论它们遵循的是什么样的会规或修会章程,不论对它们负有照管或管理之责的是哪一个修会,不论它们

---

① 参见第十四次会议“关于改革之教令”第 10 章。

② 关于耶路撒冷圣约翰骑士团,参见第二十三次会议“关于改革之教令”第 18 章及其相关注释。

隶属于哪一个修会,不论它们是和哪一个修会合并的,不论它们是附属于哪一个修会的,不论这一修会是属于托钵僧的抑或不是属于托钵僧的,也不论这一修会是属于其他修会僧侣的还是属于其他任何种类的大教堂参议会成员的,(都必须遵守前述之教令);对于前面所述机构(在此前)享有的所有特权和每一种特权而言,不论其特权是以何种言词表述出来的,即便是那些被称作为"海洋"[①]的特权,而且即便是上述机构在创始之初即已获得的那些特权,只要与上述教令相左,均属无效;另外,不论是什么样的修会章程和会规(即便是已经立誓遵守的那些章程和会规),也不论是什么样的习俗或惯例(即便是非常古老的习俗或惯例),只要与上述教令相左,亦均属无效。需要注意的是,对于修会圣职人员而言,不论其是男是女,如果其在生活方式上遵循的是更为严格的会规或章程,那么,除了在批准占有共用不动产的权力问题上作出新的规定之外,本圣公会议无意于在其他方面阻止这类圣职人员继续遵循其原有的规章与习俗。对于主教而言,有些修道院是隶属于他们的;另外,根据此前制定的相关教令,还有其他一些修道院是以特别的方式委托给他们的。本圣公会议急切希望前面所述的一切事情和每一件事情都能够 253
尽快付诸实施,因此,本圣公会议对所有主教、修院院长、修会会长以及以上所述各修会的其他上司提出以下要求,即:他们必须要将上述诸事立即付诸实施;如果有任何事项未能付诸实施,教省教务会议必须进行补救,而且要对主教的失职行为作出处罚;如果出现失职行为的是修会圣职人员,则由修会会省代表大会和修会全体代表大会进行补救并对当事者的失职行为进行处罚;如果修会全体代表大会未能履行职责,那么,教省教务会议将从该修会中选派一定数量的修会圣职人员去负责执行上述教令。

本圣公会议还要对所有的国王、君侯、共和诸国以及世俗官员提出敦诫,而且要凭借他们应当遵守的神圣服从之原则向他们发出命令,即:在前述主教、修院院长、修会会长以及其他修会上司贯彻实施以上所言的各项事情过程中,只要他们提出要求,国王、君侯、共和诸国以及世俗官员都要利用自己的权威来帮助他们、支持他们;这样的话,为了荣耀全能的上帝,他们就可以在没有任何阻碍的情况下恰如其分地贯彻实施前述各项事宜。

---

① "海洋"(mare magnum),中世纪及近代西方对教宗谕令的一种通俗称谓,意指教宗给予人们的恩惠有如海洋之浩瀚。

关于改革之教令

第1章　对于枢机以及各地教会的所有教长而言，其家具必须简朴，其饮食必须节约；而且，他们不得动用教会的财产来让自己的亲属或家仆发财致富

担当主教职位的那些人理应明白自己的职责是什么，而且应当知道他们之所以受召任职，并不是要让他们自己享受便利，也不是要让他们获得财富
254 或过着奢华舒逸的生活，而是要让他们为了上帝的荣耀而勤勉劳作、兢兢业业。毋庸置疑的是，对于其他信徒而言，如果他们看到，位居他们之上的那些人并不是一心想着尘世的那些事情，而是全神贯注于灵魂的救赎、关注于天国，那么，这些信徒也就将比较容易地受到激励，从而可以增进自己的宗教热情并使自己变得清白无瑕。本圣公会议认为，对于恢复教会纪律来说，这些事项是至为重要的。因此，本圣公会议对所有主教发出以下规劝，即：他们必须要经常对这些事情作出思考，而且要以其生活中的行动和风范来证明自己的行为举止与自己所担职位是相称的，这是因为，他们的行动和风范本身就是一种永恒的布道。不过，本圣公会议首先要强调的是，他们必须要对自己的整个品行作出规范，这样的话，别人就可以在温和、谦逊以及节制方面找到楷模，也可以在圣洁的谦卑方面找到楷模，而若要上帝悦纳我们，这种圣洁的谦卑是必不可少的。①

因此，本圣公会议将效仿我们的教父在迦太基会议②上的做法，向主教们发出以下命令，即：他们的家具摆设必须简朴，其饭菜饮食必须简单；而且，他们还要注意，在其生活方式中的其他一切方面以及在他们的整个住处，不得存有任何与这一神圣教规格格不入的东西，不论是什么东西，只要不能显

---

①　天主教圣经中的“德训篇”(Ecclesiasticus，亦称“息辣书”，Book of Sirach，亦称“便西拉智训”)有言：“儿呀，你要凡事谦卑，人们重视谦卑胜过礼物。你愈是伟大，你就愈是(应)谦卑；那样上主才会喜悦你。上帝的权能是伟大的，他受到谦卑者的荣耀。切莫探索那些高深莫测的事物，或者调查那些你理解不了的东西。”见张久宣译：《圣经后典·便西拉智训》，商务印书馆1996年版，第155页。另，《圣经》言：“耶稣……说：‘我实在告诉你们，你们若不回转，变成小孩子的式样，断不得进天国。所以，凡自己谦卑像这小孩子的，他在天国里就是最大的。凡为我的名接待一个像这小孩子的，就是接待我。’”见《圣经·新约·马太福音》18：2—5。

②　迦太基会议(the Council of Carthage)，公元3—5世纪，基督教会在北非迦太基城召开过多次宗教会议，这里所说的迦太基会议当指401年由信奉正统教义的主教们所开的那次会议。

示简朴、不能展示对上帝的热忱、不能表明对浮华的鄙视,都必须一概摒除。此外,本圣公会议还要严格禁止他们利用教会的收入来为自己的亲属或家仆谋求财富,这是因为,教会的财产是属于上帝的,众使徒制定的诸项教规也是禁止将教会财产送给亲属的。需要注意的是,如果其亲属真的处于贫困状态,那么,他们可以将之作为穷人来对待,然后对之进行赈济;但是,不得为了这些亲属的缘故而乱用或浪费教会财产。说真的,本圣公会议还要以至真至诚的态度向他们发出规劝,即,他们必须完完全全地彻底抛却对兄弟、侄子、外甥以及其他亲属的那种凡俗的人类之情,因为这种情感是教会中许多弊端得以产生的温床。对于所有持有教会有俸圣职之人而言,不论他们是属于教区的还是属于修会的,都要按照各自所属层级的性质,遵守以上就主教问题所作出的诸项规定。而且,本圣公会议规定,以上所述内容同样也适用于神圣罗马教会的诸位枢机,这是因为,在普世教会的管理上,要依靠他们向至圣至洁的罗马教宗建言献策,而且所有人都会理所当然地将目光集中在他们身上,如果他们在德行上以及在遵守生活纪律方面不能做到出类拔萃,那似乎是一种耻辱。

第2章 从个体角度而言,应由哪些人庄严接受本圣公会议所颁之教令;另论及应由哪些人作出信仰告白 255

目前这个时代多灾多难,各种异端与日俱增,而且这些异端极度恶毒。这就要求,不论是什么事情,只要它有可能对民众的教化有所帮助,只要它有可能对捍卫天主教的信仰有所裨益,那么,就要一律予以完成,不得有任何遗漏。因此,本圣公会议要向各位宗主教、首席主教、大主教、主教以及依据权利或习俗而必须出席教省教务会议的其他所有人员作出以下要求,即:在本圣公会议闭幕之后各地举行的第一次教省教务会议上,他们必须要公开接受由本圣公会议制定并颁布的所有教令和每一项教令;他们还必须要承诺并宣誓真正服从至高无上的罗马教宗;同时,对于神圣教会法典和历次圣公会议一直予以谴责的所有异端,特别是对于本圣公会议予以谴责的所有异端,他们都必须要公开表达自己的憎恶之情并要公开对之进行谴责。另外,从今以后,对于所有将被擢升担任宗主教、首席主教、大主教和主教职位之人而言,在他们(担任上述新职之后)参加的第一次教省教务会议上,他们都要严格按照以上程序行事。对于以上所述的所有之人而言,上帝当然是禁止(他们拒绝按照以上程序行事)的,但是,假如他们当中有人拒绝的话,那么,该教省的主教们就必须立即要将相关情况汇报给罗马教宗,与此同时,他们必须终止与那个人进行任何交流;(如果主教们没有遵守以上规定),他们就将招致上帝的震怒。对于其他所有人而言,即,包括目前持有教会有俸圣职之人以及今后将持有教会有俸圣职之人,也包括有义务参加教区教务会议之人,在(本圣公会议闭幕之后召开的或在圣职人员履新之后参加的)第一次教区教务会议上,他们都要按照并遵守以上规定的程式行事,否则,将依据神圣教会法规对之进行惩罚。此外,有些人对大学以及从事一般性研究的机构负有监管、巡访和改革之责,所有这些人都必须勤勉负责,确保这些大学完全接受本圣
256 公会议制定的所有教规和教令;在这些大学中,那些硕士、博士以及其他人在阐释和讲授与天主教信仰相关之事的时候,都必须与本圣公会议制定的教规教令保持一致,而且,在每年年初,他们都要庄严宣誓遵守这一规定。另外,在以上所述的这些大学中,如果遇有任何其他需要纠正和改革之事,那么,为了增进宗教信诚,同时也为了推进教会纪律,相关的负责人就必须对之进行纠正和改革。需要注意的是,有些大学是受教宗直接保护的,对这些大学的巡访工作也是由教宗负责的,对于这些大学,教宗必须要委派代表,由他们按照前文所述的方式并按照教宗本人认为最恰当的方式对之进行有益的巡访和改革。

第3章　不应草率动用绝罚之剑;对于财产或人身方面的问题,如果以常规方式即可解决的话,那么,就应该避免使用惩戒罚[1];世俗官员不得对此类事情进行干涉

虽然说绝罚之剑是教会纪律的核心中枢,而且对于保证民众各尽其职非常有益,但是,在使用此剑的时候,必须要有节制,且要慎之又慎。这是因为,经验告诉我们,如果草率地挥舞此剑,或者出于某些无足挂齿的琐碎原因而挥舞此剑,那么,人们对它的态度将是藐视而不是畏惧,其结果将是毁灭而不是拯救。关于采取绝罚手段之目的,用通常的表述方式来说,就是在于引出事情真相;或者是基于某些东西丢失或被盗之缘故,才会使用绝罚手段;而且,只是在经过一定次数的规劝之后,(在规劝无效的情况下)才会采取绝罚手段。有鉴于此,只有主教才可以发布绝罚令,而其他任何人均无此权限。即便如此,也只有在极其特殊的情况下,亦即在遇有让主教不得不想到动用这一手段的情况下,方可采取绝罚行动;而且,在此之前,主教本人必须要对

---

① “惩戒罚”(censures)亦称“教会制裁”,指天主教会对犯了罪的受洗者所加的制裁或惩罚,其主要方式是绝罚(即“开除教籍”,excommunication 或 anathema)、禁罚(interdict)和停职罚(suspension)。

案情进行认认真真且深思熟虑的权衡，否则，便不得动用这一手段。对于俗世之人而言，不论他是谁，而且即便他是当地的行政长官，那也不得利用自己的权力去胁迫主教发布以上所说的那些绝罚令；整个事项都只能由主教本人按照自己的良心作出裁决，即，在对事情原委、事发地点、当事人或事发时间 257
等问题进行思虑之后，由主教本人决定是否应当采取绝罚措施。

对于所有教会法官而言，不论他们的级别是高是低，在处理司法案件的时候，都必须遵行以下规定，即：不论是在诉讼过程之中，还是在作出裁决的时候，亦即在案件处理过程中的任何一个阶段，在对于相关之人或财产的处理上，只要是通过他们自身具备的权威便可使问题得到解决的，那么，他们就必须避免使用教会的惩戒罚或避免采取禁罚手段。但是，在那些属于教会法庭审理权限内的所有民事案件中，教会法官的以下做法都将是合法的，即：如果认为有必要的话，他们有权向包括俗民在内的一切人等提起诉讼，而且有权以罚款、扣押财产、监禁、褫夺有俸圣职以及其他法律手段予以结案；如果采取罚款手段，那么，在所罚之款收上来之后，必须毫不迟疑地立即将之送往当地的宗教机构；如果采取监禁手段，那么，可由法官自己属下的官员执行，亦可由其他官员负责执行。但是，如果对犯罪分子采取监禁或罚款这类手段依然无法解决问题，或者如果犯罪分子蓄意藐视法官，那么，除了对之采取其他的处罚措施以外，如果法官认为合适，还可以对之动用绝罚之剑。

与上述情形相似，在刑事案件中，在对于相关之人或财产的处理上，如果能按照以上所言的那种方式得以解决的话，那么，法官就必须避免使用惩戒罚。但是，如果上述解决办法不易取得成功的话，那么，对于犯法之人，法官则可以动用以上所说的那把宗教之剑对之进行惩处；当然，其前提是，犯法者的犯罪性质必须极为严重，非常有必要采取上述措施；而且，(在动用绝罚之剑)之前，(对当事人)至少要作过两次规劝，而且要以公告的形式进行规劝。另外，对于世俗行政官员而言，不论他是谁，都不得编造下述借口，即，目前这份教令中包含的各项规定之所以一直没有被遵守，是因为该教令的涉及对象只是教会人士而非俗世之人。因此，他也就不得以此为借口禁止教会法官对任何人采取绝罚措施，也不得以此为借口要求法官取消已经发布的绝罚令，否则便是违法行为。此外，对于每一位被处绝罚之人而言，在(主教或教会法庭)依法向之发布告诫书之后，如果他依然没有痛悔，那么，他将不得领受圣 258
礼，不得与信徒进行交流和往来；而且，在随后的一年当中，如果他继续顽固不化，那就必然要对之作出惩戒，而且要将之作为异端嫌疑人而进行起诉。

第4章 在有些地方，有太多的弥撒需要举行；对于这些地方，主教、隐修院院长以及修会会长们应该依据具体情形对之作出合适的安排

在形形色色的教堂中，经常会出现以下两种情况。一种情况是，去世之人会（给教会）留下各种各样的遗赠，（对于这种情况，教堂必须要为之举行弥撒），而需要举行的弥撒在数量上非常之多，相关教堂根本无法按照死者生前立下的遗嘱而在某某特定的日子里为之举行弥撒。另外一种情况是，为举行弥撒而拨出的施舍资金非常微薄，因此难以找到愿意承担这一职责之人；在这种情况下，立遗嘱者的虔诚意愿就将受到挫伤，和以上所述职责相关的那些人在良心上也就有可能受到重压。本圣公会议殷切希望，在这些用于宗教目的的遗赠问题上，必须要尽可能地以最完全、最有益的方式履行相关职责（以满足遗赠者的虔诚意愿）。因此，本圣公会议向主教、隐修院院长以及修会会长们作出以下授权，即：对于上述那些教堂，亦即他们认为在上述问题上需要予以规范的那些教堂，首先要对其实际情况作出认真的考查；然后，不论是在哪个方面，只要他们本着良心认为是对尊崇上帝、服务上帝最为有益的，只要他们认为是对各教堂的利益是最有帮助的[①]，那么，在教区教务会议上或在修会全体代表大会上，他们均有权作出决定；这样的话，对于那些为自身灵魂之幸福而将财产遗赠于宗教用途的已故之人，（相关教堂）就可以恒常地为之举行追思活动了。

259
第5章 附加在有俸圣职上的那些条件和义务必须得到遵守

对于已经订好了的规章法则，就不应该通过任何与之相矛盾的法令条例来对之作任何的改动，这是做事的基本道理。因此，在设立或创建任何有俸圣职的时候，根据创设时的规定，或根据其他规章法则，如果对有俸圣职的领受设有若干前提条件，或者对有俸圣职附设有若干义务，那么，在对此类有俸圣职进行授受的时候，或在对此类有俸圣职进行任何其他形式的处理的时候，原定的条件和义务不得降低或减少。在为神学教师、硕士、博士、助祭以及副助祭提供的教会俸禄问题上，只要俸禄规格已经确定，那么就要同样遵守上述规定。这样的话，在任何规章条文中，在各种俸禄相对应的资格条件和圣秩等级问题上就不会有任何的更改；不论是什么样的规章条文，只要它是以其他方式制定的，都将被视作为诡秘的东西。

---

① 参见第二十二次会议“关于改革之教令”第6章。

第6章 在对享有豁免权的教区参议会进行巡访的问题上，主教应该以何种方式行事

本圣公会议规定：对于所有的主教座堂和协同教堂而言，不仅是在主教对之进行巡访期间要遵守已故教宗保罗三世时期颁布的那份教令（其开始语是“Capitula cathedralium”，意为“主教座堂参议会”）①，而且，只要主教对那份教令中涉及的任何人提起正式诉讼，或者只要主教应他人的请求而对那份教令涉及的任何人提起诉讼，那么，上述座堂或教堂也同样必须遵守那份教令。这样的话，当主教在巡访期之外处理诉讼案件的时候，（相关机构或个人）就必须遵守以下各项具体规定，即：在每年年初，咏经团必须从本团成员中挑选出两名代表；在听取上述二人的意见并在征得他们同意的情况下，主教或其 260
副手必须在以下两个方面展开工作，即，确定办案程序，同时就与之相关的其他一切事项（包括案件审理终结时的相关事项）作出规定；当然，（在作上述规划的时候），主教一方的公证人必须在场，决策的地点可以是在主教的住处，也可选在主教常去主持办案的法庭。不过，这两名代表只能有一票投票权，但是，二人当中的任何一位也可以和主教保持一致而投出自己的那一票。②需要注意的是，在具体操作事项上，或者在阶段性裁决或终审裁决上，如果两位代表均不同意主教的意见，那么，他们要在六天之内协同主教一起选择一个第三方来解决问题；如果在第三方人选的选择问题上他们也不同意（主教的意见），那么，则由距当地最近的那位主教负责为之挑选第三方；在他们表示异议的那一问题上，将按照第三方认可的那一观点作出决定。如果不按上述规定行事，那么，相关诉讼及其后续事项均属无效，而且均无法律效力。不过，对于刑事案件，（本圣公会议则另有规定）。有些刑事案件是因缺乏节制而引起的，关于这类案件，在论述蓄养情妇问题的那份教令中已经提到过。③还有一些是更加残酷且更加令人不能容忍的刑事案件，对于这类案件，需要（对当事人）作出免职和降级处理；在这类案件中，有可能会出现如下情况，即，当事人会以逃跑的方式来规避审判，因而对之采取监禁措施也就是必要的了。有鉴于此，对于上述各种刑事案件，在初始阶段，主教可以独自进行初

---

① 见第六次会议“关于改革之教令”第4章。另参见第十四次会议“关于改革之教令”第4章。

② 这一规定实际上只是一种以保证主教权威为目的的文字游戏，按照这一规定，主教在投票表决的时候永远也不会输，最差的结果是平局。

③ 参见第二十四次会议“关于婚姻改革之教令”第8章。另参见第二十五次会议“关于改革之教令”第14章。

步侦查，而且可以采取必要的监禁手段；不过，在其他方面，主教还是要遵守以上所述的规定。需要注意的是，在处理所有案件的时候都要考虑到以下这一问题，即，必须要把罪犯监禁在一个合适的地方，监禁的地点要与案件的性质以及罪犯的身份相称。此外，不论是在什么地方，都要对主教表示尊重，尊重的程度要与主教的地位相称；在唱经班中、在教区参议会里、在游行队伍中以及在其他的公开场合，首席位置一律属于主教；而且，主教本人愿意选哪个位置，哪个位置便属于他；不论是做什么事情，主教一律享有首要权威。

如果主教提议由参议会成员就某些事情进行商讨，而且如果所要商讨的
261 事项不涉及主教本人或与主教本人的利益无关，那么，可由主教本人召集参议会进行开会，组织投票工作，然后根据投票结果作出决定。需要注意的是，如果主教未能出席，那么，整个事项将由依据法律或习俗而有相关职权的参议会成员负责处理，主教的副手不得介入其中。在其他一切事情上，参议会所享有的司法管辖权和其他各种权力（如果它真的拥有一些此类权力的话）以及财产管理权都将绝对予以保全，不得对之有任何的侵损。至于没有任何职位且不属于参议会的那些人，在涉及宗教案件的时候，将归属主教处理；不论是什么样的特权（即便是源于某某基金会的特权），不论是什么样的习俗（即便是非常古老的习俗），也不论是什么样的裁决、誓约或协约（这类协约只对其最初的签约者有效），只要与以上所述的各种规定相左，均属无效；不过，对于从事综合性研究的大学以及附属于这些大学的人员而言，在一切事情上，以前给予之的那些特权仍将保持不变。需要注意的是，在有些教堂中，根据相关的规章、特权、习俗、协约或其他任何权利，主教或其副手所享有的权力、权威以及司法管辖权都要大于本教令中所作的相关规定，本圣公会议无意于削减他们的这些权力，因此，对于这些教堂而言，以上所作的所有规定和每一项规定均属无效。

第7章　在有俸圣职方面，进入权和复归权①将被废止；另论及基于何种原因才能委任那种有继承权的助理②，这种助理应该委派给谁，应该以何种方式委任这种助理

在教会有俸圣职问题上，任何常有世袭色彩的东西都是对神圣教规的玷

① 进入权（access）和复归权（regress），二者均是法律方面的用语，“进入权”是指获得或使用某种资源的权利，“复归权”是指权利所有者收回权力客体的权利。

② 有继承权的助理（coadjutor），通常是指助理主教（coadjutor-bishop），这是由教宗任命的一种领衔主教，协助当任主教管理教区，并享有主教职位继承权。

污，而且与众教父制定的教令是背道而驰的。因此，从今以后，对于任何一种有俸圣职而言，不论它是什么级别的，即便（曾经得到相关机构或权威的）同 262
意，也不得把进入权或复归权赋予任何个人；对于此前已经给出去的那些进入权或复归权，也不得予以中止、延展或转让。对于所有的有俸圣职，即便是主教座堂中的那些有俸圣职，本教令都将有效；对于所有人等，而且即便是那些拥有枢机高位之人，本教令也都一并有效。

同样，从今以后，在享有继承权的助理职位问题上，也应遵守以上规定；也就是说，不论是对于什么样的教会有俸圣职，都不得让任何人成为该圣职的继承助理。需要注意的是，如果遇有紧迫情况而必须要为某位教长安排一位继承助理，或者如果为之安排继承助理能对某一主教座堂或某一修道院产生明显益处的话，那么，在委任这类有继承权的助理之前，至圣至洁的罗马教宗首先要对相关事由作出认真的审查，而且还要确保，相关人选在所有资格条件上都必须符合法律以及本圣公会议对主教和其他各种教长所定的资格要求；如果不按以上规定行事，那么，在这个问题上作出的那些特许都将被视为诡秘行为。

第8章　对于医院①而言，应该遵守什么样的规则；如果其管理者玩忽职守，应该由何人并以何种方式对之进行惩处

本圣公会议要向一切持有有俸圣职之人发出规劝，即，不论他们持有的是教区有俸圣职还是修会有俸圣职，只要其收入状况许可，就应该像那些圣洁教父们经常号召的那样养成习惯，欣然且充满爱心地去履行殷勤好客之责；而且，他们还应牢记在心的是，对于那些怀有好客之心的人来说，接待宾客也就是在接待基督。需要注意的是，有些人以代管的名义、以管理者的名义或者以其他各种名义而掌握着通常被称为医院的那些机构，同时还掌握着那些专门用来为朝圣者、体弱多病者、年长者以及穷人服务的宗教场所；在有些情况下，他们已经将这些医院及宗教场所与他们自己主管的教堂合并在了一起；或者还有这样一些情形，即，有些堂区教堂要么已经和某些医院进行了合并，要么已经转变成了医院，然后这类机构又被交还给其庇护人，（庇护人 263
又将其）交给上述之人进行管理。本圣公会议要对以上这些人作出严格规

① 古代中世纪乃至近代的所谓医院（hospital）与现代意义上的医院存在很大差别。当时的医院通常设在教堂或修道院之中。除了接待生病的朝圣者外，医院也收容一些流浪者、乞丐、老人、孤儿以及一般病人、残疾人和精神病人。其基本功能是从事宗教活动，同时也向穷人提供慈善服务，尤其是提供食物、避难所、礼拜堂、祷告以及护理等方面的服务。因此，当时的医院实际上是旅馆、客栈与收容、济贫、医疗机构的混合体。

定，即：维埃纳会议曾制定过相关教规（其开始语是“Quia contingit”，意为“因为恰巧遇上”），在已故教宗保罗三世时期，本圣公会议在其他场合也重申过这一教规[①]；上述之人必须按照这一教规，承担起他们应尽的职责和义务；而且，教会收入当中有一部分是专门划拨出来用于以上所述之目的的，因此，他们必须要对得起这部分教会支出，切实履行起热心接纳、善待来客之责。需要注意的是，有些医院是为接待某一特定阶层的朝圣者、病弱者或其他一些人而设立的，但是，在这些医院所在的地方，如果根本没有这类人需要接待，或者需要接待的这类人极其稀少，那么，本圣公会议还要作进一步的规定，即：当地教长要根据具体情况作出最为恰当的判断，然后将这些医院的那些收入转用于其他某种宗教用途，即要用于和最初计划最为接近的那个方面，或用于对当时当地最有用的那些方面；当地教长在作决断的时候，要有来自教区参议会的两名成员进行协助，这两个人必须拥有相应的办事经验，而且要由教长本人进行挑选。不过，偶尔也会出现这样的情况，即，对于这些收入的用途，在这类医院创建或设立之初，就曾明确作出与上述要求相反的一些规定，甚至对本教令中所说的这种情况也早有明确的规定；在这种情况下，主教应该尽量保证医院的原有规定得到遵守，或者，如果无法做到这一点的话，那他就应该按照以上所述的规定以某种有益的方式来处理协调此事。

因此，对于以上所说的包括俗人在内的对医院拥有管理权的所有人和每一个人而言，全心全意地做好热心接纳、善待来客工作乃是他们应尽的职责；只要他们不是隶属于那些依然遵循修会规则的修会僧侣的话，那么，不论他们拥有什么样的身份，不论他们属于哪一个圣秩级别，也不论他们担当的是何种职位，在经过当地教长的规劝之后，如果他们在实质上依然疏于履行自己的上述职责，那么，将采取教会惩戒以及其他法律手段来强迫他们履行职责，而且还可以永远剥夺他们对医院的管理权，相关之人可以安排其他人来取代他们的位置。此外，对于侵越这些医院的条规而收取钱财之行为，不得以任何形式的赦免或协议来对之进行宽恕；对于以上所述之人而言，如果他
264 们收取了这类钱财，那就必须要本着良心，一定要将之还回去。除非这类场所在其创立之初另有规定，否则，从今以后，同一个人对这类场所行使管理权或制辖权的期限不得超过三年。对于以上所述的所有问题，不论是什么样的合并事项，不论是什么样的豁免权和习俗（即便是非常古老的豁免权和习俗），也不论是什么样的特惠权或教宗特许权，只要与本教令相左，均属无效。

---

① 参见第七次会议“关于改革之教令”第15章。另参见第二十三次会议“关于改革之教令”第18章。

第9章 应以何种方式对庇护权进行验证，应当给予什么样的人以庇护权；对于庇护人而言，哪些行为是非法的；处于自由状态下的有俸圣职不得与受庇护的教堂进行合并；那些不是通过合法途径获得的庇护权将被取消

取消信徒们对相关机构拥有的合法庇护权，侵犯信徒们对相关机构的虔诚意向，这类做法当然是不公正的；但是，如果以此为借口而将教会有俸圣职置于受奴役状态，这同样也是不公正的，然而，许多人恰恰厚颜无耻地这么做了。因此，为了在一切事情上都能遵循恰当的程序，本圣公会议规定：庇护权方面的头衔必须是源于某一基金或某一捐赠，这一头衔必须要有确实可靠的文件以及法律所要求的其他证据来作证；或者，可以通过重复不断的捐赠行为来证明（其头衔的合法性），但是，这种捐赠行为必须已经是持续了一个非常漫长的时段，而且必须达到这样一个程度，即，人们靠自己的记忆已经无法弄清它是从何时开始的；或者，可以按照相关法律的要求（来证明其头衔的合法性）。需要注意的是，就某些人员、团体或大学而言，其享有的那些庇护权据说绝大多数都是通过非正常手段僭取而来的，因此，要确定其头衔的真实性，他们或它们就必须要提供一份更为全面、更为准确的证据；除了要提供其他各种必需的证明材料之外，还要有真实可靠的文件来证明以下之事，即，在此前不少于50年的时间里，他们或它们一直不间断地（向有关机构）提供捐赠，而且每一次捐赠都已得到具体落实；如果不能证明以上这一点，那么，他们或它们提供的那些证据即便是非常古老的，那也不会产生任何效力。至于
其他一切形式的庇护权，比如说对教区有俸圣职、修会有俸圣职或堂区有俸 265
圣职的庇护权，或者说对各种官职的庇护权，或者说对主教座堂或协同教堂中其他任何有俸圣职的庇护权，都将被视为已经全部取消，已经一律作废；而且，其后出现的（对庇护权的）那种“准占有”也一并被取消。对于这类有俸圣职，负责圣职授予之人将视之为已经处于自由状态，可以将之授予他人；而且，这类任命将完全有效。另外，还有这样一些权力和特权，即，被给予了这类权力或特权之后，就可以获得庇护权；或者，当有关有俸圣职出缺之后，（利用这类权力或特权），再通过其他各种形式的权利，可以提名、推选或举荐他人获得出缺的有俸圣职。这类权力和特权也都将被视为全部取消。不过，属于主教座堂所有的那些庇护权将予以保留；属于帝国皇帝、国王、拥有最高司法管辖权之人以及其他在自己领地内享有主权的高级诸侯所拥有的那些庇

护权亦予以保留；颁给综合研究机构的那些庇护权也予以保留。[1]

另外，对于由庇护人举荐的那些人，如果主教认为他们不能胜任工作，那么，主教有权拒绝之；对于主教而言，这是合法行为。需要注意的是，如果委任权属于下级（教会人士），那么，应该按照本圣公会议在其他场合所作的规定[2]，由主教对他们（指被举荐人）进行考察；否则，由那些下级教会人士作出的任命事项则属无效。

需要注意的是，对于有俸圣职的庇护人而言，不论他们位居何种级别、身居何种高位，即便拥有庇护权的是团体、大学或各种形式的学院等等（诸如此类的法人），且不论（这些法人机构）是属于圣职人员的还是属于俗世之人的，而且，即便那些有俸圣职是基于某某基金或捐赠而实实在在处于他们或它们庇护之下的，他们或它们也都不得以任何方式或任何理由干预任何有俸圣职之薪俸、应得权益或各种收入的收取事宜，与此相关的事情只能由相关主管或受益人自己自由处置；不论是什么样的习俗，只要是与本规定相左，均属无效。而且，庇护人不得违背教会法规的规定，即，不得以出售的方式或其他各种名义而将以上所说的那种庇护权转让给其他人。如果他们一意孤行，那么，他们将招致绝罚和禁罚之类的惩处，而且，他们原先享有的那一庇护权本
266 身也将被依法剥夺。此外，还有下述一些获取庇护权之行为，即，把原本处于自由状态下的有俸圣职与那些受庇护权辖制的教堂进行合并，而且有的庇护权甚至是属于俗世之人的，受庇护权辖制的那些教堂有的是属于堂区教堂，有的则是属于其他各种类型的有俸圣职，有的甚至是一些普通的有俸圣职，或者是一些宗教职位，甚至有的还是医院；通过这种方式，前面所说的那些处于自由状态下的有俸圣职在性质上就变成与合并对象一样了，因而也就可以被置于那一庇护权辖制之下了。对于这类通过合并而取得的庇护权而言，如果目前尚未完全生效，或者，从今以后再出现诸如此类的情况，那么，不论提出合并请求的是什么人，也不论是由什么样的权威同意的，即便同意者是罗马教廷，这类庇护权连同所说的合并本身也都仍将被视为是通过诡秘方式而获得的；在这个事情上，不论使用的是什么样的表述形式，均属无效；而且，即便是以某种降格的方式低调表述之，亦将被视为等同于那种明目张胆的表述，因而亦属无效。另外，从今以后不得再搞任何诸如此类的合并；对于那些已经按照以上方式合并了的有俸圣职而言，当它们出缺之后，就应该按照前

① 参见第二十四次会议“关于改革之教令”第19章。

② 参见第十四次会议“关于改革之教令”第13章，第二十四次会议“关于改革之教令”第18章。

文所作的规定(使其恢复自由状态),亦即可以自由地将之授予他人。

至于那些在过去 40 年内出现的庇护权扩张行动,如果它们已经完全生效,而且如果合并之事已经全部完成,那么,作为罗马教廷的代表,教区首长将对之进行核查;如果发现当事人是以诡秘或欺骗的方式而获得庇护权扩殖的,那么,这种庇护权将连同相关的合并事项一起被宣布无效;(被合并的)那些有俸圣职本身将被分离出来,然后将之授予其他人等。

有些庇护权的辖制对象是教堂以及其他各种各样的有俸圣职,而有些庇护权的辖制对象则是原先处于自由状态的各种宗教职位。和上述规定一样,对于所有这些庇护权而言,只要是在过去 40 年内取得的,或者是在以后将要取得的,那么,不论它们是通过捐赠额的增加而取得的,还是基于新建房舍而取得的,抑或是基于某些其他类似的缘由而取得的,而且即便是借助于罗马教廷的权威而取得的,作为罗马教廷的代表,教区首长都要对之进行认真细致的核查;在这些事情上,任何人都不得以任何权威或任何特权对教区首长的工作设置障碍;如果教区首长发现有些庇护权并不是合法设立的,亦即它们并不是在某一教堂、有俸圣职或宗教职位非常急需的情况下而设立的,那么,他们将彻底取消这类庇护权;不论庇护人向这类有俸圣职捐献什么东西, 267
都要将之归还给他们,然后,在不对圣职持有者造成损害的前提下,将这类有俸圣职恢复到其原先的自由状态;不论是什么样的特权、规章和习俗,也不论它们有多么古老,(只要与本教令相左),均属无效。

第 10 章　法官将由教务会议任命,罗马教廷可将相关案件委托给他们进行处理;所有法官都应该迅速地将案件审理完毕

由于举荐人提供的是恶毒且有害的建议,有时还由于路途遥远之故,(教会往往)会将案件委托给某些人进行处理,而(教会)对这些人却无法获得全面的认识和了解。因此,有的时候,案件会落到根本没有办案能力的当地法官之手。有鉴于此,本圣公会议规定:在每次教省教务会议和每次教区教务会议上,都要指定一些人(作为法官人选),这些人在资格条件上必须要符合卜尼法斯八世[1]所定教规(其开始语是“Statutum”,意为“将被确立”)之要求,或者要符合教务会议所定之要求;这样的话,从今以后,对于那些应当归属教会法庭审理的教会案件或属灵案件而言,如果必须要将之放在当地进行审理,那么,除了要将之委托给当地教区首长进行审理之外,也可以将之委托给

---

① 卜尼法斯八世(Boniface VIII,1294—1303 年在位),罗马教宗,参见第二十三次会议“关于改革之教令”第 6 章中的相关注释。

上述法官进行审理。在被指定为法官的这些人当中，如果有人在两次教务会议之间去世，那么，在征询教区参议会意见的前提下，当地教区首长将委派另外一人来顶替其留下的空缺，该人的法官任期将一直持续到下一次教省教务会议或教区教务会议召开时为止。基于这一情况，在每个教区，按照上述方式批准的具有（法官）资格之人至少应该有四名，甚至还应该有更多这样的人；任何一位教宗使节或教廷大使甚至教廷本身都可以将上述那种性质的案件委托给这些法官进行审理。以上所述的指定工作完成之后，主教们必须要将相关信息立即转呈给至高至上的罗马教宗；在指定工作完成之后，如果还
268 出现委派其他法官之现象，亦即将审案工作委托给以上所述之人以外的其他人，那么，不论它是什么类型的委派，都将被视为诡秘行为。

此外，本圣公会议还要向教区首长们以及所有其他法官发出以下劝诫，即：要尽可能在最简短的时间内把案件审理完毕。律师们会施展各种计谋来拖延案件的审理，或者对司法程序中的其他各个环节进行拖延；教区首长以及其他法官可以设定具体的办案时限，亦可采取其他某种合适的方法，总之，要采取一切手段来对付律师们的那些伎俩。

第 11 章　禁止对教会财产或教会权利进行各种形式的租借，某些已经签订的租借契约将被废止

对于教堂而言，为获得一笔现金而将财产租让给他人的这种做法通常来说都会给教堂带来巨大的损害，而且对教堂的后继者也是不利的。因此，对于所有这一类的租借行为而言，如果它们会给教堂的后继者带来不利影响，那么，即便是已经通过先期支付租金的方式签订了租借协议，那也绝对不能认为这类租借是有效的；不论是什么样的教宗所赐特权，也不论是什么样的特别恩惠，（只要是与本规定相左的），均属无效；而且，不论是在罗马教廷，还是在其他任何地方，今后都不得再批准诸如此类的租借事项。不论是出租教会司法管辖权，还是出租对属灵事务副手的任命权或委派权，都将是非法的；对于承租人而言，如果他们行使上述这种租借而来的权力，那么，行使这种权力的不论是其本人还是他人，其行为也都是非法的。如果有人违反规定而给予他人以这类承租权，那么，即便作此决定的是罗马教廷，其行为也都将被视作诡秘之举。对于某些教会财产而言，其租借契约是在过去 30 年之内签订的，其租期很长，比如在有些地方，租期长达 29 年甚至 58 年。本圣公会议规定，对于这类租借契约，将由教省教务会议或其委派的代表进行裁决，如果裁决结果认定这类契约的签订对教堂造成了伤害或有违教会法规的规定，那么，即便这类租借契约是由罗马教廷批准的，亦当视为无效。

第12章 必须足额缴纳什一捐;拒交什一捐或阻挠他人缴纳什一捐者将被处以绝罚;对于穷困教堂的主持,应虔诚地给予资助 269

有些人会施展各种各样的花招,想方设法地拒绝向教堂缴纳其本应缴纳的什一捐,这样的人是不可容忍的;有些人则会把别人用于缴纳什一捐的那部分钱财占为己有并归自己使用,而缴纳什一捐是由上帝规定的,因此,这样的人也是不可容忍的。不论是谁,如果他们拒交什一捐或者阻挠他人缴纳什一捐,那么,他们就是在僭夺他人的财产。有鉴于此,本圣公会议要对所有有义务缴纳什一捐之人作出以下规定:缴纳什一捐是他们的法定义务,不论他们拥有什么样的身份,也不论他们居于什么样的地位,从今以后,他们都必须要按照什一捐的法律归属而向主教座堂、其他各类教堂或相关人员足额缴纳什一捐。拒交什一捐者或阻挠他人缴纳什一捐者都将被处以绝罚;只有在全额补交所欠什一捐之后,才可赦免其所犯之罪。此外,本圣公会议还要向每一人和所有人发出以下劝告,即,为了上帝的荣耀,同时也为了让他们的那些牧者能够维持其应有的尊严,本着基督徒的慈爱精神并本着他们对主管牧者的应尽职责,他们应该毫无怨言地从上帝赋予他们的那些财物中拿出一部分,慷慨支援那些主管着穷困教堂的主教和神父。

第13章 葬礼(费用)方面的四一捐必须交给主教座堂或堂区教堂①

在40年前,被称作为葬礼四一捐的那种捐税在习惯上都是交给主教座堂或堂区教堂的;但是后来,由于各式各样的特权之缘故,这种捐税却被转给 270
了修道院、医院或其他各种宗教机构。本圣公会议规定:从今以后,不论是在什么地方,这种捐税一律要交给主教座堂或堂区教堂,上交的比例按照过去的习俗执行,而且,与这一捐税相关的一切权利也都属于主教座堂或堂区教堂;不论是什么样的授权、恩典、特惠(即便是被称作为“海洋”②的由教宗颁

---

① 在古代及中世纪时期,主持丧葬礼仪之所得一直是教区或堂区的重要的额外收入来源之一,在近代早期,这一规则一度弛废,但特兰特会议对之进行了修正。不过,在现代天主教会中,由教区收取丧葬费用的做法已经消失,相关收入及相关权利已完全归属堂区神父。简单而言,在这个问题上,堂区神父权利主要包括两个方面。其一,如果堂区居民死后安葬在本堂区,其本堂神父则有权享有与此相关的捐赠。其二,如果堂区居民死后安葬在本堂区以外的地方,死者家属仍须向本堂神父缴纳四一捐(a fourth of the dues,拉丁文称作 quarta funeralis 或 quarta funeralium,丧葬费用四分之一的额度)。按照天主教会的说法,收取这类费用是合法的,这是因为堂区居民与堂区神父之间存在着一套权利义务关系,即:神父为死者生前的一生付出漫长的属灵劳动,而付出劳动就应有所收获;同样道理,死者曾从神父那里获得过诸多照应,因此理当以合理的报酬向神父表示谢意。

② 关于“海洋”一词,可参见第二十五次会议“关于修士与修女”第22章中的相关注释。

予的特权），还是其他什么特许，只要是与本规定相左的，均属无效。

第 14 章 对于那些蓄养情妇的圣职人员，应以何种方式进行处置[①]

对于全心全意为上帝服务的圣职人员而言，如果他们过着下流污秽的生活而且生活在不洁的男女关系之中，那么，其行为必将招致全体信徒的共同反感，而且会使整个圣职人员阶层名誉扫地；因此，这种做法本身就已充分表明这种事是多么的丢人，它与圣职人员的名分又是多么的不相称。因此，为了能让教会圣职人员重新过上与其身份相称的节制而诚实的生活，为了能让民众从今以后更加敬重他们，同时也为了能让民众知道他们将过着更加纯洁的生活，本圣公会议规定：对于所有圣职人员而言，不论是在自己的住处，还是在别的什么地方，一律不得蓄养情妇，亦不得供养任何其他存有（情妇）嫌疑的女人，而且不得与她们发生任何的房事行为；否则，将依据神圣教会法规或依据各教会自己的规章条例对之进行惩处。需要注意的是，在其上司对其作过规劝之后，如果他们依然没有和这些女人断绝关系，那么，根据这一事实本身，对于其各种有俸圣职应得的薪俸、捐税、收益以及其他各种收入中，将有三分之一被剥夺；至于这部分款项的去向，由主教根据情况作出决定，即，既可将之纳入教堂财库，亦可将之用于其他某些宗教机构。需要注意的是，如果他们继续坚持其原先的罪恶、继续与原来的那个女人或其他某个女人保
271 持关系，（其上司）将再次对之进行规劝；如果他们依然不听规劝，那么，其有俸圣职的全部薪俸和收益以及其他各种收入将被完全剥夺，这些收入同样也要交给以上所说的那些宗教机构；而且，还要暂停他们行使其有俸圣职，至于暂停的时限，则由教区首长依据具体情形作出合适的决定，（在这个问题上），教区首长甚至可以说就是罗马教廷的代表。在被暂停行使有俸圣职之后，如果他们仍然没有将那些女人打发走，甚至说如果他们还与那些女人发生性关系，那么，他们原先拥有的教会有俸圣职、收入份额、各种职位以及其他各种形式的收入都将被永远剥夺；如果他们在生活作风上有了明显的改过自新，而且如果其上司认为合适且具备恰当理由的话，则可对他们作出宽免；在此之前，他们将不得也不配拥有任何形式的荣衔、显职、有俸圣职以及其他各种职位。需要注意的是，在将那些女人打发走以后，如果他们胆敢重新恢复那一本已中断了的关系，或者如果他们胆敢与同属此类的声名狼藉的其他女人搞在了一起，那么，他们除了要受到以上所述的各种处罚之外，还将招致绝罚

---

① 关于蓄养情妇问题，第二十四次会议已有比较详细的规定，这里又对相关规定加以细化。参见第二十四次会议“关于婚姻改革之教令”第 8 章。

之剑的严惩。任何上诉行为或豁免权都不得妨碍或中止上述规定的贯彻执行；而且，对于以上所述的一切事项，其审理权不得归总执事、总堂区神父①或其他初级圣职人员所有，而只能归主教所有；主教可以独自对事情的真相展开调查，在处理案件过程中，不必顾及各种噪音异议，也不必拘泥于司法程式。

对于那些手中没有教会有俸圣职或并未领有各种收捐权的圣职人员而言，（如果他们犯有上述罪行），那么，将根据他们所犯罪行及抗拒裁决的严重程度，并根据他们在这一罪行上的顽固程度，由主教本人按照神圣教会法规的规定对之进行惩处，可以对之处以监禁，也可以暂停其圣职，也可以取消其（在以后）获得有俸圣职的资格，也可以采取其他方式对之进行惩处。

至于主教，上帝当然是禁止（他们犯有此类罪行）的，但是，假如他们犯下了这种性质的罪行，而且假如在教省教务会议对之进行劝诫之后依旧不思悔改，那么，根据这一事实本身，其职务就要被暂停；如果他们在那一罪行上继续我行我素，上述教省教务会议就要将他们的情况汇报给至圣至洁的罗马教宗；教宗将根据其所犯罪行的性质对之进行处罚，如果需要的话，甚至可以褫夺其教职。

第 15 章　圣职人员的私生子不得领受某些类别的有俸圣职和捐税 272

对于用来为上帝服务的宗教职位而言，其最为恰当的特征就是纯净与圣洁，为了尽量消除下述现象，即一想到某些宗教职位就想起该职位（持有者）的父亲不节制不检点，（本圣公会议现作如下规定）：对于圣职人员的儿子而言，如果是属于私生子，那么，就不得在其父亲担任或曾经担任过有俸圣职的那些教堂中担任任何有俸圣职，即便担任的是与其父原先担任的有俸圣职不同的职务亦在禁止之列，否则便算违法行为；而且，不得以任何方式在以上所述的那些教堂中施行圣礼圣事；另外，也不得从其父持有或曾经持有的有俸圣职收入中获取各种捐税。就目前来说，如果发现下述情形，即，父亲与其（私生）子在同一个教堂中持有有俸圣职，那么，做儿子的必须要在三个月之内放弃自己的有俸圣职，或者与该教堂以外的另一份有俸圣职进行置换；否则，他所持有的有俸圣职将被依法剥夺；在前述这些问题上，任何的宽免行为都将被视为诡秘之举。此外，作为圣职人员，有些做父亲的会以相互交换的方式来放弃各自的有俸圣职，对于他们的那些（私生）子而言，其中一人就可

---

① 关于总执事和总堂区神父，参见第二十四次会议“关于改革之教令”第 3 章正文及相关注释。

以获得另外一人的有俸圣职；从今以后，这类做法都将被完全视作是规避本教令、规避教会法规的欺诈之举；如果是以上述这种方式放弃相关有俸圣职的，或者如果是以其他各种方式欺诈性地放弃有俸圣职的，那么，对于以上所说的圣职人员之（私生）子而言，随后进行的圣职授予行为亦属无效。

第16章　负有牧灵之责的有俸圣职不得被转变为普通有俸圣职；必须从有俸圣职的收入中拨出适当的份额，将之分配给那些行使牧灵之责的副手

本圣公会议规定：对于那些属于教区的教会有俸圣职而言，不论它们的
273 名称是什么，如果按照其初创时的规定而负有牧灵之责，或者依据任何其他规定而负有牧灵之责，那么，从今以后，这类有俸圣职将不得被转变为普通有俸圣职[1]；而且，即便为负有牧灵之责的永久副手提供一份额度适当的收入，（其做法亦属违法）；不论是什么样的恩典，只要尚未完全实施，便一律无效。需要注意的是，对于某些有俸圣职而言，人们并没有遵照这些有俸圣职在创建或设立时所定的规矩，而是已经将（这些有俸圣职应负的）牧灵之责转托给了永久性的副手；对于这类有俸圣职来说，即便它们是从极为久远的时代以来便一直处于这种状况，但是，假如一直没有从相关有俸圣职的收入中拨出一份合适的财物用以分配给教会的这一副手（且不论赋予该副手以什么样的名头）的话，那么，就必须按照已故教宗保罗三世时期所定教令[2]，尽快地（亦即至迟要在本圣公会议结束后的一年之内）向这些副手提供额度合适的薪俸，其额度由教区首长视具体情况来定。需要注意的是，如果这一规定不便执行，或者在上述规定期限内这一规定没有得到执行，那么，相关有俸圣职（或副手职位）一旦出缺，且不论是因为主持或副手去世或放弃职位而出缺的，还是由于其他任何原因而出缺的，该有俸圣职必须重新收回牧灵之责，亦即必须将该有俸圣职恢复到其原有状态，副手职位亦将随之取消。

第17章　主教必须保持自己的尊严；在国王的大臣面前、在世俗领主或各类贵族面前，主教不得奴颜婢膝，不得做出与其身份不相称的举动

当听说有以下现象发生时，本圣公会议感到痛心疾首、悲哀之至，即：有些主教完全忘却了自己的身份地位，不论是在教堂之内还是在教堂之外，在

---

① 普通有俸圣职，指不附带有牧灵之责的有俸圣职。

② 参见第七次会议“关于改革之教令”第7章。

国王的大臣以及其他各种贵族面前，他们都会表现得奴颜婢膝，这种行为举止是极不合适的，它给主教的尊严带来了严重的损害；而且，在祭坛上的时候，那些主教不仅极不恰当地将（主要）位置让给他们，而且还会亲自为他们服务，给人的感觉好像主教是祭坛上的低级打杂。本圣公会议对诸如此类的行为做派深恶痛绝，因此，在神圣的教会法规、历次圣公会议制定的教规教令 274
以及教宗的其他各种谕令中，只要是和主教的尊严、体面及权威相关的，本圣公会议在此一律予以重申。在此基础上，本圣公会议规定：从今以后，主教不得再像以上那样行事；不论是在教堂之内还是在教堂之外，他们都要时时刻刻注意自己的地位和级别；不论是在什么地方，他们都要牢记自己是司祭和牧者。本圣公会议还要规定：王公贵族以及其他一切人等都要像敬重父亲一样来敬重主教，都要给予主教以应有的尊敬。

第18章 教会法典必须得到严格遵守；不论在什么情况下，都一定要经过深思熟虑，方可作出宽免决定

从公益角度来说，在有的时候放松一下法律制约确实是一种合适的做法，这样的话，便可以更为全面地去应对所出现的各种案情及各种紧急情况，而且这样做对大家都有好处。尽管道理是这样，但是，如果过分频繁地（对犯法之人）进行法律上的宽免、过分频繁地顺从当事人的宽免请求，而且如果在作出这种宽免的时候只是单纯地援引先例，而不对人物和事件作任何的区别对待，那么，这样的宽免就无异于为每个人都打开了一扇侵越法律之门。因此，要让所有人都知晓：不论什么人，都要严格遵守至圣的教会法典；而且，（在遵守教会法典方面），要尽可能地一视同仁。需要注意的是，在某些紧急情况下，或基于某些正当的理由，需要对某些人进行法律上的宽免；或者，在有的时候，对之进行宽免会带来更大的益处。对于所有掌握着宽免权之人而言，如果遇有上述情形，都必须要对案情作出审查，在深思熟虑之后方可给予宽免，而且这种宽免必须是无偿的；以其他任何形式作出的宽免都将被视作为诡秘之举。

第19章 禁止决斗，违者将招致最为严厉的惩处

决斗是一种令人憎恶的习俗，必须要将之从基督的世界中彻底清除出去，这是因为，这一恶习是魔鬼实施诡计而制造出来的，（而魔鬼的用意在于），让人的肉体血腥死亡，进而摧毁人的灵魂。对于皇帝、国王、公爵、亲王、 275
侯爵、伯爵以及拥有任何其他头衔的世俗领主而言，如果允许基督徒在其辖

境内决斗，那么，他们将招致绝罚；而且，不论是什么样的城市、城堡或其他什么地方，只要他们允许在上述这些地方进行决斗，那么，他们对这些地方的司法管辖权和行政管理权就将被褫夺；如果这些地方只是他们的采邑，那么，他们就必须要立即将之归还给其直接领主。

至于那些参加决斗之人以及那些在决斗中充当助手之人，根据神圣的教会法规，他们要被处以绝罚，其所有财产将被没收，其公权亦将被永久剥夺，而且还要被当作杀人犯而招致相应的惩处。如果他们在决斗中死亡，那么，将永远不得按照教会的方式对他们进行下葬。对于为决斗之事出谋划策的那些人而言，不论他们是以维护决斗权利的方式参与其中的，还是以实际行动支持决斗的，抑或是以其他任何方式劝说他人参与决斗的，都将被处以绝罚，而且将被永久诅咒；在一旁观看决斗的那些人也将招致与上述同样的处罚；不论是什么样的特权，也不论是什么样的邪恶习俗（即便是非常古老的习俗），（只要是与本规定相左的），均属无效。

第20章　应该让世俗君王知晓并尊重教会的豁免权、自由权以及其他各种权利

关于教会纪律，本圣公会议有着这样的殷切希望，即，不仅要在基督徒民众中恢复这种纪律，而且要让这一纪律免受各种势力的恶意侵袭，从而使之永远安然无恙地顺利地保持下去。因此，除去就教会人士问题已经作出的那些规定之外，本圣公会议认为以下做法亦为合适之举，即，也应该对世俗君王发出告诫，要求他们履行自己的职责。他们都是天主教徒，上帝乐于让他们
276 充当神圣信仰以及教会的保护人。因此，本圣公会议相信，他们不仅会允许教会恢复自身原有的权利，而且还会向自己的一切臣民发出号召，要求他们给予包括堂区神父以及高级圣职人员在内的一切教会圣职人员以应有的敬重。教会以及教会人士都享有豁免权，这是依据上帝的法令以及教会法的规定而形成的一种制度。（因此，本圣公会议也相信，世俗君王）不会允许自己的官员以及那些低级的地方行政官员因觊觎或因冒失而去侵犯教会以及教会人士的那一豁免权；相反，他们却会要求那些官员和他们自己一道，恰如其分地遵守罗马教宗以及历次圣公会议制定的那些神圣的教规。

因此，本圣公会议规定并下令：对于神圣的教会法典、历次圣公会议制定的教规教令以及教宗就保护教会人士、捍卫教会自由、惩治侵权者而颁布的其他一切法令，所有人都必须严格遵守；对于所有这些法典、教规教令以及法令，本圣公会议通过目前这份教令予以全面重申。为此，本圣公会议要向皇

帝、国王、共和国、诸侯以及其他拥有各式各样地位和头衔的所有人和每一个人发出以下告诫：他们享有的世俗财富以及凌驾于他人之上的权力越是显赫夺人，他们对教会依其权利而拥有的一切事物就越应该给予虔诚的尊重，要知道，教会的一切东西都是上帝所专有的，而且它们全都处在上帝的保护之下。他们不得允许任何的贵族、显要、地方官或其他世俗领主对教会的任何事物造成伤害，尤其是不得让自己直接管辖的那些官员对教会造成任何伤害；如果有人对教会的自由权、豁免权以及司法管辖权设置障碍，他们必须要对之作出严厉惩处。在虔敬、信诚以及对教会的保护方面，君王本人也应该效仿过去那些杰出且充满宗教热忱的君王，从而为其下属做出表率；作为他们的先辈，那些君王不仅抵御他人对教会进行任何形式的伤害，而且还运用自己的权威，以一种特别的方式慷慨地增进他们自己教会的利益。因此，以上所说的每一个人都必须兢兢业业地履行自己的职责，这样的话，为了民众的利益和教化，对上帝的敬拜活动就能在虔敬的氛围下得以举行，高级教士以及其他圣职人员就可以安静地不受打扰地待在他们自己的住地并履行自己的职责。

第21章　在一切事情上，罗马教廷的权威都将保持完好无损 277

最后，本圣公会议宣布：在已故教宗保罗三世和尤里乌斯三世时期以及在至圣的庇护四世时期，本圣公会议就道德风尚和教会纪律改革之事颁布了一系列教令，但是，不论这些教令中有什么样的条文，也不论这些教令是如何表述的，在这些问题上，罗马教廷的权威都是不可触动的，（所有人都）应认识到这一点。①

关于次日继续召开本次会议之教令

由于时辰已晚，今天已无法将本次会议所要解决的所有问题处理完毕。因此，按照教会众父老在此前集会上的决定，明天将接着举行本次会议，届时将处理余下的那些事项。

① 参见第七次会议“关于改革之教令”的前言部分。

本次会议继续举行

时间:(1563年)12月4日

关于大赦①之教令

大赦权是由基督授予教会的②,而且,即使在教会初创时期,教会就已一直在行使由上帝赋予的那一权力。因此,本圣公会议要作出以下教言并依此作出规定:大赦这种做法对基督徒民众是极其有益的,而且是得到历次圣公
278 会议的权威认可的,因此,在天主教会中,大赦这一做法将继续予以保留。如果有人声称大赦是毫无用处的,或者如果有人否认教会拥有大赦权,那么,本圣公会议则要对持上述观点之人作出谴责,而且要对之处以绝罚。不过,本圣公会议希望,在给予大赦的时候,一定要遵循教会的古老成规,一定要节制有度,以免因滥施大赦而使教会法度遭到削弱。需要注意的是,一些弊端已和大赦联系在了一起,正因如此,大赦这一尊名遭到了异端分子的亵渎;本圣公会议殷切希望,对于这些弊端必须进行整改。大赦过程中的各种邪恶交易③一直是基督徒民众内部各种弊端的一个源头,而且是最易滋生弊端的一个源头;因此,本圣公会议要借目前这份教令而作出以下总体规定,即,必须绝对禁止所有这类邪恶交易。不过,还有一些弊端则是由迷信、无知、不敬以及其他各种原因而导致的,而在产生这些弊端的那些地方、那些教省,腐败现象又是五花八门,因此,在这里无法对之一一加以禁绝。有鉴于此,本圣公会议规定:在各自的教会中,所有主教都要密切留意这类弊端;一旦召开教省教务会议,主教必须就这类问题向会议作出汇报;经过(参加会议的)其他主教审议之后,便可以将相关材料转呈给至尊的罗马教宗;罗马教宗将运用自己

① 大赦(indulgences),在传统上,人们常将"indulgences"译为"赎罪券",但是这种译法不准确。参见第二十一次会议"关于改革之教令"第9章正文及相关注释。另参见第五次会议"关于改革之教令"第2章。

② 《圣经》言:耶稣对其门徒说:"你们受圣灵!你们赦免谁的罪,谁的罪就赦免了;你们留下谁的罪,谁的罪就留下了。"见《圣经·新约·约翰福音》20:22—23。另见《圣经·新约·约翰福音》20:23。

③ 指借大赦之名进行敛财。

的权威与明哲，作出对普世教会恰当而有益的决定。这样的话，神圣的大赦之恩礼便可以在没有腐败行为的前提下虔敬地、圣洁地分施给所有信徒。

关于餐食的选择，另论及斋戒和节日

我们的救世主就在我们面前，凭借这一至圣的降临，本圣公会议要向所有牧者发出祈求，同时也是向他们提出告诫，即：他们应该像好士兵一样，必须认认真真地把神圣罗马教会——众教会之母及女主人——制定的一切规 279
章、本圣公会议以及其他历次圣公会议制定的一切规章送到所有信徒手中；他们自己也要竭尽全力全面遵守这些规章，尤其是要遵守有关禁欲（如餐食选择和斋戒）以及加强信诚（如虔敬且充满宗教热忱地举行宗教节日）等方面的规章。而且，他们应该经常地对民众进行劝诫，要求民众服从自己的上司，这是因为：如果他们听从自己的上司，那他们就是在听从作为犒赏者的上帝；如果他们藐视自己的上司，那他们就将感受到作为一个复仇者的上帝。①

关于“禁书目录”②，另论及“教义问答手册”③、“每日祈祷书”④以及“弥撒经书”⑤问题

在吾等至圣之主庇护四世时期召开的第二次会议⑥上，本圣公会议曾经委任一些教会父老，要求他们就各式各样的惩戒手段问题以及那些可疑或有

---

① 《圣经》言：“听从你们的就是听从我；弃绝你们的就是弃绝我；弃绝我的就是弃绝那差我来的。”见《圣经·新约·路加福音》10：16。另，《圣经》言：“你们要依从那些引导你们的，且要顺服；因他们为你们的灵魂时刻警醒，好像那将来交账的人。你们要使他们交的时候有快乐，不致忧愁；若忧愁就与你们无益了。”见《圣经·新约·希伯来书》13：17。

② “禁书目录”（The Index of Books，全称是 The Index of Forbidden Books），指由教会正式公布的有关违反教义或道德之书目。1966 年，梵蒂冈教廷宣布取消这一做法。

③ 关于“教义问答手册”，参见第二十四次会议“关于改革之教令”第 7 章正文及相关注释。

④ “每日祈祷书”（Breviary，亦称为 Liturgy of the Hours 或 Book of Hours），又称每日颂祷、时辰颂祷、日课经、日课、大日课或本分经，是教会人士以及信徒每日七次祈祷时所用的法定经书，主要由圣经、圣咏和圣人训诲组成，具体分为诵读日课、晨祷、日间祈祷（其中又分为午前祈祷、午时祈祷和午后祈祷）、晚祷以及夜祷等部分。

⑤ “弥撒经书”（Missal），亦称弥撒经本或感恩祭典，指罗马礼的经书，涵盖弥撒礼仪和祈祷文。

⑥ 即整个特兰特会议进程中的第十八次会议。详见第十八次会议“关于书籍的挑选以及诚邀一切人士出席本圣公会议之教令”。

害的书籍问题进行思考并提出应对方案，而且要求他们将讨论的结果汇报给本圣公会议。听说他们目前已经完成了这一工作；不过，由于涉及的书籍种类庞杂、数量众多，本圣公会议不易对之作出准确无误的评价。因此，本圣公会议决定，把他们业已取得的一切成果全部移交给至圣至洁的罗马教宗，由教宗根据自己的判断并运用其权威来完成这项工作，然后由教宗将结果公布出来。本圣公会议也曾指定一些教会父老负责《教义问答手册》的编写工作[1]，至于这部手册，本圣公会议规定，也按上述方式进行处理；同样，至于弥撒经书以及每日祈祷书问题，亦遵循上述处理方式。

关于使节的地位

本圣公会议宣布：对于（前来参加会议的）使节来说，不论他们是教会人士还是平信徒，都被给予了应有的地位；不论是在开会期间，还是在列队游行
280 的时候，抑或是在其他任何场合，都未曾歧视过他们当中的任何一个人；不仅是他们自己的权利及特权未受伤害、完好无损，他们所代表的皇帝、国王、共和国以及诸侯们的权利及特权也同样未受伤害、完好无损，而且继续处于本圣公会议召开之前的那种状态。

关于对本圣公会议所颁教令的接受与遵守

这是一个多灾多难的时代，而异端分子的恶意又是极其根深蒂固，因此，在我们的信仰陈述中，已经没有任何一处能说是清晰明了的，也没有任何一处能说是固若金汤的，也就是说，在人类之敌的蛊惑煽动之下，我们的信仰陈述已处处遭到各式各样谬误的玷污和亵渎。基于这一原因，本圣公会议一直特别强调，要对我们这个时代的异端分子所持的主要谬误进行谴责和诅咒，而且要制定并宣扬正确的天主教教义；一直以来，本圣公会议（也正是遵循这一思路）而进行谴责、诅咒并制定相关教令的。

这么多的主教应召从基督教世界的各个教省来到这里，他们这么长的时间不在自己的所辖教区，这就难免会对托付给他们的那些羊群造成巨大损失，而且（对整个基督教世界）也会带来全面的危险。另外，对于那些异端分

---

① 详见第二十四次会议“关于改革之教令”第 7 章。

子，（本圣公会议）曾频繁地向他们发出邀请，而且也如其所愿，给了他们以公信担保（通行许可）[1]，然而，在经历了如此漫长的期待之后，希望已经完全落空，在接下来的一段时期内，他们也根本不会前来这里。因此，有必要最终结束本届圣公会议。对于本圣公会议而言，现在剩下的事情也就是现在正在做的这个事，也就是说，要以上帝的名义向所有世俗君王发出以下劝告，即，他们必须要伸出援助之手，不要让异端分子对由本圣公会议制定的这些教规教令进行曲解或肢解；不论是他们自己，还是其他一切人等，都要虔敬地接受这些教规教令，都要信诚地遵守这些教规教令。如果在接受这些教令的时候遇有什么难题，或者如果碰到某些事情需要解释或界定（当然本圣公会议认为不会出现这种情况），那么，除了本圣公会议制定的各种解决方案可供使用之外，本圣公会议相信，至圣的罗马教宗亦会出面解决，即：如果某些教省出现急需解决的问题，那么，为了上帝的荣耀和教会的安宁，教宗就应该要对这些问题加以解决；为此，教宗可以从出现问题的那些教省中特别召集一些在他认为合适的人选，然后让他们去处理以上所说的那些问题；如果他认为必要 281
的话，甚至可以通过召开圣公会议的方式来解决问题；或者他也可以采取在他认为最为合适的其他诸如此类的方式来解决问题。

在保罗三世和尤里乌斯三世时期，本圣公会议已制定有诸多教令，现于本次会议上予以列举并诵读

在本届圣公会议的不同阶段，亦即在已故教宗保罗三世时期以及在已故教宗尤里乌斯三世时期，本圣公会议曾就教义问题和生活方式改革问题制定了许多教令，而且对很多问题作出了具体的界定。[2] 本圣公会议希望现在将之一一列举出来并作公开诵读。

有关人士诵读了那些教令。

---

① 参见第十三次会议“关于推迟阐论与圣餐礼相关的四项条文以及给予抗议宗教徒通行许可之教令”和“给予抗议宗教徒的通行许可”；第十五次会议“给予抗议宗教徒的通行许可”；第十八次会议“给予德意志民族的通行许可”和“以上规定同样适用于其他民族”。

② 详见第三至第七次会议，第十三次会议，第十四次会议。

本届圣公会议闭幕，并提请教宗对会议内容予以确认

诸位最为杰出的主教，诸位最值得尊敬的父老，为了对全能的上帝表达颂扬之情，这届基督教圣公会议至此宣告结束。另外，在已故教宗保罗三世和尤里乌斯三世时期以及在吾等至圣之主庇护四世时期，本圣公会议制定了诸多教令，并对诸多问题作出了具体界定；对于此间制定和界定的所有内容和每一项内容，会议主席以及教廷特使将以本届圣公会议的名义请求至圣的罗马教宗予以确认。诸位对此是否赞同？

*他们答曰：*我们赞同。①

*随后，作为首席特使兼会议主席，最为杰出、最值得尊敬的枢机莫洛内*②*对这届圣公会议作了祝福，接着，他说：*诸位最值得尊敬的父老，在对上帝表示感谢之后，请诸位安静地离会。

*他们答曰：*阿门。

---

① 据史书记载，在场的所有人士中，只有格拉纳达大主教(archbishop of Granada)表示异议，他的回答是："我同意会议结束，但我不要求教宗对会议内容进行确认。"参见 Theodore Alois Buckley, *A History of the Council of Trent, Compiled from a Comparison of Various Writers, with a Chronological Summary*, p. 501。

② 吉奥瓦尼·莫洛内(Giovanni Morone，1509—1580 年)，罗马枢机主教。1536 年任教宗保罗三世的驻德使节，曾为促成基督教国家之间的和平以及天主教徒与新教徒之间的友好相处而作过努力。1542 年返回罗马任枢机主教。1557 年，教宗保罗四世因怀疑他信仰异端而将之囚禁于罗马。1559 年保罗四世死后，莫洛内获释，新任教宗庇护四世宣布他无罪。1563 年，莫洛内被任命为特兰托会议主席。

众父老在会议结束时的颂词[1] 282

洛林枢机：至圣的庇护[2]是教宗、是吾主、是神圣普世教会之宗座。敬祝至圣的庇护延年长寿，名垂青史。

众父老回答：啊，教会的至圣至洁之父，上帝将确保您生年长久、延年长寿。

枢机：正是依靠至圣的教宗保罗三世和尤里乌斯三世[3]的权威，本届圣公会议才得以召开。敬祝这两位教宗的灵魂永享上帝赋予的平静与安宁，永享恒久的光荣，永享圣徒般的幸福。

回答：铭记他们，祝福他们。

枢机：本届圣公会议是在皇帝查理五世[4]和那些最为尊贵的国王们的推动下召开的，而且他们为本届圣公会议提供了保护，因此，要怀念他们，祝福他们。

回答：阿门，阿门。

枢机：最为尊贵的皇帝斐迪南[5]，他是永远的奥古斯都，他信仰正统，爱好和平。祝他延年长寿。同时，祝我们的所有国王、所有王公诸侯延年长寿。祝那些共和国长治久安。

回答：啊，上帝将确保虔诚的基督徒皇帝生年长久。啊，上帝，请您保护

---

① 该颂词是洛林枢机(the cardinal of Lorraine)仿照古代宗教会议闭幕式的模式而在事先拟好的。洛林枢机，指查理·德·介斯(Charles de Guise，1524—1574年)，法国介斯家族的重要人物之一，1541年(1538年?)成为兰斯大主教(正是基于这一身份，他先后为法国国王亨利二世、弗朗索瓦二世和查理九世加冕)；1550年出任洛林枢机；1562年，受法国国王委托参加特兰特会议，对会议最后阶段的进程产生重要影响；后来，与法国国王查理九世产生巨大矛盾，1574年死于阿维农。洛林枢机是一个颇为矛盾、颇为复杂的人物。他既是法国文艺复兴时期文化名人拉伯雷(Rabelais)以及龙沙(Ronsard)等人的保护人，同时也是兰斯—香槟—阿登纳大学(Université de Reims-Champagne-Ardenne)的创始人。他虽然是天主教徒，但与其同时代的一些史家却认为他的思想中充满了怀疑论色彩，而且其言行也具备新教徒的某些特征；然而，他又试图在法国建立宗教裁判所，而且是“雨格诺宗教战争”(Huguenot wars)的主要推动者之一。

② 即教宗庇护四世。参见“教宗庇护四世就召开特兰特圣公会议所颁的训令”中的相关注释。

③ 关于保罗三世和尤里乌斯三世的生平，参见“教宗保罗三世就召开特兰特圣公会议所颁的训令”和“教宗尤里乌斯三世就继续召开特兰特圣公会议所颁的训令”中的相关注释。

④ 关于神圣罗马帝国皇帝查理五世，参见“教宗保罗三世就召开特兰特圣公会议所颁的训令”中的相关注释。

⑤ 即神圣罗马帝国皇帝斐迪南一世，关于其生平，参见“教宗保罗三世就召开特兰特圣公会议所颁的训令”中的相关注释。

尘世上的诸位国王，他们可是正确信仰的护卫者啊。

枢机：祝诸位教廷特使和诸位会议主席延年长寿，向他们表示衷心感谢。

回答：衷心感谢。请求上帝奖赏他们。

枢机：向最值得尊敬的诸位枢机并向最杰出的诸位使节表示衷心感谢。

回答：衷心感谢，衷心感谢。

枢机：祝至圣至洁的诸位主教健康长寿，祝他们返程愉快。

回答：祝传达真理的诸位使者名垂青史，祝诸位秉持正统信仰的教会高参延年长寿。

枢机：让我们明确接受特兰特圣公会议的信仰宗旨，让我们永远遵循特兰特会议所颁教令。

回答：让我们永远信仰，永远遵循。

283 *枢机*：这是圣彼得以及其他众使徒的信仰，这是众教父的信仰，这是正统教徒们的信仰。我们全都是这么认为的，我们所有人的所思所想都是高度一致的，我们全都同意并接受这些教令，我们全都要在教令文件上签署自己的姓名。

回答：我们全都是这么认为的，我们所有人的所思所想都是高度一致的，我们全都要签上自己的姓名。

枢机：上帝耶稣基督乃是第一位祭司，也是伟大的至高无上的祭司。遵循了（特兰特会议所定的）这些教令，我们就会有资格享有由他施予的那些慈悲与恩典，就会有资格享有由纯洁的上帝之圣母以及所有代求圣徒们施予的那些慈悲与恩典。

回答：诚心所愿，诚心所愿。阿门，阿门。

枢机：诅咒一切异端分子。

回答：诅咒，诅咒。

在此之后，主持会议的几位教宗特使下令：在离开特兰特城之前，所有父老都必须在会议所定教令上亲笔签上自己的姓名，或者以某种公开的方式认可这些教令；如有违背，将被处以绝罚。随后，所有人都签署了自己的姓名；其总人数为 255 人，即 4 位教宗特使、2 位枢机、3 位宗主教、25 位大主教、168 位主教、7 位隐修院院长、39 位得到合法授权的缺席者代理人以及 7 位修会会长。

赞美上帝

所有文件均与原文一致；我们信诚守实地在此签上自己的姓名：

我，昂热鲁斯·麦塞莱里，泰莱斯主教①，特兰特圣公会议书记员。

我，安东尼乌斯·佩雷格里努斯，来自科莫②，此次圣公会议的公证人。

我，辛提乌斯·潘非鲁斯，卡梅里诺教区的文书③，此次圣公会议的公证人。

* ④

对特兰特会议成果的确认

本人是亚历桑德罗·德·法尔内赛⑤，头衔是达玛苏圣劳伦斯助祭级枢机⑥，同时身兼神圣罗马教会的副秘书长。本人在此证明并证实：作为本人 284

① “昂热鲁斯·麦塞莱里，泰莱斯主教”(Angelus MASSARELLI, bishop of Telesia)，泰莱斯是意大利一城市名。在施罗德版本《特兰特圣公会议教规教令集》中，“MASSARELLI”写作“Massarellus”，“Telesia”写作“Telese”，见该版本第258页。

② “安东尼乌斯·佩雷格里努斯，来自科莫”(Marcus Antonius PEREGRINUS, of Como)，科莫是意大利一城市名。

③ “辛提乌斯·潘非鲁斯，卡梅里诺教区的文书”(Cynthius PAMPHILUS, clerk of the diocese of Camerino)，卡梅里诺是意大利一城市名。在施罗德版本《特兰特圣公会议教规教令集》中，“PAMPHILUS”写作“Pamphilius”。另，在施罗德版本中，“文书”(clerk)写作“圣职人员”(cleric)，见该版本第258页。

④ 断断续续长达18年之久的特兰特会议至此已经正式结束，以下内容属于特兰特会议的一些善后文件。在沃特沃斯这个版本中，善后文件有两个，一个是“对特兰特会议成果的确认”，另一个是“依天意而为教宗的吾等至圣之主庇护四世就确认特兰特圣公会议所颁之谕令”。但是，在施罗德版本中，除了上述两个文件之外，还有另外两篇文献。一篇是纳先斯主教(Bishop of Nazianzus)哲罗姆·拉盖左努斯(Jerome Ragazonus)在会议结束前发表的演说词，其基本内容就是对特兰特会议历程以及会议成果进行总结；在施罗德版本中，这篇文献的位置在“对特兰特会议成果的确认”之前。另外一篇是“有关禁书问题的几项原则：由特兰特会议选定的教会父老拟定并经由教宗庇护批准”；在施罗德版本中，这篇文献被置于全书的末尾。详见施罗德《特兰特圣公会议教规教令集》，第259—267页，第273—278页。

⑤ 亚历桑德罗·德·法尔内赛(Alexander di Farnese，通常写作 Alessandro Farnese，1520—1589年)，这是一位身份比较特别的16世纪罗马教廷枢机。他是帕尔玛(Parma)首任公爵皮埃尔·法尔内赛(Pier Farnese)的长子，而皮埃尔·法尔内赛又是教宗保罗三世的私生子(表面上保罗三世与自己的这位私生子以“兄弟”相称)。1534年，刚刚升任教宗的保罗三世便将年方14岁的“侄子”(实为孙子)亚历桑德罗·德·法尔内赛擢升为助祭级枢机，同时授予他包括“教会副秘书长”职位在内的多项职务，其享有的有俸圣职遍及意大利、西班牙、葡萄牙、德意志和法国等地。作为教宗特使，他曾多次出访法国和德意志等地，协调法德关系以及法、德与教廷之间的关系。作为终身任职的教会副秘书长，他从一开始便负责处理与特兰特会议相关的各种文件。可以说，他是全程参与整个特兰特会议进程的少许几个人之一。

⑥ 达玛苏圣劳伦斯助祭级枢机(cardinal-deacon of Saint Lawrence in Damaso)，“达玛苏圣劳伦斯”是该枢机职位的专有称号。按照天主教的传统，每一位枢机都有相应的专有称号。作为

的上司，最值得尊敬的两位枢机莫洛内①和希莫奈塔②曾作为教廷特使主持了特兰特圣公会议，最近他们刚从会议地点返回；今天，亦即星期三，1564 年（即依天意而为教宗的吾等至圣之主庇护四世当政的第五年）1 月 26 日，在圣彼得大教堂，教宗主持召开了一次关门御前会议；在会上，两位枢机向以上所说的我们那位至圣之主提出了以下请求：

“至圣之父，去年 12 月，也就是在特兰特圣公会议的最后一天③，会议曾颁布一份教令，其中有这样的要求：在已故教宗保罗三世和尤里乌斯三世时期以及在陛下主政时期，特兰特圣公会议曾制定了诸多教令，并对诸多问题作了具体界定；对于所有这些内容以及每一项内容，应由会议主席以及陛下的特使（同时也是教廷的特使）出面，以此次圣公会议的名义请求陛下予以批准确认。④ 而我们俩——约翰，即莫洛内枢机，还有路易，即希莫奈塔枢机⑤——在当时正是教宗特使和会议主席，我们希望完成那份教令给我们规定的任务。因此，我们谨以这次特兰特圣公会议的名义，谦卑地向陛下提出以下请求，即：对于特兰特圣公会议在已故教宗保罗三世和尤里乌斯三世时期以及在陛下主政时期制定并阐论的所有教令和每一份教令，恭请陛下屈尊予以批准确认。”

在听完他们的上述请求之后，宗座陛下查看并阅读了那份教令⑥，又征询了最值得尊敬的诸位枢机们的意见，然后作出如下回应：“对于上述两位特使以特兰特圣公会议之名义向朕提出的有关批准会议成果的请求，朕予以接

枢机头衔，“达玛苏”（Damaso，或写作 Damasus）据称最初是由早期“教宗”圣艾瓦里斯特（St. Evaristus，99—107 年在位？）于公元 2 世纪初设立的。西方学术界一般认为，早年曾长期在罗马圣劳伦斯教堂（the church of the martyr St. Laurence）中供职的一位教士（约生于 304 年，原姓名已不可考）于 366 年当选为教宗，此人随取“达玛苏”为自己的名号，此即教宗达玛苏一世（Damasus I，366—384 年在位）。8 世纪末，此枢机职位的头衔正式称为“达玛苏圣劳伦斯”；12 世纪以后，其名称又更换成“达玛苏圣罗伦佐”（S. Lorenzo in Damaso），不过，习惯上仍有人使用原来的称谓。1532 年 7 月，教宗克勒芒七世（Clement VII，1523—1534 年在位）颁布谕令，宣布将该头衔永久授予“神圣罗马教会的副秘书长”（the vice-chancellor of the Holy Roman Church）。1973 年，梵蒂冈教廷宣布取消副秘书长这一职位设置，与之相连的枢机头衔也就成为历史。

① 莫洛内（Morone），参见第二十五次会议“本届圣公会议闭幕，并提请教宗对会议内容予以确认”中的相关注释。

② 希莫奈塔，即路德维希·希莫奈塔（Ludovico Simonetta），参见第十七次会议“关于召开（特兰特）圣公会议之教令”中的相关注释。

③ 即 1563 年 12 月 4 日。

④ 详见第二十五次会议“本届圣公会议闭幕，并提请教宗对会议内容予以确认”。

⑤ 这里的“约翰”和“路易”均是英文表达方式，其对应的原名分别是“吉奥瓦尼”和“路德维希”，参见第二十五次会议“本届圣公会议闭幕，并提请教宗对会议内容予以确认”和第十七次会议“关于召开（特兰特）圣公会议之教令”中的相关注释。

⑥ 指第二十五次会议颁布的名为“本届圣公会议闭幕，并提请教宗对会议内容予以确认”这一教令。

受。朕与诸位可敬的枢机兄弟此前已对相关内容有过深思熟虑，在听取他们的意见并征得他们的同意之后，朕以教宗的权威在此明确宣布：奉圣父、圣子 285
和圣灵之名，对于在已故教宗保罗三世和尤里乌斯三世时期以及在朕当政时期由此次圣公会议制定和阐论的所有教令和每一份教令，一律予以批准确认；朕下令，所有基督信徒都必须接受并毫不亵渎地遵守这些教令。阿门。”

记述完毕。

A. 法尔内赛枢机

副秘书长

依天意而为教宗的吾等至圣之主庇护四世就确认特兰特圣公会议所颁之谕令

上帝的众仆之仆、主教庇护[①]特颁此谕，以备永久纪念。

“愿颂赞归于我们的主耶稣基督的父上帝，就是发慈悲的父，赐各样安慰的上帝”[②]。在极其频繁的惊涛骇浪、暴风骤雨的袭击下，神圣的教会曾经是颠簸摇晃，备受困扰，其危难局势亦曾是日甚一日，令人心碎。（正是在此情形下），上帝垂顾于他的这个神圣教会，并最终伸出援助之手，为之送来了一份人们期盼已久的能够对症下药的救治良方。为了彻底铲除数目庞大且极其有害的各种各样的异端，为了改造人们的道德品行并恢复基督教会的纪律法度，为了给基督徒民众带来安宁与和谐，朕之先任、已故教宗保罗三世在很久以前就已下令在特兰特城召开一次基督教圣公会议，而且事情已经开了头，也就是说，在那里已经召开了数次全体会议。后来，保罗三世的继任者[③]下令在同一个城市继续召开此次圣公会议，而且也举行了数次全体会议；但是，在此期间却出现了种种障碍和困难，结果使得这次圣公会议仍旧未能圆满结束；因此，这次圣公会议中断了很长一段时间，对于所有虔诚之人而言，这不能不说是无以复加的不幸之事；但与此同时，教会还是天天都在企盼能够把那一具有救世功效的圣公会议开完，而且这种企盼之情与日俱增。需要强调的是，作为牧者，当然应对教会之事充满关切之心，可以说，正是在这种精神的推动下，在执掌教廷伊始，朕便着手去完成这一甚为迫切、极为有益的

---

① 即教宗庇护四世。

② 见《圣经·新约·哥林多后书》1:3。

③ 指教宗尤里乌斯三世。

286 工作。朕相信上帝的大慈大悲，而且朕所至爱的基督之子、罗马人的当选皇帝斐迪南①充满着宗教热忱，其他一些信奉基督的国王、共和国以及王公诸侯也是充满着宗教热忱；在他们的帮助之下，朕所孜孜以求、日思夜虑的目标终于得以实现，朕向灵光圣父苦苦哀恳的事情终于成为现实。（一方面），在朕的开会通谕的号召下，同时也是在各自虔诚信仰的驱使下，一大批主教以及其他杰出的高级教士从基督教世界中的各个国家聚集到那个城市，有这样一大批人士与会，对于召开一次基督教圣公会议来说已经是完全够格了；不仅如此，出席会议的还有许许多多其他的虔诚而杰出之士，他们在宗教经典、上帝律法以及人类法律方面均有渊博的学识；在教廷特使的主持下，上述人士参加了这次圣公会议。（另一方面），朕极其尊重本次圣公会议的自由，因此，朕向各位特使发去谕函，主动地将原本专归教廷处理的事项交给圣公会议，由其去自由处理。需要解决的问题包括：在圣礼方面尚遗留一些问题，需要对之进行思考、阐论并作出规定；另外，出于驳斥异端、消除流弊和改造道德风尚之需要，还有其他一些问题也需要予以解决。而正是基于以上两个方面的原因，在对这些问题进行处理的时候，这次圣公会议拥有最为充分的自由，而且对各种问题的界定、阐释和规定也是极为彻底、极为准确、极为审慎。解决了这些问题之后，在全体与会者的意见取得高度一致的情况下，这次圣公会议宣布闭幕；很显然，意见能够如此一致，只能说"这是耶和华做的，在我们眼中看为希奇"②，而且在所有人眼中都会是一种稀奇。为了对上帝赋予的这一独一无二的恩惠表示感恩，朕立即下令在这座美丽的城市③举行隆重而庄严的游行祈祷活动，圣职人员和普通民众都极其虔诚地参加了这一活动；而且，朕还特意要求人们要对上帝进行赞颂并对之表示感谢，这种赞颂和感谢是完全应该的，这是因为，这次圣公会议结束之后，随之而来的就是一个巨大的而且几乎肯定是可以实现的希望，即，教会将一天天地从这次圣公会议所定教令教规中获得越来越大的收益。

287 需要注意的是，在一次公开的全体会议④上，此次圣公会议本身制定了一份教令，请求朕对此次圣公会议在朕当政时期以及朕的两位前任当政时期制定的所有教令予以批准确认；这种做法既是此次圣公会议对教廷的尊重，

---

① 即神圣罗马帝国皇帝斐迪南一世，参见本书开篇"教宗保罗三世就召开特兰特圣公会议所颁的谕令"中的相关注释。

② 见《圣经·旧约·诗篇》118:23。

③ 指罗马城。

④ 指特兰特会议第二十五次会议。详见第二十五次会议"本届圣公会议闭幕，并提请教宗对会议内容予以确认"。

同时也是在因循古代圣公会议的传统做法。先是朕的诸位特使致函于朕，朕因此而得悉此次圣公会议有这么一个请求；他们回来以后，又以此次圣公会议的名义就相关问题作了详尽的汇报，朕因此对此次圣公会议的请求有了进一步的了解。朕会同朕的诸位可敬的兄弟同仁亦即神圣罗马教会的诸位枢机就这一问题进行了深思熟虑，更为重要的是，朕还向圣灵请求援助。在此基础上，朕得出明确结论，即，所有那些教令都是符合天主教教理的，对于基督徒民众而言以及对颂扬全能的上帝而言，所有那些教令也都是有用且有益的。因此，在征询朕的上述诸位兄弟同仁的意见并取得他们的同意之后，在今天这次由朕主持的关门御前会议上，朕以教宗的权威作出决定，对于此次圣公会议所制定的所有教令和每一项教令，均予以批准确认；朕还规定，所有基督信徒都必须接受并遵守那些教令；而且，为了让所有人都能够对这一决定有一更清楚的了解，朕特意通过目前这份谕函之中所述内容来对那些教令予以批准确认，并通过目前这份谕函之中所述内容来对一切人等作出规定，要求他们必须接受并遵守那些教令。

朕还要作出如下规定：对于朕的诸位可敬的兄弟同仁、宗主教、大主教、主教以及各地教会的其他一切高级教士而言，不论他们地位、头衔、级别和职位如何，即便他们拥有枢机之类的高级职衔，都必须遵循神圣服从之原则；对于上述所有人和每一个人而言，不论是在法庭上还是在其他任何地方，在各自的教会、城市和教区中都必须要切实遵守以上所述的那些教令和法规，而且还要让其属民严格遵守之，不论是哪一份教令或哪一份法规，也不论它是以何种方式涉及其属民的，其属民都必须遵守；对于一切反对者以及一切顽固不化之人，要通过司法裁决以及那些教令中规定的惩戒和教会处罚等手段进行制裁，当事人不得进行任何形式的上诉，如果必要，甚至可以要求世俗权力给予援助。(如果上述人等拒不执行以上规定)，朕将根据具体情况对之作出惩处，朕既可以按照神圣教会法典的规定对之进行惩罚，也可以对之施以更为严重的惩罚，甚至可以褫夺其教职。朕还要对当选皇帝[①]这位朕所至爱之子以及其他信奉基督的国王、共和国以及王公诸侯们发出规劝，而且要以吾主耶稣基督的慈悲之心向他们发出恳求，即：在此次圣公会议上，他们通过各自的使节展示了自己的虔敬与热忱；为了上帝的荣耀，为了其属民的救赎，同时也为了对教廷以及此次圣公会议表示敬重，在高级教士们贯彻并遵守此次圣公会议所颁教令过程中，如果有需要，则恳请他们以同样的虔敬与热忱

---

① 即神圣罗马帝国皇帝斐迪南一世，参见本书开篇“教宗保罗三世就召开特兰特圣公会议所颁的谕令”中的相关注释。

288 对高级教士们给予支持；此次圣公会议制定的教义是正确而有益的，因此，对于那些与之相悖的观点，必须予以彻底禁止，而不得让自己管辖之下的民众接受之。

此外，假如允许每个人都可以随心所欲地对此次圣公会议所颁教令发表自己的评论和解释，那么就有可能出现歪曲和混乱现象。为了避免出现这种状况，朕以教宗之权威作出以下要求：对于所有人而言，不论他们是教会人士还是平信徒，不论那些教会人士拥有什么样的级别、地位或头衔，也不论那些平信徒拥有什么样的名望和权力，如果未经朕的许可，任何人都不得擅自以任何方式对此次圣公会议所颁教令发表任何形式的评论、注解、评注、附注以及其他任何形式的阐释，不得以任何名义就这些教令问题作出任何决定，不得以某某做法能进一步加强人们对这些教令的信仰或某某做法将有助于这些教令的贯彻实施为借口而作出任何决定，也不得打着任何其他的幌子或以其他任何借口就这些教令问题作出任何决定。对于违背以上规定之人，一定要进行惩罚；如果违规者是高级教士，那么，他将被禁止进入教会；至于其他人，不论其拥有什么样的身份，都将依其行为本身而被处以绝罚。需要注意的是，不论何人，如果他认为此次圣公会议所颁教令在某些地方存在表述不清、界定模糊之类的问题，而且，基于这一缘由，如果他认为需要对之作出某些阐释或决断的话，那么，就要让他前往上帝所选择的那个地方①，也就是说，要让他前往教廷那里以求解决之道，教廷乃是所有信徒的女主人，对于其权威，此次圣公会议亦以非常敬重的方式予以了承认。（之所以在遇有以上所述之事的时候要求诸教廷），这是因为，在那些教令问题上，如果出现什么难题或争议，其解释权和决断权悉归于朕，这一点也是此次圣公会议本身所明确规定了的；而且，此次圣公会议还非常恰当地将以下事情委托给朕，即，对于所有教省而言，如果出现各种急需解决的问题，朕都将依据自己的判断，
289 随时为之提供最为合适的解决办法；与此同时，朕宣布，在以上这些问题上，不论有人试图做出什么样的举动，不论做出这些举动的是什么样的权威，也不论其行为是故意的还是无心的，只要是与以上规定相左的，均属无效。需

---

① 《圣经》言："你城中若起了争讼的事，或因流血，或因争竞，或因殴打，是你难断的案件，你就当起来，往耶和华——你上帝所选择的地方去见祭司利未人，并当时的审判官，求问他们，他们必将判语指示你。他们在耶和华所选择的地方指示你的判语，你必照着他们所指教你的一切话谨守遵行。要按他们所指教你的律法，照他们所断定的去行；他们所指示你的判语，你不可偏离左右。若有人擅敢不听从那侍立在耶和华——你上帝面前的祭司，或不听从审判官，那人就必治死；这样，便将那恶从以色列中除掉。众百姓都要听见害怕，不再擅敢行事。"见《圣经·旧约·申命记》17：8—13。

要注意的是，以上所述事项必须要让所有人都能知晓，任何人都不得以不知情作为（自己不守规定的）借口。[1] 因此，朕希望并下令：朕之宫廷信使必须在梵蒂冈的使徒之长大教堂和拉特兰大教堂高声公开宣读这一谕函，时间要选在民众通常聚集到那里出席弥撒的时候。宣读完毕之后，要把此谕函张贴在上述大教堂的门上，另外还要张贴在教廷文书院的大门上，在鲜花广场通常张贴此类文件的地方也要张贴此谕函。在这些地方，此谕函要公开张贴一段时间，以便让所有人详细阅读并知晓其内容。此谕函撤下来以后，还要依据惯例，在同一地点张贴该谕函的抄写本。然后，要将这一谕函交给这座美丽之城中的印刷机构，以便让基督教世界中的所有教省、所有王国都能够更为便捷地知晓其内容。朕还要命令并颁谕：必须要绝对保证谕函抄写本的信度，必须要由公证人亲笔抄写或签署，而且要由有权威的教会人士盖章、签名以担保其准确性。因此，不得有任何人胆敢冒犯朕的这封集批准、劝诫、禁止、心愿、命令以及教令于一体的谕函，也不得有任何人胆敢莽撞地反对它。如果有人企图如此行事，就要让他知道，他将招致全能的上帝以及神圣的使徒彼得和保罗的愤恨。吾主道成肉身纪元 1564 年（即本朝五年）2 月 7 日[2]于罗马圣彼得大教堂。[3]

---

① 从这句话开始一直到篇末的这部分内容是教宗谕令中的套话，只是在个别地方会随主题内容而出现少量变化。关于这部分内容，可参见本书开篇“教宗保罗三世就召开特兰特圣公会议所颁布的训令”中的相关注释。

② 在施罗德的英译本《特兰特圣公会议教规教令集》中，这一日期为 1 月 26 日，见该译本第 272 页。从这份谕函中的相关叙述中，时间应是“1 月 26 日”更为合理，即和前文亚历桑德罗·德·法尔内赛的那篇“对特兰特会议成果的确认”是在同一天出现的。另外，布克利也曾明确指出，这两份文献是在同一天出现的。参见 Theodore Alois Buckley, *A History of the Council of Trent, Compiled from a Comparison of Various Writers, with a Chronological Summary*, pp. 502—504。

③ 在施罗德的英译本《特兰特圣公会议教规教令集》中，这份谕令的末尾还分别署有教宗庇护四世本人以及其他 26 位枢机的姓名，其中包括副秘书长法尔内赛(Farnesius)以及特兰特会议的特使莫洛内(Moronus)和希莫奈塔(Simoneta)等人，谕令的最后还有谕令草拟人和公证人的名字。详见施罗德《特兰特圣公会议教规教令集》，第 272—273 页。

索　　引

（索引中的页码是本书英译本的页码，即本书边码。）

A

C

D

E

F

G

H

I

J

K

N

O

P

Q

R

S

T

U

V